Antônio Cláudio da Costa Machado

PROCESSO DE CONHECIMENTO PROCEDIMENTO COMUM

Interpretação artigo por artigo,
parágrafo por parágrafo,
do Livro I da Parte Especial
(arts. 318 a 512)

PROCESSO DE CONHECIMENTO
PROCEDIMENTO COMUM
Interpretação artigo por artigo, parágrafo por parágrafo, do Livro I da Parte Especial (arts. 318 a 512)
© Antônio Cláudio da Costa Machado

Direitos reservados desta edição por
MALHEIROS EDITORES LTDA.
Rua Paes de Araújo, 29, conjunto 171
CEP 04531-940 – São Paulo – SP
Tel.: (11) 3078-7205 – Fax: (11) 3168-5495
URL: www.malheiroseditores.com.br
e-mail: malheiroseditores@terra.com.br

Composição: PC Editorial Ltda.

Capa
Criação: Vânia Lúcia Amato
Arte: PC Editorial Ltda.

Impresso no Brasil
Printed in Brazil
01.2018

Dados Internacionais de Catalogação na Publicação (CIP)

M149p   Machado, Antônio Cláudio da Costa.
Processo de conhecimento – Procedimento comum : interpretação artigo por artigo, parágrafo por parágrafo do livro I da parte especial (arts. 318 a 512) / Antônio Cláudio da Costa Machado. – São Paulo : Malheiros, 2018.
440 p. ; 21 cm.

Inclui bibliografia e índice.
ISBN 978-85-392-0396-3

1. Processo civil - Brasil. 2. Processos especiais. 3. Brasil. Código de Processo Civil (2015). I. Título.

CDU 347.91(81)
CDD 347.8105

Índice para catálogo sistemático:
1. PROCESSOS ESPECIAIS 347.91(81)
2. PROCESSO CIVIL : BRASIL 347.91/.95(81)
(Bibliotecária responsável: Sabrina Leal Araujo – CRB 10/1507)

Prepara-te, ó homem, para encontrares o teu Criador...
(adaptado de Amós, 4:12)

Ao Mestre dos mestres, Cristo Jesus, pela salvação, vida e paz que excedem o entendimento.

À Priscila, minha mulher, e à Raísa, minha filha, razões da minha existência.

SUMÁRIO

Apresentação 27
PARTE ESPECIAL 29
LIVRO I – DO PROCESSO DE CONHECIMENTO E DO CUMPRIMENTO DE SENTENÇA 29
Título I – Do Procedimento Comum 31
Capítulo I – Disposições Gerais 33
Art. 318 34
Art. 318, parágrafo único 35
Capítulo II – Da Petição Inicial 35
Seção I – Dos Requisitos da Petição Inicial 36
Art. 319 36
Art. 319, inciso I 36
Art. 319, inciso II 37
Art. 319, inciso III 37
Art. 319, inciso IV 39
Art. 319, inciso V 40
Art. 319, inciso VI 40
Art. 319, inciso VII 41
Art. 319, § 1º 41
Art. 319, § 2º 42
Art. 319, § 3º 42
Art. 320 43
Art. 321 44
Art. 321, parágrafo único 44

Seção II – Do Pedido 45
Art. 322 45
Art. 322, § 1º 46
Art. 322, § 2º 46

Art. 323	46
Art. 324	47
Art. 324, § 1º	48
Art. 324, § 1º, inciso I	48
Art. 324, § 1º, inciso II	49
Art. 324, § 1º, inciso III	49
Art. 324, § 2º	50
Art. 325	50
Art. 325, parágrafo único	51
Art. 326	51
Art. 326, parágrafo único	52
Art. 327	53
Art. 327, § 1º	53
Art. 327, § 1º, inciso I	54
Art. 327, § 1º, inciso II	54
Art. 327, § 1º, inciso III	55
Art. 327, § 2º	55
Art. 327, § 3º	56
Art. 328	57
Art. 329	57
Art. 329, inciso I	58
Art. 329, inciso II	58
Art. 329, parágrafo único	59
Seção III – Do Indeferimento da Petição Inicial	60
Art. 330	60
Art. 330, inciso I	60
Art. 330, inciso II	61
Art. 330, inciso III	61
Art. 330, inciso IV	62
Art. 330, § 1º	62
Art. 330, § 1º, inciso I	62
Art. 330, § 1º, inciso II	63
Art. 330, § 1º, inciso III	63
Art. 330, § 1º, inciso IV	64
Art. 330, § 2º	64
Art. 330, § 3º	65
Art. 331	66
Art. 331, § 1º	66
Art. 331, § 2º	67
Art. 331, § 3º	68

SUMÁRIO

Capítulo III – Da Improcedência Liminar do Pedido	68
Art. 332	69
Art. 332, inciso I	70
Art. 332, inciso II	71
Art. 332, inciso III	71
Art. 332, inciso IV	72
Art. 332, § 1º	73
Art. 332, § 2º	73
Art. 332, § 3º	74
Art. 332, § 4º	74
Capítulo IV – Da Conversão da Ação Individual em Ação Coletiva	
Art. 333 (*Vetado*)	75
Capítulo V – Da Audiência de Conciliação ou de Mediação	76
Art. 334	77
Art. 334, § 1º	77
Art. 334, § 2º	78
Art. 334, § 3º	79
Art. 334, § 4º	79
Art. 334, § 4º, inciso I	80
Art. 334, § 4º, inciso II	80
Art. 334, § 5º	81
Art. 334, § 6º	81
Art. 334, § 7º	82
Art. 334, § 8º	82
Art. 334, § 9º	83
Art. 334, § 10	83
Art. 334, § 11	84
Art. 334, § 12	85
Capítulo VI – Da Contestação	85
Art. 335	86
Art. 335, inciso I	87
Art. 335, inciso II	87
Art. 335, inciso III	88
Art. 335, § 1º	88
Art. 335, § 2º	89
Art. 336	89
Art. 337	90
Art. 337, inciso I	90
Art. 337, inciso II	91

Art. 337, inciso III 92
Art. 337, inciso IV 92
Art. 337, inciso V 93
Art. 337, inciso VI 93
Art. 337, inciso VII 93
Art. 337, inciso VIII 94
Art. 337, inciso IX 95
Art. 337, inciso X 95
Art. 337, inciso XI 96
Art. 337, inciso XII 96
Art. 337, inciso XIII 97
Art. 337, § 1º 97
Art. 337, § 2º 98
Art. 337, § 3º 99
Art. 337, § 4º 99
Art. 337, § 5º 100
Art. 337, § 6º 100
Art. 338 101
Art. 338, parágrafo único 102
Art. 339 103
Art. 339, § 1º 104
Art. 339, § 2º 104
Art. 340 105
Art. 340, § 1º 106
Art. 340, § 2º 107
Art. 340, § 3º 107
Art. 340, § 4º 108
Art. 341 109
Art. 341, inciso I 109
Art. 341, inciso II 109
Art. 341, inciso III 110
Art. 341, parágrafo único 110
Art. 342 111
Art. 342, inciso I 111
Art. 342, inciso II 112
Art. 342, inciso III 112

Capítulo VII – Da Reconvenção 112
Art. 343 113
Art. 343, § 1º 113
Art. 343, § 2º 114

Art. 343, § 3º 114
Art. 343, § 4º 115
Art. 343, § 5º 116
Art. 343, § 6º 117

Capítulo VIII – Da Revelia 118
Art. 344 118
Art. 345 119
Art. 345, inciso I 119
Art. 345, inciso II 120
Art. 345, inciso III 121
Art. 345, inciso IV 121
Art. 346 122
Art. 346, parágrafo único 123

Capítulo IX – Das Providências Preliminares e do Saneamento 123
Art. 347 124

Seção I – Da Não Incidência dos Efeitos da Revelia 124
Art. 348 124
Art. 349 125

Seção II – Do Fato Impeditivo, Modificativo ou Extintivo do Direito
   do Autor 125
Art. 350 125

Seção III – Das Alegações do Réu 126
Art. 351 126
Art. 352 127
Art. 353 127

Capítulo X – Do Julgamento Conforme o Estado do Processo 128
Seção I – Da Extinção do Processo 128
Art. 354 129
Art. 354, parágrafo único 129

Seção II – Do Julgamento Antecipado do Mérito 130
Art. 355 130
Art. 355, inciso I 131
Art. 355, inciso II 131

Seção III – Do Julgamento Antecipado Parcial do Mérito 132
Art. 356 132
Art. 356, inciso I 133

Art. 356, inciso II 134
Art. 356, § 1º 134
Art. 356, § 2º 135
Art. 356, § 3º 135
Art. 356, § 4º 136
Art. 356, § 5º 136
Seção IV – Do Saneamento e da Organização do Processo 137
Art. 357 138
Art. 357, inciso I 138
Art. 357, inciso II 139
Art. 357, inciso III 139
Art. 357, inciso IV 140
Art. 357, inciso V 140
Art. 357, § 1º 141
Art. 357, § 2º 142
Art. 357, § 3º 142
Art. 357, § 4º 143
Art. 357, § 5º 144
Art. 357, § 6º 144
Art. 357, § 7º 145
Art. 357, § 8º 145
Art. 357, § 9º 146

Capítulo XI – Da Audiência de Instrução e Julgamento 147
Art. 358 148
Art. 359 148
Art. 360 149
Art. 360, inciso I 149
Art. 360, inciso II 150
Art. 360, inciso III 150
Art. 360, inciso IV 150
Art. 360, inciso V 151
Art. 361 151
Art. 361, inciso I 152
Art. 361, inciso II 152
Art. 361, inciso III 153
Art. 361, parágrafo único 153
Art. 362 154
Art. 362, inciso I 154
Art. 362, inciso II 154
Art. 362, inciso III 155

Art. 362, § 1º	156
Art. 362, § 2º	156
Art. 362, § 3º	157
Art. 363	157
Art. 364	157
Art. 364, § 1º	158
Art. 364, § 2º	158
Art. 365	159
Art. 365, parágrafo único	160
Art. 366	160
Art. 367	161
Art. 367, § 1º	161
Art. 367, § 2º	162
Art. 367, § 3º	162
Art. 367, § 4º	163
Art. 367, § 5º	163
Art. 367, § 6º	164
Art. 368	164

Capítulo XII – Das Provas 165
Seção I – *Disposições Gerais*

Art. 369	165
Art. 370	166
Art. 370, parágrafo único	167
Art. 371	167
Art. 372	168
Art. 373	168
Art. 373, inciso I	169
Art. 373, inciso II	169
Art. 373, § 1º	170
Art. 373, § 2º	171
Art. 373, § 3º	171
Art. 373, 3º, inciso I	172
Art. 373, 3º, inciso II	172
Art. 373, § 4º	172
Art. 374	173
Art. 374, inciso I	173
Art. 374, inciso II	173
Art. 374, inciso III	174
Art. 374, inciso IV	174
Art. 375	174

Art. 376 175
Art. 377 175
Art. 377, parágrafo único 176
Art. 378 176
Art. 379 177
Art. 379, inciso I 177
Art. 379, inciso II 178
Art. 379, inciso III 178
Art. 380 179
Art. 380, inciso I 179
Art. 380, inciso II 179
Art. 380, parágrafo único 179

Seção II – *Da Produção Antecipada da Prova* 180
Art. 381 181
Art. 381, inciso I 181
Art. 381, inciso II 184
Art. 381, inciso III 186
Art. 381, § 1º 187
Art. 381, § 2º 188
Art. 381, § 3º 189
Art. 381, § 4º 190
Art. 381, § 5º 191
Art. 382 192
Art. 382, § 1º 194
Art. 382, § 2º 195
Art. 382, § 3º 196
Art. 382, § 4º 197
Art. 383 198
Art. 383, parágrafo único 199

Seção III – *Da Ata Notarial* 201
Art. 384 201
Art. 384, parágrafo único 202

Seção IV – *Do Depoimento Pessoal* 203
Art. 385 203
Art. 385, § 1º 204
Art. 385, § 2º 204
Art. 385, § 3º 205
Art. 386 205
Art. 387 206

Art. 388	206
Art. 388, inciso I	206
Art. 388, inciso II	207
Art. 388, inciso III	207
Art. 388, inciso IV	208
Art. 388, parágrafo único	208
Seção V – *Da Confissão*	208
Art. 389	209
Art. 390	209
Art. 390, § 1º	209
Art. 390, § 2º	210
Art. 391	210
Art. 391, parágrafo único	211
Art. 392	211
Art. 392, § 1º	212
Art. 392, § 2º	212
Art. 393	212
Art. 393, parágrafo único	213
Art. 394	213
Art. 395	214
Seção VI – *Da Exibição de Documento ou Coisa*	214
Art. 396	215
Art. 397	215
Art. 397, inciso I	215
Art. 397, inciso II	216
Art. 397, inciso III	216
Art. 398	216
Art. 398, parágrafo único	217
Art. 399	217
Art. 399, inciso I	217
Art. 399, inciso II	218
Art. 399, inciso III	218
Art. 400	219
Art. 400, inciso I	219
Art. 400, inciso II	219
Art. 400, parágrafo único	220
Art. 401	220
Art. 402	220
Art. 403	221
Art. 403, parágrafo único	222

Art. 404 222
Art. 404, inciso I 222
Art. 404, inciso II 223
Art. 404, inciso III 223
Art. 404, inciso IV 223
Art. 404, inciso V 224
Art. 404, inciso VI 224
Art. 404, parágrafo único 224

Seção VII – Da Prova Documental 225
Subseção I – Da Força Probante dos Documentos 225
Art. 405 225
Art. 406 226
Art. 407 226
Art. 408 227
Art. 408, parágrafo único 227
Art. 409 228
Art. 409, parágrafo único 228
Art. 409, parágrafo único, inciso I 229
Art. 409, parágrafo único, inciso II 229
Art. 409, parágrafo único, inciso III 229
Art. 409, parágrafo único, inciso IV 229
Art. 409, parágrafo único, inciso V 230
Art. 410 230
Art. 410, inciso I 230
Art. 410, inciso II 230
Art. 410, inciso III 231
Art. 411 231
Art. 411, inciso I 231
Art. 411, inciso II 232
Art. 411, inciso III 232
Art. 412 233
Art. 412, parágrafo único 233
Art. 413 234
Art. 413, parágrafo único 234
Art. 414 234
Art. 415 235
Art. 415, inciso I 235
Art. 415, inciso II 235
Art. 415, inciso III 236
Art. 416 236

Art. 416, parágrafo único 236
Art. 417 237
Art. 418 237
Art. 419 238
Art. 420 238
Art. 420, inciso I 239
Art. 420, inciso II 239
Art. 420, inciso III 239
Art. 421 240
Art. 422 240
Art. 422, § 1º 240
Art. 422, § 2º 241
Art. 422, § 3º 241
Art. 423 242
Art. 424 242
Art. 425 243
Art. 425, inciso I 243
Art. 425, inciso II 243
Art. 425, inciso III 244
Art. 425, inciso IV 244
Art. 425, inciso V 245
Art. 425, inciso VI 246
Art. 425, § 1º 246
Art. 425, § 2º 247
Art. 426 247
Art. 427 248
Art. 427, parágrafo único 248
Art. 427, parágrafo único, inciso I 248
Art. 427, parágrafo único, inciso II 249
Art. 428 249
Art. 428, inciso I 249
Art. 428, inciso II 250
Art. 428, parágrafo único 250
Art. 429 250
Art. 429, inciso I 251
Art. 429, inciso II 251

Subseção II – Da Arguição de Falsidade 251
Art. 430 252
Art. 430, parágrafo único 252
Art. 431 253

Art. 432 254
Art. 432, parágrafo único 255
Art. 433 255

Subseção III – Da Produção da Prova Documental 256
Art. 434 256
Art. 434, parágrafo único 256
Art. 435 257
Art. 435, parágrafo único 257
Art. 436 258
Art. 436, inciso I 258
Art. 436, inciso II 259
Art. 436, inciso III 259
Art. 436, inciso IV 260
Art. 436, parágrafo único 260
Art. 437 261
Art. 437, § 1º 261
Art. 437, § 2º 262
Art. 438 262
Art. 438, inciso I 262
Art. 438, inciso II 263
Art. 438, § 1º 263
Art. 438, § 2º 264

Seção VIII – Dos Documentos Eletrônicos
Art. 439 265
Art. 440 265
Art. 441 266

Seção IX – Da Prova Testemunhal 266
Subseção I – Da Admissibilidade e do Valor da Prova Testemunhal 267
Art. 442 267
Art. 443 267
Art. 443, inciso I 267
Art. 443, inciso II 268
Art. 444 268
Art. 445 269
Art. 446 269
Art. 446, inciso I 270
Art. 446, inciso II 270
Art. 447 271
Art. 447, § 1º 271

Art. 447, § 1º, inciso I	271
Art. 447, § 1º, inciso II	272
Art. 447, § 1º, inciso III	272
Art. 447, § 1º, inciso IV	272
Art. 447, § 2º	273
Art. 447, § 2º, inciso I	273
Art. 447, § 2º, inciso II	274
Art. 447, § 2º, inciso III	274
Art. 447, § 3º	274
Art. 447, § 3º, inciso I	275
Art. 447, § 3º, inciso II	275
Art. 447, § 4º	275
Art. 447, § 5º	276
Art. 448	276
Art. 448, inciso I	277
Art. 448, inciso II	277
Art. 449	277
Art. 449, parágrafo único	278
Subseção II – Da Produção da Prova Testemunhal	278
Art. 450	279
Art. 451	280
Art. 451, inciso I	280
Art. 451, inciso II	280
Art. 451, inciso III	281
Art. 452	281
Art. 452, inciso I	282
Art. 452, inciso II	282
Art. 453	282
Art. 453, inciso I	282
Art. 453, inciso II	283
Art. 453, § 1º	283
Art. 453, § 2º	283
Art. 454, incisos I a XII	284
Art. 454, § 1º	285
Art. 454, § 2º	285
Art. 454, § 3º	286
Art. 455	286
Art. 455, § 1º	286
Art. 455, § 2º	287
Art. 455, § 3º	288

Art. 455, § 4º	288
Art. 455, § 4º, inciso I	289
Art. 455, § 4º, inciso II	289
Art. 455, § 4º, inciso III	290
Art. 455, § 4º, inciso IV	290
Art. 455, § 4º, inciso V	291
Art. 455, § 5º	291
Art. 456	291
Art. 456, parágrafo único	292
Art. 457	292
Art. 457, § 1º	293
Art. 457, § 2º	294
Art. 457, § 3º	294
Art. 458	294
Art. 458, parágrafo único	295
Art. 459	295
Art. 459, § 1º	296
Art. 459, § 2º	296
Art. 459, § 3º	297
Art. 460	297
Art. 460, § 1º	297
Art. 460, § 2º	298
Art. 460, § 3º	299
Art. 461	299
Art. 461, inciso I	300
Art. 461, inciso II	300
Art. 461, § 1º	300
Art. 461, § 2º	301
Art. 462	301
Art. 463	302
Art. 463, parágrafo único	302
Seção X – Da Prova Pericial	302
Art. 464	303
Art. 464, § 1º	303
Art. 464, § 1º, inciso I	303
Art. 464, § 1º, inciso II	304
Art. 464, § 1º, inciso III	304
Art. 464, § 2º	305
Art. 464, § 3º	305
Art. 464, § 4º	306

Art. 465	306
Art. 465, § 1º	307
Art. 465, § 1º, inciso I	307
Art. 465, § 1º, inciso II	308
Art. 465, § 1º, inciso III	308
Art. 465, § 2º	309
Art. 465, § 2º, inciso I	309
Art. 465, § 2º, inciso II	310
Art. 465, § 2º, inciso III	310
Art. 465, § 3º	311
Art. 465, § 4º	311
Art. 465, § 5º	312
Art. 465, § 6º	313
Art. 466	313
Art. 466, § 1º	314
Art. 466, § 2º	314
Art. 467	315
Art. 467, parágrafo único	315
Art. 468	316
Art. 468, inciso I	316
Art. 468, inciso II	317
Art. 468, § 1º	317
Art. 468, § 2º	318
Art. 468, § 3º	318
Art. 469	319
Art. 469, parágrafo único	319
Art. 470	320
Art. 470, inciso I	320
Art. 470, inciso II	320
Art. 471	321
Art. 471, inciso I	321
Art. 471, inciso II	321
Art. 471, § 1º	322
Art. 471, § 2º	323
Art. 471, § 3º	323
Art. 472	324
Art. 473	324
Art. 473, inciso I	325
Art. 473, inciso II	325
Art. 473, inciso III	326
Art. 473, inciso IV	326

Art. 473, § 1º 327
Art. 473, § 2º 327
Art. 473, § 3º 328
Art. 474 329
Art. 475 329
Art. 476 330
Art. 477 331
Art. 477, § 1º 332
Art. 477, § 2º 333
Art. 477, § 2º, inciso I 333
Art. 477, § 2º, inciso II 334
Art. 477, § 3º 335
Art. 477, § 4º 335
Art. 478 336
Art. 478, § 1º 337
Art. 478, § 2º 337
Art. 478, § 3º 338
Art. 479 338
Art. 480 339
Art. 480, § 1º 340
Art. 480, § 2º 340
Art. 480, § 3º 341

Seção XI – Da Inspeção Judicial 341
Art. 481 341
Art. 482 342
Art. 483 342
Art. 483, inciso I 343
Art. 483, inciso II 343
Art. 483, inciso III 343
Art. 483, parágrafo único 344
Art. 484 344
Art. 484, parágrafo único 344

Capítulo XIII – Da Sentença e da Coisa Julgada 345
Seção I – Disposições Gerais 345
Art. 485 345
Art. 485, inciso I 346
Art. 485, inciso II 347
Art. 485, inciso III 347
Art. 485, inciso IV 348

Art. 485, inciso V 348
Art. 485, inciso VI 349
Art. 485, inciso VII 349
Art. 485, inciso VIII 350
Art. 485, inciso IX 350
Art. 485, inciso X 351
Art. 485, § 1º 351
Art. 485, § 2º 351
Art. 485, § 3º 352
Art. 485, § 4º 352
Art. 485, § 5º 353
Art. 485, § 6º 353
Art. 485, § 7º 353
Art. 486 354
Art. 486, § 1º 354
Art. 486, § 2º 355
Art. 486, § 3º 356
Art. 487 356
Art. 487, inciso I 357
Art. 487, inciso II 358
Art. 487, inciso III 359
Art. 487, inciso III , "a" 359
Art. 487, inciso III , "b" 360
Art. 487, inciso III , "c" 361
Art. 487, parágrafo único 362
Art. 488 362

Seção II – *Dos Elementos e dos Efeitos da Sentença* 363
Art. 489 364
Art. 489, inciso I 364
Art. 489, inciso II 365
Art. 489, inciso III 366
Art. 489, § 1º 366
Art. 489, § 1º, inciso I 367
Art. 489, § 1º, inciso II 367
Art. 489, § 1º, inciso III 368
Art. 489, § 1º, inciso IV 368
Art. 489, § 1º, inciso V 369
Art. 489, § 1º, inciso VI 370
Art. 489, § 2º 371
Art. 489, § 3º 374

Art. 490	376
Art. 491	377
Art. 491, inciso I	377
Art. 491, inciso II	378
Art. 491, § 1º	379
Art. 491, § 2º	379
Art. 492	380
Art. 492, parágrafo único	381
Art. 493	381
Art. 493, parágrafo único	382
Art. 494	382
Art. 494, inciso I	383
Art. 494, inciso II	384
Art. 495	384
Art. 495, § 1º	385
Art. 495, § 1º, inciso I	385
Art. 495, § 1º, inciso II	386
Art. 495, § 1º, inciso III	386
Art. 495, § 2º	387
Art. 495, § 3º	387
Art. 495, § 4º	388
Art. 495, § 5º	389
Seção III – Da Remessa Necessária	389
Art. 496	390
Art. 496, inciso I	391
Art. 496, inciso II	391
Art. 496, § 1º	392
Art. 496, § 2º	392
Art. 496, § 3º, incisos I a III	393
Art. 496, § 4º	394
Art. 496, § 4º, inciso I	394
Art. 496, § 4º, inciso II	395
Art. 496, § 4º, inciso III	395
Art. 496, § 4º, inciso IV	395
Seção IV – Do Julgamento das Ações Relativas às Prestações de Fazer, de Não Fazer e de Entregar Coisa	396
Art. 497	397
Art. 497, parágrafo único	398
Art. 498	400
Art. 498, parágrafo único	401

Art. 499	402
Art. 500	403
Art. 501	404
Seção V – Da Coisa Julgada	406
Art. 502	406
Art. 503	407
Art. 503, § 1º	409
Art. 503, § 1º, inciso I	410
Art. 503, § 1º, inciso II	412
Art. 503, § 1º, inciso III	413
Art. 503, § 2º	414
Art. 504	414
Art. 504, inciso I	415
Art. 504, inciso II	416
Art. 505	416
Art. 505, inciso I	418
Art. 505, inciso II	419
Art. 506	421
Art. 507	422
Art. 508	423
Capítulo XIV – Da Liquidação de Sentença	424
Art. 509	425
Art. 509, inciso I	426
Art. 509, inciso II	427
Art. 509, § 1º	427
Art. 509, § 2º	428
Art. 509, § 3º	429
Art. 509, § 4º	429
Art. 510	430
Art. 511	431
Art. 512	434
Outras obras do autor	436

APRESENTAÇÃO

Prosseguindo no projeto de comentar todo o Código de Processo Civil mais uma vez – projeto iniciado com a publicação em 2017 do livro Tutela Provisória, dada a enorme relevância da matéria para todos os operadores do Direito –, questionamo-nos sobre qual seria o próximo passo. E a resposta que nos veio, apesar de não muito compreensível sob a perspectiva editorial, guarda certa coerência com a justificativa que nos moveu em direção à Tutela Provisória: parece-nos que mais importante do que a Parte Geral para o dia-a-dia de estudantes, advogados e juízes é o novo "procedimento comum", criado pelo Código de 2015.

Eis o motivo, então, de estarmos lançando, antes da Parte Geral, o presente volume dedicado ao Processo de Conhecimento e seu Procedimento Comum (comentários ao Título I do Livro I da Parte Especial, arts. 318 a 512), onde enfrentamos assuntos de grande repercussão prática como a improcedência liminar do pedido, a audiência de conciliação ou mediação, o julgamento antecipado parcial do mérito, o saneamento e organização do processo, a produção antecipada de prova, as outras inovações da seara instrutória, os casos de não fundamentação da sentença, o julgamento das ações relativas às prestações de fazer, não fazer e entregar coisa (incluindo a tutela inibitória) e as novidades acerca da coisa julgada.

O que esperamos é que o método representado pelos comentários, artigo por artigo, parágrafo por parágrafo, que sempre empregamos em nossos livros, continue a significar facilitação para o acesso às interpretações e às informações, tanto em salas de aula, como para fins de peticionamento e de realização de trabalhos em audiência.

Antônio Cláudio da Costa Machado
Santana de Parnaíba, janeiro de 2018.

PARTE ESPECIAL

Dada a configuração sistemática do Código de Processo Civil vigente, que institui uma Parte Geral onde se concentram os temas e matérias de aplicabilidade indistinta a todos os tipos de processo e de procedimento, resta à Parte Especial, instituída por consequência lógica, disciplinar o processo de conhecimento, o seu desdobramento natural, que é o cumprimento de sentença e suas formas de processamento, bem como os procedimentos especiais (tudo no Livro I) e, além disso, o processo de execução em toda a sua normatividade específica (no Livro II), e, por fim, o processo nos tribunais e os meios de impugnação das decisões judiciais (no Livro III), encerrando-se o Código com um Livro Complementar dedicado às disposições finais e transitórias. Eis os conteúdos particulares da Parte Especial que ora se descortina.

Livro I
DO PROCESSO DE CONHECIMENTO E DO CUMPRIMENTO DE SENTENÇA

O nome "processo de conhecimento" é decorrente da circunstância de ser este processo destinado precipuamente à atividade cognitiva do juiz (atividade de conhecimento dos fatos) com vista à aplicação da lei material e à declaração do direito por meio da sentença. Já, o "cumprimento de sentença" é o procedimento que se segue com vista à execução do que foi sentenciado e à satisfação do direito sentencialmente reconhecido. Observe-se, ainda, que o processo de conhecimento pode ser declaratório (ou meramente declaratório – da existência ou não de uma relação jurídica, da falsidade ou autenticidade de um documento), constitutivo (se, além da declaração, o que se pretende é a constituição positiva ou negativa de uma relação jurídica) ou condenatório (se, além da declaração, o que se pede é a condenação de alguém a entregar determinada soma em dinheiro; o processo condenatório tem como sua última etapa procedimental a fase de cumprimento da sentença por execução). O Código de Processo Civil ainda admite, seguindo a doutrina alemã que nos foi trazida por Pontes de Miranda, o processo mandamental (em que o juiz manda, em vez de condenar, ficando a satisfação por conta de ato do réu desencadeado pela ameaça de imposição de sanção para o caso de desobediência à ordem de fazer, não fazer ou entregar coisa certa ou incerta por meio de cumprimento de sentença) e o executivo *lato sensu* (em que a satisfação ocorre sem a colaboração do réu – por meio de cumprimento de sentença –, por simples decreto, como se dá nos casos de despejo, reintegração de posse, busca e apreensão ou imissão na posse). Concluído o exame do processo de conhecimento sob a ótica classificatória, vejamos agora sob o prisma da sua natureza: o fenômeno processo enquanto relação jurídica. A visão do processo como relação jurídica é a que, indubitavelmente, mais se presta à explicação de um sem-número de fenômenos, como ensina Eduardo J. Couture. Realmente, nenhuma visão se adapta tão perfeitamente à dinâmica do relacionamento existente entre o Estado-juiz, o autor e o réu, nem explica tão adequadamente a constante alternância entre situações jurídicas ativas e passivas, de ação e sujeição, no processo. Este não se identifica, em hipótese alguma, com uma situação jurídica, como queria Goldschmidt, mas, pelo contrário, com uma enorme gama de situações, extremamente variável conforme o comportamento dos sujeitos parciais e a sensibilidade perceptiva do condutor do processo, tudo de acordo com a regulamentação abstrata e genérica dada pela lei. Veja-se que a afirmação da autonomia da relação processual se prende à constatação de que o processo independe, para sua existência, validade e regularidade, da relação substancial controvertida. A *res in judicium deducta*, a relação subjacente (conteúdo) que se pretende definir, que pode ou não existir, em nada condiciona ou interfere na relação processual (continente). O processo, para valer, depende apenas do preenchimento de requisitos que lhe são próprios (os pressupostos processuais), e não dos requisitos da relação material. Mas nem só por esse aspecto Oskar von Büllow enfaticamente demonstrou tal autonomia. Outras circunstâncias revelam o mesmo atributo: o caráter tríplice e o objeto da relação processual. É que também subjetivamente a relação processual se distingue da substancial, que por seu intermédio é deduzida em juízo para definição ou "acertamento". A grande maioria das relações jurídicas possui apenas dois polos (o credor e o devedor de qualquer prestação que se possa imaginar). Já, quanto ao processo o que se percebe é que o número de seus sujeitos é maior: três. Búlgaro já constatara o fenômeno bem antes, na época do direito comum italiano, dizendo: *judicium est actum trium personarum: judicis, actoris et rei*. A presença de um sujeito não envolvido no litígio e imparcial (o Estado, ente soberano), posto *inter et supra* partes, faz toda a diferença; a feição tríplice do processo prova a completa independência da relação processual. Mas existe outro elemento básico a distinguir a relação jurídica material (fim, conteúdo) da outra processual (meio, continente): o objeto de cada uma delas. Como bem salientam Cintra-Grinover-Dinamarco, que tomamos a liberdade de transcrever: "(...). O bem que constitui objeto das relações jurídicas substanciais (primárias) é o bem da vida, ou seja, o próprio objeto dos interesses em conflito (uma importância em dinheiro, um imóvel, etc.). O objeto da relação jurídica processual (secundária), diferentemente, é o serviço jurisdicional que o Estado tem o dever de prestar, consumando-se mediante o provimento final em cada processo (esp. sentença de mérito)" (*Teoria Geral do Processo*, 31ª ed., São Paulo, Malheiros Editores, 2015, p. 328). Em suma, a distinção está naquilo em torno do que gira a relação, naquilo que é posto à sua frente (objeto). Na material, um bem da vida qualquer; na processual, um bem da vida específico, uma prestação jurisdicional. Esta peculiaridade, o objeto, ao lado das anteriormente aludidas – o caráter tríplice do processo e a dependência exclusiva de pressupostos próprios – dão consistência à afirmação da autonomia da relação processual.

TÍTULO I
DO PROCEDIMENTO COMUM

Processo é relação jurídica e procedimento. Relação jurídica sob o ponto de vista da sua natureza (substância), e procedimento sob o enfoque da sua manifestação exterior (forma). Na sua essência, processo é o relacionamento que se trava entre autor, réu e juiz sob contraditório e que o Código de Processo Civil disciplina; na sua forma, é o conjunto organizado e coordenado de atos, lógica e cronologicamente instituído, com o fim de gerar um ato de autoridade final (procedimento). Disciplinar o processo é sinônimo de regulamento da relação processual e do procedimento simultaneamente. Discorramos um pouco mais sobre a relação entre processo e procedimento. Se, do ponto de vista da substância, da essência, o processo é relação jurídica voltada à finalidade jurisdicional, sob o prisma formal, processo é procedimento. Relação jurídica é a força que interliga os sujeitos processuais, criando direitos e faculdades, impondo deveres e ônus, determinando, justificando, em suma, a prática de atos. Procedimento, por outro lado, é "o aspecto exterior do fenômeno processual" no dizer de Calamandrei, "a ordem e sucessão" de atos para a composição de litígios nas palavras de Carnelutti ou a "coordenação de atos que se sucedem, ligados entre si pela *causa finalis* do processo", no sentir de Alcalá-Zamora. A noção de procedimento é puramente formal, portanto, traduzindo-se na ideia de um conjunto de atos que compõem a relação processual, conjunto este encadeado harmonicamente do ponto de vista lógico e temporal, que revela a ordem legal do processo. Ou, ainda, no dizer de Cintra-Grinover-Dinamarco, "o meio extrínseco pelo qual se instaura, desenvolve-se e termina o processo; (...) coordenação de atos que se sucedem. (...) meio pelo qual a lei estampa os atos e fórmulas da ordem legal do processo" (ob. cit., 31ª ed., p. 317). Relação processual e procedimento são dois aspectos da mesma realidade. Já dizia João Mendes de Almeida Jr.: "Uma cousa é o processo, outra cousa é o procedimento: o processo é uma direcção no movimento; o procedimento é o modo de mover e a forma em que é movido o acto". Isso significa que o relacionamento que se estabelece entre Estado, autor e réu, expresso numa infindável gama de posições subjetivas, não prescinde de uma forma que viabilize sua exteriorização organizada, lógica e apta a conduzir ao ato final de definição da *res in judicio deducta*. O procedimento está para o processo assim como os trilhos estão para o trem; o movimento do trem (a progressão dinâmica da relação processual) toma a forma que lhe derem os trilhos (o procedimento), permitindo que, com mais ou menos vagar (aspecto temporal), maior ou menor dispêndio de energias (aspecto lógico), chegue-se à estação final (o provimento jurisdicional exigido). A relação processual nasce, anda (desenvolve-se) e morre sobre o procedimento, é mais do que a forma que o conjunto de atos do processo assume (rito); é também a forma (modo de ser) de cada um dos atos que compõem o conjunto instituído pela lei para cada processo. Assim, podemos identificar o procedimento como o instituto processual que se preocupa tanto com a forma dos atos como um todo (o rito) como com a forma de cada ato (o ato processual). Finalmente, devemos procurar entender a relação que se trava entre procedimento e contraditório na ótica do direito processual constitucional, mais precisamente dentro do tema das garantias constitucionais do processo. Para tanto, reproduzimos duas passagens da obra de Dinamarco, que trazem imensa luz sobre o assunto, *verbis*: "(...). Procedimento e contraditório fundem-se numa unidade empírica e somente mediante algum exercício do poder de abstração pode-se perceber que no fenômeno *processo* existem dois elementos conceitualmente distintos: à base das exigências de cumprimento dos ritos instituídos em lei está a garantia de participação dos sujeitos interessados, pressupondo-se que cada um dos ritos seja desenhado de modo hábil a propiciar e assegurar essa participação. Dessa forma, cumprir o procedimento é também observar o contraditório: sendo apenas o aspecto visível do processo, ele, no fundo, não tem o seu próprio valor, mas o valor das garantias que tutela. O *direito ao procedimento*, que as partes têm e é solenemente assegurado mediante a cláusula *due process of law*, em substância é direito aos valores processuais mais profundos e notadamente a participação em contraditório". E a seguir conclui: "Vê-se, pois, que definir o processo mediante associação do procedimento ao contraditório ou inserir-lhe no conceito a relação jurídica processual são apenas dois modos diferentes de ver a mesma realidade. São perspectivas diferentes, que não distorcem essa realidade nem se excluem reciprocamente, antes se complementam: a *política* (contraditório) não explica como se pratica e se garante a participação e a *jurídica* (relação processual) é pobre por não incluir qualquer fator teleológico e não oferecer meios para a solução de situações mais intrincadas e não previstas expressamente em leis ('cegueira metodológica')" (*A Instrumentalidade do Processo*, 15ª ed., São Paulo, Malheiros Editores, 2013, pp. 158-159 e 161). Sobre o "procedimento comum" e sua particular significação no Código de Processo Civil de 2015, leiam-se os comentários ao "Capítulo I – Disposições Gerais" logo abaixo e ao art. 318 e seu parágrafo único.

Capítulo I
Disposições Gerais

O procedimento comum, instituído pelo Código de Processo Civil de 2015, distingue-se por completo do procedimento, também chamado de comum, do estatuto de 1973, por algumas razões: em primeiro lugar, porque não admite a dupla feição ordinário e sumário do Código Buzaid; só existe um procedimento comum para o processo de conhecimento e cuja disciplina se aplica subsidiariamente a todos os outros (art. 318 e parágrafo único); em segundo lugar, porque ele se distingue claramente do antigo procedimento sumário (arts. 275 a 281 do CPC de 1973), porquanto, apesar de se iniciar com uma audiência, ela não serve à apresentação de defesa pelo réu; a contestação é apresentada, em regra, em 15 dias a partir da audiência que tenha se revelado infrutífera quanto à autocomposição (art. 335, inciso I); em terceiro lugar, porque ele também se distingue do antigo procedimento ordinário (arts. 282 e seguintes do CPC de 1973), na medida em que o réu não é citado para contestar a ação, mas para comparecer a uma audiência de conciliação ou mediação a ser conduzida, em regra, por um conciliador ou mediador (art. 334 e § 1º). Observe-se que o procedimento comum do Código de 2015, forma procedimental única marcada pela presença de uma audiência prévia de conciliação ou mediação (art. 334 e parágrafos), significa densificação normativa do princípio da consensualidade que é previsto genericamente pelo art. 3º, §§ 2º e 3º, deste Código e que traz definitivamente para dentro do direito processual civil brasileiro a consagração, o fomento e a valorização da atividade, provocada ou espontânea, de autocomposição dos conflitos (a composição dos conflitos pelas próprias partes, indireta ou diretamente).

> *Art. 318. Aplica-se a todas as causas o procedimento comum, salvo disposição em contrário deste Código ou de lei.*

Este artigo de abertura da Parte Especial, e do Livro I, Título I e Capítulo I, dirige-se clara e diretamente ao processo de conhecimento, onde está normativamente plantado. Observe-se que o "procedimento comum", enquanto forma procedimental padrão, pertence aos quadrantes do "processo de conhecimento", e não do "cumprimento de sentença", que também é referido no título do Livro I. Seja como for, o que é importante notar é que tal procedimento submete todos os processos cognitivos (declaratórios, constitutivos, condenatórios, mandamentais ou executivos *lato sensu*), vale dizer, todas as causas cognitivas ou ações de conhecimento, que são aquelas cujo pedido é de outorga de uma prestação jurisdicional meramente declaratória de direito ou declaratória como antecedente lógico da constituição de relação jurídica, da condenação a pagar quantia, do mandamento para a entrega de coisa ou para fazer ou não fazer, ou da execução *lato sensu*. Pense-se, como exemplo, em todas as causas que tramitavam pelo procedimento sumário e ordinário do Código Buzaid e pelos procedimentos especiais que já não existem mais, como: nunciação de obra nova, depósito, usucapião, anulação e substituição de título ao portador, reserva de domínio, prestação de contas movida pelo devedor, etc. Por fim, registre-se que só não se aplica o procedimento comum (o procedimento padrão cognitivo) se houver disposição expressa neste Código em sentido contrário, como as que se localizam no Título III deste Livro I, dedicado aos procedimentos especiais, com destaque para os arts. 542, inciso II (consignação em pagamento), 550 (ação de exigir contas), 578 (ação de demarcação), 589 (ação de divisão), 601 (dissolução parcial de sociedade), 627 (inventário e partilha), 679 (embargos de terceiro), 683, parágrafo único (oposição), 697 e 695 (ações de família), 701, § 2º (ação monitória), 703, § 1º (homologação do penhor legal), 708, § 1º (regulação de avaria grossa), 714, *caput* (restauração de autos). Fora do Código de Processo Civil, inúmeros regramentos específicos de leis extravagantes tornam inaplicável o procedimento comum aqui instituído: as leis do mandado de segurança, da ação civil pública, da ação popular, da ação de alimentos, da alienação fiduciária, da ação discriminatória, das ações de locação, etc.

> Art. 318. (...).
> *Parágrafo único. O procedimento comum aplica-se subsidiariamente aos demais procedimentos especiais e ao processo de execução.*

Se o *caput* do art. 318 manda aplicar o procedimento padrão cognitivo, que é o procedimento comum, a todas as causas ou ações de conhecimento, salvo as exceções expressas, o presente parágrafo único manda aplicar subsidiariamente este mesmo procedimento comum "aos demais procedimentos especiais e ao processo de execução", significando que tanto aos procedimentos especiais de jurisdição contenciosa, de dentro ou de fora do estatuto processual civil, como a todos os de jurisdição voluntária (do Título III, Capítulo XV) e aos procedimentos regulados por leis especiais, como os da lei registrária, bem ainda aos procedimentos executivos diferenciados do Código de Processo Civil, ou das leis extravagantes, como a lei da execução fiscal, e aos procedimentos do cumprimento de sentença deste Livro I, Título II, se aplicam subsidiariamente os regramentos deste Título I dedicado ao procedimento comum.

Capítulo II
Da Petição Inicial

Petição inicial é o instrumento ou veículo formal da ação (ação em sentido constitucional, como demanda ou direito ao processo, ou em sentido processual, como direito a uma sentença de mérito). É o meio formal pelo qual o autor deduz em juízo uma causa, fazendo, assim, nascer um processo. E justamente sob este ponto de vista é que se diz que a petição inicial corresponde ao primeiro ato da relação processual e do procedimento, tendo, portanto, a natureza de pressuposto de constituição ou formação do processo, ou primeiro pressuposto processual objetivo positivo (v. arts. 230, *caput*, e 485, inciso IV, nota).

> Seção I
> Dos Requisitos da Petição Inicial

Os requisitos formais da peça inicial do processo, como todas as formalidades em direito, representam, como já visto, segurança jurídica ou, se quisermos, garantia de direitos (José Frederico Marques). A preocupação da lei é, na verdade, com o conteúdo do ato, de sorte que garanta as pessoas contra demandas levianas, mal caracterizadas e contra o arbítrio. O meio pelo qual a lei impõe os conteúdos necessários para estabelecer a segurança almejada é a forma e, ao lado desta, um sistema de sanções para o caso de desobediência (v. Título III do Livro IV da Parte Geral).

> *Art. 319. A petição inicial indicará:*

Os requisitos a seguir elencados possuem, basicamente, duas finalidades, quais sejam: a formação do processo (incisos I, II, V e VI) e a identificação da ação (incisos II, III e IV). Quanto ao conteúdo das declarações a que correspondem, os requisitos podem ser divididos em declarações preponderantemente de vontade (incisos I, IV, VI e VII) e declarações preponderantemente de ciência (incisos II, III e V). Outra classificação distingue os requisitos da petição inicial em intrínsecos e extrínsecos. Intrínsecos são todos os expressamente arrolados neste art. 319 e mais os seguintes: forma escrita, exigência de expressão em vernáculo, assinatura (art. 209) e endereço do advogado (art. 106, inciso I). Extrínsecos são: a procuração, os documentos indispensáveis (art. 326), a guia de custas (em que a lei federal ou estadual – regimento de custas – exija o recolhimento prévio), a cópia da petição para instruir o mandado (art. 250, inciso V).

> *Art. 319. (...)*
> *I – o juízo a que é dirigida;*

O requisito relativo ao juízo ao qual a petição inicial é dirigida concerne formalmente ao cabeçalho da peça inaugural e substancialmente à competência do órgão jurisdicional para o processamento da causa. A definição da competência rege-se pelos arts. 21 a 25 e 42 a 66 do Livro II da Parte Geral, mas pode depender também de prescrições da Constituição Federal ou das leis federais ou estaduais de organização judiciária. Sobre os conceitos de competência, examinem-se os comentários aos títulos dos Títulos indicados acima da Parte Geral.

Art. 319. (...)

II – os nomes, os prenomes, o estado civil, a existência de união estável, a profissão, o número de inscrição no Cadastro de Pessoas Físicas ou no Cadastro Nacional da Pessoa Jurídica, o endereço eletrônico, o domicílio e a residência do autor e do réu;

O requisito sob comentário importa sobremodo à formação do processo (e também à identificação da ação) porque define a feição subjetiva da relação processual (e da ação). Em relação à identificação do autor exige-se a presença de todos os elementos previstos; quanto à do réu, apenas os que forem do conhecimento do autor (v. § 1º). Além dos legalmente instituídos, outros dados de identificação podem constar: é de praxe a referência ao número do RG. Nome (apelido de família – o art. 16 do estatuto civil fala expressamente em sobrenome) e prenome exigem-se também do representante legal da pessoa jurídica; quanto ao réu, pessoa física, pode não ser completo (v. §§ 1º e 2º). O estado civil das partes importa à incidência, ou não, da exigência de autorização ou citação do cônjuge (art. 73). A profissão do réu tem importante repercussão no plano citatório (art. 243, parágrafo único). O domicílio (residência com ânimo definitivo) das partes interessa à determinação da competência (arts. 42 a 63); a residência do réu é relevantíssima para fins de citação; o endereço eletrônico é importantíssimo para fins de intimação (arts. 270, 272 e 273).

Art. 319. (...)

III – o fato e os fundamentos jurídicos do pedido;

O dispositivo sob exame disciplina a feição que deve ter a causa de pedir (o primeiro elemento objetivo da ação; o segundo é o pedido; o subjetivo, as partes). Fundamento jurídico não se confunde com fundamento legal (que é apenas a referência ao número da lei, do artigo ou de dispositivo de lei invocado); só o primeiro, vale dizer, o fundamento jurídico, é exigência legal; o segundo, o fundamento legal, não. A nomeação da demanda também não é exigência do Código de Processo Civil; o que importa é o pedido formulado, e este, é claro, desde que perfeitamente adequado ao fundamento jurídico exposto. Fundamentos jurídicos do pedido correspondem à qualificação jurídica ou ao enquadramento jurídico dos fatos: *v.g.*, o autor afirma que, perante o direito, os fatos narrados assumem a condição de ato ilícito, infração contratual, violação de dever conjugal, esbulho possessório, fraude contra credores, simulação, etc. Fato é o evento, ou conjunto de eventos ocorridos, apto a gerar a relação jurídica de direito material que dá nascimento ao direito subjetivo material de que o autor se diz titular: o acidente, a destruição do imóvel alugado, a agressão física ao cônjuge, a invasão do terreno, os atos de dilapidação do patrimônio pelo devedor, os atos ocultos pelo negócio aparente, etc. Para o autor vencer a demanda é necessária a conclusão do juiz de que os fatos ocorreram e de que a qualificação dada pelo autor está correta, pois ao magistrado compete aplicar ou declarar o direito *(jura novit curia, narra mihi factum, dabo tibi jus)*; em caso contrário o pedido deve ser julgado improcedente. Causa de pedir remota é a razão remota do pedido: o contrato de locação, o casamento, a posse do imóvel. A causa de pedir próxima, a razão próxima: a infração, a violação de dever conjugal, o esbulho perpetrado. Observe-se que tanto a causa de pedir remota (o contrato, o casamento, a posse nas ações possessórias, a propriedade nas ações reivindicatórias) como a causa próxima (a infração contratual a violação de dever conjugal, o esbulho ou a ausência de posse na reivindicatória) também têm um lado fático e outro jurídico. Veja-se que a maneira como enxergamos a causa de pedir remota e próxima permite dobrar o ângulo de visão, já que as duas dimensões apresentadas têm seus lados fáticos e jurídicos. Tal maneira de enxergar – e de classificar – é melhor do que a antiga, que vê nos fatos a causa remota e no fundamento jurídico a causa próxima, posto que não existe uma antecedência cronológica dos fatos em relação ao fundamento jurídico, mas existe tal antecedência quando se considera que alguém vai a juízo primeiro porque contratou, casou ou se tornou possuidor, e depois porque viu o contrato violado, o dever conjugal infringido ou a posse agredida. As ideias de "causa remota" e "causa próxima" se justificam à luz do que pensamos, e não à luz da classificação antiga, além da inescondível vantagem técnica de se poder enxergar quatro realidades processuais, ao invés de duas: (1ª) causa remota em sua dimensão fática; (2ª) causa remota em sua dimensão jurídica; (3ª) causa próxima em sua dimensão fática; (4ª) causa próxima em sua dimensão jurídica. As previsões deste inciso III do art. 319 nos apresentam, então, as somatórias de todos os fatos expostos ("fatos") e de todo o enquadramento jurídico ("fundamentos jurídicos do pedido"). Registre-se, ainda neste diapasão, que o Código vigente, como os anteriores, adota a chamada teoria da "substanciação" da causa de pedir, em oposição à teoria da "individuação", na medida em que exige, para a perfeição formal da petição inicial, mesmo sem aqui dizer expressamente, que o autor faça demonstração da origem do direito invocado, quer dizer, não basta afirmar propriedade, posse, casamento ou contrato, é preciso demonstrar a origem dessas relações jurídicas de que brotam direitos (a causa remota, a partir da visão que sustentamos), direitos que, num momento subsequente, são violados (daí surgindo a causa próxima), o que faz nascer o interesse processual, e, assim, o exercício do direito de ação para a tutela do direito pela via da atividade jurisdicional. Por fim, precisamos fazer referência ao fato de que, sob a ótica das ações coletivas – as que visam à tutela de direitos difusos e coletivos –, a causa de pedir pode assumir uma feição processual mais aberta, tanto sob o prisma fático como jurídico. É que, nesta seara, são comuns fundamentos jurídicos caracterizados por grande abstração – com certa frequência atrelados a princípios constitucionais, cláusulas gerais, previsões abertas (como lesão a patrimônio público ou social, improbidade administrativa, violação ao meio ambiente, abuso do poder econômico, desrespeito a direitos sociais, etc.) –, de sorte que a realidade impõe ao direito processual civil uma necessária flexibilização na forma de considerar os "fatos", bem como os "fundamentos jurídicos do pedido", enquanto elementos integrantes da *causa petendi*. É que em iniciais de ações coletivas nem sempre os fatos podem ser narrados com precisão, dada a profusão de circunstâncias desconhecidas que circundam o objeto do conflito – circunstâncias, às vezes, carentes de perfeita concatenação no tempo e no espaço –, de sorte que tudo isto leva o sistema processual a ter de se adaptar para permitir ao juiz considerar os fatos narrados e outros (não narrados) que a eles estejam naturalmente vinculados, sob pena de se tornar inócua qualquer tentativa de se fazer justiça pelo processo. Registre-se, por fim, que a própria abertura normativa que caracteriza os fundamentos jurídicos nesse campo da atuação jurisdicional (lembre-se dos exemplos acima) acaba justificando a expansão fática mencionada – fundamentos jurídicos abertos levando à admissão de quadros fáticos abertos.

Art. 319. (...)
IV – o pedido com as suas especificações;

O pedido (segundo elemento objetivo da ação) é comumente classificado pela doutrina em imediato e mediato. Pedido imediato é a espécie de providência jurisdicional que o sujeito ativo da ação exige do Poder Judiciário: no processo de conhecimento, uma sentença declaratória, constitutiva ou condenatória, mandamental ou executiva *lato sensu*; no processo de execução, uma determinada providência satisfativa que opera a entrega do dinheiro, da coisa, o cumprimento da obrigação de fazer ou não fazer. Pedido mediato é o bem da vida reclamado pelo autor por meio da ação: no processo de conhecimento, a própria declaração de um direito, a rescisão, a anulação ou a revisão de um contrato, uma prestação de dar, fazer ou não fazer do réu; no processo de execução, o dinheiro, tantas cabeças de gado ou a casa em poder do executado; a demolição do muro, a assinatura do contrato, silêncio a partir de determinado horário. O pedido precisa ser cuidadosamente especificado, porque só aquilo que tenha sido expressamente pedido pode ser atendido (v. arts. 322, 329, 489, inciso III, 490 e 492), mas recordemos que certos pedidos assumem a forma implícita e podem ser acolhidos pelo juiz, como a condenação ao pagamento das prestações periódicas vincendas (art. 323) e da multa cominatória imposta ao réu (arts. 536 e 537). Observe-se, por fim, que a nomeação da ação não é requisito da inicial, como dissemos no comentário ao inciso III.

> Art. 319. (...)
> V – *o valor da causa;*

O valor da causa é instituído como requisito da petição inicial porque da expressão econômica do litígio decorrem várias consequências processuais, tais como o recolhimento de custas (conforme o respectivo regimento, que é lei federal ou estadual), a fixação de honorários advocatícios (arts. 85 e seguintes), o cabimento do inventário, sob forma de arrolamento (art. 664), o cabimento do recurso de embargos infringentes (art. 34 da Lei n. 6.830/1980), etc. Os critérios para a atribuição do valor da causa cujos fins, como visto, são fiscais e processuais encontram-se expressamente regulamentados pelos arts. 291 a 293.

> Art. 319. (...)
> VI – *as provas com que o autor pretende demonstrar a verdade dos fatos alegados;*

O requisito em questão não tem o menor significado prático, porque todo protesto por provas é absolutamente genérico: indicam-se "todos os meios de prova, sem exceção de nenhum, e especialmente (...)": "todos". Logo, a indicação não tem nenhuma utilidade para o juiz, que é o destinatário das provas. Ainda que falte o requisito, o autor não perde o direito de provar se indicar concretamente os meios no momento da especificação (art. 348; v. nota), ou o juiz, até independentemente disso, sanear o processo (art. 357). Se a falta é percebida pelo magistrado ao exarar o despacho liminar, deve ele ordenar ao autor a emenda, sob pena de indeferimento (art. 321), porque de qualquer forma o requisito é legal e, portanto, exigível. Nenhuma importância tem, por outro lado, o verbo que o autor usa para fazer a proposição de provas: "requerer", "indicar", "protestar", "propor", tudo é a mesma coisa. Destarte, absurdo dos absurdos é a decisão que indefere a produção de provas pelo autor porque este protestou e não requereu!

> Art. 319. (...)
> VII – *a opção do autor pela realização ou não de audiência de conciliação ou de mediação.*

Dada a circunstância normativa de o Código de Processo Civil vigente ter instituído a "audiência de conciliação ou mediação", como ato processual prévio ao oferecimento da resposta pelo réu (art. 334, *caput*) – tal audiência prévia constitui a característica mais marcante do procedimento cognitivo padrão denominado "procedimento comum", como vimos –, é que o presente inciso VII estabelece como requisito formal necessário da petição inicial da ação de conhecimento a opção do autor pela realização ou não dessa audiência, ante o fato de que se de antemão se sabe que o demandante não está disposto à autocomposição, a lei abdica da audiência se o réu também não a desejar (art. 334, inciso I e §§ 5º e 6º). Observe-se, entretanto, que se o autor declarar, com base no presente dispositivo, que deseja a conciliação ou mediação, esta terá lugar obrigatoriamente, ainda que o réu se mostre por qualquer forma fechado à ideia de acordo – o § 4º do art. 334 afirma categoricamente: "§ 4º. A audiência não será realizada: I – se ambas as partes manifestarem, expressamente, desinteresse na composição consensual". Eis a *ratio* da presente disposição legal (v. notas ao art. 334).

> Art. 319. (...)
> § 1º. *Caso não disponha das informações previstas no inciso II, poderá o autor, na petição inicial, requerer ao juiz diligências necessárias a sua obtenção.*

Visando a facilitar o acesso à Justiça pela flexibilização do cumprimento de um ônus processual que às vezes se revela pesado demais para o autor – o de ter de declarar na petição inicial detalhes identificatórios precisos a respeito do réu, pessoa natural, como seu estado civil, existência de união estável, número de CPF ou domicílio – é que o focalizado § 1º admite que o demandante requeira ao juiz da causa "diligências necessárias a sua obtenção". À vista dessa dificuldade informativa, alegada e devidamente justificada pelo autor na inicial, pode o juiz, então, determinar a expedição de ofícios a órgãos públicos (*v.g.*, Receita Federal, Polícia Civil, INSS, etc.) ou entidades privadas (empresas, associações, etc.) com o objetivo de suprir a falta de informação do autor e, assim, instrumentalizar o pleno exercício do direito de ação.

> Art. 319. (...)
> *§ 2º. A petição inicial não será indeferida se, a despeito da falta de informações a que se refere o inciso II, for possível a citação do réu.*

Ainda sob o propósito de colaborar com o autor carente de informações acerca da identificação do réu, agora flexibiliza a lei a própria exigência instituída pelo inciso II do *caput* deste art. 319 ao admitir que, mesmo desprovido de todos os informes identificatórios, possa o demandante ver sua petição inicial deferida pelo juiz da causa se um mínimo informativo estiver presente para tornar possível o ato citatório. Relativizado, assim, o rigor do trato do juiz com o tema do indeferimento da petição inicial, facilitado, mais uma vez, se torna o exercício da ação, e, com ele, o acesso ao Poder Judiciário.

> Art. 319. (...)
> *§ 3º. A petição inicial não será indeferida pelo não atendimento ao disposto no inciso II deste artigo se a obtenção de tais informações tornar impossível ou excessivamente oneroso o acesso à Justiça.*

Se o § 1º cria um caminho para facilitar o atendimento das exigências do inciso II pela outorga do direito ao autor de requerer diligências ao juiz para a obtenção de informações, e se o § 2º admite que a inicial não seja indeferida se, apesar da falta de informações, for possível a citação do réu, o presente e focalizado § 3º surge no sistema para reforçar ainda mais tais ideias de flexibilização ao dispensar o atendimento do inciso II na hipótese de a obtenção das informações, a ser realizada pelo autor ou pelo juiz, "tornar impossível ou excessivamente oneroso o acesso à Justiça". São os casos, por exemplo, de réus, pessoas naturais, que simplesmente não têm CPF, nem carteira de identidade, pessoas que não têm residência, como retirantes, sem-terra, sem-teto, mendigos ou, ainda, refugiados em situação irregular, a respeito dos quais a descoberta de informações depende de atos de cooperação internacional (arts. 27, inciso II, parte final, e 28) de duvidosa eficácia. A flexibilização aqui instituída significa a possibilidade de submeter todas as pessoas à jurisdição brasileira (isonomia), mesmo as mais desfavorecidas, e, por outro lado, levar às últimas consequências o acesso à Justiça, pela expansão máxima da potência jurídica do direito de ação.

> *Art. 320. A petição inicial será instruída com os documentos indispensáveis à propositura da ação.*

A regra disciplina a categoria dos documentos indispensáveis, impondo ao autor o ônus processual de sua juntada, sob pena de indeferimento liminar (art. 321); para o réu não subsiste a categoria. Trata-se, examinado o fenômeno por outro ângulo, da regulamentação de um dos requisitos extrínsecos da inicial (os outros se encontram referidos na nota ao *caput* do art. 319). São documentos indispensáveis: o instrumento público, quando a lei o considerar como da substância do ato (arts. 341, inciso II, 345, inciso III, e 406) e este corresponder a algum aspecto da causa de pedir; outros documentos, públicos ou particulares, sem os quais a pretensão não possa ser exercida, como a prova da propriedade na ação demarcatória, o registro do automóvel na indenizatória por acidente de trânsito, a prova do pagamento do tributo na ação de repetição de indébito, a prova da morte em ação previdenciária, a prova do arrendamento mercantil na ação reintegratória, a prova da existência da caderneta de poupança em ação que busca discutir correção monetária, o título executivo extrajudicial na ação de execução, o demonstrativo do débito atualizado realizado pelo exequente (art. 798, inciso I, "b"), a prova da condição ou termo ainda na execução (art. 798, inciso I, "c", c/c o art. 514), a prova literal do depósito (art. 311, inciso III), a planta do imóvel e certidão do registro no usucapião, etc. Não são documentos indispensáveis, por outro lado, os recibos não pagos em ação de despejo ou os extratos das contas do FGTS em ação que verse sobre o índice aplicável de correção monetária, *v.g.*

> *Art. 321. O juiz, ao verificar que a petição inicial não preenche os requisitos dos arts. 319 e 320 ou que apresenta defeitos e irregularidades capazes de dificultar o julgamento de mérito, determinará que o autor, no prazo de 15 (quinze) dias, a emende ou a complete, indicando com precisão o que deve ser corrigido ou completado.*

Trata-se de providência preliminar tomada pelo juiz no momento do despacho da inicial (fora da fase de saneamento, portanto – arts. 347 a 357) e cujo objetivo é escoimar, desde logo, o processo de quaisquer irregularidades; a regularidade formal da petição inicial é pressuposto processual objetivo positivo. A providência cabe na hipótese de falta de preenchimento ou mau preenchimento dos sete requisitos intrínsecos expressamente previstos pelo art. 319 – além dos implicitamente instituídos (v. nota ao *caput* do art. 319) –, no caso de falta de documento indispensável (art. 320), bem como nas situações especificamente referidas no texto. Irregularidades são aquelas decorrentes da falta de endereço do advogado (art. 106, inciso I), falta de procuração (art. 104), falta de cópia para o mandado (art. 250, inciso V) ou falta de guia de custas ou de recolhimento suficiente. Defeito capaz de dificultar o julgamento de mérito é sinônimo de ausência de clareza ou precisão na exposição fática ou jurídica, de sorte que prejudique a compreensão satisfatória do conflito de interesses pelo juiz (o texto deste art. 321 deveria ter se referido primeiro às irregularidades e depois aos defeitos para fazer pleno sentido). Já a parte final do dispositivo deixa claro que, seja qual for a irregularidade formal da inicial – exceto na hipótese de inépcia, que corresponde a irregularidade gravíssima e que é disciplinada diretamente pelo art. 330, § 1º –, o juiz tem o dever de dar a oportunidade ao autor para emendá-la ou completá-la no prazo de quinze dias, mas também indicar com precisão o que deve ser corrigido ou completado.

> *Art. 321. (...)*
> *Parágrafo único. Se o autor não cumprir a diligência, o juiz indeferirá a petição inicial.*

Este parágrafo único conclui a disciplina da atividade inaugural de saneamento do processo, impondo a sanção de extinção da relação jurídica processual caso o autor não emende ou complete a petição inicial nos termos exigidos pelo juiz (*caput*, parte final), isto é, não a regularize no prazo de quinze dias a partir da intimação. O indeferimento da petição inicial – tanto neste caso em que é posterior à ordem de regularização como nas hipóteses de indeferimento por inépcia (art. 330, § 1º) – tem a natureza jurídica de sentença terminativa (art. 203, § 1º, c/c o art. 495) e comporta, por isso, recurso de apelação (art. 1.009).

Seção II
Do Pedido

Pedido é o objeto do processo, aquilo em torno do que gravita toda a atividade jurisdicional. Pedido é a exigência que o autor apresenta ao Estado-juiz por meio do exercício do direito de ação e que possui dois conteúdos distintos. O primeiro é de caráter estritamente processual e corresponde à espécie de prestação jurisdicional que se postula (tipo de sentença, no processo de conhecimento; tipo de provimento satisfativo, no processo de execução); a doutrina se refere a este aspecto falando de pedido imediato. Já o segundo conteúdo é de direito material e se identifica com o bem da vida que se pleiteia (certa soma de dinheiro, o imóvel, a rescisão do contrato, etc.); a ele alude a doutrina como pedido mediato (v. nota ao inciso IV do art. 319). Pedido é, portanto, o invólucro técnico processual da pretensão material (exigência de subordinação do interesse alheio ao próprio), que é fenômeno sociológico, pré e extraprocessual.

Art. 322. O pedido deve ser certo.

Enquanto objeto do processo, segundo elemento da ação e parte integrante de pressuposto processual objetivo (a regularidade formal da inicial), além de fenômeno definidor dos limites do exercício em concreto da jurisdição com reflexos sobre a coisa julgada – tudo isso ao mesmo tempo, dadas as várias possibilidades de enfoque jurídico –, o pedido assume papel verdadeiramente central em termos de processualística. Pois bem, "o pedido deve ser certo". Pedido certo é sinônimo de pedido escrito, expresso, de pedido formalmente explícito. Assim é, ou deve ser, porque, além de tudo o que foi dito, é ao pedido, antes de mais nada, que se opõe o réu, executado ou requerido, é contra o pedido que se volta a defesa, é em relação a ele que se exerce o contraditório, fundamentalmente, para que se cumpra o devido processo legal.

> Art. 322. (...)
> § 1º. *Compreendem-se no principal os juros legais, a correção monetária e as verbas de sucumbência, inclusive os honorários advocatícios.*

Se o pedido certo é o pedido escrito, expresso e explícito, aquilo que não o é, mas que o Código de Processo Civil considera como se tivesse sido pedido – apesar da falta de explicitude –, há de ser ressalvado expressamente pela lei. Eis a razão de ser do presente dispositivo, que afirma compreender-se no principal, vale dizer, que afirma presumirem-se incluídos ou reputarem-se integrados "no principal os juros legais, a correção monetária e as verbas da sucumbência, inclusive os honorários advocatícios". Trata-se, assim, dos pedidos implícitos admitidos pelo Código. Observe-se, por fim, que os juros convencionais não se encontram previstos e que os honorários integram naturalmente as verbas da sucumbência, mas que este § 1º faz questão de referi-los, para não deixar nenhuma dúvida sobre a desnecessidade de o autor pedi-los expressamente.

> Art. 322. (...)
> § 2º. *A interpretação do pedido considerará o conjunto da postulação e observará o princípio da boa-fé.*

Ainda que o pedido deva ser necessariamente certo (escrito, expresso e explícito), como regra, o presente parágrafo reconhece que, apesar de certo, o pedido poderá ter sido formulado de maneira não exatamente técnica, precisa ou clara, de sorte que, assim como tudo que se escreve é passível de interpretação, também o pedido há de ser interpretado; e, para esse fim, estabelece o parágrafo sob enfoque dois critérios: (1º) o critério sistemático ou contextual, conforme "o conjunto da postulação", vale dizer, o pedido interpretável deve ser enxergado à luz do conjunto ou complexo das pretensões deduzidas pelo autor, e jamais isoladamente; (2º) o critério da boa-fé, ou "princípio da boa-fé", segundo o qual presume-se para fins interpretativos a intenção lícita e a vontade sincera, e não o contrário; a falta de boa-fé, se demonstrada pelo réu, acarretará a responsabilidade do autor pela litigância de má-fé (arts. 79 e 80).

> Art. 323. *Na ação que tiver por objeto cumprimento de obrigação em prestações sucessivas, essas serão consideradas*

> incluídas no pedido, independentemente de declaração expressa do autor, e serão incluídas na condenação, enquanto durar a obrigação, se o devedor, no curso do processo, deixar de pagá-las ou de consigná-las.

O dispositivo disciplina a chamada cumulação implícita, reputando incluídas no pedido todas as prestações periódicas vincendas – isto é, aquelas que só vencerão no curso do processo – independentemente de o autor ter feito referência a elas (tecnicamente, prestações periódicas são aquelas que decorrem de obrigações de trato sucessivo). A segunda parte do dispositivo complementa a regulamentação, afirmando que a sentença deve incluir na condenação as prestações vencidas no curso do processo e não pagas, bem como, não tão claramente, as que se vencerem depois do trânsito em julgado e que da mesma forma não forem pagas. Tal conclusão interpretativa decorre do fato de o texto da lei consignar em sua parte final que a sentença incluirá prestações vencidas "enquanto durar a obrigação", e não enquanto durar o processo em sua fase cognitiva (a que antecede a fase de cumprimento de sentença). A sentença, neste caso, portanto, produz condenação condicional (para o futuro). O mesmo raciocínio vale para o acórdão de qualquer instância, já que "sentença", no texto, tem significado amplo. Sobre o assunto, examine-se ainda o art. 541.

> Art. 324. O pedido deve ser determinado.

Diferentemente do pedido certo (o escrito, o expresso e o explícito), o pedido determinado é o pedido perfeitamente definido em relação à quantidade e à qualidade não só do bem da vida (pedido mediato) como da exata dimensão jurídica da prestação jurisdicional invocada (pedido imediato). Em outras palavras, o pedido determinado é o pedido precisamente caracterizado quanto ao que se quer: (1º) a quantidade de dinheiro, de coisas móveis ou semoventes, o imóvel reivindicado, "com as suas especificações" (diz o art. 319, inciso IV), o que envolve a ideia de qualidade, incluindo a prestação de fazer ou de não fazer, perfeitamente caracterizada, assim como a declaração de existência ou inexistência de um direito (exemplos de pedido determinado no plano do pedido mediato); (2º) a qualidade da prestação jurisdicional requerida perfeitamente definida como uma sentença declaratória, constitutiva, condenatória, mandamental ou executiva *lato sensu*, um provimento satisfativo para entrega de quantia, de coisa certa ou incerta, para a realização de fazer, não fazer, um provimento de tutela provisória de urgência antecipada ou cautelar ou de tutela provisória da evidência, sempre precisamente identificada juridicamente (exemplos de pedido determinado no plano do pedido imediato). Observe-se, por derradeiro, que o "pedido determinado" se opõe ao "pedido genérico", objeto da regulamentação do § 1º abaixo (v. notas).

> **Art. 324. (...).**
> **§ 1º. *É lícito, porém, formular pedido genérico:***

Se o pedido determinado previsto pelo *caput* é o pedido perfeitamente identificado quanto ao que se quer, tanto no plano do pedido mediato (o bem da vida) quanto no do pedido imediato (a providência jurisdicional solicitada), o pedido genérico de que trata o presente § 1º, também chamado de ilíquido, é o pedido não definido em relação ao pedido mediato, isto é, não definido em relação ao bem da vida postulado, e não definido precisamente em relação ao pedido imediato (o tipo da providência postulada). De acordo com o parágrafo em questão, é lícito à parte "formular pedido genérico", mas apenas nas hipóteses expressamente previstas nos incisos abaixo, e de forma exaustiva (*numerus clausus*) e mediante interpretação restrita, de sorte que remetemos o leitor aos comentários aos incisos que seguem.

> **Art. 324. (...).**
> **§ 1º. (...):**
> ***I – nas ações universais, se o autor não puder individuar os bens demandados;***

Ações universais são aquelas cujo pedido mediato corresponde a uma universalidade de bens, como uma herança (universalidade de direito), um rebanho ou uma pinacoteca (universalidade de fato). Observe-se que a lei só permite o pedido genérico ou ilíquido nas ações universais se o autor não puder individualizar os bens. Dita impossibilidade é, portanto, *conditio sine qua non* da viabilidade do pedido genérico. Registre-se, por último, o que prescrevem os arts. 90 e 91 do estatuto civil: "Art. 90. Constitui universalidade de fato a pluralidade de bens singulares que, pertinentes à mesma pessoa, tenham destinação unitária"; "Art. 91. Constitui universalidade de direito o complexo de relações jurídicas, de uma pessoa, dotadas de valor econômico". Observe-se, por fim, que, em relação às ações universais, a indefinição do pedido mediato (bem da vida) normalmente é acompanhada da indefinição quanto ao pedido imediato: ordem para a entrega de coisas móveis ou imóveis, condenação em dinheiro, declaração da existência de direitos, etc. – o pedido pode ser genérico porque o autor, ao promover a ação de conhecimento, não sabe simplesmente o que pedir, nesses casos.

> Art. 324. (...).
> § 1º. (...):
> *II – quando não for possível determinar, desde logo, as consequências do ato ou do fato;*

O contexto processual de admissibilidade do pedido genérico agora é outro: as ações indenizatórias por perdas e danos. Em relação a estas, a impossibilidade deve atingir a determinação conclusiva sobre as consequências do ato (fato humano) ou fato (fato não humano) ilícito. É o que ocorre, *v.g.*, nas hipóteses em que a invalidez temporária pode tornar-se permanente ou se transformar em morte; no caso das perdas verificadas, que na época da propositura eram parciais, durante o curso do processo podem tornar-se totais (os exemplos são de Calmon de Passos). Note-se, outrossim, que o presente dispositivo não autoriza o pedido genérico em ações de indenização por dano moral. Se dificuldade existe para definir o *quantum debeatur*, esta é imposta ao autor que deve deduzir pedido determinado como condição do próprio exercício do direito ao contraditório e à ampla defesa pelo réu. Aliás, o art. 292, inciso V, deste Código de Processo Civil impõe exatamente tal solução.

> Art. 324. (...).
> § 1º. (...):
> *III – quando a determinação do objeto ou do valor da condenação depender de ato que deva ser praticado pelo réu.*

Hipótese concreta típica da previsão deste inciso III é a ação de exigir contas, a antiga ação de prestação de contas proposta por quem tinha o direito de exigi-las (arts. 914, inciso I, do CPC de 1973 e 550 e

§ 1º do CPC de 2015 – prestação de contas provocada), em que o *quantum* da condenação depende fundamentalmente do conteúdo das contas que venha a prestar o réu (art. 550, §§ 2º a 6º). Embora a sentença seja aparentemente declaratória, a que "apura" as contas (art. 552), o seu conteúdo é inequivocamente condenatório, dando ensejo à instauração de fase de execução (cumprimento de sentença) por quem seja reconhecido como credor pela sentença (autor ou réu), dada a duplicidade da ação de exigir contas.

> Art. 324. (...).
> § 2º. *O disposto neste artigo aplica-se à reconvenção.*

O dispositivo em questão tem caráter meramente elucidativo, ou explicitativo, porque mesmo que ele faltasse no sistema, como ocorria ao tempo da vigência do Código Buzaid, é evidente que autorização para a propositura de ação de conhecimento com pedido genérico também se aplicava à reconvenção, que constituía, como constitui, mero contra-ataque do réu contra o autor no mesmo processo, ação do réu em face do autor com as mesmas vicissitudes disciplinares, em tese, da ação principal. Assim, respeitados os limites naturais de admissibilidade da ação reconvencional (art. 343 e seus §§ 1º a 6º), nada impede que, cabível a reconvenção, tenha lugar a formulação de pedido genérico pelo réu-reconvinte.

> Art. 325. *O pedido será alternativo quando, pela natureza da obrigação, o devedor puder cumprir a prestação de mais de um modo.*

O pedido alternativo aqui disciplinado não se confunde, em absoluto, com a cumulação subsidiária regida pelo art. 326. Nesta há cúmulo de pedidos (mais de um, portanto), enquanto aqui o pedido, embora alternativo, é único. O pedido imediato, na hipótese sob comentário, corresponde a uma sentença mandamental ou condenatória, e o mediato a uma prestação do réu que pode assumir mais de uma forma: prestação de fazer ou prestação de dar; prestação de dar dinheiro ou prestação de dar alguma coisa (a obrigação alternativa é regulada pelos arts. 252 a 256 do CC). O pedido, destarte, é único, pois o que se exige do órgão jurisdicional é uma sentença de conteúdo processual único, predeterminado, que é uma condenação ou mandamento (pedido imediato) dirigido ao réu para cumprir sua obrigação única, cujo objeto é uma prestação indefinida (pedido mediato). Essa prestação indefinida – objeto da obrigação única do devedor e do direito único do credor – é que corresponde ao bem da vida perseguido pelo sujeito ativo da ação. Sobre o valor da causa e a execução de obrigação alternativa, v. arts. 292, inciso VII, e 800.

> **Art. 325. (...).**
> *Parágrafo único. Quando, pela lei ou pelo contrato, a escolha couber ao devedor, o juiz lhe assegurará o direito de cumprir a prestação de um ou de outro modo, ainda que o autor não tenha formulado pedido alternativo.*

Em linha de princípio, havendo obrigação alternativa – é a lei material ou o contrato que diz se ela existe –, deve o autor pedir a condenação do réu a cumprir sua obrigação, ou o mandamento para que o réu a cumpra, explicitando a faculdade deste de cumpri-la do modo que lhe aprouver. O dispositivo em questão, no entanto, permite ao juiz, de ofício, reconhecer a alternatividade e conceder ao réu o direito de optar por esse ou aquele modo de cumprimento, independentemente da explicitação mencionada. Neste sentido, o que se pode dizer é que o pedido alternativo deste art. 325 também se enquadra como exceção à exigência de pedido certo (escrito, explícito) e determinado (definido quanto a qualidade e quantidade). Além disso, a alternatividade da obrigação – que induz exceção aos arts. 322, *caput*, e 324, *caput*, e que autoriza o juiz a agir conforme o presente parágrafo único – também corresponde, em termos processuais, a uma objeção substancial (matéria conhecível de ofício) e, ao mesmo tempo, a uma autorização expressa para que o juiz profira sentença *extra petita* caso o autor haja formulado pedido certo e determinado (v. art. 492). Exemplo concreto da hipótese prevista neste parágrafo único é encontrada no § 2º do art. 500 do estatuto civil.

> *Art. 326. É lícito formular mais de um pedido em ordem subsidiária, a fim de que o juiz conheça do posterior, quando não acolher o anterior.*

A cumulação subsidiária aqui instituída sempre foi chamada em doutrina de cúmulo alternativo, sucessivo ou eventual (daí a confusão terminológica com o pedido alternativo previsto no art. 325). Na cumulação subsidiária dois ou mais pedidos são formulados, podendo cada um deles corresponder a uma espécie diferente de sentença (pedido imediato) e correspondendo sempre a uma particularização da prestação (pedido mediato ou bem da vida). Entre os pedidos cumulados sob a normatividade deste art. 326 estabelece-se uma relação de subsidiariedade que revela a maior e a menor vontade do autor: o segundo pedido só é apreciado se o primeiro não puder ser acolhido. Vejamos alguns exemplos. O autor pede o complemento da área alienada na venda *ad mensuram* como pedido principal e, se não puder ser atendido, a rescisão do contrato (como subsidiário); pede-se o complemento da área ou o abatimento do preço (ambos os exemplos são do art. 500 do CC); o autor pede mandamento para que o réu cumpra determinada obrigação de fazer (como pedido principal) e, se isso não for possível, que haja condenação em perdas e danos (pedido subsidiário); pede-se a declaração de que a sociedade está dissolvida e, se assim não for reconhecido, que se decrete a dissolução; pede-se a declaração de nulidade do contrato e, se isso não for possível, que se decrete a sua anulação (v. § 3º do art. 327).

> Art. 326. (...).
> *Parágrafo único. É lícito formular mais de um pedido, alternativamente, para que o juiz acolha um deles.*

Se o *caput* deste art. 326 institui e regula a cumulação subsidiária por meio da qual se permite que o autor estabeleça, ao pedir, uma gradação da sua vontade, vale dizer, uma vontade maior correspondente ao primeiro pedido e uma vontade menor correspondente ao segundo pedido – a consequência, para o juiz, é que ele só passará a considerar o segundo pedido (o "posterior") quando não acolher o primeiro (o "anterior") –, o focalizado parágrafo único prevê e regula a verdadeira cumulação alternativa, caracterizada pela equiparação das vontades do autor em relação aos dois ou mais pedidos que formula e pela instituição da superioridade da vontade do juiz para que "acolha um deles", diz o texto. O que nos parece é que este dispositivo trazido para o sistema pelo Código de 2015 dá ao juiz uma certa carga de poder discricionário, na medida em que o acolhimento do segundo pedido não fica na dependência da impossibilidade de acolhimento do primeiro, como ocorre na cumulação subsidiária do *caput*, mas, sim, da maior conveniência, sob o ponto de vista prático, fático ou outro, de o magistrado optar pela primeira solução oferecida ou pela segunda, conforme um juízo de oportunidade e conveniência. Os exemplos apresentados no comentário ao *caput* também servem para ilustrar a cumulação alternativa, com a diferença de que aqui quem define a preferência é o próprio órgão julgador, e não a parte (v. § 3º do art. 327).

> *Art. 327. É lícita a cumulação, em um único processo, contra o mesmo réu, de vários pedidos, ainda que entre eles não haja conexão.*

A figura da cumulação de pedidos num único processo inspira-se inequivocamente no princípio da economia e tem por finalidade impedir a proliferação de causas mediante o julgamento único de vários litígios. Se vários pedidos se cumulam, na verdade o que há é uma cumulação de ações, uma vez que cada pedido corresponde a uma ação, e isso independentemente da identidade ou não da causa de pedir. Além da cumulação subsidiária (art. 326, *caput*), da cumulação alternativa (art. 326, parágrafo único) e da implícita (art. 323), já examinadas, outras formas existem, como a cumulação sucessiva, a simples e o concurso de pedidos – que, a rigor, não é cumulação, pelo menos pelo prisma formal. As três encontram-se admitidas pelo presente dispositivo. Cumulação sucessiva verifica-se quando se deduzem dois pedidos e o segundo só é apreciado no caso de o primeiro ser julgado procedente (*v.g.*, investigação de paternidade e petição de herança ou alimentos; reintegração e perdas e danos; rescisão contratual e reintegração). Já a cumulação simples é a que tem lugar em função da independência dos pedidos cumulados (*v.g.*, dois pedidos de cobrança fundados em dois contratos semelhantes; um pedido de cobrança e outro de declaração de inexistência de débito contra o mesmo réu; pedidos de indenização por dano material e por dano moral). E, por fim, consideremos o concurso de pedidos que se dá nas hipóteses em que há formalmente um só pedido e vários fundamentos (despejo por infração legal e por infração contratual; anulação de um ato por erro e por simulação; separação judicial por agressão e por abandono; anulação de várias multas de trânsito diferentes por incompetência).

> *Art. 327. (...).*
> *§ 1º. São requisitos de admissibilidade da cumulação que:*

De acordo com o dispositivo sob análise, cumulação de pedidos só tem cabimento se os três requisitos elencados nos incisos se fizerem presentes simultaneamente num caso concreto. Faltando apenas um deles, a cumulação deve ser rejeitada pelo magistrado sob a forma adequada ao requisito inexistente (v. comentários aos incisos a seguir). Se a rejeição não for liminar, ainda é possível realizá-la no momento do julgamento conforme o estado do processo, quer sob a forma de extinção (art. 354), quer sob a forma de saneamento, se a rejeição for parcial (art. 357, inciso I).

> Art. 327. (...).
> § 1º. (...):
> *I – os pedidos sejam compatíveis entre si;*

Pedidos compatíveis são os pedidos juridicamente conciliáveis, aqueles que podem coexistir, que não se excluem mutuamente. Porque não é lícito exigir que o próprio magistrado faça a escolha de um dos pedidos em lugar do autor (salvo no caso do art. 326, parágrafo único), impõe a lei, como consequência da incompatibilidade, o indeferimento da petição inicial por inépcia (art. 330, § 1º, inciso IV). São exemplos de pedidos incompatíveis: a anulação do testamento e a entrega do legado; a rescisão do contrato e a condenação do réu a entregar a coisa que é seu objeto. Admite-se, todavia, em hipóteses como estas, que o juiz, em vez de indeferir a inicial, determine ao autor que opte por um dos dois pedidos (art. 321), mas sempre, evidentemente, antes da citação do réu.

> Art. 327. (...).
> § 1º. (...):
> *II – seja competente para conhecer deles o mesmo juízo;*

O juiz do processo no qual o autor cumula pedidos deve ser competente de forma objetiva, funcional e territorial para julgar todos eles. Se em relação a um pedido o magistrado não possui, *v.g.*, competência pela matéria (Vara da Família em vez de Cível) ou pela pessoa (Justiça Federal ao invés de Estadual), a solução é seu reconhecimento e, ato contínuo, a ordem para que se desmembre a inicial e se remetam os autos desmembrados ao juízo competente (art. 64, § 2º), já que não é caso de indeferimento e o outro pedido será processado. Tratando-se de incompetência territorial, há de se esperar a alegação em preliminar de contestação (art. 65, *caput*). Acolhida a alegação em relação a um pedido, a solução é identicamente desmembramento e desdobramento formais da inicial e a ordem de remessa dos autos ao juízo competente (art. 64, § 2º), se entre as causas cumuladas não houver conexão (art. 55).

> **Art. 327. (...).**
> **§ 1º. (...):**
> *III – seja adequado para todos os pedidos o tipo de procedimento.*

O dispositivo sob exame exige que todos os pedidos se submetam a um mesmo procedimento: o comum ou a alguns dos procedimentos especiais do Título III deste Livro I. O termo "procedimento", no texto, deve ser entendido, ainda, como sinônimo de processo (posto que procedimento é apenas o aspecto exterior, formal, do processo), de sorte que não é possível cumular, em hipótese alguma, um pedido de providência executiva com um pedido de sentença em processo de conhecimento. Sobre a cumulação de pedidos em processo de execução, especificamente, examine-se o art. 780, que fala de várias execuções fundadas em títulos diferentes.

> **Art. 327. (...).**
> *§ 2º. Quando, para cada pedido, corresponder tipo diverso de procedimento, será admitida a cumulação se o autor empregar o procedimento comum, sem prejuízo do emprego das técnicas processuais diferenciadas previstas nos procedimentos especiais a que se sujeitam um ou mais pedidos cumulados, que não forem incompatíveis com as disposições sobre o procedimento comum.*

O dispositivo sob enfoque abre exceção à regra estampada no inciso III do § 1º deste art. 327, que impõe a exigência de uniformidade procedimental para a cumulação, uma vez que permite, em tese, a cumulação de pedidos que demandam a aplicação de procedimentos diferentes (nunca processos diferentes, advirta-se), desde que se empregue o procedimento padrão do processo de conhecimento, que é o "procedimento comum". Tal exceção coloca em pauta, a toda evidência, a questão da cumulação entre pedidos vocacionados ao procedimento comum e outros vocacionados aos procedimentos especiais, o que explica e justifica a longa parte final do enunciado, dedicada justamente à compatibilização dessas duas realidades: a cumulação é possível e não fica obstaculizada pelo "emprego das técnicas processuais diferenciadas previstas nos procedimentos especiais" desde que não sejam "incompatíveis com as disposições sobre o procedimento comum". Mas, afinal, quando cabe e quando não cabe a cumulação? Cabe a cumulação entre pedido de procedimento comum e pedido de ação de exigir contas (arts. 550 e 553), entre pedido de procedimento comum e pedido de ação possessória (arts. 554 a 568), ou de homologação de penhor legal (arts. 703 a 706), mas não assim entre pedido de procedimento comum e pedido de ação de consignação em pagamento (arts. 539 a 548), de inventário e partilha (arts. 610 a 673), de embargos de terceiro (arts. 674 a 681), de oposição (arts. 682 a 686), de ações de família (arts. 693 a 699), da ação monitória (arts. 700 a 702), da regulação de avaria grossa (arts. 707 a 711), restauração de autos (arts. 712 a 718), e muito menos a cumulação entre pedido de procedimento comum e pedido que exige qualquer dos procedimentos de jurisdição voluntária (arts. 719 a 770).

> Art. 327. (...).
> § 3º. *O inciso I do § 1º não se aplica às cumulações de pedidos de que trata o art. 326.*

De acordo com a presente disposição legal, a exigência de compatibilidade jurídica entre os pedidos cumulados, estabelecida pelo § 1º, inciso I, deste art. 327, não se aplica às formas de cumulação previstas pelo art. 326, quais sejam: à cumulação subsidiária (do *caput*) e à cumulação alternativa (do parágrafo único). Observe-se que tal relativização é instituída dada a necessidade de justificar a própria concessão de poder discricionário ao juiz para escolher entre dois pedidos (na cumulação alternativa) e para justificar o direito do autor de escolher um dos pedidos como o mais desejado (na cumulação subsidiária), tudo porque a lei dá ao autor dois direitos incompatíveis se cogitados na perspectiva das formas de cumulação que o art. 327 regula (pense-se nos exemplos que ilustram a aplicabilidade do art. 326). Em outras palavras: a exigência de compatibilidade é deixada de lado, porque na cumulação subsidiária, como na alternativa, os pedidos formulados jamais poderiam ser atendidos sob a forma de cumulação simples (que permite o atendimento dos dois autonomamente), nem sob a forma de cumulação sucessiva (que só permite o atendimento do segundo se e quando o primeiro for atendido). Como na cumulação subsidiária o autor escolhe o mais desejado, e como na alternativa é o juiz que escolhe a que atender, resta obstaculizada a ideia de compatibilidade pelo menos assim como a concebe o inciso I do § 1º deste art. 327, que enxerga o requisito com um rigor extremo. Note--se que há sim uma compatibilidade jurídica entre os pedidos previstos no art. 326, mas ela somente existe porque a lei material resolveu dar liberdade ao titular do direito para escolher o que deseja mais e o que deseja menos – este é fenômeno material que explica também o poder discricionário do juiz, como visto –, de sorte que uma compatibilidade existe, mas sem o rigor da compatibilidade deste art. 327, § 1º, inciso I, que parte da ideia de total compatibilidade, a ponto de permitir o acolhimento dos dois pedidos ao mesmo tempo.

> *Art. 328. Na obrigação indivisível com pluralidade de credores, aquele que não participou do processo receberá sua parte, deduzidas as despesas na proporção de seu crédito.*

O dispositivo sob análise regula uma repercussão processual importante do fenômeno substancial da solidariedade ativa: fica instituído o direito do credor solidário de prestação indivisível que não promoveu a ação (posto que é lícito a qualquer dos credores acionar para exigir a dívida por inteiro – CC, art. 275) de receber sua cota proporcional, desde que rateadas as despesas processuais. Tais despesas são as custas, as diligências, a diária de testemunha, a honorária pericial, etc. Se o credor--autor já foi reembolsado, não há despesas a ratear. Para o exercício deste direito processual pelo credor que não foi parte bastará que ele ingresse nos autos devidamente representado e prove sua condição para que o juiz lhe defira o levantamento de sua cota-parte. Observe-se, por fim, que a hipótese prevista neste art. 328 não concerne à cumulação de pedidos, mas sim a pedido único de parte legitimada não participante até então por meio de intervenção anômala.

> *Art. 329. O autor poderá:*

Este art. 329 versa sobre o exercício do direito subjetivo processual do autor da ação de conhecimento, ou do réu que deduz reconvenção, de aditar ou alterar o pedido e/ou a causa de pedir (os dois elementos objetivos da ação) constantes da petição inicial da ação ou da reconvenção. Eis os conteúdos disciplinares dos dois incisos e do parágrafo único que seguem abaixo e que, sob uma ótica diferente, principiológica, dão corpo normativo ao chamado princípio da estabilidade do processo, segundo o qual a partir de determinado momento do *iter* procedimental nenhuma alteração dos elementos objetivos da ação pode ser realizada, com vista ao alcance de um julgamento (ou resolução) do mérito seguro, maduro e sem possibilidade de surpresas.

> Art. 329. (...):
> *I – até a citação, aditar ou alterar o pedido ou a causa de pedir, independentemente de consentimento do réu;*

Dada a circunstância de que somente com o ato citatório é que o sujeito passivo passa a integrar o processo ("Art. 238. Citação é o ato pelo qual são convocados o réu, o executado ou o interessado para integrar a relação processual"), fica reconhecido e explicitado por meio do presente dispositivo que, até o momento em que se opera a citação, pode o autor livremente aditar ou alterar o pedido (art. 319, inciso IV) e a causa de pedir (art. 319, inciso III), o que significa dizer que nenhuma forma de consentimento do réu é exigida para tal fim. Se para o sujeito passivo, até o instante da sua convocação judicial, o processo ainda não gera qualquer efeito sobre sua órbita jurídica, nada impede que o autor faça o que quiser com o pedido ou com a causa de pedir até esse instante, aditando-os (acrescentando-lhes mais vontades ou declarações) ou alterando-os (modificando as vontades e declarações já apresentadas), de sorte a adequá-los ao que entender mais jurídico, justo ou conveniente, sem qualquer interferência do réu, que nenhum prejuízo sofre com tais aditamentos ou alterações, por ainda não se fazer presente em juízo.

> Art. 329. (...):
> *II – até o saneamento do processo, aditar ou alterar o pedido e a causa de pedir, com consentimento do réu, assegurado o contraditório mediante a possibilidade de manifestação deste no prazo mínimo de 15 (quinze) dias, facultado o requerimento de prova suplementar.*

Se até o momento da citação a liberdade do autor é plena para aditar ou alterar o pedido ou a causa de pedir, conforme o inciso I, tudo muda de figura quando o réu é finalmente integrado ao processo pelo ato citatório. A partir desse instante, qualquer aditamento ou alteração no plano da pretensão processual ou dos fundamentos da ação dependem do expresso e explícito consentimento do réu, porque a liberdade do autor agora esbarra diretamente no direito de defesa, que pressupõe pedido certo (art. 332, *caput*), determinado (art. 324, *caput*) e inalterado, conforme o presente inciso II. Eis a razão de ser da inalterabilidade do objeto litigioso do processo sem o expresso consentimento do réu. Observe-se, entrementes, que a própria liberdade do réu de consentir com a alteração desejada pelo autor encontra barreira intransponível no ato de saneamento ou, mais precisamente, na "decisão de saneamento e de organização do processo" regulada pelo art. 327 deste Código. É que acima dos direitos e interesses das partes no sentido da alteração do pedido e da causa de pedir se colocam os interesses da própria Justiça e da sua ferramenta técnica, que não podem prescindir da estabilidade da configuração do mérito da causa, do litígio, lide ou conflito de interesses a ser julgado (princípio da estabilidade do processo ou da demanda), razão por que o Código de Processo Civil estabelece como marca divisória entre a alterabilidade e a inalterabilidade da causa o ato judicial de saneamento e organização do processo.

> Art. 329. (...):
> *Parágrafo único. Aplica-se o disposto neste artigo à reconvenção e à respectiva causa de pedir.*

Se o princípio da estabilidade da demanda vale para o processo de conhecimento como um todo – inclusive para os procedimentos especiais e para o próprio processo de execução, dada a aplicabilidade subsidiária reconhecida pelo art. 771, parágrafo único, deste Código –, pouco importa se o processo traz em seu bojo uma configuração jurídica relacional simples de apenas autor e réu ou se apresenta uma configuração complexa como a que marca a presença de uma ação de autor e réu somada a outra, a ação reconvencional, que envolve um réu-reconvinte e um autor--reconvindo (art. 343 e seus parágrafos). A estabilidade é exigência para qualquer processo, logo, o que se exige de autor e réu também se exige para os sujeitos da relação jurídica reconvencional, observadas, sempre, suas particularidades formais de apresentação (art. 343, *caput*), citação (intimação, art. 344, § 1º) e momentos procedimentais.

> Seção III
> Do Indeferimento da Petição Inicial

O ato judicial de indeferimento da petição inicial significa a rejeição liminar do requerimento implícito de citação do réu formulado pelo autor e de extinção do processo no seu nascedouro em virtude da ausência de alguns dos pressupostos processuais, das condições da ação ou de certas irregularidades formais. Trata-se, portanto, de ato judicial que se reveste formalmente da roupagem de sentença terminativa, vale dizer, pronunciamento que encerra o processo sem resolução de mérito já na sua fase de abertura em primeira instância (art. 203, § 1º, c/c o art. 485, inciso I).

> *Art. 330. A petição inicial será indeferida quando:*

O indeferimento da petição inicial (aniquilamento liminar do processo recém-nascido) é um dever imposto ao magistrado, e não uma faculdade, como se infere do texto legal, que emprega a locução "será". Verificada, assim, a presença de qualquer dos fenômenos processuais previstos – e basta a presença de um deles –, a solução da lei é o indeferimento, não se aplicando o disposto no art. 331, cuja incidência se circunscreve às hipóteses nele previstas (irregularidades que não as constantes dos quatro incisos e do § 1º a seguir). Sob outro ângulo de visão, o indeferimento corresponde a uma sanção dirigida à petição cujo conteúdo não se conforma com o exigido pela lei, expresso em formalidades (o indeferimento impede a produção dos efeitos da inicial). Observe-se, por fim, que, se a petição for deferida, nada impede o magistrado de extinguir o processo posteriormente com base nos mesmos fenômenos, apenas que agora não mais se pode falar de indeferimento (art. 485, incisos IV a VI, c/c o art. 354).

> **Art. 330. (...):**
> *I – for inepta;*

Sob o ponto de vista semântico, inépcia é ineptidão ou inaptidão, aquilo que é carecedor de aptidão, ou de inteligência, o que é inábil, tolo. Pois bem, em termos estritamente processuais, a inépcia da petição inicial é fenômeno minuciosamente disciplinado pelo § 1º deste art. 330.

Remetemos, portanto, o leitor aos respectivos comentários aos incisos I a IV do mencionado dispositivo legal.

> **Art. 330. (...):**
> *II – a parte for manifestamente ilegítima;*

Sobre os conceitos de condições da ação e de legitimação para agir (legitimidade para a causa ou *legitimatio ad causam*), uma de suas espécies, examine-se o comentário ao inciso VI do art. 485. A ilegitimidade aqui prevista é apenas a *ad causam*, que referimos, uma vez que a outra (a *ad processum*) é chamada pelo Código de Processo Civil de incapacidade processual, no art. 76; nessa hipótese a solução instituída é obrigatoriamente a ordem de sanação, sendo que só depois do seu desatendimento é que o juiz pode indeferir a petição inicial (v. art. 76, § 1º, inciso I). A lei exige, por outro lado, que a ilegitimidade seja manifesta, porque caso não seja (havendo dúvida no espírito do juiz) a solução é o deferimento da inicial, ficando a decisão sobre a legitimidade *ad causam* postergada para o momento do julgamento conforme o estado do processo (arts. 354 a 357).

> **Art. 330. (...):**
> *III – o autor carecer de interesse processual;*

O conceito de interesse processual (ou interesse de agir) encontra-se expresso no comentário ao inciso VI do art. 485, ao qual remetemos o leitor. São exemplos de falta de interesse de agir-necessidade: o devedor que promove ação de cancelamento de protesto quando esse direito pode ser exercido administrativamente mediante exibição de recibo de quitação; o filho reconhecido pelo pai que pede declaração judicial da sua filiação para espancar quaisquer dúvidas; o contratante que pede a declaração de que um contrato não é anulável; o credor que requeira tutela provisória cautelar antecedente sem demonstrar que outro processo corre o risco de perder sua eficácia. Em todas as situações narradas não existe necessidade concreta do processo, ou razão para o recurso ao Judiciário. Já a falta de interesse de agir-adequação revela-se quando: o provimento pleiteado não serve para atender à necessidade do autor (pedido de rescisão contratual por ocorrência de vício do consentimento; pedido de reintegração na posse de imóvel por infração ao contrato de locação); ou o procedimento escolhido não é o adequado ao pedido que se formula (v. art. 283).

> **Art. 330. (...):**
> **IV – não atendidas as prescrições dos arts. 106 e 321.**

A primeira hipótese prevista diz respeito à necessidade de que o autor que postula em causa própria faça constar da petição inicial o endereço onde receberá intimações, bem como seu número de inscrição na OAB e o nome da sociedade de que participa. Em caso de desrespeito a este requisito intrínseco da peça inaugural (v. nota ao art. 319, *caput*), o juiz determinará a regularização em cinco dias, sob pena de indeferimento. A rejeição da petição, destarte, não é automática, mas depende de posterior inércia do autor. A segunda previsão concerne à verificação judicial de irregularidades (como visto, não as previstas neste art. 330 – v. nota ao *caput*) e à obrigatória outorga de oportunidade ao autor para emendar ou complementar a petição inicial, sob pena de indeferimento. Também aqui a rejeição da peça e a extinção do processo dependem da omissão do autor.

> **Art. 330. (...).**
> **§ 1º. Considera-se inepta a petição inicial quando:**

Sobre o que significa inépcia, examine-se a nota ao inciso I deste art. 330. Pois bem, inepta é a petição inicial cujos defeitos tornam impossível o julgamento da causa pelo seu mérito, inviável a apreciação do pedido do autor ou da lide que envolve as partes. Inépcia da inicial, portanto, é a irregularidade formal gravíssima que impede, de forma absoluta, que o órgão jurisdicional se pronuncie sobre o direito de que o autor se diz titular. Não se trata, destarte, de ausência de ação, mas, sim, de regularidade formal da petição inicial que é pressuposto processual objetivo positivo (sobre a classificação dos pressupostos, v. comentário ao art. 485, inciso IV, deste Código).

> **Art. 330. (...).**
> **§ 1º. (...):**
> **I – lhe faltar pedido ou causa de pedir;**

Ação nada mais é do que o direito de pedir uma providência jurisdicional ao Estado. Se não há pedido não pode haver providência, pois, se o autor não diz, o juiz não pode dizer, evidentemente, o que o autor quer. Logo, a ausência de pedido impede qualquer apreciação sobre o direito, razão por que o magistrado deve indeferir a petição inicial ante a percepção de que o processo não vai mesmo chegar ao seu objetivo. Também a falta de *causa petendi* induz à solução referida. Como a sentença só pode reconhecer direitos mediante a demonstração dos fatos que lhes dão vida (já que é sempre necessário que o autor diga por que se entende titular de um direito – art. 319, inciso III, 1ª figura), faltando dita demonstração não é possível ao juiz apreciar sob qualquer ângulo o pedido e o direito do autor. Entende-se faltar causa de pedir, contudo, não só na hipótese de ausência de narrativa de fatos, como naquela em que o autor deixa de expor o fundamento jurídico do pedido, ou seja, deixa de referir o necessário enquadramento jurídico dos fatos (art. 319, inciso III, 2ª figura).

Art. 330. (...).
§ 1º. (...):
II – o pedido for indeterminado, ressalvadas as hipóteses legais em que se permite o pedido genérico;

Também indeferida liminarmente deve ser a petição inicial, conforme o presente inciso II, se o pedido formulado pelo autor for indeterminado, vale dizer, indefinido quanto à qualidade ou à quantidade daquilo que se postula, quando o caso concreto submetido a juízo não autoriza a formulação de pedido genérico. Em outras palavras: há inépcia se o autor deixa de formular pedido definido, conforme a exigência do art. 324, *caput* (v. nota), quanto à qualidade ou à quantidade do bem da vida pretendido ou quanto à qualidade da providência jurisdicional solicitada (a espécie de providência e sua configuração jurídica adequada), em situação concreta não enquadrável nas hipóteses de pedido genérico dos três incisos do § 1º do art. 324. Registre-se, em conclusão, que, se a inépcia do inciso I, primeira figura, decorre da falta de pedido, a deste inciso II deriva da falta de conteúdo volitivo suficiente do pedido para que o juiz possa apreciá-lo válida e adequadamente.

Art. 330. (...).
§ 1º. (...):
III – da narração dos fatos não decorrer logicamente a conclusão;

Entre os fatos narrados e o direito – que, em função desses fatos, o autor diz existir – sempre deve haver uma relação lógica. Por isso é que se afirma que na petição inicial existe um silogismo, isto é, um raciocínio lógico composto de duas premissas (a maior, a norma jurídica; a menor, os fatos) a partir das quais se chega a uma conclusão: a existência ou a inexistência do direito invocado. Se essa relação lógica não existe, não é possível ao magistrado dizer se o pedido procede ou não. Exemplos: para o fato não há direito, o direito exposto não é aplicável aos fatos; da aplicação do direito aos fatos não pode decorrer, nem em tese, a procedência do pedido (os exemplos são de João Mendes), ou, ainda, a narrativa dos fatos é realizada de maneira obscura ou contraditória, de sorte que não permita a compreensão do que seja a causa eficiente do pedido. Observe-se que para a caracterização da inépcia e o indeferimento da inicial é necessário que o juiz vislumbre, nitidamente, a ausência dessa relação lógica entre a exposição dos fatos, o direito invocado e o pedido formulado.

> Art. 330. (...).
> § 1º. (...):
> *IV – contiver pedidos incompatíveis entre si.*

A modalidade de inépcia aqui prevista depende obrigatoriamente da existência de cumulação de pedidos, tema que é disciplinado genericamente pelo art. 327 e especificamente pelo art. 326 e seu parágrafo único, aos quais remetemos o leitor. A compatibilidade de pedidos – é bom lembrar – corresponde a requisito da própria admissibilidade de cumulação (art. 327, § 1º, inciso I) e se identifica com a necessidade de que os pedidos formulados sejam juridicamente conciliáveis, isto é, não contraditórios no plano lógico-jurídico (v. notas ao artigo referido e particularmente ao seu § 3º). Muito bem, a presente prescrição, considerando inepta a inicial que contenha pedidos incompatíveis, nada mais faz que instituir a obrigatoriedade da sua rejeição, sem nenhuma possibilidade de o autor emendá-la ou completá-la, mas, na prática, sabe-se que ordens judiciais de correção acontecem.

> Art. 330. (...).
> *§ 2º. Nas ações que tenham por objeto a revisão de obrigação decorrente de empréstimo, de financiamento ou de alienação de bens, o autor terá de, sob pena de inépcia, discriminar*

> *na petição inicial, dentre as obrigações contratuais, aquelas que pretende controverter, além de quantificar o valor incontroverso do débito.*

Prosseguindo com a disciplina da inépcia que foi iniciada pelo § 1º, estabelece o focalizado dispositivo uma hipótese especialíssima de inépcia relacionada às ações de conhecimento que tencionem controverter obrigações contratuais derivadas de algum dos negócios jurídicos expressamente previstos no texto (empréstimo, financiamento ou alienação de bens) e expressa pela não exata discriminação das obrigações que o autor pretende controverter na petição inicial e pela não quantificação do valor incontroverso do débito. Observe-se que, sob a estrita perspectiva processual, o regramento que nos ocupa significa a exigência de explicitação de dois aspectos particulares: um relacionado à causa de pedir (art. 319, inciso III) e outro relacionado ao pedido (art. 319, inciso IV). Quanto à *causa petendi*, é necessário fazer a seguinte consideração: tratando-se de demanda que tenha como causa de pedir remota um empréstimo qualquer, um financiamento ou uma alienação de bens (onerosa, por certo), o demandante fica com a incumbência de indicar com exatidão a causa de pedir próxima, quer quanto à cláusula contratual que pretende controverter (o número ou outra indicação do capítulo, artigo, parágrafo, que corresponde à cláusula), quer quanto à obrigação contratual defluente da cláusula que pretende controverter (obrigação que pode ser apenas uma ou mais de uma do grupo maior veiculado por determinada cláusula). Já no que concerne ao pedido (ou *petitum*), é necessário esclarecer que, verificando-se as condições já apontadas, o demandante ainda fica incumbido de especificar exatamente qual é a dimensão pecuniária da prestação obrigacional que pretende ver declarada como devida e qual a dimensão pecuniária da prestação que não pretende (eis o que significa a quantificação do valor incontroverso). Em outras palavras, o que a lei exige aqui é a precisa indicação do bem da vida não pretendido, elemento importante para a dinâmica do processo como um todo.

> Art. 330. (...).
> § 3º. *Na hipótese do § 2º, o valor incontroverso deverá continuar a ser pago no tempo e modo contratados.*

Este parágrafo de encerramento tem dupla natureza jurídica. No plano do direito material, representa a explicitação da obrigação do devedor (do empréstimo, do financiamento ou da alienação onerosa do bem) de continuar pagando a parcela da dívida não impugnada judicialmente. Já no plano do direito processual significa o reconhecimento de que o valor declarado como incontroverso pelo demandante (conforme o exigido pelo § 2º acima) não é objeto de pedido (do pedido mediato – bem da vida pretendido), não é objeto do litígio (do conflito, da controvérsia) levado ao processo – não é "coisa litigiosa" –, nem objeto dos futuros efeitos da sentença ou da coisa julgada. A consequência é que o "valor incontroverso", porque assim excluído do objeto litigioso, "deverá continuar a ser pago no tempo e modo contratados", afirmação com a qual o Código de Processo Civil apenas esclarece um desdobramento da relação judicial (decisão, sentença ou acórdão). Eis a razão da dupla natureza jurídica do dispositivo sob comentário.

> **Art. 331.** *Indeferida a petição inicial, o autor poderá apelar, facultado ao juiz, no prazo de 5 (cinco) dias, retratar-se.*

A parte inicial do texto prevê clarissimamente que o indeferimento da petição inicial é uma sentença e que, por conseguinte, é ato que se ataca por apelação (art. 1.009, *caput*). A afirmação textual é perfeita, uma vez que indeferir a inicial é sinônimo de extinguir (aniquilar) o processo no seu nascedouro (*v.* art. 203, § 1º). Porém, é indubitavelmente a parte final a que mais chama a atenção, posto que, por um lado, dispensa a citação do réu, uma vez interposta a apelação (§ 1º) e, por outro, institui o juízo de retratação no procedimento do recurso, neste caso. Quanto ao estabelecimento do juízo de retratação em si, este se afigura louvável, porque significa diminuição, ainda que pequena, do volume de trabalho dos órgãos de segunda instância nos casos em que o autor conseguir convencer o juiz de que não havia razão para o indeferimento liminar. Nesse sentido, a possibilidade de o juiz voltar atrás é salutar, porquanto não compromete em nada o sistema processual como um todo, nem o recursal em particular.

> **Art. 331. (...).**
> *§ 1º. Se não houver retratação, o juiz mandará citar o réu para responder ao recurso.*

Como já havíamos adiantado no comentário ao *caput*, à apelação interposta contra a sentença de indeferimento da petição inicial segue-se de imediato a oportunidade para que o juiz se retrate, o que significa, por outro lado, que, interposto o recurso neste caso, não há citação do réu, nem, portanto, contraditório prévio, para que o juiz possa voltar atrás e reformar sua decisão com vista à ordem de processamento da causa. O que faz, então, o dispositivo sob enfoque é, em primeiro lugar, explicitar o que o *caput* estabelece implicitamente e, em segundo – e o mais importante de tudo –, instituir a exigência inafastável de citação do réu, a ser determinada pelo juízo de primeiro grau para que ele (réu) responda ao recurso antes da subida (física ou eletrônica) dos autos ao tribunal. Com tal previsão legal garante-se o contraditório para fins de apreciação recursal e espanca-se a insegurança e a dúvida deixadas pelo art. 296 do estatuto de 1973, que não fazia menção ao ato citatório.

> Art. 331. (...).
> § 2º. *Sendo a sentença reformada pelo tribunal, o prazo para a contestação começará a correr da intimação do retorno dos autos, observado o disposto no art. 334.*

Dada a particular circunstância de que o réu, no caso de sentença indeferitória da petição inicial, é citado apenas e tão somente para responder à apelação que o autor interponha em caso de não retratação do juiz prolator (§ 1º), surge a necessidade de que o Código estabeleça uma disciplina para o oferecimento de contestação na hipótese de o tribunal vir a reformar a sentença de extinção e determinar o processamento da causa. É justamente para atender a essa necessidade que o focalizado § 2º prescreve que, em caso de reforma da sentença indeferitória pelo órgão de segundo grau, "o prazo para a contestação começará a correr da intimação do retorno dos autos". Ou seja: a partir da ciência pelo réu (pessoalmente ou por seu advogado) de que os autos (físicos ou eletrônicos, não importa) voltaram à primeira instância, desta intimação começa a correr, em tese, o prazo para contestar, já que a parte final do dispositivo diz "observado o disposto no art. 334", artigo que condiciona a efetiva fluência do prazo de contestação à realização de audiência de conciliação ou de mediação (art. 334, §§ 1º a 3º), salvo se esta não for realizada (art. 334, §§ 4º a 6º), incidindo ainda o art. 335, que estabelece especificamente qual o termo *a quo* deste prazo de 15 dias: a data da audiência que se frustrou (inciso I); a data do protocolo de pedido de cancelamento (inciso II); a data da prática de algum daqueles outros atos previstos pelo art. 231 (inciso III).

> **Art. 331. (...).**
> **§ 3º. *Não interposta a apelação, o réu será intimado do trânsito em julgado da sentença.***

Se o *caput* e os §§ 1º e 2º deste art. 330 disciplinam alguns aspectos do processamento, da resposta e do efeito do julgamento da apelação que se interponha contra a sentença que indefere a petição inicial, o focalizado § 3º parte da hipótese contrária, qual seja, a de que não houve apelação, não houve manifestação recursal do autor contra a sentença indeferitória da inicial. Neste caso de silêncio e conformismo do autor, o que o dispositivo em questão estabelece, por aplicação analógica do § 2º do art. 332, é que o cartório, ou secretaria, deve certificar nos autos (físicos ou eletrônicos) a ocorrência do trânsito em julgado (formal) da sentença (terminativa) e proceder à intimação do réu com vista a dar-lhe ciência da coisa julgada formada a seu favor.

> **Capítulo III**
> *Da Improcedência Liminar do Pedido*

O instituto da improcedência liminar do pedido, que o Código de Processo Civil de 2015 reconhece e disciplina, traz à baila duas grandes questões relacionadas à teoria da ação e traduzidas em dois questionamentos: (1º) Desapareceu do sistema a possibilidade jurídica do pedido? (2º) Desapareceu a categoria das condições da ação? Iniciando pelo primeiro, afirmamos categoricamente que não, porque pressupostos processuais, condições da ação e mérito constituem o tripé do objeto da cognição do juiz no processo civil e conquista definitiva da teoria geral do processo; a categorização jurídica das condições da ação – nascida na doutrina e desenvolvida pelas leis processuais através dos tempos – é ferramenta metodológica irremovível da ciência processual e não depende absolutamente de estar reconhecida por texto expresso de lei. Quanto ao primeiro, sustentamos que, apesar da omissão do estatuto de 2015, a possibilidade jurídica do pedido enquadra-se perfeitamente na figura da condição da ação *interesse processual* (arts. 17 e 485, inciso VI), razão por que não desapareceu. E agora, voltando ao objeto deste Capítulo III, para vincular sua visualização inicial aos questionamentos expostos, o que é preciso ser dito, em linha introdutória, é que a improcedência liminar do pedido, assim como disciplinada pelo art. 332, que examinaremos, não se sobrepõe, não substitui e não supera, sob qualquer aspecto, a possibilidade jurídica enquanto expressão normativa da condição da ação *interesse processual* ou interesse de agir. E assim é porque nenhuma das hipóteses autorizadoras da improcedência liminar do pedido (art. 332, incisos I a IV e § 1º) tem relação com os casos de impossibilidade jurídica do pedido reconhecidos e desenvolvidos pela doutrina e, depois, pela jurisprudência nas últimas décadas. As "impossibilidades" trazidas pelo art. 332 são casos de improcedência liminar do pedido; são casos de rejeição imediata do pedido, e não de rejeição imediata do direito de ação; são casos especialíssimos de rejeição pelo mérito, dada a força dos precedentes (salvo prescrição e decadência – § 1º do art. 332), e não de rejeição pelo direito instrumental, dada a obviedade do absurdo jurídico que se postula. Em suma, as condições da ação não desaparecem com o sistema implantado pelo Código de 2015, a possibilidade jurídica do pedido sobrevive nas entranhas do interesse processual e a improcedência liminar do pedido coloca-se apenas como uma forma antecipada de rejeição da pretensão material que permite a economia de tempo e de trabalho, pela evidência da falta de fundamento de direito, o reverso sistemático da medalha *tutela provisória da evidência*.

> *Art. 332. Nas causas que dispensem a fase instrutória, o juiz, independentemente da citação do réu, julgará liminarmente improcedente o pedido que contrariar:*

A criação do instituto da improcedência liminar do pedido está diretamente atrelada a um dos fundamentos principiológicos do estatuto de 2015, que é o do julgamento por precedentes, e que encontra sua base normativa em variados institutos espalhados pelo Código, além do que estamos examinando: exclusão da ordem cronológica de conclusão (art. 12, § 2º, incisos II e III); tutela provisória de evidência (art. 311, inciso II); sentença não fundamentada (art. 489, § 1º, inciso V); dever dos tribunais de uniformizar sua jurisprudência e de editar súmulas (art. 926, § 2º); dever dos juízes e dos tribunais de observar precedentes (art. 927, incisos e parágrafos); a previsão das hipóteses de julgamento de casos repetitivos (art. 928, incisos I e II); poderes do relator para negar ou dar provimento a recursos com base em precedentes (art. 932, incisos IV e

V); força de precedente do acórdão que julga o incidente de assunção de competência (art. 947, § 3º) e do pronunciamento dos tribunais sobre inconstitucionalidade (art. 949, parágrafo único); julgamento de plano do relator do conflito de competência (art. 955, parágrafo único); reclamação (art. 988, incisos III e IV); embargos declaratórios (art. 1.022, parágrafo único, inciso I); julgamento dos recursos extraordinário e especial repetitivos (art. 1.040, incisos I a IV). Quanto ao que pensamos sobre o princípio dos precedentes, ou princípio do julgamento por precedentes, remetemos o leitor aos comentários dedicados aos arts. 926 e 927. Pois bem, particularmente em relação à improcedência liminar do pedido, de que cogitamos, o que deve ser observado desde logo é que, de acordo com o focalizado art. 332, *caput*, o julgamento liminar de rejeição do pedido fundado em precedente – as decisões que constituem precedentes encontram-se elencadas nos incisos I a IV que seguem – só é admissível se a causa submetida ao Judiciário, sob a ótica dos fatos, já estiver plenamente madura e o juiz assim a considerar apenas à vista da própria petição inicial apresentada e dos documentos que a instruem. É exatamente isto o que significa a previsão de abertura "nas causas que dispensem a fase instrutória", vale dizer, causas em que não haja necessidade de produção de outras provas, aliás, como diz, para fins de julgamento antecipado do mérito, o art. 355, inciso I. A diferença é que aqui a constatação judicial sobre o descabimento de produção de qualquer prova a mais é liminar, isto é, antes da citação, enquanto lá tal constatação só ocorre após o ato citatório, eventual audiência de conciliação ou mediação e o decurso do prazo de defesa – após, portanto, o encerramento da fase postulatória do processo de conhecimento. Somente à luz dessa firme convicção do juiz acerca da plenitude probatória da petição inicial e, é claro, somada à firme convicção sobre a aplicabilidade do precedente invocado é que terá lugar o proferimento da sentença liminar de improcedência do pedido.

> Art. 332. (...):
> *I – enunciado de súmula do Supremo Tribunal Federal ou do Superior Tribunal de Justiça;*

A primeira hipótese de julgamento de improcedência liminar do pedido fundada em precedente é esta em que os fatos, plenamente provados com a própria inicial e que recebem do Direito determinada qualificação jurídica (fatos e fundamentos jurídicos do pedido – art. 319, incisos III e IV), se enquadram inequivocamente em enunciado de súmula do STF ou do STJ. Três observações interpretativas se impõem. A primeira, no sentido de que a súmula do STF tanto pode ser a "súmula vinculante" (art. 927, inciso II, e CF, art. 103-A) como a súmula "em matéria constitucional" (como diz o art. 927, inciso IV), já que o texto aqui se refere simples e genericamente a "enunciado de súmula". A segunda no sentido de que a súmula do STJ é, obviamente, a expedida "em matéria infraconstitucional" (art. 927, inciso IV, parte final). E, finalmente, a terceira, no sentido de que a locução "enunciado de súmula" significa previsão escrita, prescrição ou disposição normativa presente, contida ou expressa por escrito na súmula de que se cogite.

Art. 332. (...):
II – acórdão proferido pelo Supremo Tribunal Federal ou pelo Superior Tribunal de Justiça em julgamento de recursos repetitivos;

A segunda hipótese de julgamento de improcedência liminar do pedido fundada em precedente é esta em que os fatos (provados) e os fundamentos jurídicos (expostos) na petição inicial se enquadram com precisão, não em enunciado de súmula, mas em "acórdão proferido pelo Supremo Tribunal Federal ou pelo Superior Tribunal de Justiça em julgamento de recursos repetitivos". Lembremo-nos aqui, antes de mais nada, que de precedente se trata, porque o art. 927 prevê expressamente que "os juízes e os tribunais observarão: (...); III – os acórdãos (...) em julgamento de recursos extraordinário e especial repetitivos". Em segundo lugar, chamamos a atenção para o fato de que o vocábulo "acórdão" deve ser compreendido mais pelo seu elemento decisório (art. 489, inciso III) do que pelos seus fundamentos (art. 489, inciso II), mas, com certeza, estes últimos não podem ser desconsiderados, o que se justifica até pelo fato de que o § 2º do art. 926 estabelece para os enunciados de súmula uma exigência aplicável, com a devida relativização, à interpretação de acórdãos, qual seja, a preocupação que deve ter o órgão jurisdicional expedidor com o "ater-se às circunstâncias fáticas dos precedentes que motivaram sua criação", vale dizer, com as circunstâncias fáticas que motivaram sua prolação.

Art. 332. (...):
III – entendimento firmado em incidente de resolução de demandas repetitivas ou de assunção de competência;

A terceira hipótese de julgamento de improcedência liminar do pedido fundada em precedente é esta outra em que a causa exposta à apreciação judicial se subsume com clareza, quanto à sua identificação fático-jurídica, em "entendimento firmado em incidente de resolução de demandas repetitivas ou de assunção de competência". Registre-se, desde logo, que, apesar de aludir o texto a "entendimento", este assume a roupagem formal de acórdão tanto no caso de assunção de competência (art. 947, § 3º – expresso) quanto no caso de incidente de resolução de demandas repetitivas (art. 978 e parágrafo único – não expresso). Mas o fato é que o art. 927, inciso III, ao reconhecer a qualidade de precedentes de tais julgamentos, afirma categoricamente: "Art. 927. Os juízes e tribunais observarão: (...); III – os acórdãos em incidente de assunção (...) ou de resolução de demandas repetitivas (...)". No mais, remetemos o leitor à parte final do comentário dedicado ao inciso II, onde cogitamos da interpretação a ser dada a precedentes que assumem a feição formal de acórdãos.

> Art. 332. (...):
> IV – *enunciado de súmula de tribunal de justiça sobre direito local.*

A quarta e última hipótese de improcedência liminar do pedido fundada em precedente é esta em que a ação deduzida fática e juridicamente na peça inicial do processo se amolda com perfeição a "enunciado de súmula de tribunal de justiça sobre direito local". Inicialmente, o que se deve observar é que o dever imposto aos tribunais de justiça dos Estados quanto à uniformização de sua jurisprudência tem assento normativo direto no art. 926 deste Código, que ordena indistintamente a todos os tribunais brasileiros tal atividade, mediante a edição de "enunciados de súmulas correspondentes a sua jurisprudência dominante", na forma dos regimentos internos (art. 926, § 1º), incluindo o dever de mantê-la "estável, íntegra e coerente" (art. 926, *caput*), o que significa atividade de controle e de atualização. Não apenas os enunciados de súmulas de tribunais superiores, mas também os dos estaduais e federais passam a compor o sistema de julgamento por precedentes, inclusive a "orientação do Plenário ou do Órgão Especial" do tribunal local ou federal, conforme o inciso V do art. 927, e que, por certo, também é fundamento para o julgamento de improcedência liminar do pedido, de que estamos tratando.

> Art. 332. (...).
> § 1º. *O juiz também poderá julgar liminarmente improcedente o pedido se verificar, desde logo, a ocorrência de decadência ou de prescrição.*

Coerentemente com a ideia geral de admissibilidade de uma improcedência liminar do pedido, ou de uma rejeição liminar da petição inicial por razão de mérito, mas escapando por completo do contexto jurídico dos precedentes, é que o focalizado § 1º reconhece duas matérias tipicamente substanciais como fundamento para o julgamento liminar de improcedência: a decadência e a prescrição. No regime anterior de 1973, lembremos, elas se traduziam em fundamentos de indeferimento liminar da inicial, fugindo à lógica do instituto, que era, e é, voltado à eliminação de causas por razões formais – pressupostos processuais ou condições da ação. Pois bem, tanto no caso de decadência (o tempo fulminando de morte o próprio direito subjetivo material) como de prescrição (o tempo atingindo e extinguindo apenas a pretensão material – a exigibilidade da obrigação) a solução do Código de Processo Civil de 2015 é exatamente a mesma: a autorização para que o juiz, "independentemente da citação do réu", como de maneira enfática estabelece o *caput* deste art. 332, profira sentença de improcedência liminar do pedido.

> Art. 332. (...).
> § 2º. *Não interposta a apelação, o réu será intimado do trânsito em julgado da sentença, nos termos do art. 241.*

Assim como ocorre na hipótese de não interposição de apelação contra a sentença que indefere liminarmente a petição inicial, em que o réu é intimado do trânsito formal em julgado (art. 331, § 3º), o mesmo acontece na situação de inércia do autor que não recorre contra a sentença que julga liminarmente improcedente o pedido nos casos dos incisos I a IV do *caput* deste art. 332 ou nos do seu § 1º, quando para a regularidade da extinção do processo basta intimar o autor da ocorrência da formação de coisa julgada material. A única diferença é que aqui, como apontado, há trânsito material em julgado, tanto que o dispositivo sob exame faz expressa remissão ao art. 241, que dispõe: "Art. 241. Transitada em julgado a sentença de mérito proferida em favor do réu antes da citação, incumbe ao escrivão ou ao chefe de secretaria comunicar-lhe o resultado do julgamento". O art. 331, § 3º, mencionado, não faz remissão ao art. 241, mas a ele se aplica a intimação pela serventia.

> Art. 332. (...).
> § 3º. *Interposta a apelação, o juiz poderá retratar-se em 5 (cinco) dias.*

Mais uma vez, dada a semelhança processual e procedimental entre as figuras do "indeferimento da petição inicial" (arts. 330 e 331) e da "improcedência liminar do pedido" (art. 332, de que vimos tratando) é que o presente § 3º, reproduzindo a solução do art. 331, *caput*, autoriza o juiz prolator da sentença liminar a retratar-se nos mesmos cinco dias, caso interponha o autor tempestivamente recurso de apelação contra o julgamento de improcedência liminar. A retratação instituída, assim como a do *caput* do art. 331, em nada prejudica o processo, antes o favorece, porque impede todo o processamento de uma apelação voltada ao exclusivo objetivo de reformar a sentença liminar de improcedência – a retratação, sem recurso, gera o mesmo resultado, mas com grande economia de tempo e de trabalho.

> Art. 332. (...).
> § 4º. *Se houver retratação, o juiz determinará o prosseguimento do processo, com a citação do réu, e, se não houver retratação, determinará a citação do réu para apresentar contrarrazões, no prazo de 15 (quinze) dias.*

Fechando a disciplina da improcedência liminar do pedido, o focalizado § 4º dispõe sobre os desdobramentos procedimentais decorrentes da oportunidade que o § 3º dá ao juiz que julgou liminarmente de se retratar em cinco dias. Note-se que, diferentemente da regulamentação constante do art. 331, que não fala da consequência da retratação, mas apenas da não retratação no seu § 1º, este § 4º prevê num único dispositivo as duas consequências expressamente: na parte inicial do enunciado, a determinação do "prosseguimento do processo, com a citação do réu", em caso de retratação; na parte final a determinação da "citação do réu para apresentar contrarrazões, no prazo de 15 (quinze) dias", se não ocorrer a retratação por parte do juiz. Apenas duas observações se tornam convenientes. A primeira, no sentido de que a ordem de "prosseguimento do processo com a citação do réu" virá acompanhada, em regra, da designação da audiência de conciliação ou mediação (art. 334, *caput*) e da ordem de intimação do autor sobre o prosseguimento e para a audiência, na pessoa do seu advogado (art. 334, § 3º). E, finalmente, a segunda, no sentido de que a citação para oferecimento de contrarrazões, no caso de não retratação, não compromete em nada a apresentação de contestação que poderá vir depois se a sentença de improcedência liminar for reformada pelo tribunal, caso em que se aplica analogicamente o § 2º do art. 331 (v. nota).

Capítulo IV
Da Conversão da Ação Individual em Ação Coletiva

Art. 333. (Vetado).

Era do seguinte teor o referido artigo: "Art. 333. Atendidos os pressupostos da relevância social e da dificuldade de formação do litisconsórcio, o juiz, a requerimento do Ministério Público ou da Defensoria Pública, ouvido o autor, poderá converter em coletiva a ação individual que veicule pedido que: I – tenha alcance coletivo, em razão da tutela de bem jurídico difuso ou coletivo, assim entendidos aqueles definidos pelo art. 81, parágrafo único, incisos I e II, da Lei n. 8.078, de 11 de setembro de 1990 (Código de Defesa do Consumidor), e cuja ofensa afete, a um só tempo, as esferas jurídicas do indivíduo e da coletividade; II – tenha por objetivo a solução de conflito de interesse relativo a uma mesma relação jurídica plurilateral, cuja solução, por sua natureza ou por disposição de lei, deva ser necessariamente uniforme, assegurando-se tratamento isonômico para todos os membros do grupo. § 1º. Além do Ministério Público e da Defensoria Pública, podem requerer a conversão os legitimados referidos no art. 5º da Lei n. 7.347, de 24 de julho de 1985, e no art. 82 da Lei n. 8.078, de 11 de setembro de 1990 (Código de Defesa do Consumidor). § 2º. A conversão não pode implicar a formação de processo coletivo para a tutela de direitos individuais homogêneos. § 3º. Não se admite a conversão, ainda, se: I – já iniciada, no processo individual, a audiência de instrução e julgamento; ou II – houver processo coletivo pendente com o mesmo objeto; ou III – o juízo não tiver competência para o processo coletivo que seria formado. § 4º. Determinada a conversão, o juiz intimará o autor do requerimento para que, no prazo fixado, adite ou emende a petição inicial, para adaptá-la à tutela coletiva. § 5º. Havendo aditamento ou emenda da petição inicial, o juiz determinará a intimação do réu para, querendo, manifestar-se no prazo de 15 (quinze) dias. § 6º. O autor originário da ação individual atuará na condição de litisconsorte unitário do legitimado para condução do processo coletivo. § 7º. O autor originário não é responsável por nenhuma despesa processual decorrente da conversão do processo individual em coletivo. § 8º. Após a conversão, observar-se-ão as regras do processo coletivo. § 9º. A conversão poderá ocorrer mesmo que o autor tenha cumulado pedido de natureza estritamente individual, hipótese em que o processamento desse pedido dar-se-á em autos apartados. § 10. O Ministério Público deverá ser ouvido sobre o requerimento previsto no *caput*, salvo quando ele próprio o houver formulado".

Razões do veto presidencial: "Consultados o Ministério Público Federal e o Superior Tribunal de Justiça, entendeu-se que o dispositivo impõe que determinados atos sejam praticados exclusivamente por meio de carta rogatória, o que afetaria a celeridade e efetividade da cooperação jurídica internacional que, nesses casos, poderia ser processada pela via do auxílio direto".

Capítulo V
Da Audiência de Conciliação ou de Mediação

Com o objetivo de dar concretude institucional e densidade normativa ao princípio da consensualidade estampado no art. 3º, §§ 2º e 3º, é que o Código de Processo Civil de 2015 se dedica neste Capítulo V do Título I do Livro I ("Do Processo de Conhecimento ...") desta Parte Especial à disciplina minuciosa da audiência de conciliação ou de mediação, audiência preliminar e obrigatória do procedimento cognitivo padrão ("procedimento comum") voltada à autocomposição das partes. Aqui são reguladas a admissibilidade da audiência (art. 334, *caput*), a atuação do conciliador ou mediador (§ 1º), a possibilidade de mais de uma sessão (§ 2º), a intimação do autor (§ 3º), a não realização da audiência (§ 4º), as manifestações de desinteresse na autocomposição (§§ 5º e 6º), a autorização para a forma eletrônica da audiência (§ 7º), as implicações do não comparecimento injustificado das partes (§ 8º), o necessário acompanhamento por advogados ou defensores (§ 9º), a constituição de representante para a negociação e transação (§ 10), a redução a termo da autocomposição (§ 11) e a organização da pauta das audiências (§ 12).

> **Art. 334.** *Se a petição inicial preencher os requisitos essenciais e não for o caso de improcedência liminar do pedido, o juiz designará audiência de conciliação ou de mediação com antecedência mínima de 30 (trinta) dias, devendo ser citado o réu com pelo menos 20 (vinte) dias de antecedência.*

Este artigo de abertura do Capítulo V prevê e disciplina o tão antigo quanto consagrado despacho liminar positivo, cujo conteúdo básico primário continua sendo a decisão de deferimento da petição inicial, dado o preenchimento dos pressupostos processuais (que incluem a regularidade da peça vestibular) e das condições da ação, seguido de dois outros conteúdos criados pelo estatuto vigente, quais sejam, o negativo, representado pela inadmissibilidade do julgamento liminar de improcedência (art. 332, incisos e parágrafos), e o positivo, representado pelo cabimento da designação de audiência de conciliação ou de mediação, nos termos dos §§ 1º, 7º e 12 deste artigo, e fechado pelas tradicionais ordens de citação do réu, com vinte dias de antecedência (parte final do texto), e de intimação do autor (§ 3º abaixo) para comparecimento à audiência preliminar autocompositiva, ela própria mais um pressuposto processual objetivo de validade da relação processual. Além desses conteúdos básicos, velhos e novos, o despacho liminar positivo ainda apresenta outro como a ordem de autuação (art. 206), bem como e eventualmente a ordem de correção da distribuição (art. 288). Seja como for, o despacho liminar positivo, apesar de seu nome, tem natureza de decisão interlocutória (de múltiplos conteúdos), por seu perfeito enquadramento na previsão do art. 203, § 2º, mas irrecorrível, já que não prevista no fechado rol das decisões agraváveis do art. 1.015, porém não coberta pela preclusão (art. 1.009, § 1º), do que resulta a franca discutibilidade de seus termos pelo réu em sua contestação (arts. 335 a 337).

> **Art. 334. (...).**
> *§ 1º. O conciliador ou mediador, onde houver, atuará necessariamente na audiência de conciliação ou de mediação, observando o disposto neste Código, bem como as disposições da lei de organização judiciária.*

A necessária ou obrigatória atuação do conciliador ou mediador, e não a atuação de um juiz, na audiência de conciliação ou mediação instituída pelo presente art. 334 constitui a mais importante garantia de eficiência do sistema autocompositivo criado pelo Código de Processo Civil de 2015. Tal garantia repousa, em primeiro lugar e evidentemente, no afastamento do juiz dessa atividade, para quem a autocomposição nunca foi uma vocação e nunca chegou a ser objetivo a ser perseguido com empenho e determinação; conciliadores profissionais (art. 169, *caput*) e capacitados tecnicamente (art. 167, § 1º) realizarão com muito mais desenvoltura o trabalho autocompositivo do que qualquer juiz, por mais bem intencionado que seja – lembremos que na audiência de instrução e julgamento a conciliação é atividade primariamente judicial (art. 259). Seja como for, o fato é que os conciliadores, mediadores (pessoas naturais) ou as câmaras privadas de conciliação e mediação (órgãos dos centros judiciários – art. 165, *caput* – ou pessoas jurídicas privadas – art. 167, *caput*), uma vez cadastrados ou credenciados (art. 167 e parágrafos), atuarão conforme os múltiplos regramentos deste Código (arts. 165 a 175) e as disposições, complementares ou especiais, das leis estaduais ou federais de organização judiciária, tudo com vista a bem servir o propósito principiológico deste estatuto de 2015 de promover, "sempre que possível, a solução consensual dos conflitos", como estabelecido pelo § 2º do art. 3º da Parte Geral.

> Art. 334. (...).
>
> § 2º. *Poderá haver mais de uma sessão destinada à conciliação e à mediação, não podendo exceder a 2 (dois) meses da data de realização da primeira sessão, desde que necessárias à composição das partes.*

Tamanha é a ênfase dada e creditada à audiência prévia de conciliação ou mediação deste art. 334 que o legislador se ocupa de tornar explícita a possibilidade de realização de duas ou mais sessões voltadas ao escopo autocompositivo. É que a perspectiva de alcance de um acordo entre as partes é algo tão produtivo, do ponto de vista social, e tão conveniente, do ponto de vista judicial, que sempre vale a pena investir um pouco mais de esperança para propiciar a construção consensual da solução para o conflito. Neste contexto é que o Código admite redesignações da audiência para, no máximo, dois meses depois da data da primeira sessão, mas sempre mediante prudente avaliação do conciliador, que a recomendará ao juiz, que, afinal de contas, é o *dominus processus* e dará a última palavra sobre a redesignação, com base no seu arbítrio, amparado pelos poderes-deveres esculpidos nos incisos II, III e V do art. 139.

> Art. 334. (...).
> § 3º. *A intimação do autor para a audiência será feita na pessoa de seu advogado.*

Dada a circunstância de o autor da demanda se encontrar representado por advogado desde a instauração do processo pela propositura da ação, salvo situações extraordinárias, é que o presente § 3º determina que sua intimação para a audiência prévia seja realizada na pessoa do seu representante em juízo. Tal intimação observará a forma eletrônica, sempre que possível (art. 270, *caput*), ou, quando não, pela publicação no órgão oficial (nos termos do art. 272, §§ 1º a 5º) ou, se inviáveis as duas formas, pela intimação via escrivão ou chefe de secretaria, pessoalmente ou por carta registrada com aviso de recebimento/AR (arts. 273 e 274), ou, finalmente, por meio do oficial de justiça quando frustrada a realização da intimação por meio eletrônico ou pelo correio (art. 275).

> Art. 334. (...).
> § 4º. *A audiência não será realizada:*

A não realização da audiência prévia de conciliação ou mediação, disciplinada pelo presente § 4º, abarca apenas as duas hipóteses aqui contempladas: o desinteresse das duas partes pela composição consensual (inciso I) e a inadmissibilidade objetiva da autocomposição (inciso II). Disso fazemos questão de advertir o leitor, porque outras situações aqui não previstas também podem impedir a realização da audiência prévia, como o não aperfeiçoamento das citações dos litisconsortes passivos ou aquelas reconhecidas pelo art. 362 como hábeis a determinar o adiamento da audiência de instrução e julgamento: a convenção das partes (art. 362, inciso I); o não comparecimento, justificado ou mesmo injustificado, do conciliador ou mediador (art. 362, inciso II); ou o atraso injustificado de seu início em tempo superior a 30 minutos da hora marcada (art. 362, inciso III). Se tais fatos justificam o adiamento da audiência de instrução, por aplicação analógica, eles também justificam o adiamento, que significa não realização, da audiência de conciliação ou de mediação.

> Art. 334. (...).
> § 4º. (...):
> *I – se ambas as partes manifestarem, expressamente, desinteresse na composição consensual;*

Tanta é a confiança depositada pelo Código de 2015 na audiência prévia de conciliação ou mediação para o alcance de um acordo entre os litigantes, que o sistema implantado não consente com a ideia de que apenas pela vontade de uma das partes a tentativa de autocomposição deixe de acontecer. Em outras palavras: não basta que o autor manifeste expressa, explícita e enfaticamente, em sua inicial, que não quer e não vai fazer qualquer tipo de acordo para que a audiência deixe de ser designada pelo juiz e para que a primeira sessão de conciliação ou mediação deixe de ter lugar no centro judiciário ou na sede de uma câmara privada. Somente se a tal manifestação volitiva negativa do autor se somar a vontade de não fazer acordo do réu, expressa por petição própria apresentada com dez dias de antecedência, conforme o § 5º, parte final, deste art. 334, é que a audiência prévia cairá, será cancelada (v. art. 335, inciso II) ou, simplesmente, "não será realizada", como prevê o disposto na cabeça do § 4º, que examinamos.

> Art. 334. (...).
> § 4º. (...):
> *II – quando não se admitir a autocomposição.*

A outra hipótese prevista neste § 4º de não realização da audiência de conciliação ou mediação é estritamente objetiva: a causa em questão versar sobre direitos que não admitem autocomposição. Observe-se que não se submetem à autocomposição os direitos que não se sujeitam juridicamente à disposição das partes, que não podem ser objeto de transação, de renúncia, de reconhecimento no processo (nem os fatos que lhe dão vida podem ser objeto de confissão – art. 392) – direitos, portanto, não passíveis de conciliação ou mediação, como, em regra, os direitos de que o Estado é titular, direitos impregnados de interesse público apesar de privados, como os direitos de família (mas aqui há várias exceções), direitos transindividuais (coletivos e difusos), que ficam a meio caminho entre o direito público e o privado. Disponíveis, por outro lado, são, em geral, os direitos patrimoniais (pessoais ou reais) de caráter privado – direitos privados disponíveis – e, em via de exceção, direitos patrimoniais ou não patrimoniais públicos em relação aos quais a lei permite a disposição, a transação.

> Ar. 334. (...).
> § 5º. *O autor deverá indicar, na petição inicial, seu desinteresse na autocomposição, e o réu deverá fazê-lo, por petição, apresentada com 10 (dez) dias de antecedência, contados da data da audiência.*

O focalizado § 5º vincula-se umbilicalmente ao inciso I do parágrafo anterior, que só admite a não realização da audiência prévia de conciliação ou mediação caso ambos os litigantes manifestem expressamente o desinteresse na autocomposição. A primeira parte do texto regula a manifestação de desinteresse do autor, estabelecendo que é na petição inicial que ele deve declarar expressamente sua vontade de não ver submetida a causa à audiência deste art. 334; a falta de manifestação nesse sentido torna precluso seu direito de se esquivar da tentativa de autocomposição – não há manifestação eficaz do autor fora da inicial. Já a segunda parte trata da manifestação do réu, ficando estabelecida a forma de "petição", vale dizer, petição própria ou petição autônoma (não a que veicula contestação – art. 335, *caput*), que deve ser apresentada até dez dias antes da data da audiência, observando-se o art. 224. Registre-se que o art. 335, inciso II, se refere a esta petição como "pedido de cancelamento da audiência" (a referência é ao conteúdo da petição), e cujo "protocolo" constitui o termo *a quo* do prazo de contestação (v. § 6º).

> Art. 334. (...).
> § 6º. *Havendo litisconsórcio, o desinteresse na realização da audiência deve ser manifestado por todos os litisconsortes.*

Complementando a disciplina da manifestação de desinteresse pela realização da audiência prévia de conciliação ou mediação, institui o presente parágrafo que, na hipótese de litisconsórcio, todos os litisconsortes devem manifestar-se como condição da criação do impedimento à audiência de autocomposição. Duas considerações interpretativas se fazem necessárias. A primeira no sentido de que, a princípio, não importa a espécie de litisconsórcio de que se trate (ativo, passivo ou misto, facultativo ou necessário, simples ou unitário), pois basta haver litisconsórcio para que todos os litisconsortes apontados devam se manifestar contra a audiência; nos casos de litisconsórcio passivo ulterior decorrente de denunciação da lide pelo réu (arts. 125 e 126) ou de chamamento ao processo (arts. 130 e 131) a exigência não se aplica, porque o litisconsórcio só se forma após a contestação, que pressupõe a audiência prévia. A segunda no sentido de que, não realizada a audiência por falta de citação de algum ou alguns dos litisconsortes passivos, o prazo de dez dias (do § 5º, parte final) deve ser contado outra vez, quando da nova designação de audiência, mesmo para aqueles que não tenham se manifestado no primeiro momento.

> Art. 334. (...).
> § 7º. *A audiência de conciliação ou de mediação pode realizar-se por meio eletrônico, nos termos da lei.*

O parágrafo em questão, sistematicamente falando, coloca-se em perfeita harmonia com a ideia, ou princípio, fundante do Código de Processo Civil de 2015 que se propõe a buscar a implantação definitiva do processo eletrônico ou digital entre nós. Assim como tantos atos processuais recebem disciplina específica para sua forma eletrônica (autuação, citação, intimação, documentos, julgamentos, cooperação nacional e internacional, etc.), além da própria regulamentação geral (arts. 193 a 199), nada mais natural do que estabelecer a lei expressamente a autorização para que a audiência de conciliação ou mediação se realize por meio eletrônico, o que abre a porta para a ferramenta tecnológica da videoconferência, expressamente reconhecida como utilizável pelo art. 385, § 3º (para a tomada do depoimento pessoal da parte), e aqui analogicamente invocável e aplicável.

> Art. 334. (...).
> § 8º. *O não comparecimento injustificado do autor ou do réu à audiência de conciliação é considerado ato atentatório à dignidade da justiça e será sancionado com multa de até 2% (dois por cento) da vantagem econômica pretendida ou do valor da causa, revertida em favor da União ou do Estado.*

Tanta é a crença do estatuto processual de 2015 na eficácia da audiência prévia de conciliação ou mediação regulada por este art. 334, que o parágrafo sob enfoque qualifica o não comparecimento injustificado de qualquer das partes (o que inclui todos os litisconsortes – § 6º) como ato atentatório à dignidade da justiça, exatamente como faz o art. 77, § 2º, em relação ao não cumprimento com exatidão de quaisquer decisões jurisdicionais ou à prática de inovação ilegal no estado de fato de bem ou direito litigioso. A sanção pelo não comparecimento sem justificativa, ou seja, pelo atentado à dignidade da justiça, é a multa de até 2% da vantagem econômica postulada ou, se não houver, do valor da causa constante da petição inicial (sem atualização) – sanção pesada e, por isso, temível, cujo valor, conforme a previsão final do texto, deve ser revertido em favor da União (em causas que tramitem perante a Justiça Federal) ou do Estado (em causas que tramitem perante a Justiça Estadual).

> Art. 334. (...).
> § 9º. *As partes devem estar acompanhadas por seus advogados ou defensores públicos.*

Dada a relevância da audiência prévia para o alcance da composição do litígio pelas próprias partes ("composição consensual", diz o § 4º, inciso I, deste artigo, ou autocomposição) e dado o reconhecimento da grande importância dos advogados ou defensores públicos no momento da tentativa de conciliação ou de mediação para potencializar sua eficácia é que o Código de Processo Civil de 2015 não dispensa a presença física destes representantes judiciais, munidos da respectiva procuração, salvo no caso de advocacia em causa própria (arts. 104 e 103), incluindo os defensores públicos, posto tratar-se de ato que demanda poderes especiais (art. 105, *caput*). Observe-se, neste diapasão, que se qualquer das partes (também litisconsortes) não estiver representada por profissional habilitado a solução é permitir o juiz a constituição imediata de advogado, via procuração *apud acta* (a formalizada no termo de audiência), ou a ratificação do ato conciliatório em quinze dias (art. 104 e parágrafos), tudo para não invalidar a audiência.

> Art. 334. (...).
> § 10. *A parte poderá constituir representante, por meio de procuração específica, com poderes para negociar e transigir.*

A autorização contida no dispositivo sob exame não constitui alternativa à exigência da presença do representante judicial da parte à audiência de conciliação ou mediação do parágrafo anterior, mas mera facilitação jurídica da autocomposição que o sistema tanto preza. A parte deve estar acompanhada por seu advogado ou defensor público (§ 9º), mas pode dar-se um "representante, (...) com poderes para negociar e transigir", um familiar, amigo ou profissional da sua confiança, constituído "por meio de procuração específica". Observe-se que o representante para fins de transação aqui instituído se distingue do preposto da Justiça do Trabalho, que pode prestar depoimento pessoal (CLT, art. 843, § 1º), ato probatório que nenhuma relação tem com o presente regramento. Mas e se a parte comparecer à audiência acompanhada apenas deste representante, e não de um advogado? A solução mais adequada é que a audiência se desenvolva, sendo certo que, se o acordo acontecer, sua homologação dependerá da intervenção de procurador judicial, cuja procuração deverá ser apresentada em momento posterior. Em caso contrário, obviamente, começa a fluir o prazo de contestação (art. 335, inciso I), ficando o seu oferecimento dependente da apresentação do instrumento do mandato judicial. Em nenhuma hipótese se pode cogitar de ato atentatório à dignidade da justiça, porque este só se configura se a própria parte não comparece à audiência.

> Art. 334. (...).
> § 11. *A autocomposição obtida será reduzida a termo e homologada por sentença.*

Dando prosseguimento à longa disciplina que o Código de Processo Civil de 2015 resolveu dar ao instituto da audiência de conciliação ou mediação, estabelece o presente § 11 as formalidades que se exigem para a validação jurídico-processual do ato de autocomposição, pouco importando se seu alcance dependeu da participação de conciliador ou mediador integrante de centro judiciário (art. 165), de conciliador, mediador ou câmara privada, objeto de escolha das partes (art. 168), de câmara privada participante do sistema de distribuição (art. 169, § 2º), ou mesmo se dependeu da atividade negociadora das próprias partes, de seus advogados ou do representante para fins negociais do § 10: em qualquer hipótese, a validação jurídica da autocomposição depende da redução a termo das suas condições – lavratura do termo de conciliação ou de mediação – e da respectiva homologação judicial por sentença. Duas observações importantes. A primeira, no sentido de que, lavrado o termo (por serventuário da Justiça ou não serventuário no caso de autocomposição perante câmara privada), o documento formalizado precisa ser juntado aos autos do processo (físico ou eletrônico), para que dele tome conhecimento o juiz da causa para fins de homologação ou outra providência necessária (v.g., a ordem de juntada de procuração e de ratificação do ato por advogado – v. § 10). E a segunda, no sentido de que a homologação judicial tem por invólucro processual uma sentença resolutória de mérito (art. 487, inciso III, "b"), ato passível de fazer coisa julgada material (art. 502), se não houver recurso, e de instaurar a fase de cumprimento (art. 513), se o acordo não for daqueles que se cumprem de imediato e que determinam a extinção do processo de pronto por satisfação da obrigação (art. 924, inciso II).

> Art. 334. (...).
> § 12. *A pauta das audiências de conciliação ou de mediação será organizada de modo a respeitar o intervalo mínimo de 20 (vinte) minutos entre o início de uma e o início da seguinte.*

Encerrando a regulamentação da audiência de conciliação ou mediação, prescreve o enunciado sob exame que a pauta de tais audiências prévias – a pauta constitui a agenda, a programação, a organização cronológica a que as audiências obedecem – será organizada de modo a que sempre haja um intervalo mínimo de vinte minutos entre elas. O objetivo da regra é, evidentemente, o de garantir um tempo mínimo razoável para a atividade provocadora da autocomposição em cada caso concreto, de sorte a assegurar-lhe maior eficiência. Observe-se, por outro lado, que a norma se dirige tanto ao organizador serventuário da Justiça (para as audiências realizáveis nos "centros judiciários de solução consensual de conflitos") como ao organizador não serventuário que cumpra tal papel nas "câmaras privadas de conciliação e mediação", valendo também lembrar que o juiz pode e deve realizar o controle da aplicabilidade dessa exigência em todos os casos.

> **Capítulo VI**
> *Da Contestação*

A contestação constitui, no direito processual civil, o primeiro e mais importante ato de defesa do réu. À ação do autor corresponde a defesa (ou exceção) do réu, posto que o processo, como meio de solução de litígios, é fenômeno dialético que se desenvolve por intermédio do contraditório;

ao direito do autor de pedir uma providência jurisdicional corresponde o direito do réu de resistir a ela, haja vista que ninguém pode ser condenado sem ser ouvido (*nemo inauditus damnare potest*). As defesas, quanto ao seu conteúdo, podem ser processuais ou de mérito. As processuais são objeções (matérias de defesa processual reconhecíveis de ofício pelo juiz) ou exceções (matérias de defesa processual cujo reconhecimento depende de arguição). Tanto umas como outras podem ser peremptórias (aquelas cujo reconhecimento acarreta a extinção do processo) ou dilatórias (as que apenas provocam a procrastinação do feito). Já as defesas de mérito são diretas (aquelas que se contrapõem diretamente ao fato constitutivo do direito do autor) ou indiretas (aquelas que reconhecem o fato constitutivo, mas lhe opõem outros, extintivos, modificativos ou impeditivos). Observe-se, por fim, que o Código de Processo Civil de 2015 já não fala mais de "resposta do réu" (como fazia o Código de Processo Civil de 1973 no Capítulo II do Título VIII do Livro I), dada a concentração de todas as defesas arguíveis na peça contestatória, o que inclui a alegação de incompetência relativa (art. 337, inciso II), de incorreção do valor da causa (art. 337, inciso III), a oferta de denunciação da lide (art. 126) ou de chamamento ao processo (art. 131) – a peça *contestação* (veículo formal) traduzindo-se em receptáculo de todas essas defesas (substâncias veiculáveis).

> *Art. 335. O réu poderá oferecer contestação, por petição, no prazo de 15 (quinze) dias, cujo termo inicial será a data:*

A prescrição legal institui o direito subjetivo processual, poder e não o dever, mas ônus, de o réu se defender por meio de contestação. O prazo para o oferecimento de defesa por contestação, que é peremptório, é contado segundo as regras contidas nos três incisos abaixo, mas flui também a partir do comparecimento espontâneo previsto pelo art. 239, § 1º. O prazo será maior nas hipóteses dos arts. 180 (Ministério Público), 182 (Advocacia Pública) e 185 (Defensoria Pública). De qualquer maneira, o que demonstra a tempestividade da contestação é a protocolização da respectiva peça; nada impede, por outro lado, que a defesa seja apresentada antes do início da fluência do respectivo prazo (art. 218, § 4º). Observe-se, ainda, que cada litisconsorte passivo pode apresentar a sua contestação em peça própria, mas nada impede que conteste em conjunto. Seguem, abaixo, os critérios para a contagem do prazo para a apresentação da contestação.

> **Art. 335. (...):**
> **I** – *da audiência de conciliação ou de mediação, ou da última sessão de conciliação, quando qualquer parte não comparecer ou, comparecendo, não houver autocomposição;*

O primeiro termo inicial (ou termo *a quo*) do prazo de 15 dias para o oferecimento de contestação é a data da audiência prévia de conciliação ou mediação que haja resultado infrutífera, quer pela vontade negativa das partes quanto à autocomposição, quer pelo não comparecimento de uma delas. É também a data da última sessão, quando duas ou mais houverem ocorrido (art. 334, § 2º) e infrutífera tiver resultado a autocomposição por qualquer daqueles dois mesmos motivos: vontade negativa ou não comparecimento. Observe-se que em todos os casos é necessária a lavratura de um termo negativo de conciliação ou mediação pelo centro judiciário ou pela câmara privada, termo este a ser enviado de pronto ao juiz da causa (por meio físico ou eletrônico), salientando-se que é a data da audiência, ou da última sessão, que corresponde ao termo inicial do prazo, e não o da juntada (física ou eletrônica) do termo aos autos.

> **Art. 335. (...):**
> **II** – *do protocolo do pedido de cancelamento da audiência de conciliação ou de mediação apresentado pelo réu, quando ocorrer a hipótese do art. 334, § 4º, inciso I;*

O segundo termo inicial do prazo de contestação deste art. 335, conforme o enunciado, é a data do protocolo do pedido de cancelamento da audiência prévia manifestado pelo réu. Recorde-se, à luz do esclarecimento da própria parte final do texto, que para a não realização da audiência é necessária a dupla manifestação volitiva das partes (art. 334, § 4º, inciso I), de sorte que ao desinteresse apontado pelo autor na inicial (art. 319, inciso VII) e à designação da audiência pelo juiz, apesar disso (art. 334, *caput*), o réu precisa dizer que também não tem interesse na atividade autocompositiva, o que ele faz, pode ou deve fazer por meio de uma petição autônoma, chamada pedido de cancelamento, a ser apresentada até dez dias de antecedência em relação à audiência prévia designada. Registre-se que também aqui o termo *a quo* do prazo de contestação é a data do protocolo da petição que veicula o pedido de cancelamento, e não a da sua juntada (física ou eletrônica) aos autos.

> Art. 335. (...):
> III – prevista no art. 231, de acordo com o modo como foi feita a citação, nos demais casos.

O terceiro termo inicial do prazo de contestação previsto pelo presente inciso corresponde à data da prática de algum dos atos elencados pelo art. 231, porque, neste contexto, não há qualquer designação de audiência de conciliação ou mediação do art. 334. Vejamos, então, o rol de atos do art. 231: da juntada do AR na citação pelo correio (art. 231, inciso I); da juntada do mandado cumprido na citação por oficial de justiça (art. 231, inciso II); da ocorrência da citação direta pelo escrivão ou chefe de secretaria (art. 231, inciso III); do dia útil seguinte ao fim da dilação, na citação por edital (art. 231, inciso IV); do dia útil seguinte à consulta ao teor da citação, ou ao término do prazo para a consulta, na citação eletrônica (art. 231, inciso V); de juntada do comunicado do art. 232 ou de juntada da carta aos autos de origem, nos casos de citação por carta precatória, rogatória ou de ordem (art. 231, inciso VI). Inaplicáveis, por outro lado, se mostram as previsões dos incisos VII e VIII do art. 231, que se referem exclusivamente ao ato de intimação, e não de citação. Observe-se, por fim, que ainda se aplicam, em relação à contagem do prazo para contestação, dois parágrafos do art. 231: mais de um réu, a última das datas dos incisos I a VI (§ 1º); data da juntada do mandado cumprido, na citação com hora certa (§ 4º).

> Art. 335. (...).
> § 1º. No caso de litisconsórcio passivo, ocorrendo a hipótese do art. 334, § 6º, o termo inicial previsto no inciso II será, para cada um dos réus, a data de apresentação de seu respectivo pedido de cancelamento da audiência.

Dada a circunstância de que, na hipótese de litisconsórcio passivo (sem importar de que tipo), o desinteresse deve ser manifestado por todos e cada um dos litisconsortes (art. 334, § 6º) é que o focalizado parágrafo se ocupa de estabelecer que o termo inicial do prazo de contestação de cada litisconsorte corresponde à data do protocolo do seu respectivo pedido de cancelamento da audiência prévia de conciliação ou mediação – o inciso II deste art. 335 é que fala do "protocolo do pedido de cancelamento", como se vê. Pois bem, assim disciplinada a situação processual do prazo para contestar dos litisconsortes passivos, o que se tem é que não haverá no processo um único prazo para as defesas, mas dois ou mais prazos diferentes, por causa dos distintos termos iniciais, conforme as datas dos respectivos protocolos de pedido de cancelamento da audiência prévia.

> **Art. 335. (...).**
> **§ 2º. Quando ocorrer a hipótese do art. 334, § 4º, inciso II, havendo litisconsórcio passivo e o autor desistir da ação em relação a réu ainda não citado, o prazo para resposta correrá da data de intimação da decisão que homologar a desistência.**

O § 2º sob enfoque trata da hipótese de litisconsórcio passivo e do prazo para contestação quando não tem cabimento a autocomposição (art. 334, § 4º, inciso II, em decorrência da indisponibilidade do direito discutido), de sorte que do despacho liminar positivo do juiz não consta, por óbvio, a designação da audiência prevista pelo *caput* do art. 334. Muito bem, em razão disso, não se há de cogitar de qualquer aplicação dos incisos I e II deste art. 335 (data da audiência ou do pedido de seu cancelamento como termos iniciais do prazo de contestação), mas apenas do inciso III, acima, que prevê as várias possibilidades de termo inicial quando não há audiência prévia a ser realizada (v. nota ao inciso III). Avançando no exame do dispositivo em questão, o que devemos considerar agora é que, na hipótese de processo sem audiência prévia, o prazo de contestação dos litisconsortes é um único e comum – diferente da situação descrita no § 1º, em que cada litisconsorte pode contestar num prazo distinto (v. nota) –, de forma que, estando a faltar a citação de um dos litisconsortes, caso em que o prazo ainda não corre para ninguém, a desistência da ação que manifeste o autor, em relação a este litisconsorte faltante, tem o condão jurídico de desencadear a fluência do prazo de contestação para todos os litisconsortes já citados, mediante a transferência do seu termo inicial para a data da intimação da decisão judicial que homologou a desistência.

> **Art. 336. Incumbe ao réu alegar, na contestação, toda a matéria de defesa, expondo as razões de fato e de direito com que impugna o pedido do autor e especificando as provas que pretende produzir.**

O art. 336 consagra explicitamente o princípio da concentração, segundo o qual todas as defesas contra o pedido que o réu possua devem ser deduzidas na peça contestatória, sob pena de preclusão. Assim, todas as defesas meritórias – tanto as diretas como as indiretas, quer as fundadas em razões fáticas, quer as fundadas em razões jurídicas – têm de se concentrar na contestação, sob pena de não poderem ser utilizadas em momento posterior pelo réu (as exceções ao princípio encontram-se disciplinadas no art. 342). Corolário lógico da concentração é o chamado princípio da eventualidade, identicamente agasalhado pelo dispositivo sob comentário, e que se expressa na seguinte ideia: ainda que o réu esteja certo de que suas defesas processuais prevalecerão, deve ele *ad eventum* alegar as suas defesas de mérito; ainda que esteja convencido de que a defesa direta é suficiente para garantir-lhe a vitória, deve o réu aduzir as indiretas, e assim sucessivamente. Em razão do princípio da eventualidade, portanto, não precisa haver entre as defesas perfeita sintonia lógica (*v.g.*, o réu alega que o contrato não existe, mas se existe é nulo; e, se não é nulo, o crédito está prescrito). Da contestação deve constar, ainda, segundo a parte final do dispositivo, a especificação de provas, requisito, em tudo e por tudo, semelhante ao previsto no art. 319, inciso VI, exigido da inicial. Além disso, faculta o art. 434 a juntada de documentos ao réu.

> *Art. 337. Incumbe ao réu, antes de discutir o mérito, alegar:*

O artigo elenca e disciplina as defesas processuais que o réu preliminarmente – isto é, antes de se defender no mérito – pode alegar. Por isso é que tais defesas são chamadas de preliminares ao mérito, correspondendo ontologicamente a objeções processuais, ou seja, a defesas contra o processo ou contra a ação que podem ser conhecidas pelo juiz de ofício, isto é, independentemente de arguição (v. nota ao Capítulo VI deste Título I). Malgrado tal natureza, a lei achou por bem explicitar a faculdade de o réu deduzir tais defesas, com o que definiu de forma expressa o conteúdo processual da contestação para distingui-lo do de outra forma de resposta, como a reconvenção. Observe-se que apenas a convenção de arbitragem e a incompetência relativa não são objeções, mas exceções (v. § 5º, adiante).

> Art. 337. (...):
> *I – inexistência ou nulidade da citação;*

Citação inexistente é a convocação do réu que concretamente não se realizou, embora formalmente haja nos autos um mandado cumprido ou uma certificação eletrônica de consulta (*v.g.*, porque foi citada pessoa diversa). Citação nula é aquela que é feita sem observância das prescrições legais, nos termos do art. 280, como, por exemplo, nas hipóteses de desrespeito dos arts. 244 (casos de não realização da citação), 245 (não citação do mentalmente incapaz), 247 (requisitos da citação pelo correio), 250 (requisitos do mandado citatório a ser cumprido pelo oficial de justiça), 252 a 254 (requisitos da citação com hora certa) e 256 e 257 (requisitos da citação por edital). Sobre o comparecimento espontâneo, v. art. 239, § 1º. Observe-se, por fim, que se trata de objeção dilatória, porquanto o reconhecimento do vício, pelo próprio juiz, sem qualquer provocação, não provoca a extinção do processo, mas apenas sua procrastinação.

> Art. 337. (...):
> *II – incompetência absoluta e relativa;*

Há incompetência absoluta quando em razão da matéria (*v.g.*, Vara de Família, Registros Públicos, Cível de competência residual – conforme lei de organização judiciária estadual) ou da pessoa (*v.g.*, Justiça Federal – CF, art. 109, inciso I, CPC, art. 45, *caput* – ou Varas da Fazenda Pública – conforme lei estadual) ou, ainda, em razão de aspectos funcionais (CPC, arts. 47, 61, 299, 683, parágrafo único) não existe relação de adequação entre uma causa e o juízo a que esta é dirigida. Dispõe o art. 62 deste Código: "Art. 62. A competência determinada em razão da matéria, da pessoa ou da função é inderrogável por convenção das partes". E o art. 64 e seu § 1º: "Art. 64. A incompetência absoluta ou relativa será alegada como questão preliminar de contestação. § 1º. A incompetência absoluta pode ser alegada em qualquer tempo e grau de jurisdição e deve ser declarada de ofício". Já em relação à incompetência relativa, esta existe quando em razão do território (a comarca, a seção ou subseção judiciária em que residem ou têm domicílio as partes – CPC, arts. 46 a 53) ou em razão do valor da causa (desde que, por conta dele, uma lei de organização judiciária atribua competência a um órgão jurisdicional) não existe relação de adequação entre certa demanda e certo juízo a que ela é endereçada. Dispõe o art. 65, *caput*: "Art. 65. Prorroga-se a competência relativa se o réu não alegar a incompetência em preliminar de contestação" (v., ainda, art. 340).

> **Art. 337. (...):**
> *III – incorreção do valor da causa;*

A incorreção do valor da causa é matéria de defesa processual (não de mérito, obviamente), do tipo objeção (porque reconhecível de ofício pelo juiz – § 5º) e cujo fundamento é o desrespeito pela petição inicial aos critérios expressamente estabelecidos pelos incisos I a VIII e §§ 1º e 2º do art. 292 deste Código, e também aos implicitamente reconhecidos pela doutrina e pela jurisprudência. Observe-se que, como dissemos, a incorreção do valor da causa pode ser reconhecida pelo juiz independentemente desta preliminar de contestação, porquanto, além do § 5º deste art. 337, dispõe o próprio art. 292, em seu § 3º, que: "§ 3º. O juiz corrigirá, de ofício e por arbitramento, o valor da causa quando verificar que não corresponde ao conteúdo patrimonial em discussão ou ao proveito econômico perseguido pelo autor, caso em que se procederá ao recolhimento das custas correspondentes". O que temos, então, é que, se o juiz não ordenar espontaneamente a correção do valor da causa já ao despachar liminarmente a petição inicial (art. 334, *caput*), resta ao réu deduzir tal matéria de defesa em preliminar para que, cumprido o efetivo contraditório (art. 351), sobre a alegada incorreção o juiz profira a sua decisão (decisão interlocutória, inatacável por agravo de instrumento – art. 1.015), sustentando ou reformando o valor, sob a forma de resolução de questão processual pendente, nos termos do art. 357, inciso I.

> **Art. 337. (...):**
> *IV – inépcia da petição inicial;*

A inépcia da petição inicial é fenômeno processual expressa e minuciosamente regulamentado pelo art. 330, inciso I, e parágrafo único, ao qual remetemos o leitor. O reconhecimento da inépcia gera, evidentemente, o proferimento de uma sentença sem resolução do mérito (arts. 485, inciso I, 330 e 331), de sorte que, no plano das defesas, essa tem natureza de objeção peremptória, dada a extinção da relação processual em primeira instância. Observe-se que, se a inépcia não foi reconhecida desde logo, o que geraria o indeferimento da petição inicial (arts. 330, inciso I, e 485, inciso I, combinados), a inépcia gera a extinção do processo no momento do julgamento conforme o estado (art. 354), mas com fundamento legal no art. 485, inciso IV (falta de pressuposto processual), porque o art. 485, inciso I, fala apenas de indeferimento da petição inicial (o art. 330, assim, deve ser combinado com o art. 485, inciso IV).

> Art. 337. (...):
> V – perempção;

O fenômeno processual da perempção identifica-se com a morte da ação decorrente do fato de ter havido três extinções de processos iguais por abandono (sobre o assunto, examinem-se os arts. 485, inciso III, e 486, § 3º, e respectivas notas). O fenômeno corresponde, pois, evidentemente, a uma objeção peremptória, uma vez que seu reconhecimento gerará a extinção do quarto processo (art. 485, inciso V). Como já tivemos a oportunidade de dizer anteriormente, a perempção aqui reconhecida não se confunde com aquela outra prevista pelo art. 8º da Lei do Mandado de Segurança (Lei n. 12.016, de 7.8.2009).

> Art. 337. (...):
> VI – litispendência;

O termo "litispendência" – literalmente, pendência da lide (*litis*), no sentido e "processo", palavra que não se usava no direito romano – no texto, deve ser entendido como exceção de litispendência, o que significa a alegação de existência de um processo instaurado anteriormente versando sobre a mesma causa (demanda, litígio, conflito de interesses ou lide) que é submetida a julgamento no processo em que o réu oferece dita defesa. O § 1º logo abaixo prevê: "§ 1º. Verifica-se a litispendência ou a coisa julgada quando se reproduz ação anteriormente ajuizada". E o § 3º prescreve: "§ 3º. Há litispendência quando se repete ação que está em curso" (v. os comentários dedicados a tais dispositivos). O seu reconhecimento gera a extinção do segundo processo (art. 485, inciso V) porque um dos principais efeitos da litispendência (da pendência de uma causa em juízo) é justamente o de impedir a reprodução de causa idêntica perante outro juízo (v. art. 240). Trata-se, obviamente, de objeção peremptória.

> Art. 337. (...):
> VII – coisa julgada;

Coisa julgada, no texto, é sinônimo de exceção de coisa julgada, que é a defesa processual fundada no fato de, em processo anterior já encerrado, ter havido o trânsito material em julgado de sentença ou de acórdão que tenha apreciado a mesma causa (litígio ou lide) deduzida no feito em que o réu oferece dita defesa. Veja-se que o § 1º deste mesmo art. 337 afirma de maneira incompleta e insatisfatória que: "§ 1º. Verifica-se a litispendência ou a coisa julgada quando se reproduz ação anteriormente ajuizada" (v. nota). Seja como for, sobre o conceito de coisa julgada examine-se o comentário ao art. 502. O fato é que, assim como acontece com a litispendência, também o reconhecimento de coisa julgada provoca a extinção do processo posterior (art. 485, inciso V), posto que ela (coisa julgada material) tem como efeito processual negativo a impossibilidade de se reabrir discussão acerca de julgamento já realizado de pedido que teve por objeto determinada causa (litígio ou lide) que agora é reproduzida num segundo processo. A coisa julgada material que se forma sobre a primeira causa impede o julgamento de uma segunda que seja igual. Lembramos, por fim, que o fenômeno da coisa julgada tem origem constitucional – art. 5º, inciso XXXVI: "XXXVI – a lei não prejudicará o direito adquirido, o ato jurídico perfeito e a coisa julgada".

Art. 337. (...):
VIII – conexão;

Por conexão entenda-se tanto a conexão propriamente dita (art. 55) como a continência (art. 56), dois fenômenos modificadores da competência cujas feições jurídicas se encontram expressamente definidas pelos arts. 55 e 56. O art. 55, *caput*, prescreve que: "Art. 55. Reputam-se conexas duas ou mais ações quando lhes for comum o pedido ou a causa de pedir"; o art. 56, por sua vez, prevê: "Art. 56. Dá-se continência entre duas ou mais ações quando houver identidade quanto às partes e à causa de pedir, mas o pedido de uma, por ser mais amplo, abrange o das demais". Como se vê, a continência constitui uma forma muito intensa de conexão. Seja como for, o reconhecimento da conexão ou continência, que pode ser feito de ofício pelo juiz, não acarreta a extinção do processo, mas unicamente a reunião de feitos para julgamento conjunto (arts. 57 e 58). Logo, trata-se de objeção dilatória.

> Art. 337. (...):
> IX – *incapacidade da parte, defeito de representação ou falta de autorização;*

A incapacidade processual e a irregularidade de representação das partes encontram-se reguladas pelo art. 76. A falta de autorização, por seu turno, é expressamente prevista pelo art. 74, parágrafo único, que se vincula à exigência instituída pelo art. 73, *caput*. Os dois primeiros fenômenos, como matérias de defesa, têm a natureza de objeção dilatória, a princípio, uma vez que seu reconhecimento provoca a suspensão do processo e a oportunidade de sanação, de acordo com a parte final do art. 76, *caput*. Somente após tal oportunidade é que o juiz poderá extinguir o processo, tornando-se peremptória a objeção (art. 76, § 1º, inciso I). Quanto ao último fenômeno referido, embora não previsto expressamente pelo art. 76, a solução será a mesma aplicável aos dois primeiros, uma vez que a falta de autorização é ontologicamente vício concernente à capacidade para estar em juízo (v. comentários ao art. 483, inciso IV).

> Art. 337. (...):
> X – *convenção de arbitragem;*

De acordo com a redação do inciso VII do art. 485 deste Código de Processo Civil, a convenção de arbitragem ("assim entendida a cláusula compromissória e o compromisso arbitral" – Lei n. 9.307/1996, art. 3º, *in fine*) representa fato impeditivo ao desenvolvimento da relação processual, razão por que vem prevista por este art. 337 como matéria de defesa. Trata-se, contudo, não de objeção, mas de exceção, já que não é passível de reconhecimento de ofício (§ 3º). Como, no entanto, provoca a extinção do feito, deve-se admitir que tal convenção é exceção processual peremptória, aliás a única no sistema jurídico processual civil brasileiro. Lembramos, por fim, que o art. 3º deste Código reconhece expressamente em seu § 3º que: "§ 3º. É permitida a arbitragem, na forma da lei", com o que se explicitam a perfeita constitucionalidade e a legalidade dessa forma ou método de solução consensual dos conflitos – método consensual indireto, já que as partes elegem de comum acordo o árbitro que julgará o conflito. E se as partes assim convencionaram, quem for acionado judicialmente pela outra parte da arbitragem deve alegar a matéria, conforme o presente inciso X, porque em caso contrário a lei reconhece que a vontade dos dois litigantes é a de abrir mão da arbitragem, conforme o § 6º abaixo (v. nota).

> **Art. 337. (...):**
> **XI – ausência de legitimidade ou de interesse processual;**

Apesar de o enunciado em questão não explicitar, a ausência de legitimidade ou de interesse processual nada mais significa do que o reconhecimento do fenômeno da carência de ação, que é a forma técnica de se dizer que o autor não preenche todas as condições da ação, que são os requisitos de existência do direito à obtenção de uma sentença de mérito (sobre a sobrevivência da figura e o conceito de condições de ação, v. notas aos arts. 17 e 485, inciso VI; sobre o conceito de cada uma delas, v. nota ao mesmo art. 485, inciso VI, bem como as notas lançadas aos incisos II e III do art. 330). A carência de ação – que significa o mesmo que inexistência do direito processual de ação por ilegitimidade *ad causam* ativa ou passiva ou falta de interesse processual (que se expressa, também, pela impossibilidade jurídica do pedido) – provoca, evidentemente, a extinção do processo; logo, trata-se de objeção peremptória, já que o juiz pode reconhecê-la independentemente de alegação por parte do réu, conforme o § 5º, à frente (v., ainda, arts. 338 e 339).

> **Art. 337. (...):**
> **XII – falta de caução ou de outra prestação que a lei exige como preliminar;**

A falta de caução prevista pelo dispositivo como matéria de defesa processual é, por certo, a *cautio judicatum solvi* exigida pelo art. 83, a cujos comentários remetemos o leitor. Lembremos apenas neste momento o que dispõe o mencionado art. 83, *caput*: "Art. 83. O autor, brasileiro ou estrangeiro, que residir fora do Brasil ou deixar de residir no país ao longo da tramitação do processo prestará caução suficiente ao pagamento das custas e dos honorários de advogado da parte contrária nas ações que propuser, se não tiver no Brasil bens imóveis que lhes assegurem o pagamento". Já quanto a outras prestações que a lei exige como preliminar, temos as figuras do depósito de 5% sobre o valor da causa em ação rescisória (art. 968, inciso II), o depósito do valor correspondente às despesas e aos honorários no caso de extinção anterior (art. 488, § 2º) ou o depósito das custas iniciais que a lei estadual ou federal (regimento de custas) eventualmente exija.

> Art. 337. (...):
> XIII – *indevida concessão do benefício de gratuidade de justiça.*

A indevida concessão do benefício de gratuidade de justiça a que alude o texto vincula-se, obviamente, ao desrespeito dos requisitos previstos pelos arts. 98, *caput* e §§ 1º, 5º e 6º, e 99, §§ 3º, 5º e 6º, fundamentalmente, todos deste Código. Recorde-se que o art. 100, *caput*, também admite expressamente que, "deferido o pedido, a parte contrária poderá oferecer impugnação na contestação (...)" – impugnação, esta, sob a forma de preliminar de contestação baseada neste inciso XIII, e que sempre virá amparada pela alegação de que a concessão da gratuidade da justiça foi indevida por descumprimento de algum dos requisitos mencionados. Obviamente que a tal impugnação assim fundamentada se seguirá o pedido de revogação do benefício com vista ao desencadeamento dos efeitos previstos pelo parágrafo único do art. 100. Por fim, registre-se que a decisão de revogação ocorrerá, em regra, no instante do saneamento (art. 357, inciso I) e somente contra ela admite o art. 101, *caput*, que a parte interponha agravo de instrumento – também contra o indeferimento puro e simples da gratuidade –, mas não contra a decisão deferitória, que deve ser atacada apenas pela preliminar de que ora cogitamos.

> Art. 337. (...).
> § 1º. *Verifica-se a litispendência ou a coisa julgada quando se reproduz ação anteriormente ajuizada.*

Este parágrafo do art. 337 – reprodução literal do § 1º do art. 301 do estatuto revogado – possui um conteúdo normativo completamente despiciendo: em primeiro lugar, porque a missão de conceituar institutos é da doutrina, e não da lei; em segundo, porque os conceitos expendidos são, a um só tempo, incompletos e impróprios. Impróprios porque a litispendência (pendência da lide, pendência da causa ou do processo) ocorre quando qualquer ação é ajuizada, nos termos do art. 312, e não apenas "quando se reproduz ação anteriormente ajuizada". A litispendência é fenômeno sempre presente e que sempre representa obstáculo à propositura de uma segunda demanda identificada pelas mesmas partes, pela mesma causa de pedir e pelo mesmo pedido (mesmos elementos identificatórios da ação). O que se verifica quando "se reproduz ação anteriormente ajuizada" é a exceção de litispendência, e não a própria litispendência, como se pode perceber. Daí, também a incompletude do conceito positivado. Semelhantes impropriedade e incompletude marcam o presente conceito legal sobre a coisa julgada, porém com mais intensidade. Não há coisa julgada "quando se reproduz ação anteriormente ajuizada", mas apenas a exceção de coisa julgada quando se percebe que um processo traz em si uma causa idêntica a outra já ajuizada, processada e julgada anteriormente, com formação de coisa julgada material. Assim, o simples promover ação anteriormente ajuizada não configura coisa julgada – no máximo, pode dar ensejo à constatação de exceção de litispendência –, porque a coisa julgada é fenômeno pretérito que assume a feição de exceção de coisa julgada quando se conclui que uma ação presente é reprodução idêntica daquela anterior que gerou uma decisão transitada materialmente em julgado. Sobre as exceções de litispendência e coisa julgada, examinem-se os incisos VI e VII do *caput* deste artigo, bem como o inciso V do art. 485 (v. Lei n. 11.419/2006, art. 14, parágrafo único, sobre a identificação de litispendência e coisa julgada por sistema eletrônico).

Art. 337. (...).
§ 2º. *Uma ação é idêntica a outra quando possui as mesmas partes, a mesma causa de pedir e o mesmo pedido.*

O parágrafo em questão padece de mal semelhante ao presente no anterior: conceitua quando não precisava, mas, diferentemente do § 1º, conceitua bem, só que mediante a afirmação do óbvio. É evidente que a falta de identidade em relação a qualquer dos elementos da ação permite a conclusão de que duas ações não são idênticas (porque as partes são diferentes, porque o pedido é diferente ou porque a causa de pedir é diferente). Observe-se que havendo a identidade aqui prevista é que se pode começar a pensar na aplicação do parágrafo anterior, com todas as suas vicissitudes: a ação ajuizada no presente (idêntica à outra anterior) põe em evidência o obstáculo representado pela litispendência surgida com a primeira ação e que no âmbito do segundo processo se configura como exceção de litispendência – semelhantemente em relação à coisa julgada: a ação idêntica (ajuizada no presente) põe em evidência o fenômeno obstaculizador representado pela coisa julgada formada no passado e que no âmbito do processo presente assume a feição de exceção de coisa julgada.

> Art. 337. (...).
> § 3º. *Há litispendência quando se repete ação que está em curso.*

Incompreensivelmente, mais uma vez a lei volta a insistir em realizar tarefa que não é sua: a conceituação da figura da litispendência, só que agora acrescentando explicitamente ao conceito algo que faltou no § 1º para permitir a distinção entre litispendência e coisa julgada, e assim mesmo de forma atécnica ("ação que está em curso"). Melhor teria sido o silêncio (examine-se o comentário ao inciso V do *caput* deste artigo; v., ainda, inciso V do art. 267).

> Art. 337. (...).
> § 4º. *Há coisa julgada quando se repete ação que já foi decidida por decisão transitada em julgado.*

Padecendo, em suma, dos mesmos males anteriormente apontados, o § 4º em questão conceitua o que não precisa, mas, como já apontado acima, acrescenta informação que não constou do § 1º, com o objetivo de facilitar a distinção entre as figuras da litispendência e da coisa julgada, mas também aqui de maneira atécnica e imprópria, ao dizer que "há coisa julgada quando se repete ação que já foi decidida por decisão transitada em julgado" – o § 3º do art. 301 do Código Buzaid dizia de maneira ainda pior ("quando se repete ação que foi decidida por sentença de que não caiba recurso"), posto que fazia referência ao conceito de coisa julgada formal, ao invés de aludir à coisa julgada material que aqui se encontra em pauta. Seja como for, o fato é que o previsto expressamente no texto deste § 4º não é verdade: a simples repetição de ação já decidida não configura coisa julgada, mas apenas "exceção de coisa julgada". A coisa julgada material se forma quando ocorre a imutabilidade dos efeitos de uma decisão de mérito (No primeiro processo, o que está no passado). A coisa julgada assim formada é obstáculo ao desenvolvimento de um segundo processo (ou terceiro ou quarto) e neste a coisa julgada do passado assume a feição de "exceção de coisa julgada", que o réu pode alegar em contestação. O silêncio era preferível (v. o mesmo comentário ao inciso V do *caput* deste art. 337 e ao inciso V do art. 485).

> Art. 337. (...).
>
> § 5º. *Excetuadas a convenção de arbitragem e a incompetência relativa, o juiz conhecerá de ofício das matérias enumeradas neste artigo.*

A primeira previsão do dispositivo sob comentário estabelece excepcionalmente o caráter de exceção da matéria de defesa processual *convenção de arbitragem* – o art. 3º da Lei n. 9.307/1996 prescreve: "Art. 3º. As partes interessadas podem submeter a solução de seus litígios ao juízo arbitral mediante convenção de arbitragem, assim entendida a cláusula compromissória e o compromisso arbitral" –, tornando seu reconhecimento pelo juiz dependente da vontade do réu mediante arguição explícita em contestação. Se o réu não manifestar sua vontade, ainda que haja convenção de arbitragem para o litígio deduzido em juízo, livre estará o magistrado para validamente atuar seu poder jurisdicional, nos termos do § 6º abaixo. Já quanto à segunda previsão constante deste dispositivo, ela identicamente estabelece a natureza de exceção, agora da matéria *incompetência relativa*, fazendo seu reconhecimento pelo juiz da causa também depender da expressa vontade do réu manifestada por meio da alegação em preliminar na peça contestatória. Lembramos que, diferentemente do regime do Código revogado, já não existe mais a modalidade de resposta "exceção de incompetência", de sorte que a matéria *incompetência relativa* foi incluída como preliminar de contestação no inciso II, previsão final, deste art. 337. Por fim, salientamos mais uma vez o que dispõe o art. 65 deste estatuto: "Art. 65. Prorrogar-se-á a competência relativa se o réu não alegar a incompetência em preliminar de contestação".

> Art. 337. (...).
>
> § 6º. *A ausência de alegação da existência de convenção de arbitragem, na forma prevista neste Capítulo, implica aceitação da jurisdição estatal e renúncia ao juízo arbitral.*

Dada a circunstância de a matéria de defesa processual *convenção de arbitragem* traduzir-se numa exceção, e não numa objeção, tudo por força do § 5º acima, a consequência natural deste enquadramento é que a falta de alegação de convenção de arbitragem em preliminar de contestação pelo réu acaba por significar para o sistema que as partes, deliberada, voluntária e definitivamente, resolveram renunciar à arbitragem, ao juízo arbitral, e aceitar que a função jurisdicional ("jurisdição estatal", no texto) seja exercida para a solução do conflito de interesses. A vontade de abrir mão da arbitragem pelo autor, pelo simples fato de este ter proposto ação em juízo, sabendo que havia convenção arbitral, somada à vontade do réu de não se opor ao exercício da jurisdição, resulta na plena validação jurídica da ferramenta estatal *processo civil* para a construção da decisão que vai solucionar o litígio.

> *Art. 338. Alegando o réu, na contestação, ser parte ilegítima ou não ser o responsável pelo prejuízo invocado, o juiz facultará ao autor, em 15 (quinze) dias, a alteração da petição inicial para substituição do réu.*

Os arts. 338 e 339 reconhecem e disciplinam o instituto da correção do polo passivo que surge para substituir a restrita figura da "nomeação à autoria" prevista pelo Código de 1973. Por meio do novo instituto fica assegurada a possibilidade de alteração da petição inicial com vista à substituição do réu, parte ilegítima para a causa, por outro que detém legitimação para figurar no polo passivo da demanda. A grande vantagem é que, diferentemente dos limitadíssimos três casos de nomeação à autoria (do art. 62 do CPC revogado), este art. 338 admite a substituição do ocupante do polo passivo ilimitadamente, em quaisquer hipóteses de ilegitimidade passiva *ad causam*, com o que ganha o processo civil em economia de tempo, trabalho e dinheiro e em agilidade, tudo em conformidade com as garantias da duração razoável e do acesso à Justiça. Pois bem, para que se opere a correção do polo passivo, exige a lei a prática sequencial de três atos processuais precisamente definidos: (1º) a alegação pelo réu, em preliminar de contestação, de que é parte ilegítima para a causa ajuizada (art. 337, inciso XI, primeira figura); (2º) o despacho judicial facultando ao autor a alteração da petição inicial para a substituição do réu (previsão contida neste *caput*); (3º) a aceitação pelo autor da alegação ou da indicação e a alteração da petição inicial dentro do prazo de quinze dias (art. 339, § 1º). Algumas considerações sobre esses três atos se fazem necessárias. Sobre o primeiro: basta ao réu alegar ser parte ilegítima (o "não ser o responsável pelo prejuízo invocado" constitui apenas mais um dos possíveis fundamentos da ilegitimidade alegável), e nada mais. Sobre o segundo: basta que o réu faça tal alegação para que o juiz tenha de abrir prazo ao autor para alterar ou manter a petição inicial; os quinze dias deste art. 338 correspondem aos mesmos quinze do art. 351 (o despacho terá dupla fundamentação legal – arts. 338, *caput*, e 351). Sobre o terceiro: a aceitação do autor pode assumir algumas formas diferentes – (a) aceitação da substituição pelo novo réu indicado e alteração da inicial, em peça única; (b) aceitação da substituição pelo réu indicado em peça autônoma e alteração da inicial em peça subsequente, sempre dentro do prazo de quinze dias; (c) aceitação da substituição em peça autônoma sem conhecimento de quem será o novo réu (art. 339, *caput* e § 1º) e peça subsequente de alteração, tudo nos quinze dias; (d) aceitação relativa – não aceitação da substituição em peça autônoma, com o conhecimento do outro possível réu, e peça subsequente para alteração da inicial e inclusão do outro réu como litisconsorte (art. 339, § 2º). Acerca de outros aspectos interpretativos, examinem-se os comentários ao parágrafo único deste art. 338 e aos dispositivos que integram o art. 339.

> Art. 338. (...).
> *Parágrafo único. Realizada a substituição, o autor reembolsará as despesas e pagará os honorários ao procurador do réu excluído, que serão fixados entre 3 (três) e 5% (cinco por cento) do valor da causa ou, sendo este irrisório, nos termos do art. 85, § 8º.*

O reembolso imposto ao autor das despesas que teve de arcar o réu originário para se defender e o pagamento dos honorários advocatícios ao seu procurador constituem as implicações processuais diretas da realização da exclusão da parte ilegítima e da sua substituição pela parte legitimada para a causa. O reembolso e o pagamento de honorários são de rigor, porque, de uma forma extraordinária, esta do art. 338, o réu originário demonstrou a sua razão e foi excluído do processo, devendo ser recomposto patrimonialmente pelo que gastou para se livrar da demanda – e o seu advogado pago pelo trabalho que realizou conforme os critérios econômicos aqui expressamente estabelecidos. Mas, explicada a *ratio* do dispositivo, chamamos a atenção para o fato de que a realização da substituição, enquanto fenômeno processual propulsor dos pagamentos impostos ao autor, pode assumir feições jurídicas distintas. É que a substituição está realizada quando: o autor aceita o réu indicado e altera a inicial; o autor aceita a substituição antes de alterar a inicial; o autor aceita a substituição mas ainda não indica quem será o réu substituto (art.

339, *caput*). Nos três casos o autor já está obrigado aos pagamentos deste parágrafo único (art. 515, inciso I).

> *Art. 339. Quando alegar sua ilegitimidade, incumbe ao réu indicar o sujeito passivo da relação jurídica discutida sempre que tiver conhecimento, sob pena de arcar com as despesas processuais e de indenizar o autor pelos prejuízos decorrentes da falta de indicação.*

Buscando dar regulamentação em forma e em essência à própria alegação de ilegitimidade, que é uma preliminar da peça contestatória – o réu originário, apesar de esperançoso, deve apresentar "toda a matéria de defesa", por força do princípio da eventualidade (v. art. 336) –, estabelece o presente dispositivo que tal alegação de conteúdo negativo (a ilegitimidade passiva que se sustenta) deve estar acompanhada, em princípio, da alegação positiva sobre quem efetivamente é a parte passivamente legitimada para integrar a relação processual e o contraditório. Observe-se que, segundo o texto, tal indicação é de rigor apenas e tão somente se o demandado originário "tiver conhecimento" sobre quem é o "sujeito passivo da relação jurídica discutida"; se não tiver conhecimento, basta a alegação da própria ilegitimidade. O que ocorre, entretanto, é que, tanto num caso como no outro, a exclusão e a substituição postuladas ficam a depender da exclusiva vontade do autor, que pode aceitá-las (arts. 338, *caput*, e 339, § 1º, expressos), negá-las, pura e simplesmente (arts. 338 e 339, não expressos), ou negá-las sob a forma de opção pelo litisconsórcio passivo ulterior (art. 339, § 2º). Saliente-se, por fim, que, na hipótese de o autor aceitar a exclusão do réu originário sem que este tenha feito a indicação do "sujeito passivo da relação jurídica discutida" – o autor pode aceitar a exclusão por peça autônoma e dentro dos quinze dias proceder à alteração da inicial a partir da sua própria atividade investigatória –, diz o texto sobre a omissão do réu originário: "sob pena de arcar com as despesas processuais e de indenizar o autor pelos prejuízos decorrentes da falta de indicação". Ora, o que nos parece é que a responsabilização prevista só poderá ter lugar se alguns fatores se fizerem presentes, sucessivamente: (1º) o autor aceitar a exclusão do réu originário por petição autônoma, apesar da falta de indicação; (2º) o autor não conseguir descobrir por si próprio a identidade do "sujeito passivo" legitimado e, por isso, não proceder à alteração da petição inicial nos quinze dias; (3º) o juiz proferir sentença terminativa (art. 485, incisos III e IV); (4º) o autor, nos mesmos autos, conseguir demonstrar que o réu originário omitiu maliciosamente a identidade do sujeito passivo legitimado, para, assim, obter a condenação do réu originário com base no presente art. 339, *caput*.

> **Art. 339. (...).**
>
> *§ 1º. O autor, ao aceitar a indicação, procederá, no prazo de 15 (quinze) dias, à alteração da petição inicial para a substituição do réu, observando-se, ainda, o parágrafo único do art. 338.*

Como vimos no comentário dedicado ao art. 338, *caput*, à alegação do réu, em preliminar de contestação, sobre a sua própria ilegitimidade passiva deve se seguir, ato contínuo, a abertura de vista pelo juiz ao autor para que este diga se aceita ou não a exclusão do réu originário e sua substituição por quem tenha sido apontado como legitimado passivo para a causa. Como vimos, também, tal aceitação pode assumir algumas formas diferentes, mas o que importa salientar aqui é que, seja qual for a forma que tenha a aceitação, o presente dispositivo estabelece que o autor, em quinze dias, "procederá, (...) à alteração da petição inicial para a substituição do réu", observando-se, ainda o parágrafo único do art. 338". Pois bem, acerca desta alteração ou modificação da petição inicial, o que precisa ser dito é que tanto ela pode ser realizada via apresentação de uma peça inteiramente nova, com a substituição do nome e da qualificação do réu, como realizada pela apresentação de uma petição simples, autônoma, em que declare o autor com singeleza formal a sua vontade de excluir o réu originário e de substituí-lo pela pessoa apontada anteriormente como legitimada, e devidamente qualificada; outra possibilidade, como salientado, é a apresentação de duas peças autônomas: uma aceitando a exclusão e outra explicitando o nome e a qualificação do novo réu. Seja como for, e seja qual for a forma escolhida, o fato é que, realizada a substituição (v. nota ao parágrafo único do art. 338, sobre o que isto significa), o autor deve reembolsar o réu originário pelas despesas que teve e pagar honorários ao seu advogado pelo trabalho que empreendeu, conforme os parâmetros econômicos estabelecidos (3 a 5% do valor da causa ou nos termos do art. 85, § 8º).

> **Art. 339. (...).**
>
> *§ 2º. No prazo de 15 (quinze) dias, o autor pode optar por alterar a petição inicial para incluir, como litisconsorte passivo, o sujeito indicado pelo réu.*

Ao lado das formas de aceitação e de substituição da parte ilegítima pela parte legítima que os arts. 338, *caput*, e 339, *caput*, admitem, e além da rejeição pura e simples identicamente autorizada, estabelece o dispositivo sob enfoque uma forma de aceitação relativa da ilegitimidade do réu originário. De aceitação relativa falamos, porque ela não se manifesta como ato de exclusão nem de substituição, mas de dúvida no espírito do autor, de sorte a levá-lo a optar por incluir o sujeito indicado pelo réu como litisconsorte do próprio réu originário. Na dúvida entre a legitimação passiva *ad causam* de um ou de outro, melhor é que ambos integrem o polo passivo e que a sentença, ao final, reconheça quem é o titular da obrigação, para condená-lo a pagar ou para ordenar que faça ou deixe de fazer alguma coisa. Eis o significado processual deste parágrafo de encerramento do art. 339.

> *Art. 340. Havendo alegação de incompetência relativa ou absoluta, a contestação poderá ser protocolada no foro de domicílio do réu, fato que será imediatamente comunicado ao juiz da causa, preferencialmente por meio eletrônico.*

O artigo sob enfoque institui a figura e o incidente do protocolo da contestação no foro do domicílio do réu nas hipóteses de alegação de incompetência do juízo perante o qual se deu a instauração do processo. A *ratio* do dispositivo em questão não é difícil de entender: havendo incompetência – relativa ou absoluta, pouco importa –, não parece razoável ao sistema que tenha o réu de se deslocar a outra comarca, seção ou subseção judiciária para manifestar seu inconformismo em relação à incompetência que deseja ver reconhecida. É por isso que o demandado pode optar por oferecer a defesa no foro do seu domicílio (a lei diz: "a contestação poderá ser protocolada", e não "deverá"), seguindo-se a imediata comunicação eletrônica e, após, o processamento previsto no § 1º abaixo (livre distribuição ou juntada à precatória). Três observações se impõem. A primeira, no sentido de que, em caso de incompetência absoluta, o incidente só é admissível se a sede física do juízo originário é diferente da do domicílio do réu. A segunda, no sentido de que a imediata comunicação ao juiz da causa prevista no texto é ato que ocorre logo após a distribuição ou após a juntada aos autos da precatória (do § 1º – v. nota), porque seu objetivo imediato é viabilizar a suspensão da audiência de conciliação ou mediação designada (do § 3º – v. nota). E, finalmente, a terceira, no sentido de que o incidente de que cogitamos significa uma antecipação defensiva, na medida em que, para evitar ter de comparecer à audiência prévia perante um juízo incompetente, a lei permite que o réu já conteste a ação pelo protocolo no seu domicílio – contestação antecipada à audiência de conciliação ou mediação.

> **Art. 340. (...).**
>
> **§ 1º.** *A contestação será submetida a livre distribuição ou, se o réu houver sido citado por meio de carta precatória, juntada aos autos dessa carta, seguindo-se a sua imediata remessa para o juízo da causa.*

O § 1º que ora nos ocupa regula o processamento do incidente do protocolo da contestação no foro do domicílio do réu, prevendo os atos processuais que se praticam logo após a imediata comunicação instituída pelo *caput*. Acerca de tal comunicação, chamamos a atenção para o fato de que ela é ato imposto ao escrivão da vara a quem for distribuída a contestação ou ao escrivão da vara da precatória, justamente as possibilidades consagradas no texto focalizado. Pois bem, o que este parágrafo estabelece, de um lado, é que, se a citação do réu se deu por meio de carta precatória (arts. 237, inciso III, e 238), a contestação pode ser endereçada à vara do juízo deprecado (que tem sede, obviamente, na comarca, seção ou subseção judiciária onde tem domicílio o réu), de sorte que, recebida a peça contestatória, o escrivão proceda à imediata comunicação eletrônica ao juízo deprecante, à juntada aos autos da precatória e à pronta remessa dos autos ao juízo originário da causa. Eis a hipótese de mais simples compreensão. Mas se, por outro lado, o réu foi citado por carta (art. 249, *caput*), por oficial de justiça (nas hipóteses do art. 255), pelo escrivão ou por edital (art. 246, incisos III e IV, de improvável ocorrência para os fins deste art. 340), ou mesmo por meio eletrônico (art. 246, inciso V), e não se conforma por estar sendo convocado a integrar processo comandado por juiz incompetente, prevê o texto sob análise que este réu apresente a sua contestação ao distribuidor (como se fosse uma petição inicial) e, uma vez distribuída livremente, tal peça de defesa receberá uma autuação (primeiro desdobramento não previsto), de forma a aguardar uma decisão sobre a questão da competência, que será provocada pela comunicação eletrônica da própria contestação, sua distribuição e autuação ao juízo originário (segundo desdobramento não previsto) para que, então, ele reconheça, ou não, sua própria incompetência, nos termos do § 2º abaixo (v. nota).

> **Art. 340. (...).**
> **§ 2º.** *Reconhecida a competência do foro indicado pelo réu, o juízo para o qual for distribuída a contestação ou a carta precatória será considerado prevento.*

O reconhecimento da competência do foro indicado pelo réu, a que alude o texto deste § 2º, é ato de exclusiva atribuição do juízo originário da causa, por força do antigo e consagrado princípio *competenz competenz* do Direito Alemão, segundo o qual o juiz do processo é o competente para apreciar e julgar a sua própria competência, princípio que encontra expressão normativa no art. 64, §§ 1º a 3º, deste Código. Pois bem, para a compreensão de tal reconhecimento é necessário observar, antes de mais nada, que o órgão originário já foi comunicado sobre a contestação e a alegação de incompetência por via eletrônica pelo distribuidor ou pelo escrivão do juízo deprecado (*caput* e § 1º), mas apenas para fins de suspensão da audiência prévia (§ 3º), o que significa dizer que a decisão sobre a preliminar só poderá ocorrer depois que a precatória (que veicula a contestação) for recebida pelo juízo deprecante (é o que se infere da redação do § 1º) ou depois que a contestação, a distribuição e a autuação forem eletronicamente transmitidas ao juízo da causa e juntadas aos autor físicos ou eletrônicos do processo (tal comunicação não se encontra prevista, mas decorre da interpretação lógica do mesmo § 1º). Assim é que somente depois de dada a oportunidade à parte contrária para manifestação (art. 64, § 2º, primeira previsão) – dada, é claro, pelo próprio juízo deprecante ou originário, nos autos do processo de onde partiu a ordem de citação – é que terá lugar a decisão sobre a alegação de incompetência (art. 64, § 2º, segunda previsão), ao que se seguirá, em caso de acolhimento, a remessa dos autos ao juízo competente (art. 64, § 3º) ou a declaração formal de que se encontra prevento o juízo para o qual foi distribuída a contestação ou aquele que processou e deu cumprimento à carta precatória, tudo nos termos do que dispõe a parte final do texto sob exame.

> **Art. 340. (...).**
> **§ 3º.** *Alegada a incompetência nos termos do "caput", será suspensa a realização da audiência de conciliação ou de mediação, se tiver sido designada.*

Este § 3º e o subsequente § 4º preveem e regulamentam as repercussões do incidente do protocolo da contestação no foro do domicílio do réu sobre a audiência prévia de conciliação ou de mediação, cuja designação é a marca mais característica do procedimento comum do Código de Processo Civil de 2015. Muito bem, de acordo com o presente § 3º, basta a alegação da incompetência "nos termos do *caput*", vale dizer, a alegação por meio de contestação protocolada no foro do domicílio do réu, para que seja suspensa a audiência prévia que tenha sido designada. Observe-se que tal suspensão é ato que o juiz da causa deve praticar sem fazer qualquer consideração sobre as razões ou a juridicidade da alegação de incompetência – o juiz fica vinculado pela força do ato do réu previsto por este § 3º –, mas pressupõe necessariamente que tenha havido a comunicação (por via eletrônica ou física) exigida pela parte final do *caput* e que, como vimos, compete ao escrivão da vara à qual foi distribuída a contestação ou ao escrivão da vara que processou e cumpriu a carta precatória. Por fim, registramos mais uma vez que o incidente da contestação protocolada no foro do domicílio do réu realmente significa, ou representa, uma forma de antecipação do ato defensivo que a lei extraordinariamente admite para impedir que o réu tenha de comparecer à audiência autocompositiva perante um juízo incompetente e longe, sob o ponto de vista geográfico, do foro do seu domicílio. De antecipação do ato defensivo falamos porque no procedimento comum, não afetado por este incidente, a contestação é oferecida após a audiência de conciliação ou mediação, e não antes dela.

> Art. 340. (...).
>
> *§ 4º. Definida a competência, o juízo competente designará nova data para a audiência de conciliação ou de mediação.*

"Definida a competência", vale dizer, proferida a decisão interlocutória pelo juiz originário da causa, após manifestação da parte contrária e em observância ao art. 64, § 2º, deste Código – tudo provocado pelo protocolo da contestação no foro do domicílio do réu deste art. 340 –, o juízo reconhecido pela decisão como competente designará nova data para a audiência prévia. Observe-se que tal "juízo competente" tanto pode ser o próprio originário que não acolheu a alegação de incompetência, como o juízo da vara que cumpriu a precatória, como o da vara à qual foi livremente distribuída a contestação. Na primeira hipótese, o juízo originário comunica sua decisão ao juízo do foro do domicílio do réu; na segunda e na terceira, o juízo originário envia os autos à vara competente do foro do domicílio do réu, para que este, então, proceda à designação da nova data da audiência.

> **Art. 341.** Incumbe também ao réu manifestar-se precisamente sobre as alegações de fato constantes da petição inicial, presumindo-se verdadeiras as não impugnadas, salvo se:

A norma jurídica contida neste art. 341 explicita um aspecto particular do ônus imposto ao réu pelo art. 336. Segundo esse, o réu deve alegar todas as defesas em contestação (princípio da concentração), inclusive as complementares, *ad eventum* (princípio da eventualidade). De acordo com o dispositivo sob comentário, o réu tem o ônus de afrontar particularmente todos os fatos alegados pelo autor, sob pena de os não afrontados serem tidos como verdadeiros pelo órgão julgador (princípio da impugnação específica, ou especificada, dos fatos). Observe-se, por outra parte, que o ônus estabelecido não alcança as razões de direito aduzidas pelo autor, uma vez que a qualificação jurídica dos fatos é trabalho que o juiz realiza livremente segundo a sua convicção, porque vigem em nosso sistema o princípio *iura novit curia* e *narra mihi factum, dabo tibi jus*. A regra enfocada, portanto, significa, quanto aos fatos, limite tanto à liberdade do réu sobre como se defender como à liberdade do juiz sobre como definir o que é verdade e o que não é, salvo se ocorrer qualquer das circunstâncias elencadas a seguir.

> **Art. 341. (...):**
> *I – não for admissível, a seu respeito, a confissão;*

A primeira exceção ao princípio da impugnação específica, ou especificada, dos fatos encontra-se na hipótese de o direito discutido em juízo pertencer à categoria dos direitos indisponíveis, posto que só em relação a estes os fatos que lhes dão vida não se submetem à confissão (não só à confissão, mas também à renúncia, ao reconhecimento da procedência do pedido, à transação e, às vezes, à prescrição e à penhora). Sobre tais direitos, examinem-se os comentários aos arts. 178, 345, inciso II, 373, § 3º, inciso I, 388, parágrafo único, e 392.

> **Art. 341. (...):**
> *II – a petição inicial não estiver acompanhada de instrumento que a lei considerar da substância do ato;*

Quando a ação, ou a causa, versa diretamente sobre ato jurídico em relação ao qual a lei considera como da sua substância o instrumento público, "nenhuma outra prova, por mais especial que seja, pode suprir-lhe a falta", diz o art. 406 (documento *ad solemnitatem* previsto pelos arts. 108 e 109 do CC). Corolário disso é que o art. 320 considera tal documento indispensável à propositura da ação. Muito bem, se a inicial for deferida a despeito da inexistência deste documento (na verdade, deveria ter sido indeferida – art. 330, inciso IV, c/c o art. 321), o réu não se submete em hipótese alguma ao ônus da impugnação específica, ou especificada, e, por consequência, à presunção estabelecida na parte final do *caput*.

> Art. 341. (...):
> *III – estiverem em contradição com a defesa, considerada em seu conjunto.*

A exceção à aplicação do princípio do ônus da impugnação específica, ou especificada, dos fatos prevista neste inciso funda-se na ideia de impugnação implícita, não expressa, mas certa, dada a incompatibilidade lógica de um fato não impugnado com a defesa apresentada pelo réu e considerada como um todo. É claro, se o sujeito passivo da ação não impugna um ou mais fatos, mas impugna outros que com este se atrelam visceralmente, não será possível concluir pela veracidade dos primeiros sem destruir *a priori* a dúvida resultante da impugnação dos segundos. Na mesma linha de tratamento jurídico, mas focalizando a ação considerada em seu conjunto, registre-se o que dispõe o art. 322, § 2º, deste Código: "Art. 322. O pedido deve ser certo. (...). § 2º. A interpretação do pedido considerará o conjunto da postulação e observará o princípio da boa-fé". À ação considerada em seu conjunto (do art. 322, § 2º) corresponde a defesa considerada em seu conjunto (deste inciso III), e a mesma exigência de boa-fé que se faz em relação ao autor vale em relação ao réu (v. nota ao art. 5º).

> Art. 341. (...).
> *Parágrafo único. O ônus da impugnação especificada dos fatos não se aplica ao defensor público, ao advogado dativo e ao curador especial.*

Dispensando tais pessoas do ônus da impugnação específica, ou especificada, dos fatos, nada mais faz a lei do que autorizá-las a responder genericamente ao pedido, ou seja, a contestar a ação "por negação geral". Explique-se que tal prerrogativa só é concedida pela circunstância de estas pessoas normalmente não conhecerem os aspectos fáticos da causa. Observe-se – e isto é importante –, que "curador especial", no texto, é tanto aquele previsto pelo art. 245 como aquele outro contemplado pelo art. 72, cuja função é exercida pela Defensoria Pública (parágrafo único do art. 72). Registre-se, por outro lado, que também ao advogado dativo se aplica o dispositivo, posto que é ele que funciona como curador especial quando não houver defensor público na comarca ou na subseção judiciária. O efeito da contestação por negação geral é o de manter os fatos controvertidos e o ônus da prova sobre o autor (v. art. 72, parágrafo único).

> *Art. 342. Depois da contestação, só é lícito ao réu deduzir novas alegações quando:*

O dispositivo sob enfoque excepciona o princípio da concentração – estabelecido pelo art. 336 – em atendimento a circunstâncias particularíssimas para as quais o sistema processual não poderia fechar os olhos. Assim, nas hipóteses elencadas a seguir, e só com base nelas, poderá o juiz admitir novas alegações do réu após o oferecimento de contestação.

> *Art. 342. (...):*
> *I – relativas a direito ou a fato superveniente;*

Direito superveniente é o direito subjetivo (do autor, do réu ou de um terceiro) nascido no curso do processo (direito subjetivo processual), em razão de fatos ocorridos após a apresentação da contestação, e que interferem de alguma forma na relação jurídica deduzida em juízo para acertamento. Surgindo, assim, um fato superveniente que tenha o condão de gerar tal direito superveniente (*ius superveniens*) – que não necessariamente o juiz pode reconhecer de ofício, nem é objeto de expressa previsão legal –, poderá o réu alegá-lo no processo, depois de ter contestado a demanda, com o fito de vê-lo reconhecido na sentença. Observe-se, por fim, que, dada a expressa referência a "fato", no texto em questão, ainda que o fato novo não tenha a capacidade de gerar um direito, mas apenas de ser enxergado como mera circunstância fática, mesmo assim o réu está autorizado a deduzir novas alegações.

> **Art. 342. (...):**
> *II – competir ao juiz conhecer delas de ofício;*

A previsão contida nesse inciso se distingue da do anterior porque nela não há qualquer referência a direito. Logo, parece absolutamente certo que fatos supervenientes – cujo reconhecimento judicial possa ser feito de ofício pelo juiz – encontram-se presentes no centro dessa previsão normativa. Ora, desses fatos trata especificamente o art. 493, de sorte que ao réu será lícito alegar no curso do processo a ocorrência de fato constitutivo, modificativo ou extintivo para que o juiz o tome em consideração quando julgar a causa. Nessa categoria enquadram-se também os fatos não alegados por motivo de força maior a que alude o art. 1.014, porque, se é possível alegá-los em apelação, é lícito alegá-los antes disso, logicamente.

> **Art. 342. (...):**
> *III – por expressa autorização legal, puderem ser formuladas em qualquer tempo e grau de jurisdição.*

O inciso I fala de direito ou fato superveniente. O inciso II, por seu teor, prevê fatos supervenientes reconhecíveis de ofício. Este inciso III, dada a maneira como se expressa, admite tanto direitos como fatos, quer ligados ao mérito como nas hipóteses anteriores, quer ligados ao contexto estritamente processual. Em qualquer tempo e grau de jurisdição alegam-se: a falta de pressupostos processuais ou condições da ação (art. 485, § 3º), a incompetência absoluta (art. 64, § 1º), a nulidade absoluta (art. 278, parágrafo único), o impedimento do juiz (art. 144), a prescrição (CC, art. 193), etc.

Capítulo VII
Da Reconvenção

Reconvenção é contra-ataque; é a ação de conhecimento incidente que o réu move ao autor no mesmo processo, dada sua conexão com a causa principal ou com o fundamento da defesa (*reconventio*, etimologicamente, significa "citação em sentido contrário", "voltar-se contra o autor na justiça" – Pontes de Miranda). A reconvenção faz nascer uma nova relação processual (envolvendo réu-reconvinte, juiz e autor-reconvindo), que se desenvolve obedecendo ao procedimento comum em curso (em regra) e que, por isso, termina pelo proferimento da sentença única com o julgamento das duas causas, a ação e a reconvenção.

> *Art. 343. Na contestação, é lícito ao réu propor reconvenção para manifestar pretensão própria, conexa com a ação principal ou com o fundamento da defesa.*

De acordo com o presente art. 343, a forma adequada e o momento oportuno para a apresentação da reconvenção são o do oferecimento da contestação (art. 335, aplicado o art. 229). Quanto à sua admissibilidade, além de se exigir idêntica competência (art. 61) e adequação do procedimento (art. 327, § 1º, inciso III, por analogia), a reconvenção depende de conexão: com a ação principal pela causa de pedir (em uma ação divisória, o réu pede a venda do bem comum; em uma ação de cobrança, o réu pede a anulação do contrato; em uma ação para entrega de coisa, o réu pede o pagamento do saldo); com a ação principal pelo pedido (em uma ação de cobrança, o réu reconvém para cobrar dívida fundada em outro contrato; em uma ação de separação judicial por abandono, a mulher reconvém para pedir a mesma separação por adultério); com o fundamento da defesa (em uma ação de cobrança, o réu reconvém para alegar compensação; em uma ação para reconhecimento de servidão, o réu reconvém para reivindicar o imóvel; em uma ação de despejo, o réu reconvém para pedir a retenção do imóvel).

> Art. 343. (...).
> *§ 1º. Proposta a reconvenção, o autor será intimado, na pessoa de seu advogado, para apresentar resposta no prazo de 15 (quinze) dias.*

Apresentada a reconvenção e recebida pelo juiz (com a ordem de processamento e comunicação ao distribuidor para anotação – art. 286, parágrafo único), determinará o magistrado, ato contínuo, a citação do autor-reconvindo, na pessoa do seu advogado, por publicação pela imprensa (física ou eletrônica). Quer dizer, trata-se de citação mesmo (ato de chamamento do sujeito passivo para integrar a relação processual – art. 238), mas que é realizada com a forma de intimação (daí a referência

legal à intimação). Não contestada a reconvenção, sujeitar-se-á o autor-
-reconvindo aos efeitos da revelia (art. 344), exceto se os fatos e fundamentos jurídicos apresentados na inicial da ação representarem por si sós contrariedade explícita ou implícita ao pedido reconvencional. Observe-
-se, ainda, que a alusão à "resposta", no texto, parece um descuido do legislador processual, que, em muitas passagens deste Código, substituiu o vocábulo "resposta" (do Código de Processo Civil de 1973) por "contestação", em razão, fundamentalmente, do desaparecimento das exceções de incompetência, de suspeição e de impedimento e da impugnação ao valor da causa. Não esqueçamos, por outro lado, que a literalidade do texto deste § 1º não deve induzir o intérprete a negar a licitude do oferecimento de reconvenção à reconvenção. Por fim, registre-se que contra o ato que não admite a reconvenção já não cabe agravo de instrumento.

> Art. 343. (...).
> § 2º. *A desistência da ação ou a ocorrência de causa extintiva que impeça o exame de seu mérito não obsta ao prosseguimento do processo quanto à reconvenção.*

Ação e reconvenção, embora conexas, são causas que podem ser apreciadas isoladamente pelo órgão jurisdicional, de sorte que o desaparecimento de uma não interfere no julgamento da outra. A extinção do processo sem resolução de mérito em relação exclusivamente à ação por qualquer fundamento (art. 485) não significa, portanto, nenhum óbice ao julgamento da reconvenção, e vice-versa. Essa extinção parcial ocorre normalmente no saneamento do processo (art. 354 c/c o art. 357, inciso I), o que dá ao ato de extinção a natureza de decisão interlocutória (art. 203, § 2º), embora não atacável por agravo de instrumento (art. 1.015), salvo se o julgamento se qualificar como "julgamento antecipado parcial de mérito" do art. 356, cujo § 5º admite a agravabilidade (v. nota). Cientificamente, essa autonomia se explica pelo fato de que reconvenção e ação correspondem a duas relações processuais distintas e, uma vez que apenas uma é encerrada, o processo não se extingue, porque uma relação sobrevive, o que significa, formalmente falando, a sobrevida do procedimento (processo é sinônimo de relação jurídica e procedimento).

> Art. 343. (...).
> § 3º. *A reconvenção pode ser proposta contra o autor e terceiro.*

Fundado nos princípios da instrumentalidade do processo e da economia processual é que o presente § 3º admite, de forma expressa, que a reconvenção seja promovida pelo réu (réu-reconvinte) em face do autor (autor-reconvindo) e de um terceiro, em litisconsórcio passivo. Algumas justificativas vêm à mente: (1ª) Se, sob o ângulo estrito do litisconsórcio, se admite o litisconsórcio passivo originário, mas também o ulterior (como nos casos de litisconsórcio necessário, de denunciação da lide e de chamamento ao processo), por que não admiti-lo na hipótese de reconvenção? (2ª) Se, por outro ângulo, admite-se tal formação litisconsorcial por força de intervenção de terceiro, como no caso do chamamento ao processo (que não é ação), para resolverem-se duas lides por meio de um único processo, por que não admiti-la na reconvenção"? (3ª) Se, agora pelo prisma das ações incidentais, permite-se o litisconsórcio por meio de denunciação da lide (que é ação incidente), quando o autor faz a denunciação (art. 127), por que não admitir o litisconsórcio com um terceiro na reconvenção (também ação incidente)? Todas essas lembranças acabam, de fato, justificando a ampliação subjetiva da relação processual reconvencional em seu polo passivo, para permitir, por economia e maior eficiência do processo, a resolução de litígio mais amplo, sob a ótica material. Pois bem, conforme o regramento sob enfoque deste § 3º, por exemplo, pode o réu, em ação de cobrança, contra-atacar, via reconvenção, e colocar no polo passivo os contratantes que não estão cobrando suas dívidas, para poder postular a rescisão do contrato como um todo. Outro exemplo é o da ação de consignação de aluguéis movida pelo locatário, em que o locador reconvém para pedir o despejo e coloca o fiador no polo passivo da reconvenção para poder cobra dele os aluguéis, ou parcelas, não pagos (Lei n. 8.245/1991, art. 67, inciso VI).

> Art. 343. (...).
> § 4º. A reconvenção pode ser proposta pelo réu em litisconsórcio com terceiro.

Se o § 3º admite a ampliação do polo passivo da reconvenção pelas justificativas expostas, o focalizado § 4º, inspirado nas mesmas razões principiológicas e sistemáticas, permite a ampliação do polo ativo da demanda reconvencional: "a reconvenção pode ser proposta pelo réu em litisconsórcio com terceiro". Imagine-se a hipótese de uma ação de cobrança movida pela construtora contra um dos compromissários-compradores de unidades de um prédio em que o réu reconvenha acompanhado de outro(s) compromissário(s) para postular a revisão do contrato. Imagine-se agora o caso de um condomínio que acione determinado condômino para impedir a utilização imprópria de área comum, seguindo-se reconvenção do condômino acompanhado de outro(s) para postular a inexigibilidade de multa já imposta com base na mesma cláusula do regulamento interno. Observe-se que, nos dois casos, a reconvenção é justificada na "conexão com a causa principal" pela causa de pedir: ação de cobrança com base no contrato de compromisso que dá o crédito e reconvenção com base no contrato que precisa ser revisto; ação fundada no regulamento interno e sua legalidade e reconvenção fundada no mesmo regulamento interno e sua ilegalidade. Os pedidos, nos dois casos, é que são diferentes. Mas, seja como for, nada impede que reconvenção com litisconsórcio ativo (reconvenção ampliada subjetivamente) se baseie em conexão com o "fundamento da defesa". Não tem importância, também, o fato de o litisconsórcio ser di tipo facultativo, porque poderia ser necessário em outras situações de reconvenção ampliada subjetivamente no polo ativo.

> Art. 343. (...).
>
> § 5º. *Se o autor for substituto processual, o reconvinte deverá afirmar ser titular de direito em face do substituído, e a reconvenção deverá ser proposta em face do autor, também na qualidade de substituto processual.*

Instituindo regulamentação para a legitimação ativa *ad causam* para a reconvenção proponível em caso de substituição processual é que o focalizado § 5º nos apresenta este longo enunciado de não tão simples compreensão. Inicialmente, é necessário perceber que o dispositivo toma como ponto de partida a ideia de que o autor da ação originária é substituto processual de alguém, vale dizer, que este autor detém legitimação *ad causam* ativa do tipo extraordinária e não exclusiva, e que vai a juízo sozinho, como acontece, por exemplo, na hipótese de apenas um condômino ajuizar ação em defesa da propriedade ou da posse comum de um imóvel, ou de apenas um herdeiro, sozinho, tomar a defesa da herança. O condômino ou o herdeiro, nesses casos, substitui processualmente os demais, que não quiseram ser autores, mas com plena legitimação para defender o direito de todos e submeter todos aos efeitos da sentença e ao fenômeno da coisa julgada material. Pois bem, se, neste contexto mencionado, o réu de uma dessas ações resolver reconvir, tal réu-reconvinte só poderá fazê-lo, conforme o texto, se "afirmar ser titular do direito em face do substituído", ou seja, só estará legitimado ativamente para a reconvenção se demonstrar que seu direito corresponde a dever ou obrigação de que é titular o substituído, ou substituídos (nos casos lembrados, os condôminos ou herdeiros que não figuraram como autores das ações originárias). Observe-se que o final do dispositivo ainda prevê que "a reconvenção deverá ser proposta m face do autor, também na qualidade de substituto processual", o que significa que, podendo o réu-reconvinte sustentar que tem, em tese, direito contra o substituído, ou contra todos os substituídos, ele fica legitimado ativamente a ajuizar a reconvenção contra o substituto processual, com o fim de ver todos os obrigados, ou devedores no plano material, atingidos pela sentença de procedência da reconvenção. Registre-se, por derradeiro, e apenas para que não fique nenhuma dúvida no ar, que o "também", no texto focalizado, não aponta para qualquer ideia de litisconsórcio passivo na reconvenção, mas apenas para o fato de que também na reconvenção, nesta hipótese, o autor originário, ora autor-reconvindo, é substituto processual passivo daqueles que quiseram participar como autores desde o início.

Art. 343. (...).
§ 6º. *O réu pode propor reconvenção independentemente de oferecer contestação.*

Consolidando na via legislativa entendimento forjado no plano jurisprudencial do tempo do Código Buzaid é que o presente § 6º afirma categórica e expressamente que "o réu pode propor reconvenção independentemente de oferecer contestação". Nada mais adequado em termos de explicitação normativa. De fato, o direito subjetivo material que o réu--reconvinte invoca e postula no pleito reconvencional é direito autônomo do réu contra o autor e que, por isso, não depende em absoluto de o réu ter contestado a ação. Se ele contestou, é porque não deseja se submeter à pretensão material do autor, mas isto não tem nada a ver com o fato de também desejar fazer valer sua própria pretensão material contra o demandante. Se o réu não contestou, é porque não deseja resistir ao autor e seu direito, importando-lhe apenas vencer a demanda reconvencional e impor ao demandante o seu direito subjetivo. O fato é que, havendo ou não contestação, defesa ou revelia, defesa forte ou fraca, nada disso interfere no direito que o demandado afirma ter contra o demandante. E isto também independentemente de a reconvenção ser "conexa com a ação principal" pelo pedido ou pela causa de pedir ou "com o fundamento da defesa", como quando se alega, por exemplo, compensação ou retenção por benfeitorias. Observe-se que, se não há defesa, o pedido de compensação ou de retenção por benfeitorias pode se fundamentar, textualmente (no *caput*), na conexão pelo pedido ou pela causa de pedir.

Capítulo VIII
Da Revelia

Revelia (de *rebellis*, "rebeldia") é o estado de contumácia do sujeito passivo do processo, a situação de inércia do réu quanto ao exercício do direito de defesa. A revelia não é pena, portanto, mas simplesmente o estado jurídico decorrente da não apresentação de defesa, e que gera efeitos processuais e materiais. Observe-se que, frente ao disposto nos incisos I e IV do art. 311, a revelia foi revalorizada como verdadeira estratégia do réu, porque entre abusar do direito de defesa (art. 311, inciso I) ou, contestando, não conseguir gerar dúvida razoável no espírito do juiz (art. 311, inciso IV) é melhor ficar revel, o que desencadeia apenas o julgamento antecipado do mérito (art. 355), que é atacável com apelação de duplo efeito, em regra. Observe-se, por fim, que Rogério Lauria Tucci (*Da Contumácia no Processo Civil Brasileiro*, São Paulo, José Bushatsky Editor, 1964, pp. 112-113) nos informa que a doutrina processual brasileira adota, quanto à contumácia, a teoria da inatividade de Chiovenda, que a considera tão só o elemento objetivo do não comparecimento do autor, do réu ou de ambos ao processo, prescindindo de qualquer verificação do elemento subjetivo da voluntariedade. É, na verdade, expressão da livre disponibilidade de direitos e interesses, que nada afeta a consecução do escopo do processo, antes a simplifica, dada a falta de efetiva contradição. Assim também trata o tema o Código de Processo Civil de 2015, de sorte que plenamente válida se mostra a lição.

> *Art. 344. Se o réu não contestar a ação, será considerado revel e presumir-se-ão verdadeiras as alegações de fato formuladas pelo autor.*

O dispositivo institui os efeitos materiais que normalmente defluem do estado processual da revelia. Dizemos "normalmente" porque nem sempre eles se verificam (v. art. 345), o que mostra que revelia e efeitos da revelia não se confundem. A presunção de veracidade das alegações de fato, embora a lei não diga expressamente, é relativa, o que significa dizer que o juiz poderá não levá-la em conta caso tenha dúvidas decorrentes de documentos ou outras provas dos autos ou, simplesmente, decorrentes da falta de verossimilhança dos fatos alegados. Presentes tais dúvidas no espírito do juiz, pode este, a despeito da revelia e do disposto neste artigo, sanear o processo e designar audiência para que o autor faça prova oral dos fatos aduzidos. Pode, ainda, determinar a produção de outras provas de ofício (art. 370). Em princípio, quaisquer demandas admitem os efeitos da revelia, salvo se o direito discutido é indisponível.

Art. 345. A revelia não produz o efeito mencionado no art. 344 se:

O dispositivo sob enfoque estabelece, para os casos que menciona, a não incidência dos efeitos materiais da revelia. Atente-se para a circunstância de que nas hipóteses aqui previstas nenhuma liberdade de convicção é dada ao magistrado; embora haja revelia não há efeitos, porque a lei assim determina. O dispositivo representa, destarte, a pura e absoluta eliminação da presunção instituída pelo art. 344 quando qualquer das seguintes situações se verificar.

Art. 345. (...):
I – havendo pluralidade de réus, algum deles contestar a ação;

"Pluralidade de réus", no texto, é sinônimo de litisconsórcio passivo (v. arts. 113 a 118). Como o vínculo litisconsorcial pode assumir naturezas diferentes, é preciso distinguir: se o litisconsórcio é comum (v. art. 117), isto é, se o que o caracteriza é a independência entre os litigantes, é óbvio que o presente inciso não se aplica; agora, se o litisconsórcio é unitário (v. art. 116), fica coerente a ideia de que a contestação de um beneficia a todos, por causa da incindibilidade da relação jurídica que o caracteriza. Algumas considerações a mais parecem importantes para a elucidação da matéria. Como dito, a norma *sub apretiationis* contém uma exceção à regra de que à revelia segue-se o seu efeito, qual seja, o de considerarem-se verdadeiros os fatos afirmados pelo autor (art. 344). Não se consideram verdadeiros, assim, os fatos constitutivos do direito do autor quando um dos litisconsortes contesta a ação. Mas, em que medida ocorre esse benefício? Neste ponto, precisamos discriminar para esclarecer. Tratando-se de litisconsórcio unitário – aquele que se funda na incindibilidade da relação jurídica material (a unidade inquebrantável da relação jurídica, o que implica que ela só pode ser reconhecida judicialmente como um todo e decidida de forma idêntica e homogênea para todos os litisconsortes), significando, ainda, o não prevalecimento do princípio da autonomia entre os colitigantes do art. 117 –, toda defesa que apresente um dos litisconsortes invariavelmente beneficiará os demais. A situação não poderia mesmo ser diferente, haja vista que todos os litigantes ocupam uma idêntica posição na relação jurídica substancial, que, por isso, é indivisível. Por essa razão, parece indubitável a plena incidência da exceção prevista pelo inciso I deste art. 345 ao litisconsórcio unitário. Já na hipótese de litisconsórcio comum (o não unitário), somente vez por outra ter-se-ão por afastados os efeitos da revelia por força de uma defesa apresentada. Para que possamos cogitar da aplicação do inciso I do art. 345 nessa hipótese será preciso averiguar o conteúdo da contestação e a potencialidade defensiva dos argumentos apresentados. Não importa se o litisconsórcio se funda na conexão ou na mera afinidade de questões (CPC, art. 113, incisos I a III). O que é imprescindível é ter a contestação oferecida impugnado fatos alegados pelo autor que tenham eficácia constitutiva tanto do direito deduzido contra o contestante quanto do direito deduzido contra o revel. Apenas na medida da impugnação de fatos também relevantes para o revel é que se verificará a extensão benéfica da contestação, afastando os efeitos da revelia. Se, por outro lado, o litisconsorte contestou sem afrontar fatos alegados que só ao revel interessam, não resta dúvida de que em nada aproveitou dita defesa àquele que se encontra em situação de inércia. É preciso, destarte, para se verificar a eficácia extensiva no caso de litisconsórcio não unitário, que a contestação ofertada crie efetivamente controvérsia sobre fatos relevantes para o revel; caso contrário não fica este imune aos efeitos da sua inatividade.

> Art. 345. (...):
> *II – o litígio versar sobre direitos indisponíveis;*

"Direitos indisponíveis" são aqueles direitos cuja realização interessa à própria sobrevivência e manutenção da sociedade, à própria existência do Estado, embora seus titulares sejam particulares (direitos de família, direitos da personalidade, etc.). Os direitos públicos, como regra geral, são indisponíveis (direito administrativo, penal, previdenciário). Direitos indisponíveis, tecnicamente, são os que encontram regramento jurídico nas chamadas leis de ordem pública e cujas características básicas são as seguintes: inalienabilidade, intransigibilidade, irrenunciabilidade, impenhorabilidade, não sujeição a reconhecimento da procedência do pedido no processo e à confissão e realizabilidade obrigatória em muitos casos (daí a outorga de legitimação ativa ao Ministério Público para a propositura de ação – art. 177).

> Art. 345. (...):
> *III – a petição inicial não estiver acompanhada de instrumento que a lei considere indispensável à prova do ato;*

A previsão legal diz respeito àquelas situações em que a lei considera o instrumento público como da substância do ato, como sói acontecer nas hipóteses de atos traslativos de direitos reais imobiliários e de pactos antenupciais (CC, arts. 108, 109, 1.640, parágrafo único, e outros). Toda vez, assim, que tais atos forem causa (*causa petendi*) de pedido declaratório, condenatório ou constitutivo positivo ou negativo, o instrumento público passa à condição de documento indispensável à propositura da ação (arts. 320 e 321). De outra parte, se o ato que depende de instrumento público não corresponde à causa de pedir, mas apenas a mais um fato a ser discutido, quanto a ele a revelia não induz efeito algum. Se, contudo, apesar da sua ausência, a inicial foi despachada, e ordenada a citação do réu, a revelia deste não gera efeitos quanto a tais atos (art. 341, inciso II). Examine-se, ainda, o art. 406.

> Art. 345. (...):
> *IV – as alegações de fato formuladas pelo autor forem inverossímeis ou estiverem em contradição com prova constante dos autos.*

Fechando o rol das situações em que a revelia não tem efeito, prevê o focalizado inciso IV as hipóteses de alegações inverossímeis constantes da petição inicial ou de alegações contraditórias em relação a provas já produzidas. Algumas considerações interpretativas merecem registro. A primeira, no sentido de que o presente enunciado (que não existia no Código Buzaid) consolida o entendimento antigo de que, apesar da revelia com efeitos, o juiz não é um autômato, uma máquina de aplicar leis, de sorte que a presunção de veracidade do art. 344 não pode ter lugar quando as alegações realizadas pelo demandante não têm aparência de verdade; verossimilhança é justamente isto, o semelhante à verdade, o que parece verdadeiro, o que, provavelmente, tem veracidade. De forma idêntica, não pode desencadear a presunção de veracidade das alegações a petição inicial cuja narrativa fática (art. 319, inciso III) seja contrária à prova documental que a instrui (arts. 320 e 434), contrária a fatos notórios de qualquer dimensão geográfica (v. nota ao art. 374, inciso I) ou, ainda, contrária a documento que tenha ingressado anteriormente nos autos, quer por iniciativa de próprio juízo ou de um terceiro (situação bastante rara, porém possível). E, finalmente, a terceira, no sentido de que, reconhecendo o juiz a incidência do presente inciso IV num caso concreto (a partir da leitura atenciosa da inicial após a constatação da revelia ocorrida), deve aplicar o art. 348, ordenando que o autor especifique as provas que pretende produzir, como preparação do julgamento conforme o estado do processo (arts. 354 a 357).

> *Art. 346. Os prazos contra o revel que não tenha patrono nos autos fluirão da data de publicação do ato decisório no órgão oficial.*

Este art. 346 disciplina os efeitos processuais da revelia. Observe-se que a revelia é decretada, mas o réu tem advogado constituído nos autos (como nos casos de desentranhamento de contestação intempestiva ou oferecimento exclusivo de reconvenção), os prazos contra o revel dependem, para fluir, da intimação deste, exatamente como ocorreria se ele não fosse revel – a constituição e a presença do advogado demonstram inequivocamente o desejo do réu de participar, apesar da revelia, o que justifica a normatividade inferida *a contrario sensu*. Já quanto ao expressamente estabelecido, isto significa que, tornado público qualquer ato judicial, vale dizer, presente nos autos uma sentença, uma decisão ou um despacho devidamente assinado e datado, desde que levado à publicação no órgão oficial, como afirma o texto, de sua data flui o prazo para a prática de ato pelo revel.

> **Art. 346. (...).**
> **Parágrafo único.** *O revel poderá intervir no processo em qualquer fase, recebendo-o no estado em que se encontrar.*

Se o *caput* trata do primeiro efeito processual da revelia (a dispensa da intimação para a fluência de prazos), este parágrafo único prevê o segundo efeito, que é o recebimento do processo no estado em que se encontra em caso de ingresso posterior do revel. Quanto a este segundo efeito processual, chamamos a atenção para o fato de que receber o processo no estado em que se encontra significa poder o revel praticar todos os atos que daqui para frente se apresentarem no curso do procedimento como viáveis, mas nunca aqueles atos passados, que ficaram cobertos pela preclusão temporal. Assim, não pode o revel tentar oferecer contestação, cuja oportunidade foi definitivamente perdida, mas pode requerer a produção de provas (art. 349), manifestar-se contra o proferimento de julgamento antecipado do mérito (art. 355), julgamento antecipado parcial do mérito (art. 356), participar do saneamento (art. 357, §§ 1º a 3º), da audiência de instrução (art. 357, §§ 5º e 6º; arts. 358 a 368), recorrer, etc., tudo na medida do não comprometimento da sua posição material pela revelia verificada em conjugação com a atuação do autor.

Capítulo IX
Das Providências Preliminares e do Saneamento

Providências preliminares são determinadas medidas que o magistrado é chamado a tomar imediatamente após vencido o prazo de contestação – tenha esta sido apresentada ou não – e que se fundam principalmente na necessidade de se manter o processo aquecido pelo contraditório. As providências preliminares correspondem à primeira etapa da fase de saneamento (fase ordinatória ou fase das providências preliminares), fase esta que normalmente se completa com o ato de saneamento que é longamente disciplinado pelo art. 357 e seus §§ 1º a 9º. Se ocorrer a extinção do processo (art. 354) ou o julgamento antecipado do mérito (art. 355), isto significa que a fase de saneamento se encerrou com a prática de um desses atos (v. art. 357, *caput*) ou o julgamento antecipado parcial do mérito (art. 356).

> *Art. 347. Findo o prazo para a contestação, o juiz tomará, conforme o caso, as providências preliminares constantes das Seções deste Capítulo.*

Por uma questão lógico-temporal, as providências preliminares devem ser apresentadas na seguinte ordem: primeira, oportunidade para réplica em caso de preliminares (art. 351, c/c o art. 337); segunda, oportunidade para réplica em caso de exceções substanciais (art. 350); terceira, suprimento de nulidades ou irregularidades (art. 352); e quarta, oportunidade para especificação de provas (art. 348).

> Seção I
> Da Não Incidência dos Efeitos da Revelia

As providências preliminares prevista nesta Seção I (arts. 348 e 349) correspondem a mais dois efeitos processuais da revelia, ao lado daquele disciplinado pelo art. 346, já comentado. Fala-se aqui de providências preliminares, pois os efeitos de que se cogita se identificam justamente com medidas que é dado ao juiz tomar: a ordem de especificação de provas (art. 348); a admissão de provas pelo revel antes do saneamento ou no próprio ato de saneamento (art. 357).

> *Art. 348. Se o réu não contestar a ação, o juiz, verificando a inocorrência do efeito da revelia previsto no art. 344, ordenará que o autor especifique as provas que pretenda produzir, se ainda não as tiver indicado.*

A previsão legal literalmente interpretada é restritiva ao extremo: só tem cabimento a medida se houver revelia sem efeitos (art. 345). Por causa disso, tem-se interpretado o dispositivo extensivamente, de sorte a exigir a providência de especificação em toda e qualquer hipótese, mesmo quando não ocorra revelia. Tal forma de interpretação afigura-se-nos de todo acertada: a especificação permite que as partes (e não só o autor) digam exatamente o que pretendem em termos probatórios, o que significa relevante contribuição para a formação do convencimento do órgão jurisdicional a respeito do julgamento conforme o estado (arts. 354 a 356). Observe-se, por fim, que a previsão final do texto ("se ainda não as tiver indicado") não tem o condão de obscurecer a interpretação extensiva proposta, porque a especificação pelas partes informa o juiz acerca da real situação probatória da causa pouco antes do ato de saneamento, nem a de mitigar as exigências de requerimento de prova na petição inicial (art. 319, inciso VI) e da contestação (art. 336).

> *Art. 349. Ao réu revel será lícita a produção de provas, contrapostas às alegações do autor, desde que se faça representar nos autos a tempo de praticar os atos processuais indispensáveis a essa produção.*

Como tivemos a oportunidade de esclarecer quando comentamos o parágrafo único do art. 346 – comentário ao qual remetemos o leitor –, o revel não é privado do direito de intervir no processo a qualquer tempo, mas o recebe sempre no estado em que se encontra, o que significa que ele poderá praticar os vários atos que apontamos, dentre os quais o probatório, de acordo com o presente regramento. É que somente é lícito ao revel produzir "provas, contrapostas às alegações do autor", desde, é claro, que "se faça representar nos autos a tempo de praticar os atos processuais indispensáveis a essa produção". De provas "contrapostas" se fala porque o revel não pode alegar e provar os fatos do art. 350 (impeditivos, modificativos ou extintivos), mas apenas provar contra o fato constitutivo do direito do autor.

Seção II
Do Fato Impeditivo, Modificativo ou Extintivo do Direito do Autor

A providência preliminar em questão concerne à necessidade de tornar efetivo o contraditório (a ciência e a oportunidade de impugnação) sobre fato novo deduzido por meio da peça contestatória. A medida judicial aqui instituída traduz-se formalmente no despacho de vista ao autor, que consubstancia a oportunidade de réplica outorgada a esse.

> *Art. 350. Se o réu alegar fato impeditivo, modificativo ou extintivo do direito do autor, este será ouvido no prazo de 15 (quinze) dias, permitindo-lhe o juiz a produção de prova.*

Os fatos extintivos, modificativos ou impeditivos correspondem às chamadas defesas de mérito indiretas ou exceções substanciais (v. referência à classificação completa das defesas na nota ao "Capítulo VI – Da Contestação"). Fatos extintivos são a decadência, a prescrição, o pagamento, a remissão, o desaparecimento da coisa. Modificativos são a novação, a prorrogação contratual, a alteração contratual. Impeditivos são a retenção por benfeitorias, a *exceptio non adimpleti contractus*, a compensação, a incapacidade absoluta, a simulação, a nulidade do ato jurídico. Basta a alegação de qualquer desses fatos – ou outros que na classificação se enquadrem – para que nasça o dever do juiz, sob pena de nulidade do processo, de abrir vista da contestação ao autor para réplica pelo prazo de dez dias, facultando-lhe prova documental, já que fica invertido o ônus probatório (art. 373, inciso II). Na prática, é notado o mau costume de se abrir vista ao autor sempre que haja oferecimento de contestação, o que está errado, levando em conta o estabelecimento do desequilíbrio da relação processual pela maior oportunidade de fala ao autor (duas vezes contra uma do réu), sem necessidade.

Seção III
Das Alegações do Réu

A *ratio* da providência preliminar prevista pelo art. 351 é exatamente a mesma da anterior (art. 350), vale dizer, a necessidade de permitir o contraditório quando o réu alegue fato novo. Já a segunda medida, prevista pelo art. 359, por outro lado, concerne à necessidade de o juiz realizar a atividade saneadora do processo que é concentrada nesse momento (tal atividade é parte da fase de saneamento, fase, essa, que se encerra pelo ato formal chamado saneamento – art. 357 e seus §§ 1º a 9º).

Art. 351. Se o réu alegar qualquer das matérias enumeradas no art. 337, o juiz determinará a oitiva do autor no prazo de 15 (quinze) dias, permitindo-lhe a produção de prova.

A obrigatória oportunidade que o magistrado deve dar ao autor para réplica decorre da simples presença na contestação das chamadas preliminares ao mérito arroladas pelo art. 337 (idêntica solução se impõe se o autor-reconvindo alegar qualquer delas em defesa ou discutir a admissibilidade da reconvenção – art. 343); sobre a classificação das preliminares, examine-se a nota ao Capítulo VI – Da Contestação. Observe-se, por derradeiro, que, assim como ocorre quando se fazem presentes fatos impeditivos, modificativos ou extintivos na contestação (art. 350), também a alegação de qualquer das preliminares do art. 337 torna absolutamente exigível a prática do contraditório – "efetivo contraditório", diz o art. 7º –, por se tratar identicamente de fatos novos para o autor (a alegação de incompetência, conexão, inépcia, incapacidade da parte, carência de ação, etc.), justificada, destarte, sua oportunidade de fala e a efetiva contradição, tudo no sentido de aperfeiçoar e dar maturidade ao julgamento conforme o estado do processo (arts. 354 a 357).

> *Art. 352. Verificando a existência de irregularidades ou de vícios sanáveis, o juiz determinará sua correção em prazo nunca superior a 30 (trinta) dias.*

Transcorrido o prazo para a réplica – tenha essa sido apresentada ou não –, outra providência preliminar é chamado o juiz a proferir, com o que o saneamento do processo (atividade e não ato) se viabiliza: o suprimento de irregularidades e nulidades saneáveis. É nesse momento que o juiz ordena de ofício, *v.g.*, a regularização da representação, o recolhimento de custas faltantes, a comunicação ao distribuidor, a juntada de documento indispensável, a abertura de vista ao Ministério Público, ou, ainda, decide positivamente a respeito de denunciação da lide, do chamamento ao processo, oposição, pedido de assistência, citação de litisconsorte necessário. Se a decisão é negativa, o juiz normalmente a toma quando profere o ato saneamento (art. 357, inciso I, ou § 3º). O prazo para as correções nunca deve ser superior a trinta dias, conforme a previsão final do texto.

> *Art. 353. Cumpridas as providências preliminares ou não havendo necessidade delas, o juiz proferirá julgamento conforme o estado do processo, observando o que dispõe o Capítulo X.*

O cumprimento das providências preliminares determina o encerramento da primeira etapa da fase de saneamento do processo; o não cumprimento pode gerar a extinção sem resolução do mérito, ato que já corresponderá à etapa subsequente, que é a do julgamento conforme o estado (art. 485 c/c o art. 354). Passa-se também a esta segunda etapa quando não há necessidade de providências preliminares, diz a lei, como acontece se o réu não alegar preliminares, nem defesas de mérito indiretas, e a isso se somar a ausência de irregularidades. Mas não é bem assim: a providência correspondente à oportunidade para especificação sempre tem lugar, dada a interpretação extensiva conferida ao art. 348 (v. nota). Em suma, cumpridas as providências, ou a providência do art. 348, apto está o magistrado a proferir o julgamento conforme o estado, de acordo com a disciplina do Capítulo X que segue.

Capítulo X
Do Julgamento Conforme o Estado do Processo

O julgamento conforme o estado, sob a forma de saneamento e organização do processo (art. 357), corresponde à segunda e última etapa da fase procedimental de saneamento; sob a forma de extinção do processo (art. 354) ou julgamento antecipado do mérito (art. 355), é ato da fase decisória do processo de conhecimento, posto que a fase de saneamento (ou ordinatória) terá sido encerrada com o cumprimento das providências referido no art. 353; o julgamento antecipado parcial de mérito (art. 356) corresponde a uma decisão destacada da fase de saneamento. Trata-se de instituto abrangente, porque permite a extinção do processo mas também a resolução do mérito, independentemente de dilação probatória e realização de audiência (arts. 354 a 356). Se não for o caso de extinção (art. 351) ou resolução de mérito (art. 355), o juiz profere o ato de saneamento (art. 357, §§ 1º a 9º), que fecha a fase de saneamento e abre a fase instrutória.

Seção I
Da Extinção do Processo

Dada a circunstância de que o art. 354, *caput*, abaixo, se refere expressamente tanto a hipóteses gerais de sentenças terminativas (art. 485) como a hipóteses específicas de sentenças com resolução do mérito (art. 487, inciso II – decadência ou prescrição; III – homologação de reconhecimento da procedência, transação ou renúncia), não há dúvida de que em todos esses casos haverá extinção do processo, no sentido de encerramento da relação processual em primeira instância, por meio de sentença terminativa ou definitiva. Observe-se, entretanto, que o parágrafo único do apontado art. 354 prevê hipóteses em que não ocorre extinção do processo, mas apenas o proferimento de uma decisão terminativa ou definitiva destacada (atacável por agravo de instrumento) que permite ao processo (sem a decisão destacada) seguir seu curso normal (v. comentário respectivo).

> *Art. 354. Ocorrendo qualquer das hipóteses previstas nos arts. 485 e 487, incisos II e III, o juiz proferirá sentença.*

O fato de o magistrado perceber que poderá vir a extinguir o processo sem resolução do mérito (art. 485) não deve significar obstáculo à providência de especificação de provas, porque esta é muito útil à formação do seu convencimento a respeito da necessidade de extinção (v. art. 348 e nota). O mesmo raciocínio aplica-se à hipótese de alegação de decadência ou prescrição (art. 487, inciso II). Já quanto ao reconhecimento da procedência do pedido, transação e renúncia (art. 487, inciso III), livre está o magistrado para proferir sentença homologatória assim que seja praticado qualquer desses atos, se não houver irregularidades a sanar (art. 352) e o ato preencher todos os seus requisitos.

> *Art. 354. (...).*
> *Parágrafo único. A decisão a que se refere o "caput" pode dizer respeito a apenas parcela do processo, caso em que será impugnável por agravo de instrumento.*

O dispositivo sob enfoque amplia o espectro aplicativo do *caput* – construído originariamente apenas para o proferimento de "sentença" – com vista a permitir a tomada de decisões interlocutórias com o mesmo teor motivacional (as razões contidas nos arts. 485 e 487, incisos II e III), mas apenas quando tais decisões digam respeito a "parcela do processo". Saliente-se, desde logo, que, ao referir "parcela do processo", este parágrafo único quer indicar que é possível extinguir o processo (*v.g.*, por inépcia da inicial, pela presença de litispendência ou coisa julgada ou por carência de ação) em relação a apenas um ou mais dos pedidos cumulados ou, ainda, enfrentando o mérito, reconhecer a decadência ou prescrição, ou homologar o reconhecimento da procedência, transação ou renúncia relativa e identicamente a apenas uma ou mais das pretensões processuais cumuladas. "Parcela do processo" significa, então, parcela dos pedidos, parte das pretensões, alguma ou algumas das postulações dirigidas ao juiz. A previsão expressa dessa extinção parcial, terminativa ou de mérito, justifica a presença do dispositivo nesta Seção I, sob a forma de parágrafo único, e legitima a tomada de tais decisões sob a roupagem de interlocutórias atacáveis por agravo de instrumento, conforme a previsão final do texto, tudo em homenagem aos princípios da economia processual, do acesso à Justiça, da duração razoável das demandas e do princípio informativo da racionalidade do sistema processual.

Seção II
Do Julgamento Antecipado do Mérito

O julgamento antecipado do mérito (resolução do mérito da causa logo após a fase de saneamento, independentemente de audiência e prova oral) correspondeu a uma das maiores conquistas do Código de Processo Civil de 1973, porque permitiu, desde então, significativa economia de tempo e de atividade processual. Malgrado a enorme virtude do instituto – a razão por que foi mantido e aprimorado pelo Código de 2015 –, sua má utilização pode representar grande perigo ao direito de defesa e ao direito de provar, o que exige do magistrado muita cautela e responsabilidade no seu manuseio. Consignem-se algumas observações sobre sua aplicação: julgamento antecipado é dever do juiz quando for o caso (não há nenhuma liberdade de escolha); a concordância das partes a respeito do seu cabimento é irrelevante; a determinação de especificação de provas (art. 348) não impede o julgamento antecipado; a perda do prazo para especificação nada significa, identicamente; o proferimento de saneamento (art. 357) só é obstáculo ao julgamento antecipado posterior se o juiz tiver deferido prova pericial.

Art. 355. O juiz julgará antecipadamente o pedido, proferindo sentença com resolução de mérito, quando:

Julgar o pedido significa apreciá-lo, conhecê-lo, dizer da sua procedência ou improcedência. Julgar antecipadamente representa, portanto, apreciação imediata independentemente de audiência e prova oral, o que se dá por meio de sentença com resolução de mérito (a que justamente enfrenta o pedido, o litígio, o direito material). Se o processo versar sobre mais de uma causa (cumulação de pedidos, reconvenção, denunciação da lide, etc.), o julgamento antecipado só tem cabimento se todas as causas estiverem maduras simultaneamente para receber apreciação de mérito; caso contrário a solução é o julgamento antecipado parcial (art. 356) ou o saneamento (art. 357). Examinemos, por fim, a questão do julgamento antecipado quando o Ministério Público fiscal da lei participa do processo. Veja-se que a não verificação dos efeitos da revelia não significa que, obrigatoriamente, tenha o processo de seguir rumo à fase instrutória, com a realização de audiência. Mesmo assim pode ter cabimento o julgamento antecipado do mérito (v. nota ao título da Seção).

> Art. 355. (...):
> *I – não houver necessidade de produção de outras provas;*

A hipótese de julgamento antecipado do mérito prevista neste inciso I pressupõe que na causa haja questões fáticas pendentes, mas que não seja necessário produzir prova oral em audiência (fundamentalmente prova testemunhal) para a sua apreciação. Toda vez que os fatos relevantes da causa não dependerem de prova (art. 374) e/ou estiverem provados documentalmente sem impugnação (art. 412), caberá o julgamento antecipado. Se o juiz tiver dúvida em seu espírito sobre a necessidade de prova testemunhal, a solução deverá ser o saneamento do processo (art. 357) e o ingresso na fase instrutória, com o que não se correrá o risco de cercear o direito de provar do autor ou o direito de defesa do réu.

> Art. 355. (...):
> *II – o réu for revel, ocorrer o efeito previsto no art. 344 e não houver requerimento de prova, na forma do art. 349.*

A ocorrência de revelia não é, por si mesma, suficiente para autorizar o julgamento antecipado do mérito (ou do pedido): é necessário que à revelia se somem os seus efeitos (art. 344) e a convicção judicial de que os fatos alegados pelo autor são, pelo menos, verossímeis e, ainda, que o revel não tenha requerido provas com base no art. 249. Se há revelia sem efeitos (art. 345) ou persistem dúvidas sobre a veracidade dos fatos, pode o magistrado legitimamente – e sem possibilidade de ser censurado pelo tribunal – ordenar a realização de audiência, saneando o processo (art.

357). O comparecimento do revel não impede o julgamento antecipado do mérito nem torna nula a sentença que tenha sido proferida.

> Seção III
> *Do Julgamento Antecipado Parcial do Mérito*

O instituto que ora nos ocupa distingue-se do anterior (do art. 355) pelo fato de que lá o juiz fica autorizado a proferir antecipadamente uma sentença de mérito que julga todos os pedidos, enquanto aqui o juiz fica autorizado a proferir antecipadamente uma decisão interlocutória de mérito que julga parte dos pedidos. O objetivo do instituto é, obviamente, permitir o julgamento imediato da "parcela madura do processo" (para usar a terminologia do parágrafo único do art. 354) e liberar a execução de tal decisão (§§ 2º e 4º do art. 356), com o que se busca dar efetividade normativa aos princípios do acesso à Justiça, da duração razoável do processo, da economia processual e da efetividade da jurisdição. Observe-se que tanto nas hipóteses do art. 355 como nas do art. 356, procedimentalmente, o julgamento antecipado (por sentença ou por decisão) ocorre logo após o cumprimento das providências preliminares dos arts. 347 a 355, que integram a "fase ordinatória", "fase de saneamento" ou "fase das providências preliminares" (v. nota ao título do Capítulo IX). Sobre a diferença entre o instituto aqui regulamentado e o da extinção do processo do parágrafo único do art. 354, examine-se o comentário ao art. 356.

> *Art. 356. O juiz decidirá parcialmente o mérito quando um ou mais dos pedidos formulados ou parcela deles:*

A decisão parcial de mérito, prevista e regulada pelo presente art. 356, distingue-se da extinção do processo disciplinada pelo parágrafo único do art. 354 pela sua natureza jurídica. Enquanto o art. 354 autoriza o proferimento de uma decisão interlocutória terminativa em relação a um ou mais pedidos (por inépcia, carência da ação, etc. – art. 485) ou de uma decisão interlocutória homologatória (de reconhecimento da procedência do pedido, da transação ou da renúncia – art. 487, incisos II e III), este art. 356 autoriza o proferimento de uma decisão interlocutória definitiva, que traz para o mundo jurídico um genuíno julgamento do conflito de interesses pelo juiz, um verdadeiro julgamento do mérito, posto que voltado ao acolhimento ou à rejeição de um ou mais dos pedidos formulados pelo autor. Observe-se que a decisão interlocutória homologatória a que fizemos alusão (art. 487, incisos II e III) é de mérito apenas por equiparação. Tanto lá (art. 354) como aqui (art. 356) emite-se decisão sobre alguma ou algumas das pretensões formuladas, mas à luz do art. 354 o objeto do julgamento é um pressuposto processual ou uma condição da ação, ou um ato de autocomposição bilateral ou unilateral das partes, enquanto à luz deste art. 356 o objeto do julgamento é o direito material que o próprio juiz reconhece ou não, para dar pela procedência ou pela improcedência do pedido.

Art. 356. (...):

I – mostrar-se incontroverso;

O primeiro fundamento alternativo da emissão de julgamento antecipado parcial de mérito – pela via formal de decisão interlocutória atacável por agravo e execução imediata – é a incontrovérsia acerca de "um ou mais dos pedidos formulados ou parcela deles", como prevê o *caput*. Pois bem, em razão do presente dispositivo fica instituída a antecipatoriedade do julgamento parcial em função da exclusiva incontrovérsia acerca da existência do direito afirmado pelo autor. Examinemos, então, alguns aspectos da sua normatividade. Inicialmente, parece relevante consignar que a previsão de "pedido incontroverso" nada mais significa, sob o ponto de vista técnico, do que a constatação de uma das seguintes hipóteses: (a) o réu contesta a ação, mas não impugna, sob o ângulo fático e jurídico, um ou mais dos pedidos cumulados (*v.g.*, o réu impugna o pedido de perdas e danos, mas não o de reintegração de posse; impugna o pedido de demolição, mas não o de perdas e danos); (b) o réu contesta a ação, mas reconhece em parte a procedência do pedido do autor (*v.g.*, o réu nega que o crédito seja de R$ 10.000,00, mas admite que é de R$ 5.000,00; nega que o novo aluguel deva ser fixado em R$ 3.000,00, mas admite a correção do valor de R$ 2.000,00, acima, *v.g.*, dos R$ 1.500,00 fixados provisoriamente); (c) o réu contesta a ação, mas confessa certos fatos que, por si sós, dão sustentação ao direito em que se funda um dos pedidos; (d) o réu contesta a ação, mas deixa de impugnar certos fatos suficientes, por si sós, para dar amparo ao direito em que se funda um dos pedidos; (e) o réu contesta a ação e impugna todos os fatos, mas no curso do processo reconhece em parte a procedência do pedido ou de um dos pedidos do autor; e (f) o réu contesta a ação e impugna todos os fatos, mas no curso do feito confessa certos fatos suficientes, por si sós, para dar amparo ao direito em que se funda um dos pedidos.

> Art. 356. (...):
> II – estiver em condições de imediato julgamento, nos termos do art. 355.

O segundo fundamento alternativo do julgamento antecipado parcial do mérito identifica-se plenamente com as justificativas do julgamento antecipado (completo) do mérito regulado pelo art. 355. A diferença fica por conta da circunstância processual de que aqui, para fins de emissão de decisão interlocutória, somente um ou mais dos pedidos cumulados ou apenas uma parcela deles vai(vão) ser julgado(s), mas não todos eles simultaneamente, como se dá, para fins de emissão de sentença, nos casos do art. 355. Logo, o que se tem é que apenas em relação a uma ou mais das postulações não há necessidade de produção de outras provas (art. 355, inciso I), ou apenas em relação a uma ou mais pretensões deduzidas é possível pensar na presunção de veracidade de que cogita o art. 344, sem que o revel tenha comparecido para tentar produzir prova (art. 355, inciso II).

> Art. 356. (...).
> § 1º. A decisão que julgar parcialmente o mérito poderá reconhecer a existência de obrigação líquida ou ilíquida.

O objetivo do regramento sob exame é, evidentemente, o de facilitar o proferimento do julgamento antecipado parcial do mérito, dada a circunstância de que, com frequência, a necessidade de definir o exato montante da dívida implica a exigência de saneamento, abertura da fase instrutória e, por consequência, obstáculo à antecipação do julgamento. Dizendo, assim, o presente dispositivo que a decisão antecipada deste art. 356 pode reconhecer a existência de obrigação ilíquida (a não definida em relação ao *quantum debeatur*), removido fica o impedimento probatório e lógico à emissão dessa forma de julgamento extraordinário. Pois bem, mas como se poderá dar cumprimento (ou execução) à decisão condenatória antecipada se ela não reconhece uma obrigação líquida? A resposta encontra-se no § 2º, ao qual remetemos o leitor.

> Art. 356. (...).
>
> § 2º. *A parte poderá liquidar ou executar, desde logo, a obrigação reconhecida na decisão que julgar parcialmente o mérito, independentemente de caução, ainda que haja recurso contra essa interposto.*

Se para facilitar o proferimento do julgamento antecipado parcial do mérito o § 1º admite que a decisão possa reconhecer a existência de obrigação líquida ou ilíquida (v. nota), o focalizado § 2º prevê os dois caminhos procedimentais que devem ser seguidos para que se alcance o cumprimento (ou execução) da decisão proferida, tornando, ainda, explícita a não suspensividade do agravo que eventualmente se interponha (v. § 5º), o que significa, em outras palavras, a instituição da imediata executividade da decisão antecipada. Quanto aos caminhos procedimentais, o primeiro é a instauração do procedimento de "liquidação de sentença" (arts. 509 a 512), e o segundo é a instauração da própria execução sob a forma de "cumprimento provisório" da sentença que reconhece a exigibilidade de obrigação de pagar quantia certa (arts. 520 a 522). Observe-se que tano a instauração da liquidação referida como a instauração da execução mencionada somente são possíveis porque o texto deste § 2º torna explícita a autorização de que "a parte poderá liquidar ou executar, desde logo, a obrigação (...), ainda que haja recurso contra essa *[a decisão]* interposto". É que, se não houvesse tal previsão expressa, sempre ficaria a dúvida sobre se o recurso de agravo de instrumento interponível tem efeito suspensivo (já que a interlocutória aqui tem conteúdo de sentença, e as sentenças são atacáveis por apelação com efeito suspensivo, como regra – art. 1.012, *caput*) ou não tem efeito suspensivo (já que as interlocutórias em geral são atacáveis por agravo que não tem efeito suspensivo, como regra – art. 995, *caput*). A expressa dicção deste § 2º espanca qualquer dúvida, de sorte que, diferentemente da sentença de "julgamento antecipado do mérito" (do art. 355), que não pode ser executada imediatamente, a decisão de julgamento antecipado parcial do mérito pode ser liquidada e executada de pronto, "independentemente de caução" (contra o que dispõem os arts. 520, inciso IV, e 521), "ainda que haja recurso contra essa *[decisão]* interposto", como diz a previsão final do texto.

> Art. 356. (...).
>
> § 3º. *Na hipótese do § 2º, se houver trânsito em julgado da decisão, a execução será definitiva.*

O presente § 3º tem, fundamentalmente, dois significados. O primeiro, e mais importante, no sentido de tornar explícita a extensão do fenômeno da coisa julgada material à decisão interlocutória que traga em seu bojo um julgamento antecipado parcial de mérito, decorrente das autorizações deste art. 356. Observe-se, nesse diapasão, que o art. 502 do CPC de 2015 já não vincula a coisa julgada material exclusivamente à sentença, referindo-se com todas as letras à "decisão de mérito não mais sujeita a recurso"; o mesmo vale para a extinção do processo fundada no art. 487, incisos II e III, que o art. 354 prevê. Já o segundo significado decorre do primeiro, embora revele uma certa obviedade: se a decisão parcialmente antecipada transitar em julgado por qualquer motivo, parece evidente que sua execução há de ocorrer de maneira definitiva, e não provisória – melhor, "cumprimento definitivo de sentença" que se aplica a esta decisão e à do art. 354, como salientado.

> Art. 356. (...).
> § 4º. *A liquidação e o cumprimento da decisão que julgar parcialmente o mérito poderão ser processados em autos suplementares, a requerimento da parte ou a critério do juiz.*

De forma a complementar a disciplina procedimental do instituto do julgamento antecipado parcial do mérito, estabelece o § 4º sob análise que tanto a liquidação (da decisão antecipada ilíquida – §§ 1º e 2º) como o cumprimento da decisão líquida (o que os §§ 2º e 3º referem como "execução") podem ser "processados em autos suplementares", vale dizer, em outros autos, apartados ou separados, de sorte a que fique assegurado sem quaisquer entraves documentais o prosseguimento do processamento da causa rumo ao julgamento por sentença do pedido ou dos pedidos ainda não enfrentados pelo juiz. Veja-se que o texto diz "*poderão* ser processados", e não "deverão", em perfeita sintonia com a previsão final "a requerimento da parte ou a critério do juiz", o que deve ser compreendido como uma abertura à não utilização dos autos suplementares em situações em que o cumprimento da decisão, por sua simplicidade e/ou imediatidade, não comprometa em nada o andamento do processo.

> Art. 356. (...).
> § 5º. *A decisão proferida com base neste artigo é impugnável por agravo de instrumento.*

Este parágrafo de encerramento da disciplina do julgamento antecipado parcial do mérito apenas explicita a agravabilidade (por agravo de instrumento) da decisão interlocutória que o *caput* e todos os parágrafos anteriores mencionaram como receptáculo formal do pronunciamento antecipado do juiz da causa. Recorde-se que, diferentemente dos arts. 354, *caput*, e 355, *caput*, que falam de "sentença", os dispositivos deste art. 356, sem exceção – bem como o parágrafo único do art. 354 –, se referem ao vocábulo "decisão", que só pode ser compreendido como sinônimo de "decisão interlocutória", a locução completa e técnica empregada pelos arts. 203, § 2º, e 1.015, *caput*. Em suma, ao tornar expressa a agravabilidade do pronunciamento judicial antecipado, o presente § 5º nada mais faz do que reforçar e chancelar a ideia de que é, de fato, por decisão interlocutória que se julga antecipada e parcialmente o *meritum causae*.

Seção IV
Do Saneamento e da Organização do Processo

"Saneamento do processo" é a decisão do juiz que declara a validade e a regularidade da relação processual, a presença das condições da ação e a imaturidade da causa para receber resolução de mérito, impelindo o feito rumo à audiência de instrução e julgamento. Observe-se que o saneamento é um ato judicial que não se confunde com a "fase de saneamento" (arts. 347 a 353) nem com a chamada atividade de saneamento, que se concentra – sem se esgotar – na "fase de saneamento". Atente-se para a circunstância de que o ato em questão tem natureza de decisão interlocutória, daí não se tratar de mero despacho (o Código de Processo Civil/1939 denominava atecnicamente esse ato de "despacho saneador", o que só por descuido foi repetido pelo Código de Processo Civil de 1973, na sua versão original, no art. 338). Observe-se, ainda, que, havendo designação de audiência para saneamento em cooperação (§ 3º deste art. 357), esta audiência acaba por se constituir no ato complexo que encerra a "fase de saneamento" e que inaugura a fase instrutória. Por fim, registre-se que a locução complementar "organização do processo", incluída no título da Seção IV sob exame, se justifica em razão dos seguintes atos que compõem o complexo instituto aqui tratado: (1º) os requerimentos de esclarecimento e de ajustes que podem ser formulados pelas partes (§ 1º); (2º) o requerimento de homologação de delimitação consensual das questões controvertidas que pode ser feito pelas partes (§ 2º); (3º) a designação pelo juiz de audiência para realização do saneamento em cooperação com as partes; (4º) o estabelecimento pelo juiz de calendário para a produção da prova pericial (§ 8º). Todas essas possibilidades explicam o acréscimo da locução "organização do processo" ao vocábulo "saneamento" no título desta Seção IV.

> *Art. 357. Não ocorrendo nenhuma das hipóteses deste Capítulo, deverá o juiz, em decisão de saneamento e de organização do processo:*

O dispositivo sob enfoque põe às claras os requisitos negativos necessários ao proferimento da decisão de saneamento e de organização do processo – "Não ocorrendo nenhuma das hipóteses deste Capítulo" –, o que significa dizer que para a emissão desse ato tão complexo é imprescindível que não caibam a extinção do processo (art. 354) e nem o julgamento antecipado do mérito (art. 355), mas não assim o julgamento antecipado parcial do mérito (art. 356), que pode ser proferido e mesmo assim caber o saneamento. Destarte, quando do momento da elaboração do ato escrito de saneamento – ocorrível logo após o cumprimento das providências preliminares dos arts. 347 a 352, ou ao invés delas –, o juiz, antes de decidir sobre as matérias dos incisos I a V deste art. 357, deve declarar formalmente o descabimento da extinção e do julgamento antecipado do mérito previstos nas Seções I e II deste Capítulo X.

> *Art. 357. (...):*
> *I – resolver as questões processuais pendentes, se houver;*

As "questões processuais pendentes" a que alude o texto – o primeiro objeto do ato de saneamento e de organização do processo, conforme o presente inciso – podem assumir as seguintes feições ou naturezas jurídicas: (a) questões relativas à relação processual (art. 485, incisos I, IV, V, VII, VIII e IX); (b) questões relativas à ação (art. 485, inciso VI). Quatro observações: primeira, o juiz decidirá tais questões, afastando preliminares (*v.g.*, de inépcia, de nulidade de citação, de carência de ação), pois, se acolher pelo menos uma, o caso não será de aplicação do art. 357, mas do art. 354; segunda, o juiz já deve ter declarado antes expressamente o não cabimento do julgamento antecipado (pois há necessidade, *v.g.*, de prova oral), porque em caso contrário ele não pratica o ato do art. 357, mas o do art. 355; terceira, falando de decisão de "questões processuais", fica incluída a controvérsia relativa à assistência judiciária, mas ficam de uma vez por todas excluídas do objeto do saneamento as questões concernentes à prescrição e à decadência, que têm natureza de questões de mérito (defesas de mérito indiretas – v. arts. 350, 354, *caput*, e 487, inciso II); quarta, após tais resoluções, o magistrado deverá declarar, formalmente, saneado o processo e praticar os atos previstos nos incisos II a V deste art. 357.

> Art. 357. (...):
> *II – delimitar as questões de fato sobre as quais recairá a atividade probatória, especificando os meios de prova admitidos;*

A delimitação das "questões de fato sobre as quais recairá a atividade probatória", a que se refere o enunciado deste inciso II, identifica-se técnica e exatamente com os pontos de fato sobre os quais existe controvérsia estabelecida entre as partes, quer porque o réu impugnou certos fatos da inicial em sua contestação (art. 336), quer porque o autor impugnou outros – impeditivos, modificativos ou extintivos afirmados pelo réu com base no art. 350, previsão inicial – em sua réplica (art. 350, previsão final), ou, ainda, porque certos fatos não controvertidos padecem de prova documental, oral ou pericial, se revelam inverossímeis ou dizem respeito a direitos indisponíveis (art. 345, incisos II a IV, por analogia). Seja como for, no ato de saneamento o juiz deverá delimitar com precisão as questões de fato (mesmo que apenas dúvidas judiciais sem o embasamento técnico de "questões"), com o que se viabilizará a organização do processo para fins instrutórios. Sobre a organização consensual, consulte-se o § 2º à frente, e sobre a organização em audiência cooperativa, examine-se o que dispõe o § 3º deste art. 357.

> Art. 357. (...):
> *III – definir a distribuição do ônus da prova, observado o art. 373;*

A definição da "distribuição do ônus da prova, observado o art. 373", constitui o terceiro objeto do saneamento e da organização do processo. Como se sabe, o CPC de 2015 admite expressamente a possibilidade da inversão judicial do ônus da prova, nos §§ 1º e 2º do mencionado art.

373 (v. comentários), de sorte que é justamente levando em conta tal autorização legal que o focalizado inciso III prevê um espaço especial, na decisão de saneamento e organização, para que o juiz da causa possa "definir a distribuição do ônus da prova", conforme aquela previsão. Trata-se, portanto, da segunda decisão do saneamento sobre provas, já que a primeira é a prevista pelo inciso II, e a terceira é a relativa à designação de audiência de instrução do inciso V, que se vincula aos §§ 4º a 7º (disciplina de aspectos da prova testemunhal) e 8º (disciplina de um aspecto da prova pericial). Observe-se, no entanto, que tal decisão é agravável (art. 1.015, inciso XI), diferentemente de grande parte das decisões previstas nos incisos deste art. 357.

Art. 357. (...):
IV – *delimitar as questões de direito relevantes para a decisão do mérito;*

Se os dois incisos anteriores se ocuparam das questões fáticas (delimitação das questões fáticas e do correspondente ônus da prova e sua distribuição), o presente inciso IV se detém nas questões jurídicas ou "questões de direito relevantes", cuja delimitação o juiz da causa é chamado a realizar por conta da necessidade de tornar claras e límpidas para todos os sujeitos processuais quais são efetivamente as dúvidas jurídicas que ainda circundam o litígio e que servirão de guia para a produção das provas a partir daqui. Observe-se a respeito dessa delimitação das questões de direito relevantes – o quarto objeto da decisão de saneamento e de organização do processo – que o juiz deve declará-las antes da delimitação das questões de fato, logo depois, portanto, da resolução das questões processuais pendentes do inciso I, uma vez que, como acabamos de afirmar, é a delimitação jurídica que conduz, que guia e que condiciona a delimitação das questões fáticas, a distribuição do ônus da prova e as próprias decisões relativas à audiência de instrução e julgamento que o magistrado precisa tomar com base no inciso V e nos §§ 4º a 9º deste art. 357.

Art. 357. (...):
V – *designar, se necessário, audiência de instrução e julgamento.*

Resolvidas as questões processuais pendentes (inciso I), delimitadas as questões jurídicas relevantes (inciso IV) e delimitadas as questões de fato e definida a distribuição do ônus da prova (incisos II e III), nesta ordem, pronto estará o juiz da causa para designar a audiência de instrução e julgamento – o quinto objeto da decisão de saneamento e organização do processo –, praticando ainda os seguintes atos preparatórios para a produção das provas. Quanto à prova oral (depoimento pessoal e prova testemunhal), o magistrado simplesmente declarará a sua admissibilidade e deferirá de forma expressa a sua produção, ordenando, ainda, a intimação das partes (art. 385, § 1º), se for o caso. Já no que concerne à prova pericial, cujo deferimento ou determinação é ato eventual do saneamento, é preciso esclarecer que, além da necessidade de fundamentação (art. 489, § 1º), o órgão jurisdicional observará o disposto no § 8º deste art. 357 (v. nota). Em relação à designação da audiência, é necessário consignar que tal ato tem hoje caráter facultativo (o texto diz "se necessário") e não obrigatório, o que decorre da sensibilidade da legislação processual à circunstância de que no caso de deferimento de prova pericial é mais producente a não designação, desde logo, da audiência (v. nota ao § 8º à frente).

> Art. 357. (...).
>
> § 1º. *Realizado o saneamento, as partes têm o direito de pedir esclarecimentos ou solicitar ajustes, no prazo comum de 5 (cinco) dias, findo o qual a decisão se torna estável.*

O direito da parte previsto neste § 1º, sob apreciação, pressupõe, obviamente, que a decisão de saneamento e de organização do processo tomada pelo juiz, enquanto pronunciamento escrito e solitário seu, se encontre nos autos (publicada, portanto) e também que tenha sido comunicada às partes (pela via da intimação – arts. 269 a 275). Muito bem, cientes as partes, no prazo comum de cinco dias, têm elas o direito subjetivo processual de "pedir esclarecimentos" ou "solicitar ajustes", enunciados de caráter genérico, no sentido de abrangerem tanto as resoluções de questões processuais (do inciso I), as delimitações jurídicas (do inciso IV), as fáticas (do inciso II), as decisões sobre ônus da prova (do inciso III) e, finalmente, as decisões e encaminhamentos relativos à audiência (do inciso V). O pedido de esclarecimento visa à eliminação de dúvidas, enquanto a solicitação de ajustes tem o escopo de modificar parcelas das resoluções, ou decisões, para adaptá-las com mais precisão às necessidades fáticas ou jurídicas da causa. Por fim, registre-se que a previsão legal acerca do fenômeno da estabilidade da decisão põe em destaque duas circunstâncias processuais: a decisão de saneamento não preclui (art. 1.009, § 1º), mas a falta de pedido de esclarecimento ou solicitação de ajustes faz pressupor que as partes estão de acordo com seu teor.

> Art. 357. (...).
>
> *§ 2º. As partes podem apresentar ao juiz, para homologação, delimitação consensual das questões de fato e de direito a que se referem os incisos II e IV, a qual, se homologada, vincula as partes e o juiz.*

Este § 2º se traduz em outra expressão normativa do princípio da consensualidade instituído pelo CPC de 2015: a delimitação por consenso entre as partes acerca das questões fáticas e jurídicas que serão objeto imediato e mediato da fase instrutória prestes a ser instaurada. Algumas considerações interpretativas se fazem convenientes: a primeira, no sentido de que a delimitação consensual deve ser apresentada a juízo antes do proferimento da decisão saneadora; a segunda, no sentido de que, diferentemente da previsão do art. 190 (mudanças no procedimento), a delimitação consensual não depende de causa em que se admita autocomposição; a terceira, no sentido de que a homologabilidade judicial pode ser total ou parcial, mantido o poder-dever do juiz de decidir o que entender necessário, da sua maneira; e, finalmente, a quarta, no sentido de que a vinculação das partes e do juiz, prevista no texto, só vale para o órgão jurisdicional de maneira absoluta se se tratar de causa que verse sobre direitos disponíveis, sujeitos à autocomposição.

> Art. 357. (...).
>
> *§ 3º. Se a causa apresentar complexidade em matéria de fato ou de direito, deverá o juiz designar audiência para que o saneamento seja feito em cooperação com as partes, oportunidade em que o juiz, se for o caso, convidará as partes a integrar ou esclarecer suas alegações.*

Outra expressão normativa da consensualidade, embora refletindo indiretamente tal valor, é esta que se encontra contida no focalizado § 3º, que introduz no sistema processual civil a audiência de saneamento em cooperação. O que se institui aqui é que as resoluções, delimitações e decisões a serem tomadas pelo juiz o sejam mediante contraditório em audiência, pela via da cooperação ativa das partes nas discussões de cada tema, para o alcance das melhores soluções processuais. Lembremos que este § 3º se dirige às causas que apresentam "complexidade em matéria de fato ou de direito". Nesta audiência voltada a um contraditório subjetivamente expandido (informação, possibilidade de reação e consideração recíprocas entre as partes e o juiz), as partes convidadas (não obrigadas a comparecer) podem "integrar" (complementar, acrescentar) "ou esclarecer suas alegações" (minimizar ou eliminar dúvidas), o magistrado pode trazer as suas próprias impressões e incertezas e, com base nelas, contrariar as partes, convencer e ser convencido – o debate, aqui, não se limita às partes diante do juiz, mas envolve o debate das partes com o juiz e do juiz com as partes, tudo a revelar o que o art. 6º deste Código institui –, de sorte que dessa efetiva cooperação entre todos os sujeitos do processo resulte uma decisão saneadora legitimada e adequada em sentido jurídico e técnico para o enfrentamento instrutório das matérias complexas que integram o objeto litigioso do processo.

> Art. 357. (...).
> *§ 4º. Caso tenha sido determinada a produção de prova testemunhal, o juiz fixará prazo comum não superior a 15 (quinze) dias para que as partes apresentem rol de testemunhas.*

O § 4º em questão vincula-se diretamente ao inciso II deste art. 357, que prevê a delimitação das questões de fato e a determinação ou deferimento de prova testemunhal. O que desejamos tornar claro, desde logo, é que a fixação do prazo pelo juiz aqui prevista não tem nenhuma relação com a audiência de saneamento em cooperação (do § 3º), com a homologação de delimitação consensual (do § 2º) e nem com os pedidos de esclarecimento ou de ajustes (do § 1º), mas apenas e tão somente com a determinação ou deferimento da prova testemunhal mencionada no inciso V. Mas é óbvio, por outro lado, que nada impede que tal deferimento aconteça por meio de um saneamento que seja resultado, ele próprio, de uma audiência de cooperação, de delimitação consensual ou, mesmo, de um pedido de solicitação de ajuste; o § 4º, que nos ocupa, continua se vinculando exclusivamente à admissão da prova testemunhal pelo juiz, e não a qualquer dos atos dos §§ 1º a 3º. Seja como for, o fato é que havendo sido admitida ou ordenada a prova testemunhal, ato contínuo, deve o juiz realizar a fixação do prazo comum, não superior a 15 dias, para a apresentação do rol de testemunhas pelas partes. Observe-se que tal fixação de prazo também não tem nenhuma relação com a designação da audiência de instrução e julgamento: o prazo deve ser fixado tanto na hipótese de designação simultânea da audiência de instrução, fluindo a partir da publicação da intimação do ato e pouco importando se seu termo *ad quem* está longe ou perto da data da audiência, como na hipótese de não designação da data da audiência (*v.g.*, porque produzir-se-á a prova pericial primeiro), caso em que a fluência do prazo para a apresentação do rol de testemunhas se dá independentemente de qualquer perspectiva de realização próxima ou distante da audiência de instrução e julgamento.

Art. 357. (...).

§ 5º. *Na hipótese do § 3º, as partes devem levar, para a audiência prevista, o respectivo rol de testemunhas.*

Apesar da nenhuma vinculação do prazo para a apresentação do rol de testemunhas com a designação ou com a própria audiência de instrução e julgamento, e nem com a audiência de saneamento em cooperação (v. nota ao § 4º), o presente dispositivo ordena que, na hipótese de realização desta última, as partes devam levar no dia designado o respectivo rol de testemunhas. Entenda-se: para fins de participação cooperativa das partes junto ao juiz para a tomada das decisões dos incisos I a V deste art. 357, a lei exige que autor e réu (e litisconsortes) já tenham em mãos o rol das testemunhas e o apresentem de pronto durante a própria audiência, para que, sendo determinada ou deferida a prova testemunhal (inciso II) – designada ou não a audiência de instrução (inciso IV) –, o juiz da causa já deixe decidido no ato de saneamento quais são as testemunhas que prestarão depoimento futuramente. Havendo audiência de saneamento em cooperação, e somente neste caso, as partes não terão prazo para a apresentação do rol, mas um momento em que terão de fazê-lo, sob pena de preclusão. A lei presume absolutamente necessário o rol de testemunhas, em audiência de cooperação, para a tomada das decisões judiciais de saneamento e organização que digam respeito à prova testemunhal a ser produzida.

Art. 357. (...).

§ 6º. *O número de testemunhas arroladas não pode ser superior a 10 (dez), sendo 3 (três), no máximo, para a prova de cada fato.*

De acordo com o focalizado § 6º, o rol de testemunhas – apresentável em prazo não superior a quinze dias da publicação do ato de saneamento (§ 4º) ou apresentável no momento da audiência de saneamento em cooperação (§ 5º) – não pode trazer em seu bojo mais do que dez nomes de pessoas para prestar depoimento como testemunhas (arts. 442 a 463), sendo que apenas três delas podem estar arroladas para o esclarecimento de cada fato. Visto o dispositivo por outro ângulo, o que ele significa é o direito subjetivo processual das partes ao arrolamento de até dez testemunhas e de ouvir três sobre cada fato controvertido na causa. Se a parte arrolar mais do que dez, ao juiz é lícito simplesmente desconsiderar as testemunhas que estiverem além do limite (a partir da décima primeira, portanto). Quanto à oitiva, tratando-se do mesmo fato, só pode o. Se a quarta testemunha sabe de todos os fatos, ela só deve magistrado indeferir o depoimento a partir da quarta, nunca o da terceira ser admitida a depor sobre aqueles que não foram objeto de depoimento das três anteriores (v. § 7º logo a seguir).

Art. 357. (...).

§ 7º. *O juiz poderá limitar o número de testemunhas levando em conta a complexidade da causa e dos fatos individualmente considerados.*

Diferentemente do regime anterior do Código de Processo Civil de 1973, o vigente admite por meio do focalizado dispositivo que o juiz de ofício e sem contraditório prévio limite o número das testemunhas que serão ouvidas na audiência de instrução e julgamento (art. 361, inciso III). Em outras palavras: o que antes era objeto de um direito subjetivo processual das partes, qual seja, a oitiva de testemunhas para cada fato, deixou de ser para se transformar em objeto de poder judicial, ainda que condicionado à verificação da "complexidade da causa e dos fatos individualmente considerados". O direito de ouvir testemunhas fica submetido ao poder do juiz, que pode reduzi-lo a duas ou, até mesmo, a uma única testemunha – o Código Buzaid era, neste sentido, muito mais democrático do que o de 2015... Pois bem, a "complexidade da causa e dos fatos" para justificar a redução deve ser fundamentada pelo juiz na decisão de saneamento, integrando-se à cláusula da especificação dos meios de prova admitidos de que fala o inciso II deste art. 357.

Art. 357. (...).

> *§ 8º. Caso tenha sido determinada a produção de prova pericial, o juiz deve observar o disposto no art. 465 e, se possível, estabelecer, desde logo, calendário para sua realização.*

Assim como a determinação ou o deferimento da prova testemunhal e seus desdobramentos, também o ato judicial que ordena ou que admite a produção da prova pericial e suas repercussões procedimentais constituem objeto da especificação "dos meios de prova admitidos" de que cogita o mesmo inciso II deste art. 357. Mas o que justifica particularmente o regramento sob exame? Com certeza, a necessidade de que o estatuto vigente tem de tornar claro que o juiz deve observar o disposto no art. 465 e, se possível, estabelecer o calendário para sua realização. Quanto aos múltiplos atos previstos pelo art. 465, chamamos a atenção para os seguintes, que devem corresponder às primeiras preocupações do juiz: (1) nomeação do perito e fixação de prazo para o laudo (art. 465, *caput*); (2) advertência quanto aos quinze dias para indicação de assistente e apresentação de quesitos (§ 1º, incisos II e III); (3) advertência quanto aos cinco dias para a apresentação de proposta de honorários, currículo e informações pelo perito (§ 2º, incisos I a III); (4) advertência quanto à manifestação das partes sobre a proposta (§ 3º, parte inicial); (5) autorização para o pagamento de 50% no início dos trabalhos (§ 4º); (6) advertência sobre a possibilidade de redução da remuneração (§ 5º); e (7) advertência sobre a nomeação e a indicação de assistente no juízo deprecado (§ 6º). Finalmente, em relação à conveniência de estabelecimento, desde logo, de um calendário para a realização da prova pericial, o que precisa ser dito é que tal previsão normativa constitui mais um possível objeto de decisão de saneamento e de organização do processo, além daqueles previstos pelos cinco incisos deste art. 357. Assim como os desdobramentos procedimentais da admissão da prova testemunhal se espalham pelos §§ 4º a 7º e os vários desdobramentos da admissão da prova pericial são contemplados genericamente na parte inicial deste § 8º, a enfocada previsão de encerramento apresenta o último desdobramento a ser trabalhado pelo juiz, se possível: o estabelecimento de um calendário, nos moldes daquele previsto pelo art. 191 e seus parágrafos, regramentos que podem ser analogicamente invocáveis.

> Art. 357. (...).
>
> *§ 9º. As pautas deverão ser preparadas com intervalo mínimo de 1 (uma) hora entre as audiências.*

Dada a generalidade do regramento em questão, que trata do ato preparatório das pautas das audiências, fica fácil perceber que, sob o ponto de vista sistemático, tal disciplina está deslocada, porque o presente art. 357 se ocupa da decisão de saneamento em seus múltiplos aspectos, e as únicas referências que faz à audiência estão no inciso I (para dizer que é possível a designação de audiência de instrução e julgamento) e nos §§ 3º e 5º (para instituir a audiência de saneamento em cooperação e para dizer que o rol de testemunhas a ela precisa ser levado), e nada mais. A normatividade abrangente deste § 9º, que institui um "intervalo mínimo de uma hora entre as audiências", melhor estaria localizada como artigo da Seção I (Dos Atos em Geral – arts. 188 a 192), como artigo de abertura do Capítulo XI que segue, ou, na pior das hipóteses, como parágrafo único do art. 358, podendo nos dois últimos casos, se assim fosse, ser invocado analogicamente para a pauta de quaisquer audiências no processo civil (conciliação, mediação ou especiais). O pior de todos os enquadramentos é este com o qual nos defrontamos: um dispositivo de encerramento completamente desconectado do tema saneamento e organização do processo.

Capítulo XI
Da Audiência de Instrução e Julgamento

Audiência de instrução e julgamento é o ato processual único, público, complexo e solene realizado na sede do juízo, sob a presidência do magistrado, cuja finalidade fundamental é a colheita dos depoimentos pessoais das partes e das testemunhas, bem como a discussão da causa pelos procuradores e seu julgamento. Eventualmente nela realizam-se outros atos, como a tentativa de conciliação e a colheita dos esclarecimentos dos peritos e assistentes técnicos. A audiência, como ato essencial do processo, é instituto que decorre diretamente do princípio da oralidade e seus subprodutos, a imediatidade e a concentração de atos. Observe-se, por outro lado, que a audiência de instrução e julgamento não é a única que se realiza no processo civil, mas apenas a mais importante audiência disciplinada pelo Código, sendo suas características gerais a presidência do juiz (art. 360) e a publicidade (art. 368); são, por outro lado, suas características específicas: a essencialidade (art. 361); a complexidade (arts. 358 a 368); a solenidade (arts. 358 e 359, 361, 364 e 367); a finalidade concentrada (arts. 359, 361 e 366); e a unidade e a continuidade (art.

365). Consigne-se, por fim, que as regras contidas nos arts. 358, 360, 365, 367 e 368 são qualificadas como de caráter geral porque têm aplicação não só à audiência de instrução e julgamento, como a todas as chamadas audiências especiais reguladas pelo Código de Processo Civil: audiência para depoimento antecipado (art. 449, parágrafo único); audiência de justificação liminar da posse (art. 562); audiência de justificação prévia em tutela provisória (art. 300, § 2º). Aplicam-se, ainda, as presentes disposições gerais às audiências constantes de procedimentos especiais regulados por leis extravagantes.

> *Art. 358. No dia e na hora designados, o juiz declarará aberta a audiência de instrução e julgamento e mandará apregoar as partes e os respectivos advogados, bem como outras pessoas que dela devam participar.*

Este art. 358 disciplina os dois últimos atos preparatórios da audiência de instrução e julgamento, ordenando ao juiz que, no momento designado, a declare aberta e ordene o pregão das partes e seus respectivos advogados pelo serventuário (na prática, só o pregão acontece de uma maneira formal – v. nota ao art. 362). Tais atos não esgotam, contudo, os atos preparatórios da audiência, que são: (a) a designação da data e do horário, que acontece, via de regra, no saneamento do processo (art. 357, inciso V); (b) a intimação das partes (art. 385, § 1º), bem como dos procuradores (por publicação, na imprensa, do ato de saneamento); e (c) o depósito do rol de testemunhas nos termos dos §§ 4º e 5º do art. 357.

> *Art. 359. Instalada a audiência, o juiz tentará conciliar as partes, independentemente do emprego anterior de outros métodos de solução consensual de conflitos, como a mediação e a arbitragem.*

A primeira atividade que se realiza na audiência de instrução e julgamento, de acordo com o presente art. 359, é a tentativa de conciliação das partes, o que se coloca em perfeita consonância com o princípio da consensualidade, tão prestigiado pelo Código de Processo Civil de 2015 (v. arts. 3º, §§ 2º e 3º, 139, inciso V, 165 a 175 e 334). Trata-se, diferentemente do art. 334, de atividade atribuída diretamente ao juiz da causa, e não a qualquer conciliador ou mediador, com o que o sistema se inclina uma segunda vez, agora via órgão jurisdicional, ao desejado escopo de alcance de autocomposição. E tanto é assim que o texto deixa claro que tal tentativa de conciliação é de rigor "independentemente do emprego anterior de outros métodos de solução consensual de conflitos, como a mediação e a arbitragem". Observe-se que o exigido do juiz é a atividade conciliatória (a descrita no § 2º do art. 165 e caracterizada pelas sugestões de solução para o litígio), mas nada impede que o magistrado se valha das técnicas de mediação e nem que proponha às partes o recurso da arbitragem. Registre-se, por fim, que só se exige a tentativa de conciliação se os direitos envolvidos admitirem autocomposição (art. 334, § 4º, inciso II, aplicável por analogia).

> *Art. 360. O juiz exerce o poder de polícia, incumbindo-lhe:*

Como presidente que é da audiência, afirma o texto legal que o juiz exerce o poder de polícia. Este corresponde ao poder constitucional inerente à soberania do Estado pelo qual se assegura, no contexto da atividade jurisdicional, o bom desempenho da função de distribuição da justiça. Malgrado se critique a previsão legal, dada a consideração de que poder de polícia é expressão perigosa e inadequada para o regramento da relação processual – melhor seria, diz-se, redação assemelhada à do art. 251 do CPP ("Art. 251. Ao juiz incumbirá prover a regularidade do processo e manter a ordem no curso dos respectivos atos, podendo, para tal fim, requisitar força policial") –, o fato é que o art. 360 o institui clara e expressamente, de sorte que ao intérprete não é lícito negá-lo, mas, sim, recomendar sempre que seu exercício pelo juiz seja comedido, não ultrapassando nunca os limites do estritamente necessário (v. parte final da nota ao inciso I a seguir).

> *Art. 360. (...):*
> *I – manter a ordem e o decoro na audiência;*

Exercer poder de polícia no âmbito da atividade jurisdicional em audiência é, em primeiro lugar, proceder de tal forma de sorte que estabeleça um clima de cordialidade, moralidade e respeito mútuo entre as partes litigantes, seus advogados, testemunhas, órgãos do Ministério Público, Defensoria Pública, etc. (art. 139). Para alcançar tal desiderato o juiz precisa ser autoridade, e não autoritário. Tal exercício do poder de polícia, destarte, também é expressão ou manifestação do poder-dever

-atividade jurisdicional do Estado. O art. 251 do CPP, como visto, diz que ao juiz incumbe "prover a regularidade do processo e manter a ordem no curso dos respectivos atos, (...)".

> **Art. 360. (...):**
> *II – ordenar que se retirem da sala de audiência os que se comportarem inconvenientemente;*

O comportamento inconveniente que justifica a ordem de retirada de alguém da sala de audiência deve estar objetivamente estampado, por palavras ou atos, não podendo, em hipótese alguma, ser confundido com a veemência ou, mesmo, com a radicalidade do advogado que defende com ardor o interesse do seu constituinte. Firmeza de posição quanto à interpretação da lei ou intransigência quanto aos direitos processuais do cliente não caracterizam comportamento reprovável. Observe-se, por fim, que a ordem de retirada, quando seja absolutamente necessário, é expressão comportamental do juiz que se enquadra na previsão de manutenção da "ordem no curso dos respectivos atos", como alude o mencionado art. 251 do CPP.

> **Art. 360. (...):**
> *III – requisitar, quando necessário, força policial;*

Expressão extrema do poder de polícia que o juiz exerce em audiência é o emprego da força física por intermédio de agentes policiais. Este recurso último só deve ser utilizado em situações de exacerbada gravidade, quando a ordem para retirada da sala de audiência, prevista no inciso II, houver sido desobedecida por qualquer dos participantes desse ato processual (art. 139, inciso VII). Pela locução genérica "agentes policiais" entendam-se o policial civil, o policial militar ou outro (do Exército, Marinha ou Aeronáutica) que possa ser requisitado na comarca ou subseção judiciária pra cumprir ordem de retirada. Como visto, o art. 251 do CPP também se refere expressamente a ato de "requisitar força policial".

> **Art. 360. (...):**
> *IV – tratar com urbanidade as partes, os advogados, os membros do Ministério Público e da Defensoria Pública e qualquer pessoa que participe do processo;*

Se os três primeiros incisos reconhecem atos que expressam o exercício de poder-dever atribuído ao magistrado em audiência, o focalizado inciso IV reconhece um ato que expressa claramente o dever imposto ao juiz de tratar com urbanidade todos os participantes da audiência. Tratamento urbano é aquele que se caracteriza pelo respeito, pela cordialidade e pela cortesia e que se inspira, além de num fundamento estritamente moral, na regra de que não há hierarquia nem subordinação entre advogados, magistrados e membros do Ministério Público, do que decorre o dever de tratamento recíproco com consideração e respeito (Estatuto d Advocacia – Lei n. 8.906, de 4.7.1994, art. 6º). O relacionamento urbano entre todos em audiência, tão fundamental para os múltiplos propósitos deste ato, depende mais do juiz do que de qualquer outro participante da audiência.

> Art. 360. (...):
> V – *registrar em ata, com exatidão, todos os requerimentos apresentados em audiência.*

Dada a circunstância normativa de que o art. 367 exige a lavratura de um termo em que se registra, "em resumo, o ocorrido em audiência" – o texto ainda explicita que "por extenso" devem constar os despachos, decisões e a sentença –, não se entende bem o porquê de este inciso V exigir um registro "em ata" de "todos os requerimentos apresentados em audiência", uma vez que tais requerimentos integram as ocorrências genericamente aludidas pelo art. 367 e não demandam nada além do que o próprio termo de audiência.

> Art. 361. *As provas orais serão produzidas em audiência, ouvindo-se nesta ordem, preferencialmente:*

A ordem lógica e cronológica estabelecida para o desenvolvimento da instrução probatória por este art. 361, apesar de representar método racional para a colheita da prova e sua eficiência, não pode ser imposta rigorosamente ao magistrado, sob pena de comprometimento da celeridade e economia processuais. Eis o motivo por que o texto deste *caput* se encerra com o vocábulo "preferencialmente". O juiz não deve inverter a ordem dos depoimentos pessoais (primeiro o do autor, depois o do réu) nem a ordem do depoimento pessoal e depoimento de testemunhas, mas nada impede que, justificado por circunstâncias relevantes do caso concreto, o juiz inverta a ordem do depoimento das testemunhas (todas, de preferência, e não apenas algumas) ou realize a oitiva dos peritos depois da tomada de todos os depoimentos. Só haverá nulidade do processo se a parte, que não concordou com a inversão, conseguir demonstrar o prejuízo e fizer a arguição em preliminar de apelação nos termos do art. 1.009, § 1º, ou nas contrarrazões (§§ 1º e 2º).

> Art. 361. (...):
> I – *o perito e os assistentes técnicos, que responderão aos quesitos de esclarecimentos requeridos no prazo e na forma do art. 477, caso não respondidos anteriormente por escrito;*

As respostas aos quesitos de esclarecimentos devem ser dadas pelos *experts* em audiência oralmente, nada impedindo que as partes, por seus advogados, questionem, no ato, os esclarecimentos prestados. O que não é lícito às partes é o aproveitamento da oportunidade para a formulação de novas perguntas ou de perguntas que, apesar de não serem novas, não foram objeto dos quesitos apresentados aos técnicos. Observe-se, por fim, que os quesitos de esclarecimentos aqui cogitados se restringem àquelas dúvidas previstas pelo § 3º do art. 447 ("se ainda houver necessidade de esclarecimentos..."), dúvidas estas que não foram resolvidas pelo perito, por escrito, no prazo e nos termos do § 2º do mesmo art. 477 ("O perito do juízo tem o dever de ... esclarecer ponto: I – sobre o qual exista divergência ou dúvida de qualquer das partes ...; II – divergente apresentado no parecer do assistente técnico da parte"), vale dizer, os quesitos de esclarecimentos mencionados neste inciso I correspondem apenas às dúvidas remanescentes às respostas escritas anteriormente apresentadas nos autos.

> Art. 361. (...):
> II – *o autor e, em seguida, o réu, que prestarão depoimentos pessoais;*

A ordem estabelecida por este inciso II não deve ser alterada, porque a dialética processual, que se desenvolve pelo contraditório, não pode prescindir da ideia de que é o autor que pede e de que o réu apenas impede. Porque o autor teve a iniciativa do processo, mediante a ação, é que deve ter ele a oportunidade de inicialmente falar e alegar ao juiz em audiência, e não o réu (do depoimento pessoal falam os arts. 385 a 388). No entanto, como visto, extraordinariamente se admite que o juiz realize a inversão por alguma razão especial que justifique a tomada do depoimento do réu antes da do autor, como, por exemplo, o grande conhecimento pelo réu de todo o quadro fático do conflito, somado à provável impossibilidade de este mesmo réu depor em tempo futuro frente a um impedimento inafastável, como a piora de uma doença grave ou outra razão.

> **Art. 361. (...):**
> **III – as testemunhas arroladas pelo autor e pelo réu, que serão inquiridas.**

À prestação dos depoimentos pessoais das partes deve seguir-se a inquirição das testemunhas, porque esta é a ordem natural das coisas: às alegações dos litigantes – cuja veracidade nem a lei exige – segue-se a prova por meio de pessoas de quem a lei requer intransigentemente a verdade. Logo, sob pena de subversão da verdade processual de que a alegação precede a prova, não deve o juiz ouvir as testemunhas antes de ouvir as partes. Já quanto à ordem estabelecida para a oitiva das testemunhas, pode o juiz invertê-la caso entenda imprescindível ao bom desenvolvimento do processo no caso concreto, mas deve tomar o cuidado de não permitir que se misturem os depoimentos de testemunhas do autor e do réu, salvo circunstâncias extraordinárias, como o impedimento irremovível imposto a alguma(s) testemunha(s) do réu, presente(s), que deveriam ter de comparecer em momento futuro, pela suspensão da audiência motivada por alguma(s) testemunha(s) faltante(s) do autor.

> **Art. 361. (...).**
> **Parágrafo único. Enquanto depuserem o perito, os assistentes técnicos, as partes e as testemunhas, não poderão os advogados e o Ministério Público intervir ou apartear, sem licença do juiz.**

A necessidade de licença ou autorização do magistrado para que os advogados, ou promotores de justiça, possam intervir na tomada dos depoimentos é decorrência direta do poder de condução formal dos trabalhos instituído implicitamente pelo *caput* deste art. 361. Se o juiz é o *dominus processus*, inclusive em audiência, é óbvio que só a ele compete autorizar, ou não, intervenções não previstas em lei, ainda que voltadas apenas ao esclarecimento de fatos e circunstâncias relevantes para a causa.

> **Art. 362. A audiência poderá ser adiada:**

Adiamento da audiência é o ato do juiz que decide pela não realização da audiência. Logo, audiência adiada é sinônimo de audiência não realizada. Como o texto emprega o termo "poderá", fica claro que ao juiz é lícito, com discricionariedade, decidir pelo adiamento ou não nas situações elencadas nos incisos. Além destas, provocam automaticamente o adiamento da audiência o não comparecimento do próprio magistrado ou a não entrega do laudo pelo perito (art. 477, *in fine*).

> **Art. 362. (...):**
> *I – por convenção das partes;*

A "convenção das partes" a que alude o texto tanto pode expressar-se por petição conjunta apresentada ao juiz antes da audiência como pela manifestação verbal dos litigantes na presença do magistrado antes do seu início (observe-se que o pregão é ato preparatório, mas não inaugural da audiência, e que a declaração de abertura referida pelo art. 358, na prática, comumente não existe). À convenção de adiamento, só realizável uma vez, aplica-se analogicamente o art. 313, § 4º: se às partes só é lícita a suspensão do processo por seis meses, que é o mais, só podem elas adiar a audiência, que é o menos, por igual período de tempo.

> **Art. 362. (...):**
> *II – se não puder comparecer, por motivo justificado, qualquer pessoa que dela deva necessariamente participar;*

Examinemos as hipóteses em que o não comparecimento de pessoas envolvidas no processo pode justificar o adiamento da audiência. Em regra, o não comparecimento, ainda que com motivo justificado, do perito não provoca o adiamento da audiência, porquanto sua oitiva pode ser realizada após os depoimentos das partes e das testemunhas (v. nota ao art. 361, *caput*) ou mesmo ser dispensada pelas partes em audiência.

O não comparecimento justificado da parte normalmente gera adiamento (a comprovação documental da justificativa deve ser feita com antecedência nos autos ou verbalmente ao juiz momentos antes da audiência); o não comparecimento sem justificativa acarreta a aplicação da pena de confissão (art. 385, § 1º). O não comparecimento não justificado das duas partes tem também duas soluções: ou o juiz adia a audiência ou a realiza sem depoimentos pessoais. O não comparecimento da testemunha com justificativa não provoca normalmente o adiamento, porque as partes, após outros depoimentos, podem desistir da sua oitiva; a falta de justificação pode gerar condução coercitiva (v. art. 455, § 5º). O não comparecimento justificado do advogado único frequentemente acarreta o adiamento (v. § 1º); o não comparecimento puro e simples provoca a sanção processual aplicável à parte e prevista pelo § 2º deste art. 362.

> Art. 362. (...):
> *III – por atraso injustificado de seu início em tempo superior a 30 (trinta) minutos do horário marcado.*

Se o inciso I prevê o adiamento da audiência por convenção das partes e o inciso II por não comparecimento injustificado de qualquer pessoa que dela deva necessariamente participar (partes, advogados, testemunhas, perito e, é claro, também o juiz), o focalizado inciso III reconhece, inovando, a possibilidade de adiamento pelo simples atraso injustificado de seu início em mais de trinta minutos da hora marcada. A virtude do dispositivo repousa no fato de que se trata da expressa criação de uma responsabilidade a mais para o juiz, a de não permitir atrasos injustificados, o que certamente contribuirá para a formação de uma consciência mais atenta daqueles que presidem as audiências, principalmente a partir das cobranças que lhes serão dirigidas pelos advogados. Já no que concerne à aplicação concreta do regramento, o que se deve reconhecer é que o dispositivo atribui às pessoas que devem participar da audiência o direito subjetivo processual, pelo menos, de exigirem oralmente do juiz uma satisfação em relação ao atraso já verificado e, em caso de falta de qualquer justificativa, poderem tais pessoas retirar-se mediante comunicação formal, escrita e motivada. Havendo justificativa apresentada pelo juiz, parece-nos que o adiamento fica obstaculizado, dada a exigência legal de "atraso injustificado". Nada impede, no entanto, que, frente a razões relevantes apresentadas pelas pessoas envolvidas (normalmente, partes e advogados), o juiz decida pelo adiamento. Por fim, registre-se que a retirada das pessoas, desde que devidamente comunicada, a partir da completa omissão judicial, não pode ser tida como não comparecimento, de sorte que implica a exigência de adiamento e de designação de nova data para a audiência. Se não for assim interpretado, o presente inciso III não passará de letra morta...

> Art. 362. (...).
> § 1º. *O impedimento deverá ser comprovado até a abertura da audiência, e, não o sendo, o juiz procederá à instrução.*

A prova do impedimento (*v.g.*, a enfermidade repentina da parte, a ocorrência de outra audiência no mesmo horário a que deva atender o advogado, ou outro obstáculo que atinja uma testemunha ou o perito) pode ser feita pelo advogado com antecedência, mediante petição nos autos ou comunicação verbal de terceiro momentos antes da audiência, mas também posteriormente a ela, caso tenha havido impossibilidade de comunicação. Na primeira hipótese o juiz normalmente adia a audiência; na segunda a solução é a declaração da nulidade e a designação de nova data para sua realização.

> Art. 362. (...).
> § 2º. *O juiz poderá dispensar a produção das provas requeridas pela parte cujo advogado ou defensor público não tenha comparecido à audiência, aplicando-se a mesma regra ao Ministério Público.*

O parágrafo estabelece a faculdade (não dever) do juiz de dispensar a produção de provas da parte cujo advogado, ou defensor público, deixou de comparecer sem justificativa, o que significa dizer que o depoimento da parte contrária e as oitivas de testemunhas, do perito judicial e dos assistentes (que haviam sido requeridas pela parte não representada em audiência) podem deixar de se realizar por simples vontade do magistrado. Nada impede, portanto, o juiz de tomar um ou outro depoimento, sem participação da parte por meio de reperguntas, dispensando as demais provas. Outras hipóteses de dispensa excepcional pelo magistrado da prova requerida encontram-se previstas pelos arts. 357, § 6º, e 457, § 1º, parte final. Observe-se, por fim, que a aplicabilidade deste regramento processual ao Ministério Público significa que, funcionando o *parquet* como autor de ação civil pública, o não comparecimento do promotor de justiça à audiência também autoriza o juiz a dispensar as provas por ele requeridas.

> **Art. 362. (...).**
> **§ 3º. Quem der causa ao adiamento responderá pelas despesas acrescidas.**

Dá causa ao adiamento da audiência o fato de qualquer das pessoas enquadráveis no inciso II deste art. 362 a ela não comparecer sem motivo justificado (o perito, a parte, a testemunha ou o advogado; não assim o órgão do Ministério Público, enquanto fiscal da ordem jurídica – o antigo "fiscal da lei" ou *custos legis*). Quanto à responsabilidade pelas despesas acrescidas, deve-se observar que o presente dispositivo corresponde à explicitação do dever genericamente instituído pelos arts. 82, *caput*, e 93.

> **Art. 363. Havendo antecipação ou adiamento da audiência, o juiz, de ofício ou a requerimento da parte, determinará a intimação dos advogados ou da sociedade de advogados para ciência da nova designação.**

A previsão normativa sob enfoque tem por objeto a necessidade de dar ciência aos advogados ou à sociedade de advogados da nova designação de data de audiência quando por algum motivo tiver lugar a antecipação ou o adiamento da audiência de instrução ou julgamento originariamente marcada – a regra aqui estabelecida, na verdade, tem caráter genérico, e, por isso, se aplica a qualquer audiência. Pois bem, o que mais chama a atenção no texto é que tal intimação não precisa ser feita ao advogado pessoalmente, como ocorria no regime anterior do art. 242, § 2º, do CPC de 1973: basta a intimação por meio eletrônico, se possível (art. 270 e parágrafo único), ou via publicação no órgão oficial (art. 272, *caput*). Somente se estas se revelarem inviáveis é que o escrivão ou o chefe de secretaria procederá à intimação pessoal (art. 273, inciso I) ou por carta registrada, com AR (art. 273, inciso II), do advogado ou da sociedade de advogados.

> **Art. 364. Finda a instrução, o juiz dará a palavra ao advogado do autor e do réu, bem como ao membro do Ministério Público, se for o caso de sua intervenção, sucessivamente, pelo prazo de 20 (vinte) minutos para cada um, prorrogável por 10 (dez) minutos, a critério do juiz.**

O instituto disciplinado por este art. 364 tem o nome de debate oral, embora somente o § 2º expressamente o refira. A presente disposição normativa estabelece a forma pela qual as partes exercerão o direito de sustentar oralmente as razões que lhes assistam quanto ao quadro fático ou jurídico da causa perante o órgão julgador (observe-se que esse direito se funda no princípio da imediatidade, subproduto da oralidade). Quanto ao momento da fala, tratando-se do Ministério Público ocorrerá variação de acordo com a função que desempenhe: se for autor da ação civil pública (art. 177) falará como autor; se for substituto processual do réu falará como réu; se for assistente do incapaz (art. 178, inciso II) falará como terceiro (§ 1º); e se for fiscal da ordem jurídica (art. 178, *caput*, e incisos I e III) falará depois das partes, como afirma o texto.

> Art. 364. (...).
> *§ 1º. Havendo litisconsorte ou terceiro interveniente, o prazo, que formará com o da prorrogação um só todo, dividir-se-á entre os do mesmo grupo, se não convencionarem de modo diverso.*

Litisconsorte, no texto, é a parte cuja disciplina se encontra sistematizada nos arts. 113 a 118. Já o terceiro é o assistente simples ou litisconsorcial (arts. 121 a 124), o denunciado (arts. 125 a 129), o chamado ao processo (arts. 130 a 132), o sócio ou a empresa, para fins de desconsideração da personalidade jurídica (arts. 133 a 137), e o *amicus curiae* (art. 138). Além destes, também é terceiro o Ministério Público, quando funciona como assistente do incapaz (art. 178, inciso II) ou como fiscal da ordem jurídica (art. 178, incisos I e III). Tenha-se em mira, finalmente, que, com a divisão do tempo de trinta minutos entre todos os participantes (pela aplicação do *caput*), o prazo de cada um pode ficar muito exíguo, de sorte que o juiz recebe autorização legal para prorrogá--lo, principalmente se houver vários advogados que queiram fazer uso da palavra (argumento – art. 229). A prorrogação cogitada pode ocorrer por convenção entre as partes, admite a parte final do texto, o que torna as coisas ainda mais fáceis.

> Art. 364. (...).
> *§ 2º. Quando a causa apresentar questões complexas de fato ou de direito, o debate oral poderá ser substituído por razões*

> *finais escritas, que serão apresentadas pelo autor e pelo réu, bem como pelo Ministério Público, se for o caso de sua intervenção, em prazos sucessivos de 15 (quinze) dias, assegurada vista dos autos.*

O parágrafo sob enfoque institui a figura da substituição dos debates por razões finais escritas. Inicialmente, observe-se que a substituição não é direito das partes, mas sim poder-dever do juiz, que pode deferi-la ou não; a lei diz que "o debate oral poderá ser substituído (...)". Normalmente a substituição é requerida pelas partes, mas nada impede que o juiz a determine de ofício quando se verifique a hipótese de cabimento (complexidade fática ou jurídica da causa). Observe-se, por fim, que, diferentemente do regime do estatuto de 1973, que previa "dia e hora" para o oferecimento de "memoriais" (art. 454, § 3º), o presente parágrafo prevê a entrega sucessiva das razões finais das partes (autor, réu, litisconsortes, terceiros e Ministério Público interveniente) em prazos que se seguem um depois do outro, o que institucionaliza a prática natural do contraditório também neste momento de conclusão da fase probatória: se o autor sempre fala antes e o réu sempre depois, por que não deveria ser assim quando da apresentação das razões finais? O Código de 2015 merece, portanto, todos os aplausos ao prescrever o que prescreveu.

> *Art. 365. A audiência é una e contínua, podendo ser excepcional e justificadamente cindida na ausência de perito ou de testemunha, desde que haja concordância das partes.*

A unidade da audiência de instrução e julgamento instituída pela presente disposição legal significa que esse ato do processo é tido pelo sistema como um todo, de sorte que a violação à forma de qualquer dos atos que a compõem gera a nulidade da audiência inteira, e não só de uma parte dela. Corolário lógico dessa unidade legal é sua continuidade, no sentido de que, embora fracionada no tempo em várias sessões, a audiência é a mesma. A unidade e a continuidade da audiência decorrem diretamente dos princípios da concentração e da imediatidade (subprodutos da oralidade) que a informam. Por fim, registre-se que, apesar das aparências, a previsão da parte final do texto não constitui exceção à regra (ou ao princípio, como se diz) da unidade e continuidade da audiência, mas apenas duas outras hipóteses de quebra da ordem dos trabalhos do art. 361 e de suspensão da audiência (implicitamente admitida) do art. 362. Quanto à ausência (justificada ou não justificada) do perito, este art. 365 permite que se suspenda a audiência após a oitiva das testemunhas e que se designe nova data para seu prosseguimento com as respostas orais aos quesitos de esclarecimento pelo perito. Já em relação à ausência (justificada, em regra) de testemunha, fica autorizada a suspensão da audiência para a oitiva de uma ou mais testemunhas (do autor, do réu ou dos dois) em outra data, sempre sem qualquer quebra da unidade e da continuidade da audiência, mas sempre mediante justificação judicial fundada na concordância das partes ou de pelo menos uma delas, caso em que resta ao juiz assumir a responsabilidade pela decisão de permitir a oitiva da testemunha faltante a destempo.

> Art. 365. (...).
> *Parágrafo único. Diante da impossibilidade de realização da instrução, do debate e do julgamento no mesmo dia, o juiz marcará seu prosseguimento para a data mais próxima possível, em pauta preferencial.*

Ainda sem qualquer quebra do postulado da unidade e continuidade da audiência de instrução e julgamento, admite o focalizado parágrafo único que, diante da impossibilidade de realização do debate e do julgamento da causa no mesmo dia em que foi encerrada a instrução (o texto peca ao falar em "impossibilidade de realização da instrução"), o juiz designe nova data para o prosseguimento da audiência com vista à realização do debate entre as partes e ao proferimento de sentença. Observe-se que em situação como a prevista é muito mais fácil para o juiz, sob o ponto de vista prático, deferir a substituição dos debates por razões finais escritas (do § 2º) e proferir sentença posteriormente de forma isolada (v. art. 12, § 2º, inciso I). Seja como for, nova data para o prosseguimento pode ser designada, caso em que a oralidade fica preservada e levada às últimas consequências (v. art. 366).

> *Art. 366. Encerrado o debate ou oferecidas as razões finais, o juiz proferirá sentença em audiência ou no prazo de 30 (trinta) dias.*

Este art. 366 autoriza expressamente o juiz a declarar encerrada a audiência, uma vez concluídos os debates ou deferida sua substituição, independentemente do proferimento de sentença. Tanto é assim que o texto refere de maneira explícita a possibilidade de o juiz decidir "no prazo de 30 (trinta) dias"; trinta dias do encerramento da audiência em que houve debates ou do oferecimento das razões finais. A previsão, dessa forma interpretada, significa, então, duas coisas: em primeiro lugar, que o julgamento da causa é ato eventual da audiência (v. nota ao art. 367, *caput*); em segundo, que a publicação da sentença também não precisa ocorrer em audiência, bastando sua juntada aos autos e posterior intimação às partes. Idêntica conclusão interpretativa decorre do fato de a lei mencionar debate ou razões finais: o debate tem lugar em audiência (a sentença é proferida desde logo), e as razões finais são oferecidas após o encerramento da audiência (a sentença é proferida em trinta dias do oferecimento).

> *Art. 367. O servidor lavrará, sob ditado do juiz, termo que conterá, em resumo, o ocorrido na audiência, bem como, por extenso, os despachos, as decisões e a sentença, se proferida no ato.*

O dispositivo disciplina a documentação da audiência e seu conteúdo. Termo de audiência é o instrumento formal dos atos nela praticados elaborado pelo escrivão ou escrevente autorizado (art. 152, inciso III), sob ordem do juiz. Observe-se que, excetuados os atos judiciais mencionados, dele apenas constam resumidamente as ocorrências da audiência (as pessoas que dela participaram, que a tentativa de conciliação teve lugar, que as partes e as testemunhas depuseram com a referência aos incidentes acontecidos, que houve debates ou substituição por razões finais, que houve declaração da suspensão ou encerramento da audiência). Os depoimentos tomados são instrumentalizados por termos separados que acompanham o geral da audiência (v., ainda, o art. 360, inciso V, e seu respectivo comentário).

> Art. 367. (...).
> § 1º. *Quando o termo não for registrado em meio eletrônico, o juiz rubricar-lhe-á as folhas, que serão encadernadas em volume próprio.*

O enunciado estabelece a necessidade de que o cartório (ou secretaria) possua um livro próprio em que se encontrem reproduzidos todos os termos de audiência; a exigência não pode ser afastada por lei de organização judiciária estadual, atente-se. O livro de audiências tem a finalidade de permitir a fácil consulta e a fácil expedição de certidões a respeito desse importante ato do processo, uma vez que com o trânsito em julgado material das sentenças ou acórdãos, com frequência, os autos são arquivados. Observe-se, por fim, que, tratando-se de processo documentado em meio eletrônico, apenas a rubrica a ser aposta às folhas do termo de audiência pelo juiz é que é dispensada, mas não a existência de um livro de registro das audiências (livro eletrônico), indispensável para a publicidade dos atos do processo, sua consulta, controle e certificação (v. § 3º).

> Art. 367. (...).
>
> § 2º. Subscreverão o termo o juiz, os advogados, o membro do Ministério Público e o escrivão ou chefe de secretaria, dispensadas as partes, exceto quando houver ato de disposição para cuja prática os advogados não tenham poderes.

De acordo com o dispositivo sob exame, todos os sujeitos processuais mencionados de forma expressa no texto devem subscrever o termo de audiência: o juiz, por óbvio, deve fazer constar sua assinatura, porque é ele quem preside e comanda a audiência (art. 358); os advogados, porque são os representantes judiciais das partes, e sem eles não fica suprida a natural incapacidade postulatória destas (art. 103); o membro do Ministério Público, por sua imprescindibilidade nas hipóteses legais de sua atuação (arts. 176 a 179); e o escrivão ou chefe de secretaria, por sua inafastável função auxiliar, instrumental e documental (art. 152, incisos e parágrafos). Já em relação às partes dispensa o Código de 2015 expressamente sua assinatura no termo de audiência, dada a plenitude de representação que a lei atribui e enxerga no advogado, salvo na hipótese de "ato de disposição" (renúncia ao direito, reconhecimento da procedência do pedido, transação), e mesmo assim apenas no caso de o advogado não dispor de poderes especiais para tais atos.

> Art. 367. (...).
>
> § 3º. O escrivão ou chefe de secretaria trasladará para os autos cópia autêntica do termo de audiência.

Dos autos deve constar obrigatoriamente cópia autêntica do termo de audiência porque, afinal de contas, tal documento é a única representação material de tudo que teve lugar em meio a esse complexo ato do processo. Se a audiência se fracionar no tempo em várias sessões, tantos serão os termos que terão de ser lavrados e juntados aos autos (v. art. 365, *caput*, e nota). Por derradeiro, note-se que tal dever imposto pela lei ao escrivão ou ao chefe de secretaria – mais um ao lado dos genericamente instituídos pelo art. 152 – se aplica tanto na hipótese de processo em papel como na de processo eletrônico, porque, como visto, o livro eletrônico de registro das audiências não é dispensado pela normatividade do § 1º do art. 367 (v. § 4º e nota).

> Art. 367. (...).
>
> *§ 4º. Tratando-se de autos eletrônicos, observar-se-á o disposto neste Código, em legislação específica e nas normas internas dos tribunais.*

Dando prosseguimento à longa disciplina dos atos processuais eletrônicos que o estatuto processual de 2015 estabelece, o focalizado § 4º faz remissão às normas gerais dos arts. 193 a 199, bem como às específicas da legislação especial (particularmente a Lei n. 11.419/2006) e das normas internas dos tribunais já existentes e das que venham a ser editadas, tudo sob a perspectiva da regulamentação do termo de audiência de instrução e julgamento.

> Art. 367. (...).
>
> *§ 5º. A audiência poderá ser integralmente gravada em imagem e em áudio, em meio digital ou analógico, desde que assegure o rápido acesso das partes e dos órgãos julgadores, observada a legislação específica.*

Se o § 4º fala do processo eletrônico sob o prisma disciplinar do termo de audiência – o objeto específico deste art. 367, que a ele se refere expressamente no *caput* e nos §§ 1º a 3º –, o focalizado § 5º vai além do termo, para autorizar que todos os atos da audiência sejam integralmente gravados "em imagem e em áudio, em meio digital ou analógico". Observe-se que este § 5º se relaciona lógica e tematicamente com os anteriores, na medida em que a gravação analógica ou digital de todos os atos não deixa de ser um registro formal de todo "o ocorrido na audiência", previsto pelo *caput*. Note-se, por fim, que a gravação aqui autorizada é a que realiza o próprio Judiciário por via eletrônica – observados os arts. 193 a 196 e a legislação específica existente ou que venha a existir –, respeitando-se apenas os objetivos de assegurar "o rápido acesso das partes e dos órgãos julgadores". Sobre a gravação pelas próprias partes examine-se o § 6º logo abaixo.

> Art. 367. (...).
> § 6º. *A gravação a que se refere o § 5º também pode ser realizada diretamente por qualquer das partes, independentemente de autorização judicial.*

Enquanto o § 5º prevê a possibilidade de o próprio juízo, por seu ofício de justiça (cartório ou secretaria – art. 150), proceder à gravação analógica ou digital de todo o complexo de atos processuais da audiência de instrução e julgamento, o focalizado § 6º autoriza de forma expressa qualquer das partes a realizar tal gravação diretamente, por seus próprios meios e recursos, independentemente de autorização prévia ou de consulta ao juiz da causa. É a própria lei que reconhece o direito subjetivo processual da parte de gravar integralmente em imagem e/ou em áudio a audiência de instrução e julgamento, tornando irrelevante qualquer concordância ou vênia judicial. Tal direito densifica normativamente ainda mais o princípio constitucional da publicidade dos atos processuais que o art. 11 deste Código fez questão de explicitar (sobre a publicidade da audiência, examine-se o art. 368, dispositivo de encerramento deste Capítulo XI).

> *Art. 368. A audiência será pública, ressalvadas as exceções legais.*

A publicidade da audiência de instrução e julgamento é uma das características básicas desse ato processual, e deve ser compreendida não apenas no sentido expresso no texto, mas também num outro que se encontra subjacente à norma escrita. A audiência é pública porque a ela pode ter acesso qualquer do povo – salvo a necessidade de segredo de justiça a que alude o art. 189 (v. notas respectivas) –, mas a audiência também é pública, e aqui sem restrição nenhuma, porque à parte não pode ser subtraído o direito de participar de tudo o que nela se realize, desde a tentativa de conciliação, passando pelos atos instrutórios, seus incidentes, alcançando os debates e o julgamento da causa. Em outros termos: a garantia da publicidade corresponde à segurança de que nenhum de seus atos será realizado em secreto pelo juiz. Examine-se o art. 93, inciso IX, da Constituição Federal, que institui o princípio constitucional da publicidade dos atos processuais, a que já fizemos alusão no comentário ao § 6º do art. 367. As exceções a que se refere o texto são previstas no art. 189 deste Código e outras reconhecidas por leis especiais.

Capítulo XII
Das Provas

Procedimentalmente falando, o capítulo sob análise diz respeito à disciplina da fase instrutória ou probatória, que corresponde à terceira fase do procedimento do processo cognitivo. Antes tiveram lugar a fase postulatória, que compreende a propositura da ação com a petição inicial, eventual audiência autocompositiva e a contestação (Capítulos V e VI), e a fase de saneamento, que engloba as providências preliminares e o ato saneador (Capítulos IX e X, Seção IV; nas hipóteses das Seções I e II há extinção do processo e não encerramento de fase). O termo "prova" deve ser compreendido neste capítulo quer como o direito processual de provar – vale dizer, de persuadir, de demonstrar a veracidade de um fato –, quer como o estado psíquico de certeza estabelecido na mente do juiz sobre o fato demonstrado, ou, ainda, como cada instrumento ou meio legal destinado ao convencimento do magistrado acerca de um fato. Sob o prisma do conteúdo disciplinar, este capítulo nos apresenta o regramento de três dos quatro momentos da prova: sua admissão (arts. 385 e 484 c/c o art. 357), sua produção (art. 361) e sua valoração (arts. 375, 386, 400, 406, 479 e 480, § 3º). Apenas o primeiro momento, que é o da proposição da prova (arts. 319, inciso VI, e 336, não encontra aqui disciplina robusta (mas v. arts. 377, 397, inciso III, e 434).

Seção I
Disposições Gerais

Art. 369. *As partes têm o direito de empregar todos os meios legais, bem como os moralmente legítimos, ainda que não especificados neste Código, para provar a verdade dos fatos em que se funda o pedido ou a defesa e influir eficazmente na convicção do juiz.*

Meio de prova é o instrumento pessoal ou material que é trazido para o processo com o intuito de revelar ao juiz a veracidade de um fato. Meios legais são os disciplinados especificamente pelo Código de Processo Civil (depoimento pessoal, prova documental, testemunhal, pericial, etc.). Moralmente legítimos são, *v.g.*, o reconhecimento de pessoas e a reconstituição de fatos sem o rigor da inspeção judicial; moralmente ilegítimos são aqueles cuja obtenção violou a lei material ou garantia constitucional (Ada Pellegrini Grinover). Saliente-se que o art. 212 do CC prescreve: "Art. 212. Salvo o negócio a que se impõe forma especial, o fato jurídico pode ser provado mediante: I – confissão; II – documento; III – testemunha; IV – presunção; V – perícia". Por fim, saliente-se apenas que, ao explicitar que "as partes têm o direito de empregar todos os meios (...) e influir eficazmente na convicção do juiz", o Código de Processo Civil de 2015 põe em destaque dois aspectos importantíssimos da garantia constitucional do contraditório – contraditório que abarca em seus domínios de generalidade a garantia da ação (acesso à Justiça) e da defesa (ampla defesa) –, quais sejam, o direito subjetivo processual de provar e o direito subjetivo processual (mais amplo) de convencer o juiz sobre tudo o que se alega e de ver assegurada a consideração efetiva pelo magistrado, em sua decisão, de tudo o que foi alegado.

> *Art. 370. Caberá ao juiz, de ofício ou a requerimento da parte, determinar as provas necessárias ao julgamento do mérito.*

O grande poder instrutório conferido ao magistrado por este artigo representa, a um só tempo, exceção ao princípio dispositivo (art. 2º), que tem no direito de provar um dos seus corolários (arts. 369 e 373), e também perigo de comprometimento da imparcialidade do juiz, uma vez que é lugar-comum em doutrina a afirmação de que para manter sua posição de equidistância não deve o julgador correr atrás das provas. Quando o processo civil versa sobre direitos indisponíveis, o perigo alvitrado fica afastado pela presença do Ministério Público *custos legis* (fiscal da ordem jurídica), que se incumbe de perseguir as provas (arts. 178, incisos I a III, e 179, inciso II). Já quanto aos feitos envolvendo direitos disponíveis é que o problema se coloca em toda sua intensidade. Por isso, embora autorizado a determinar quaisquer provas de ofício, de todo recomendáveis a prudência e o comedimento no exercício do poder instrutório por parte do juiz. Lembremo-nos, ainda, neste contexto, que o princípio da paridade de tratamento, hoje instituído pelo art. 7º deste Código, se atrela ao regramento ora focalizado, no sentido de permitir ao juiz agir para fazer valer o efetivo contraditório e a igualdade substancial no processo civil (v. art. 7º).

> **Art. 370. (...).**
> *Parágrafo único. O juiz indeferirá, em decisão fundamentada, as diligências inúteis ou meramente protelatórias.*

Se, ao prever e regulamentar genérica e amplamente os poderes do juiz, o art. 139 fala da atividade preventiva e repressiva de qualquer ato contrário à dignidade da justiça, que inclui o indeferimento de postulações meramente protelatórias (art. 139, inciso III), nada mais natural do que o presente parágrafo único especificar e tornar explícita a exigência de indeferimento de "diligências inúteis" (diligências instrutórias inúteis) ou "meramente protelatórias" (diligências probatórias voltadas apenas à procrastinação do andamento da causa). Enquanto o art. 139, inciso III, é genérico e, por isso, aplicável a "qualquer ato contrário à dignidade da justiça", o parágrafo único deste art. 370 é específico, posto que dirigido particularmente aos atos probatórios das partes que ferem essa mesma dignidade quando buscam desviar o processo da sua duração razoável pela via da má-fé, da malícia e do engano. Para a garantia das partes e do próprio sistema, o juiz, ao reconhecer a indignidade da postulação instrutória, deve indeferi-la de pronto, mas sempre justificando e fundamentando sua decisão indeferitória.

> **Art. 371.** *O juiz apreciará a prova constante dos autos, independentemente do sujeito que a tiver promovido, e indicará na decisão as razões da formação de seu convencimento.*

Trata-se da consagração do princípio do livre convencimento ou persuasão racional (que se contrapõe radicalmente aos sistemas da prova legal e do juízo pela consciência). Decorrem do princípio um grande poder e um grande dever. O poder concerne à liberdade de que dispõe o juiz para valorar a prova, já que não existe valoração legal prévia nem hierarquia entre elas, como acontecia no sistema da prova legal; o dever diz respeito à inafastável necessidade de o magistrado fundamentar sua decisão, ou seja, expressar claramente o porquê do seu convencimento

– no sistema do juízo pela consciência nada se exigia nesse sentido do julgador. Observe-se, ainda, que é por força do postulado da comunhão das provas que o focalizado dispositivo afirma a completa irrelevância de quem é o responsável pela vinda e integração da prova aos autos (qualquer das partes, um terceiro interveniente ou desinteressado, o próprio juiz, por sua própria iniciativa – art. 370 – ou intermediação): a prova pertence ao processo. Registre-se, por fim, que, ao indicar o juiz "na decisão as razões da formação do seu convencimento", ele não apenas atende ao interesse das partes (de conhecer os motivos para fins recursais ou de conformismo), mas da opinião pública ("o povo é o juiz dos juízes") e do Estado de Direito, que é aquele em que as decisões judiciais revelam sua constitucionalidade e sua legalidade intrínsecas – dois fundamentos principiológicos do Estado Constitucional, Democrático e respeitador de direitos fundamentais.

> *Art. 372. O juiz poderá admitir a utilização de prova produzida em outro processo, atribuindo-lhe o valor que considerar adequado, observado o contraditório.*

Se, perante o regime do Código Buzaid, a utilização da prova produzida em outro processo só era cogitável a título de meio moralmente legítimo (art. 332 do CPC de 1973), o presente art. 372 deste Código de 2015 institucionaliza a figura da prova emprestada, tornando-a meio legal de prova, o que significa também, por óbvio, o reconhecimento expresso da sua admissibilidade. Contudo, no plano da produção – ato ou atividade de fazer inserir nos autos do processo uma prova qualquer –, a lei condiciona a validade do ingresso da prova emprestada à observância do contraditório, vale dizer, à efetiva oportunidade de impugnação pela parte contrária e discussão, disso resultando, por sua vez, o preenchimento do requisito processual necessário (a efetiva contradição) para que o juiz atribua o valor probatório adequado a essa prova quando do proferimento da sentença, tudo à luz do princípio do livre convencimento previsto pelo art. 371.

> *Art. 373. O ônus da prova incumbe:*

Ônus é o encargo processual (não é obrigação, nem dever) cujo não desincumbimento acarreta um gravame previamente estabelecido. O não desincumbimento do ônus de provar, assim como regrado pelo presente dispositivo, gera, em tese, a perda da causa, pelo não reconhecimento judicial de fato relevante (dizemos "em tese", porque a norma contida neste art. 373 não é absoluta). Observe-se que, pela instituição do ônus da prova, fica entregue ao juiz um critério objetivo e seguro que sempre permitirá uma solução de mérito para a causa, seja qual for o comportamento das provas. Nesta medida, a disciplina da distribuição do ônus da prova para as partes constitui regra de julgamento para o juiz.

Art. 373. (...):
I – ao autor, quanto ao fato constitutivo de seu direito;

Fato constitutivo é aquele que é apto a dar nascimento à relação jurídica que o autor afirma existir ou ao direito que dá sustentação à pretensão deduzida pelo autor em juízo. Normalmente, ao autor é atribuído o encargo de provar vários fatos constitutivos, e não apenas um; tudo dependerá da maior ou menor complexidade da causa de pedir apresentada na petição inicial. Assim, exemplificativamente, tem o demandante o ônus de provar o vínculo locatício em ação de despejo, o comodato, a dependência econômica da vítima em ação indenizatória, a impotência na ação de anulação de casamento, o benefício à família em embargos de terceiro. A consequência do não desincumbimento do ônus da prova pelo autor é o julgamento de improcedência do pedido (*actore non probante absolvitur reus*).

Art. 373. (...):
II – ao réu, quanto à existência de fato impeditivo, modificativo ou extintivo do direito do autor.

A alegação de fato extintivo, modificativo ou impeditivo do direito do autor (v. notas ao "Capítulo VI – Da Contestação" e ao art. 350) pressupõe, no plano lógico, a admissão implícita ou explícita pelo réu do fato constitutivo. Eis o motivo por que incumbe ao réu provar o que alegou. Não provando este, *v.g.*, que houve pagamento (extintivo), novação (modificativo) ou exceção de contrato não cumprido (impeditivo), procedente será julgado o pedido (*allegare nihil et allegatum non probare paria sunt*). Outros fatos ainda há cuja prova é imposta pela lei ao réu: (a) a prova contrária de fato incompatível com o afirmado pelo autor ("fato contrário", diz o § 1º abaixo); (b) a negativa absoluta, quando esta negativa implica afirmação de um fato; (c) direito municipal, estadual, estrangeiro e consuetudinário (art. 376).

> **Art. 373. (...).**
>
> **§ 1º.** *Nos casos previstos em lei ou diante de peculiaridades da causa relacionadas à impossibilidade ou à excessiva dificuldade de cumprir o encargo nos termos do "caput" ou à maior facilidade de obtenção da prova do fato contrário, poderá o juiz atribuir o ônus da prova de modo diverso, desde que o faça por decisão fundamentada, caso em que deverá dar à parte a oportunidade de se desincumbir do ônus que lhe foi atribuído.*

O parágrafo sob enfoque incorpora à lei geral do processo civil (o Código de Processo Civil) a figura da inversão judicial do ônus da prova e estabelece em quatro as hipóteses de sua admissibilidade: (1ª) "nos casos previstos em lei" (*v.g.*, na hipótese do art. 6º do CDC, que prescreve: "Art. 6º. (...); VIII – a facilitação da defesa de seus direitos, inclusive com a inversão do ônus da prova, a seu favor, no processo civil, quando, a critério do juiz, for verossímil a alegação ou quando for ele hipossuficiente, segundo as regras ordinárias de experiência"); (2ª) "a impossibilidade (...) de cumprir o encargo nos termos do *caput*" (*v.g.*, a pura e simples impossibilidade técnica ou tecnológica de demonstrar a existência do fato constitutivo); (3ª) "excessiva dificuldade de cumprir o encargo" de provar (*v.g.*, possibilidade, mas mediante exagerado custo de tempo, de trabalho ou econômico); (4ª) "maior facilidade de obtenção da prova do fato contrário" pela parte adversa (*v.g.*, pela demandada, uma empresa especializada na atividade envolvida no litígio para a demonstração da inocorrência do defeito no veículo, na máquina ou na construção). Observe-se, desde logo, que as três hipóteses descritas diretamente no texto ("impossibilidade", "excessiva dificuldade" e "maior facilidade") não afastam o requisito da verossimilhança da alegação apontada pelo art. 6º, inciso VIII, do CDC (aqui, requisito genérico e implícito) e nem deixam de ter relação com o fenômeno da hipossuficiência (hipossuficiência técnica ou econômica e uma parte em relação à outra). Além disso, chama a atenção no texto o fato de que o enunciado torna clara a ideia de que deve haver uma decisão judicial de inversão do ônus da prova ("... poderá o juiz atribuir o ônus da prova de modo diverso, desde que o faça por decisão fundamentada"), decisão esta a ser tomada quando do saneamento, conforme expressa dicção do inciso III do art. 357 (v. nota), e agravável por instrumento, de acordo com o art. 1.015, inciso XI, deste Código. Registre-se, por fim, que as previsões explícitas deste § 1º constituem passos decisivos no sentido da eliminação das dúvidas interpretativas mais importantes que surgiram quando da entrada em vigor do Código do Consumidor e que representam inegável avanço do sistema do processo civil como um todo (v., ainda, §§ 2º e 3º deste art. 373).

> Art. 373. (...).
> § 2º. *A decisão prevista no § 1º deste artigo não pode gerar situação em que a desincumbência do encargo pela parte seja impossível ou excessivamente difícil.*

Dado que o escopo da figura da inversão do ônus da prova é a facilitação da defesa dos direitos, como diz o art. 6º, inciso VIII, do CDC, o que se dá mediante a outorga à parte da "oportunidade de se desincumbir do ônus que lhe foi atribuído", como prevê o texto de encerramento do § 1º deste art. 373, nada mais lógico do que se estabelecer, como salvaguarda, a proibição de que a inversão acabe gerando, ela própria, uma impossibilidade ou dificuldade excessiva para a parte a quem o juiz atribuiu o ônus probatório. Se o juiz decide, em face de um requerimento de inversão feito pelo réu, que quem deve fazer a prova do fato contrário é o demandado é porque tal desincumbência é possível e não excessivamente difícil. Observe-se que, na dúvida entre aplicar o *caput* ou realizar a inversão, uma possível saída para o magistrado é convocar as partes para a audiência de saneamento em cooperação, prevista pelo § 3º do art. 357, se isto for possível e razoável, é claro, e decidir após os esclarecimentos que surjam deste ato.

> Art. 373. (...).
> § 3º. *A distribuição diversa do ônus da prova também pode ocorrer por convenção das partes, salvo quando:*

Na esteira do princípio da consensualidade, que o Código de Processo Civil de 2015 tão claramente adota (§§ 1º a 3º do art. 3º, arts. 139, inciso V, 165 a 175, 190 e 191, 334, 357, §§ 2º e 3º, 693 a 699, etc.), nada mais natural do que admitir o sistema com todas as letras que a distribuição diversa do ônus da prova também possa ocorrer por convenção das partes.

Observe-se que tal regramento, de origem italiana, nenhuma aplicação prática teve no regime anterior do estatuto de 1973 (antigo art. 333, parágrafo único), mas que agora, sob a inspiração e influxo da consensualidade, pode alcançar um novo patamar de utilização, principalmente levando-se em conta a alterabilidade procedimental (arts. 190 e 191), o saneamento em cooperação (art. 357, § 3º) e a inversão judicial do ônus da prova (§ 2º deste art. 373). Seja como for, o focalizado § 3º, que prevê a possibilidade da inversão consensual, estabelece as ressalvas nos incisos abaixo.

> Art. 373. (...).
> § 3º. (...):
> *I – recair sobre direito indisponível da parte;*

Como visto, se o direito é indisponível (v. nota ao art. 345, inciso II), os fatos que lhe dão fundamento existencial não se submetem à confissão (arts. 392 e parágrafos), ao reconhecimento jurídico da procedência do pedido (art. 487, inciso III, "a") e, por conseguinte, também não à convenção sobre ônus da prova. É que o direito indisponível importa à própria sobrevivência do Estado, de sorte que, no processo, disponibilidade não poderá haver no que concerne à sua prova.

> Art. 373. (...).
> § 3º. (...):
> *II – tornar excessivamente difícil a uma parte o exercício do direito.*

O enunciado significa autorização – e, mais que isso, ordem – dada pela lei ao juiz para negar homologação à convenção das partes que, distribuindo diversamente do disposto no *caput* o ônus probatório, torne impraticável a realização da prova por alguma delas (tal verificação judicial deverá ser feita caso por caso). A regra, antes inaplicável praticamente e que recebia veemente repúdio de parte considerável da doutrina, tem agora todo o suporte jurídico do reconhecimento da figura da inversão do ônus da prova regulamentada pelos §§ 2º e 3º deste art. 373.

> Art. 373. (...).
> *§ 4º. A convenção de que trata o § 3º pode ser celebrada antes ou durante o processo.*

Se a convenção sobre a distribuição diversa do ônus da prova é valorizada e revalorizada pelo Código de 2015 sob o manto da consensualidade (v. nota ao § 3º), nada melhor do que deixar desde logo autorizada a possibilidade de que as partes realizem tal convenção antes mesmo do nascimento do processo, por meio de cláusula contratual de natureza semelhante à que estabelece eleição de foro (art. 63), convenção de submissão à jurisdição nacional (art. 22, inciso III) ou cláusula de mudança de procedimento (art. 190 e parágrafo único).

> *Art. 374. Não dependem de prova os fatos:*

Vista pela ótica das partes, que têm sobre si o ônus da prova, a norma em questão significa que não é preciso provar por qualquer meio os fatos elencados a seguir. Além desses, também os fatos impertinentes, bem como os irrelevantes para a causa, não dependem de prova.

> *Art. 374. (...):*
> *I – notórios;*

Fatos notórios são os fatos de conhecimento geral. A notoriedade de um fato, no entanto, comporta gradações, e vai desde o conhecimento de que são possuidoras todas as pessoas do planeta, passando pelo conhecimento dos habitantes de um país, de uma região, de um Estado, de uma cidade ou mesmo de uma localidade. O fato notório não precisa ser provado e, observe-se, nada tem a ver com presunção (v. nota ao inciso IV deste artigo).

> *Art. 374. (...):*
> *II – afirmados por uma parte e confessados pela parte contrária;*

Confessados são os fatos alegados por uma das partes e reconhecidos explicitamente como verdadeiros pela outra – na contestação, na réplica ou em outra manifestação constante dos autos. Também a confissão judicial formal a que aludem os arts. 389 a 391 se enquadra na previsão enfocada. Os fatos confessados não dependem de prova porque, se as partes os reputam ocorridos, não é lógico que a lei e o juiz os considerem de maneira diferente. Trata-se, portanto, de limite à investigação (art. 370) e à cognição judicial (v. art. 371) (v., ainda, art. 212, I, do CC).

> Art. 374. (...):
> *III – admitidos no processo como incontroversos;*

Incontroversos, no presente inciso, são os fatos não contestados especificamente, *ex vi* do disposto no art. 341, *in fine*, que prescreve: "(...) presumindo-se verdadeiras as alegações de fatos não impugnadas (...)"; as exceções estão previstas nos incisos e no parágrafo único. Nessa categoria enquadram-se, ainda, os fatos alegados pelo autor quando o réu fique revel segundo a prescrição do art. 344: as exceções se encontram no art. 345. Distinguem-se os fatos incontroversos dos confessados, porque esses são reconhecidos explicitamente, enquanto aqueles são tidos pela lei como existentes, dada a atitude omissiva do réu ou do autor.

> Art. 374. (...):
> *IV – em cujo favor milita presunção legal de existência ou de veracidade.*

Presunção é uma forma de raciocínio lógico por meio da qual se conclui pela ocorrência de um fato não provado ante a comprovação de um outro que recebe o nome de fato básico. Não se trata, assim, de meio de prova, mas apenas de uma forma legal de raciocínio utilizável na apreciação da prova. Se a lei estabelece presunção absoluta, não é possível prova contrária se o fato básico está provado. Já se a presunção é relativa, lícita se revela tal prova contrária ao que a norma presume.

> *Art. 375. O juiz aplicará as regras de experiência comum subministradas pela observação do que ordinariamente acontece e, ainda, as regras de experiência técnica, ressalvado, quanto a estas, o exame pericial.*

Este art. 375 complementa a regra esculpida no art. 371 sobre a apreciação das provas, autorizando o juiz a valer-se das "regras de experiência" quando tenha de enfrentar prova indiciária (indício é a circunstância fática da qual se pode inferir a ocorrência de um fato principal com certo grau de probabilidade). As "regras de experiência comum", normas ditadas pela cultura geral do homem comum (*v.g.*, objeto queimado revela incêndio, marca de pneu mostra freada), são aplicadas na falta de regras específicas sobre prova legal (por exemplo, arts. 406, 444, *initio*, e 464, § 1º, inciso I) ou presunções legais. Nessa mesma hipótese devem ser aplicadas as "regras da experiência técnica" quando o conhecimento técnico for necessário para a valoração do fato (*v.g.*, rachadura aponta abalo, sintoma indica doença, etc.).

> **Art. 376. A parte que alegar direito municipal, estadual, estrangeiro ou consuetudinário provar-lhe-á o teor e a vigência, se assim o juiz determinar.**

O enunciado sob enfoque parece expressar exceção ao princípio de que só os fatos são passíveis de prova, e não o direito (*jura novit curia, narra mihi factum, dabo tibi jus*), mas, na verdade, tal não ocorre, porque "o teor e a vigência" da lei são fatos. Seja como for, dada a dificuldade de o juiz conhecer toda a legislação existente, a lei impõe a prova a quem alegar direito municipal, estadual, estrangeiro e consuetudinário (quanto ao direito federal, a lei presume absolutamente que o juiz o conheça). A prova pode ser feita por meio de certidões, publicações no *Diário Oficial*, compilações legislativas reconhecidas e, no caso de direito estrangeiro, também referências expressas a textos legais em livros de doutrinadores, desde que devidamente traduzidos.

> **Art. 377. A carta precatória, a carta rogatória e o auxílio direto suspenderão o julgamento da causa no caso previsto no art. 313, inciso V, alínea "b", quando, tendo sido requeridos antes da decisão de saneamento, a prova neles solicitada for imprescindível.**

A primeira regra que deflui do presente dispositivo é a de que a suspensão do processo no caso do art. 313, inciso V, "b" (necessidade de ser produzida prova em outro juízo) depende, para se desencadear, de requerimento da parte antes do saneamento (na inicial, contestação, réplica ou outra peça), mas só se opera efetivamente após proferida a dita decisão interlocutória; a suspensão implica apenas a não designação de audiência enquanto não voltar a carta precatória ou rogatória (e também de ordem) enviada por iniciativa da parte. Se não houver requerimento tempestivo e for expedida carta, o não retorno desta até a data da audiência marcada só gera a possibilidade de o juiz adiá-la segundo seu prudente arbítrio (o magistrado não tem o dever de assim agir). Já a segunda regra significa que não basta requerer a expedição da carta precatória, rogatória (também da carta de ordem), ou o auxílio direto, antes do saneamento, para que a parte veja assegurada a suspensão do processo no caso do art. 313, inciso V, "b" (que fala da necessidade de ser produzida prova em outro juízo). A parte há de demonstrar, em seu requerimento de expedição da carta, que a produção da prova solicitada é imprescindível ao julgamento do mérito, o que significa dizer que sem tal prova (pericial, inspeção, testemunhal ou depoimento da parte), a ser realizada em outro juízo (outra comarca, seção ou subseção judiciária ou juiz estrangeiro), não é possível chegar ao conhecimento da verdade de que depende a procedência ou a rejeição do pedido formulado. O reconhecimento da imprescindibilidade referida e a consequente atribuição de efeito suspensivo à carta (para impedir, na prática, a realização da audiência de instrução) é decisão interlocutória, inatacável por agravo (art. 1.015).

> Art. 377. (...).
> *Parágrafo único. A carta precatória e a carta rogatória não devolvidas no prazo ou concedidas sem efeito suspensivo poderão ser juntadas aos autos a qualquer momento.*

O prazo a que alude a prescrição legal sob exame é o do art. 261, o fixado pelo juiz expedidor para o cumprimento da carta, com vista à tomada do depoimento, à realização da perícia (em caso de precatória), etc. A norma, em primeiro lugar, autoriza o magistrado a designar audiência caso o prazo seja desrespeitado na hipótese de a carta ter sido expedida com efeito suspensivo (vale dizer, vencido o prazo cessa a suspensão em tese). Em segundo lugar, permite a juntada da carta a qualquer tempo, mesmo depois da audiência, da sentença ou em segunda instância.

> Art. 378. *Ninguém se exime do dever de colaborar com o Poder Judiciário para o descobrimento da verdade.*

O dever de colaborar com o Poder Judiciário, esculpido nessa norma jurídica, corresponde a verdadeiro dever cívico, assim como o são o serviço militar ou o serviço prestado como jurado. Ninguém pode eximir-se de tal colaboração, porque a função jurisdicional é função estatal para a realização da justiça e para o reequilíbrio das relações jurídicas, importando, assim, à própria sobrevivência da sociedade. Trata-se, portanto, de dever processual de todos para com o juiz. O Código de Processo Civil disciplina, a cada passo, os limites desse dever (*v.g.*, os arts. 379, 380, 403 e 438.

> **Art. 379. Preservado o direito de não produzir prova contra si própria, incumbe à parte:**

Para além dos deveres, positivos e negativos, impostos genericamente às partes pelo art. 77, seus incisos e parágrafos – todos inspirados no princípio da lealdade processual que vincula os litigantes quando em juízo, e agora também na boa-fé, expressamente reconhecida pelo art. 5º –, estabelece o focalizado art. 379, em seus três incisos, alguns deveres específicos atribuídos às partes e relacionados à colaboração ou à cooperação que o art. 6º de todos exige, no sentido do encontro da verdade dos fatos no processo civil. O escopo da norma em questão é fundamentalmente probatório ou instrutório. E tanto é assim que o texto do dispositivo começa justamente reconhecendo e instituindo de forma expressa, e pela primeira vez num Código de Processo Civil, o direito da parte de não produzir prova contra si mesma (inspirado no art. 5º, LXIII, da CF, que se dirige ao preso), o que no processo civil é mitigado pela admissibilidade da pena de confissão aplicável a quem não comparece para depor ou se recusa a responder ao que lhe foi perguntado (inciso I deste art. 379, art. 385, *caput* e § 1º). Seja como for, examinemos os deveres impostos às partes pelo presente artigo:

> **Art. 379. (...):**
> **I – comparecer em juízo, respondendo ao que lhe for interrogado;**

Três deveres distintos são aqui instituídos: o dever de comparecer a juízo para prestar depoimento sobre os fatos da causa (art. 385, *caput*), cujo descumprimento gera a sanção consubstanciada na pena de confissão (art. 385, § 1º); o dever de responder ao que for perguntado no caso de comparecimento, cuja inobservância gera, identicamente, a aplicação da pena de confesso (art. 385, § 1º); e o dever de dizer a verdade ao juiz quando interrogado. Somente este último não corresponde à sanção específica, posto que a litigância de má-fé prevista pelos arts. 79 a 81 não alcança o depoimento pessoal; se alcançasse, isso representaria, por si só, obstáculo ao direito da parte de se defender.

> **Art. 379. (...):**
> *II – colaborar com o juízo na realização de inspeção judicial que for considerada necessária;*

A expressa menção do texto à incumbência da parte de "colaborar com o juízo na realização de inspeção judicial" – previsão que substitui a inadequada dicção do estatuto de 1973 "submeter-se à inspeção judicial", que afrontava justamente o direito de não produzir prova contra si mesma (art. 340, inciso II) – põe em claro destaque a ideia de liberdade da parte, que não pode ser forçada de qualquer maneira a se submeter a uma inspeção que tenha por objeto seu próprio corpo. Assim sendo, só restava mesmo ao Código de 2015 prever a incumbência de colaboração ou cooperação, defluente da genérica previsão do art. 6º, com o que se transfere para o exclusivo plano da presunção de verdade de algum fato, a ser reconhecida pelo juiz da causa a partir da negativa da parte de se submeter ao exame dos arts. 481 a 484. Observe-se, por fim, que limites a tal consideração judicial de presunção se encontram, *a priori*, nas previsões de escusa estabelecidas pelo art. 388, analogicamente invocáveis. É que, se a parte não está obrigada a depor sobre aqueles fatos (criminosos ou torpes, objeto de sigilo, implicadores de desonra própria ou familiar ou implicadores de perigo de vida do depoente), à evidência não pode a parte ser prejudicada por não se submeter a exame que vise a comprovar um desses mesmos fatos (v. notas ao art. 388).

> **Art. 379. (...):**
> *III – praticar o ato que lhe for determinado.*

A determinação judicial de atos a serem praticados pelas partes tem por balizamento as autorizações legais conferidas ao magistrado para a condução do processo rumo ao seu objetivo. Em outras palavras: o juiz só pode ordenar às partes aquilo que é da vontade da lei, e não da sua própria (o juiz é escravo da lei). Ilustram, assim, as determinações aqui previstas as ordens de comparecimento para interrogatório ou depoimento (art. 385), a ordem para exibir documento ou coisa (art. 396), a ordem para comparecer para fins de acareação (art. 461, inciso II), a ordem para exibir coisa para fins periciais (art. 464).

> **Art. 380. Incumbe ao terceiro, em relação a qualquer causa:**

O dever cívico de colaborar com a Justiça, genericamente imposto a todas as pessoas pelo art. 378, é aqui especificamente disciplinado. "Terceiro", no texto, é toda pessoa que não tenha a qualidade de parte num determinado processo (esse conceito nada tem que ver com o conceito técnico e restrito de terceiro para fins de intervenção de terceiros – arts. 119 a 138).

> **Art. 380. (...):**
> *I – informar ao juiz os fatos e as circunstâncias de que tenha conhecimento;*

O dever de informação imposto a qualquer terceiro se expressa tecnicamente quer pela prestação de depoimento como testemunha (arts. 442 e 447), quer pela prestação de informações por escrito ao juiz. Podem os terceiros escusar-se dessa prestação alegando a tutela jurídica do sigilo profissional (*v.g.*, do médico, do advogado, do radialista, do psicólogo) ou institucional (sigilo bancário). O próprio órgão jurisdicional dará a última palavra sobre a escusa.

> **Art. 380. (...):**
> *II – exibir coisa ou documento que esteja em seu poder.*

A exibição de documento ou coisa por parte de terceiro pode ser solicitada por qualquer juiz, mas a imposição de uma ordem a ele depende da ação incidente prevista pelos arts. 401 a 403. Diferentemente da prestação de informações, o pleno contraditório é assegurado a todo aquele que possa vir a ser compelido judicialmente a exibir algo que lhe pertença.

> **Art. 380. (...).**
> *Parágrafo único. Poderá o juiz, em caso de descumprimento, determinar, além da imposição de multa, outras medidas indutivas, coercitivas, mandamentais ou sub-rogatórias.*

O parágrafo em questão dirige-se especificamente à hipótese prevista no inciso I, que não depende da ação incidental dos arts. 401 a 403. Assim se deve compreender o dispositivo porque o art. 403, parágrafo único, prevê as mesmas consequências processuais em caso de descumprimento, além de duas antecedentes: "mandado de apreensão", inclusive mediante força policial, e "crime de desobediência", seguindo-se, então, as idênticas, quais sejam: "multa e outras indutivas, coercitivas, mandamentais e sub-rogatórias necessárias para assegurar a efetivação da decisão" (v. art. 139, inciso IV, que prevê genericamente tal poder judicial).

Seção II
Da Produção Antecipada da Prova

Diferentemente do Código Buzaid, que tratava da "produção antecipada de provas" como um dos "procedimentos cautelares específicos" (no Capítulo II do Título Único do Livro III – arts. 846 a 851), o Código em vigor, tendo abolido o processo cautelar e seus procedimentos, situa a "produção antecipada da prova" nesta Seção II do Capítulo XII, capítulo que é dedicado à temática probatória. Diferentemente, ainda, do estatuto de 1973, que vislumbrava a produção antecipada numa perspectiva estritamente cautelar – exatamente como se encontra previsto no inciso I do art. 381 abaixo –, o estatuto processual vigente amplia o espectro de cabimento da produção antecipada da prova para considerá-la também como procedimento autônomo voltado à realização do direito material de produzir uma prova com o único intento de "viabilizar a autocomposição" (como previsto no inciso II do art. 381) ou de "justificar ou impedir o ajuizamento de ação" (como diz o inciso III do mesmo artigo). Deixando de lado, por ora, qualquer discussão sobre a natureza jurídica da produção antecipada prevista nos incisos II e III mencionados, o fato é que o deslocamento setorial deste procedimento para o focalizado Capítulo XII se justifica pela circunstância de que tudo nesta Seção II tem a ver com o tema "provas", mas não se poderia conceber tratar de todas as formas de antecipação aqui reguladas dentro do Livro V da Parte Geral, que é dedicado à "tutela provisória", posto que, como visto, apenas o inciso I do art. 381 versa sobre providência ou medida cautelar. Assim sendo, parece que o legislador processual acertou, em termos de localização topográfica, ao tratar desse procedimento no âmbito normativo do presente Capítulo XII.

> **Art. 381.** *A produção antecipada da prova será admitida nos casos em que:*

Ao ampliar significativamente o cabimento da produção antecipada da prova – em comparação com o estatuto revogado – por meio das previsões constantes dos incisos II e III que seguem e dos §§ 1º e 5º que estendem a aplicabilidade da regulamentação ao arrolamento de bens e à justificação, o Código de Processo Civil em vigor nada mais fez do que instituir um genuíno procedimento de jurisdição voluntária padrão para as hipóteses de necessidade ou conveniência de se produzir uma prova com vista ao atendimento de um interesse estritamente material ou processual. Veja-se que é o possível e exclusivo interesse material do postulante ao requerer a antecipação da prova (como quando deseja apenas viabilizar um acordo, ter conhecimento de um fato para impedir uma demanda, documentar o arrolamento de bens, *v.g.*, para fins societários ou justificar a existência de fato com propósito administrativo-previdenciário) que aponta inequivocamente para o caráter de jurisdição voluntária da produção antecipada nesses casos. Mas, se é assim, por que tal regulamentação não se encontra na disciplina da jurisdição voluntária (Capítulo XV do Título III do Livro I da Parte Especial – arts. 719 a 770)? A primeira razão está no fato de que o inciso I deste art. 381 nos apresenta uma hipótese especialíssima de tutela provisória de urgência cautelar que de jurisdição voluntária não tem nada e que comprometeria a pureza da natureza voluntária do procedimento (v. nota ao inciso I). E a segunda razão, já aventada no comentário ao título da Seção II, no sentido de que, apesar da duplicidade de naturezas (acautelatória a do inciso I e voluntária a dos incisos II e III e a dos §§ 1º e 5º), tudo aqui nestes arts. 381 a 383 versa sobre prova, de sorte que melhor do que localizar a produção antecipada dentre os procedimentos de jurisdição voluntária (até porque no caso do inciso I, ela não é) é tratá-la neste Capítulo XII dedicado às provas, capítulo que acaba funcionando como centro de gravidade jurídica, polo metodológico mais adequado para o tratamento da matéria e opção mais coerente, e menos traumática sob o prisma sistemático, para o legislador.

> **Art. 381. (...):**
> *I – haja fundado receio de que venha a tornar-se impossível ou muito difícil a verificação de certos fatos na pendência da ação;*

Se a produção antecipada de prova que a presente Seção II disciplina tem, por conta dos incisos II e III deste art. 381, natureza jurídica de procedimento de jurisdição voluntária, o mesmo não ocorre com a hipótese descrita neste inciso I, em que ela aparece no cenário processual como verdadeira forma de tutela provisória de urgência cautelar. É que a constatação da impossibilidade futura da prova de certos fatos em juízo, ou pelo menos a difícil verificação desses fatos em futuro processo, corresponde com precisão ao fenômeno do *periculum in mora*, o requisito ontológico e clássico das providências cautelares (Calamandrei) e, hoje, o requisito indispensável das formas da tutela provisória de urgência, conforme o Código de Processo Civil em vigor, arts. 300, *caput*, 303, *caput*, e 305, *caput*. Destarte, o que o focalizado dispositivo efetivamente consagra é a permanência no sistema da autorização legal de propositura daquilo que se conhecia no regime anterior como "ação cautelar preparatória" (ou antecedente), com fundamento no perigo de que a demora do processo (um processo principal), para alcançar a fase probatória e a produção de certa prova, gere a impossibilidade ou a dificuldade de verificação de certos fatos, de sorte a impor à parte interessada um dano processual irreparável ou de difícil reparação. Não é verdade, portanto, também por esse motivo (a produção antecipada da prova desse art. 381, inciso I), que o sistema processual civil vigente tenha abolido o processo cautelar antecedente: não o aboliu, como vimos, ao reconhecer a ação cautelar preparatória genérica (no art. 305, *caput*), a citação para o processo cautelar e a contestação à ação cautelar (no art. 306) e o procedimento cautelar (no art. 307 e seu parágrafo único); não o aboliu identicamente ao reconhecer a ação cautelar preparatória específica de produção antecipada da prova que o inciso I deste art. 381 expressamente admite. E veja-se que tanto na hipótese da cautelar genérica, como da específica aqui tratada, existe uma petição inicial (arts. 305, *caput*, previsão de abertura, e 382, *caput*), uma citação autônoma (arts. 306, previsão inicial, e 382, § 1º, dado o "caráter contencioso" presente na produção antecipada) e todo um procedimento legal para a efetiva produção da prova (regulado pelo direito probatório do Código de Processo Civil), vale dizer, a regulamentação de um processo cautelar (v. arts. 305 a 307). As diferenças ficam por conta das seguintes circunstâncias normativas: (1ª) para a ação e o processo cautelar genérico exige-se a propositura da ação principal, em trinta dias, nos mesmos autos (art. 308, *caput*), enquanto na ação e no processo cautelar específico da produção antecipada da prova não existe qualquer exigência neste sentido – é que, como sempre foi, a antecipação probatória, em si, não impõe nenhuma constrição de bens, nem restrição de direitos ao requerido, de qualquer tipo (o art. 381, § 1º, confirma isto); (2ª) no processo da ação cautelar genérica, admite-se contestação para derrubar a própria liminar concedida, via decisão revogatória (art. 307, *caput*, previsão final, e parágrafo único), enquanto no processo da ação cautelar específica da produção antecipada da prova "não se admitirá defesa" (art. 382, § 4º, primeira previsão), ou seja, não se admite contestação para derrubar a antecipação probatória já deferida ou por deferir; (3ª) no processo da ação cautelar genérica cabe agravo de instrumento contra decisão liminar ou não liminar concedida, visando à sua cassação (art. 1.015, inciso I), enquanto no processo da ação cautelar específica "não se admitirá (...) recurso", exceção feita ao indeferimento total da medida (art. 382, § 4º, previsões finais) – a opção legislativa pelo descabimento de "defesa ou recurso" na produção antecipada da prova prende-se à completa incapacidade da medida deferida de produzir prejuízo fático ou jurídico para o sujeito passivo e não descaracteriza a cautelaridade deste procedimento absolutamente, aliás, como sempre foi, porque, produzida a prova (sem gerar qualquer prejuízo antes, durante ou depois), salvam-se a eficiência e a utilidade do processo futuro ("instrumentalidade hipotética", marca característica da cautelaridade vinculada ao fenômeno do *periculum in mora*); (4ª) no processo da ação cautelar genérica aplicam-se direta e naturalmente os §§ 1º e 2º do art. 300 (liminar *inaudita altera parte*, com ou sem audiência de justificação prévia e/ou concomitante exigência de caução real ou fidejussória), enquanto no processo da ação cautelar específica da produção antecipada da prova aplica-se apenas a disciplina do § 2º (liminar e sua relação com a justificação prévia), mas não o § 1º, que trabalha com a ideia de prejuízo, de que nesta seara não se cogita. Por fim, registrem-se algumas observações acerca da disciplina contida nos parágrafos do art. 381 e nos arts. 382 e 383. A primeira, no sentido de que o disposto no § 2º deste art. 381 constitui regra especial de competência pelo território, na perspectiva da regulamentação da Parte Geral (arts. 42 a 53). A segunda, no sentido de que a regra da não prevenção da competência para a ação que venha a ser proposta, do § 3º deste art. 381, já se fazia presente no regime anterior. A terceira, no sentido de que a competência do juiz estadual para a produção antecipada requerida por entidades federais representa norma facilitadora da tramitação processual que decorre de a lei ter optado pelo "foro onde esta [*a prova*] deva ser produzida" (do § 2º). A quarta, no sentido de que a norma trazida pelo art. 382, § 2º, sobre o não pronunciamento judicial acerca da prova, originária do art. 866, parágrafo único, do estatuto revogado, em nada obscurece a natureza cautelar da produção antecipada. A quinta, no sentido de que o regramento do art. 382, § 3º (produção de outra prova no mesmo procedimento), amplia indubitavelmente a utilidade da nova ferramenta processual. A sexta, no sentido de que a norma impositora da permanência dos autos em cartório para extração de peças, do art. 383, *caput*, e a da entrega dos autos ao promovente, do parágrafo único do mesmo art. 383, também não obscurecem a natureza acautelatória da produção antecipada da prova, na medida em que, acautelada a situação probatória pelo cumprimento da medida judicial, cabe ao requerente promover, se quiser e quando quiser, a ação dita principal, para a tutela do seu direito; a norma que ordena a entrega dos autos decorre apenas da ausência de ônus para o caso de não ajuizamento da ação principal, que decorre, por sua vez, da inocuidade fática e jurídica da produção antecipada sobre o patrimônio e a liberdade do requerido.

> Art. 381. (...):
> *II – a prova a ser produzida seja suscetível de viabilizar a autocomposição ou outro meio adequado de solução de conflito;*

O focalizado inciso II deste art. 381 representa a inédita consagração pela ordem jurídica brasileira do direito subjetivo material à produção da prova (trata-se de tese defendida por Flávio Luiz Yarshell). É que, apesar de o tema "prova" pertencer tanto aos quadrantes do direito processual como aos quadrantes do direito civil desde a mais remota história, jamais se havia positivado em texto com toda a explicitude e clareza um enunciado jurídico que atribuísse a alguém, de maneira genérica, a autorização para exigir de outrem a realização de uma prova sob a forma procedimentalizada da prova judiciária (ouvida de testemunhas, interrogatório do partícipe de uma relação jurídica, a prática de atos periciais, a construção de um complexo documental, etc.). Neste sentido, o reconhecimento de uma norma jurídica material genérica atributiva de direito subjetivo material à produção de uma prova, sem qualquer necessidade de demonstração de um interesse processual (direto ou indireto), é algo completamente novo, de fato. Observe-se, de outra parte, que, apesar de obscurecida a ideia que estamos prestes a expor, pela sua extração de um dispositivo plantado num Código de Processo Civil, a ideia de que se trata de um direito subjetivo material exercitável sem qualquer intervenção do Judiciário parece fascinante. Por exemplo, um vizinho, a partir dessa previsão do inciso II (ou do inciso III, também), passa a ter agora a autorização do Direito para exigir a produção de prova pericial junto à fábrica que supostamente o incomoda com os ruídos que produz. Um contratante pode exigir do outro a produção de prova documental sobre certa violação do contrato que envolva fatos por este meio de prova comprováveis. Um parente passa a poder exigir de outro a produção de prova oral (depoimento dos envolvidos e de testemunhas) acerca de uma suposta dívida. Trata-se de direito subjetivo material, e não processual, ainda que o objetivo último possa ser a viabilização de transação, ou acordo, entre os envolvidos (autocomposição direta, por via de acordo, autocomposição indireta, por via de conciliação ou mediação) ou de instituição de arbitragem ("outro meio adequado de solução de conflito"). O escopo autocompositivo não torna o direito à produção de prova um direito processual, tanto que realizável sem processo e para que nenhum processo seja instaurado. Por outro lado, não podemos deixar de reconhecer também que é justamente por se tratar de um direito novo (o direito subjetivo material à produção de prova) que, não alcançando o vizinho, o contratante ou o parente o seu intento de colocar em prática extrajudicialmente o seu direito de produzir as provas necessárias sob forma procedimental (os atos da perícia, a obtenção continuada de documentos ou a tomada dos depoimentos), poderá o vizinho, contratante ou parente valer-se, agora sim, do direito de ir a juízo, para postular exatamente aquilo que se encontra descrito no inciso II deste art. 381. Note-se, então, que por trás do direito processual de requerer ao Estado-juiz a produção antecipada da prova, assim como previsto no texto em exame, está o direito subjetivo material de produzir prova para um fim estritamente material que é a autocomposição ou a arbitragem, v.g. Se a fábrica, o contratante ou o parente não consegue pela via extraprocessual e consensual a concretização do direito – mediante recurso, quem sabe, da secretaria da fábrica, de um escritório de advocacia ou da reunião familiar –, surge a postulação ao juiz para que este, em exercício de jurisdição voluntária, realize a atividade de produção da prova sem litígio entre os interessados (eis a regra, daí o não cabimento de defesa, nem de recurso – art. 382, § 4º). Por fim, ressalte-se que, como o direito material à prova depende apenas da alegação de possível viabilização de autocomposição, nada ou quase nada resta ao requerido senão submeter-se à produção da prova, o que justifica a natureza voluntária da atividade realizada pelo juiz (jurisdição voluntária).

> Art. 381. (...):
> III – *o prévio conhecimento dos fatos possa justificar ou evitar o ajuizamento de ação*.

Assim como a previsão contida no inciso anterior, também esta que ora nos ocupa representa consagração inédita pelo ordenamento brasileiro do direito subjetivo material à prova, ou à produção da prova – tudo se origina, como dissemos, de tese defendida por Flávio Luiz Yarshell. A diferença entre o enunciado trazido pelo inciso II e o do inciso III sob enfoque repousa no fato de que a finalidade da prova a ser produzida já não é a de "viabilizar a autocomposição ou outro meio adequado de solução de conflito", mas sim o de "justificar ou evitar o ajuizamento de ação". Observe-se, desde logo, que a diferença de finalidade não relativiza em nada a natureza material do direito à prova, na medida em que o seu exercício vai significar apenas o alcance de um conhecimento mais seguro, ou de uma ciência mais profunda, acerca de determinados fatos, no sentido e conferir a alguém a convicção de que deve ajuizar, ou de que não deve ajuizar, ação perante o Poder Judiciário. Perceba-se que tudo se passa no plano material (o direito de fazer uma prova com vista a tomar uma decisão segura sobre ir futuramente a juízo), tudo acontece antes de haver qualquer processo e no intuito de "justificar ou evitar" justamente a instauração de um processo. Não se trata, portanto e evidentemente, de direito processual que pressupõe ação e processo em curso e nem a possível e futura convicção da necessidade de movimentar a máquina judiciária transmuda a natureza material do direito de fazer prova, porque o objetivo do seu exercício é apenas o de gerar certeza sobre uma determinada realidade fática, e nada além disso. Ressalte-se, também, que entre as previsões dos incisos II e III deste art. 381 existe uma verdadeira relação de complementariedade no seguinte sentido: enquanto o inciso II justifica o direito à prova na perspectiva de se realizar autocomposição, uma vez conhecidos os fatos e frustrada a realização de acordo, pode o interessado partir, por certo, para a propositura de uma ação; enquanto o inciso III justifica, por um lado, o direito à prova na perspectiva de viabilizar o ajuizamento de uma ação, uma vez conhecidos os fatos, nada impede, antes tudo recomenda, que, antes do embate judicial, se busque a autocomposição; e, por fim, enquanto este mesmo inciso III também justifica o direito à prova na perspectiva de se evitar o ajuizamento de ação, uma vez conhecidos os fatos, nenhum obstáculo existe para que o interessado, mudando de rota, procure a autocomposição ou diretamente promova uma demanda judicial. O que se percebe é que, dada a relação de complementariedade apontada, pouco importa a justificativa que mova alguém a desejar exercitar o seu direito material à prova (autocomposição, ajuizamento ou não ajuizamento de ação), bastando a vontade de fazer prova para a exercitabilidade desse direito material. Pouco importa, identicamente, a justificativa que apresente alguém (o vizinho, contratante ou parente, para usar os mesmos exemplos já aventados) em sua petição inicial de produção antecipada da prova, porque seu direito material não exige maiores indagações ou explicações, salvo a de que não alcançou seu intento probatório extrajudicialmente dada a resistência encontrada, o que lhe confere o interesse processual. A singeleza do direito material à prova, em sua perspectiva fática (singeleza do pressuposto fático), põe em destaque, por outro lado, a natureza de jurisdição voluntária da atividade que realiza o juiz nesses casos, dada a ausência de litígio entre as partes, o que se encontra, aliás, expressamente reconhecido pela previsão final do § 1º do art. 382, daí o não cabimento de defesa, nem de recurso, no procedimento da produção antecipada de prova, conforme o disposto no § 4º do mesmo art. 382 (v. notas aos §§ 1º e 4º do art. 382). O litígio, ou possível litígio, fica reservado à hipótese do inciso I deste art. 381 (medida cautelar) ou à hipótese do seu § 1º (arrolamento de bens).

> Art. 381. (...).
> § 1º. *O arrolamento de bens observará o disposto nesta Seção quando tiver por finalidade apenas a realização de documentação e não a prática de atos de apreensão.*

Distintamente do arrolamento de bens, previsto de maneira expressa pelo art. 301 e que tem natureza de tutela provisória de urgência cautelar voltada ao resguardo da eficiência de processos cognitivos (como os de inventário, dissolução total ou parcial de sociedade, separação, divórcio ou extinção de união estável), em que a litigiosidade é flagrante pela apreensão de bens que implica, o arrolamento previsto pelo focalizado § 1º deste art. 381 tem natureza de procedimento e providência de jurisdição voluntária, dada a sua não vinculação instrumental e protetiva a qualquer outra providência jurisdicional, dada a não implicação de qualquer apreensão de bens e dado o seu propósito exclusivo de apenas permitir "a realização de documentação", como expressamente estabelece o texto. Como se pode facilmente perceber, então, o arrolamento de bens aqui disciplinado muito se aproxima das hipóteses de produção antecipada da prova previstas pelos incisos II e III acima e não, obviamente, da prevista pelo inciso I, que tem etiologia nitidamente acautelatória. Afinal, arrolar bens para fins de simples ou mera documentação está muito mais perto da produção de prova "para viabilizar autocomposição ou outro meio adequado de solução de conflito" (inciso II) ou para "justificar ou evitar o ajuizamento de ação" (inciso III) do que da situação de *periculum in mora* claramente descrita no inciso inicial (inciso I). Parece-nos, por outro lado, também, que, em razão de o objeto da produção da prova corresponder aqui a bens materiais, às vezes não tão bem conhecidos, mas quase sempre envoltos em suspeitas e questionamentos relacionados à posse ou à propriedade, algum resquício de litigiosidade sempre poderá se fazer presente, de sorte a determinar a exigência de citação dos interessados, como prevê o § 1º do art. 382, o que pode desencadear o requerimento de produção de outra prova relacionada ao mesmo fato (art. 382, § 3º), mas não o exercício de defesa ou recurso (art. 382, § 4º). Seja como for, a regra é a baixa litigiosidade envolvida no arrolamento de bens para fins de mera "realização de documentação", o que induziu o legislador processual a dar tratamento simplificado, sem contraditório prévio para o deferimento da medida, apontando, mais uma vez, com isso, para o inequívoco caráter voluntário desta hipótese de produção antecipada da prova aqui prevista.

> Art. 381. (...).
> *§ 2º. A produção antecipada da prova é da competência do juízo do foro onde esta deva ser produzida ou do foro de domicílio do réu.*

Se o *caput*, seus incisos e o § 1º acima se ocuparam exclusivamente com o estabelecimento das hipóteses de admissibilidade da produção antecipada de prova – assim como o § 5º à frente, que examinaremos –, os §§ 2º a 4º deste art. 381 surgem no corpo disciplinar da Seção II apenas com o objetivo de regular a competência para o seu processamento. Desde logo, observe-se, quanto ao § 2º sob enfoque, que ele institui uma regra especial de competência pelo território, e ao mesmo tempo um foro concorrente, ao estabelecer que a produção antecipada deve se processar perante o juízo do foro onde a prova "deva ser produzida ou do foro de domicílio do réu". Algumas considerações de ordem interpretativa se impõem, o que passamos a fazer de forma articulada. A primeira, no sentido de que realmente se trata de regra especial, na medida em que o legislador abre a possibilidade para a produção antecipada ser processada perante o "juízo do foro onde esta [*a prova*] deva ser produzida", o que foge por completo das previsões contidas nos arts. 42 a 53 deste Código. A segunda, no sentido de que, a par da especialidade apontada do foro da produção da prova, o dispositivo em questão cria uma concorrência de foros ao falar, logo em seguida no mesmo texto, "do foro do domicílio do réu", o que coloca em destaque a liberdade do requerente de optar por um dos dois foros previstos. A terceira, no sentido de que não se trata, em absoluto, de norma instituidora de foro subsidiário (como as estabelecidas pelos §§ 2º e 3º do art. 46, por exemplo), uma vez que a subsidiariedade sempre se coloca a partir de uma impossibilidade, servindo como uma válvula de escape em termos de regulação legal da competência. Aqui, nenhuma impossibilidade, nenhum obstáculo ou barreira se colocam como premissa, de sorte que o objetivo deste § 2º foi mesmo o de instituir foros concorrentes para quem postula a produção antecipada de prova. A quarta, no sentido de que a concorrência de foros sugerida somente haverá na hipótese de a causa levada a juízo assumir caráter contencioso (como no caso do inciso I do art. 381), porque, se se tratar de causa de jurisdição voluntária (a previsão final do § 1º do art. 382 admite francamente a hipótese), não havendo qualquer litígio, poderá não haver citação de quem quer que seja, o que pode tornar, por seu turno, o "foro do domicílio do réu" uma não possibilidade para o requerente, restando, neste caso, o juízo do foro da produção da prova como o único caminho jurídico a trilhar.

> Art. 381. (...).
> *§ 3º. A produção antecipada da prova não previne a competência do juízo para a ação que venha a ser proposta.*

De acordo com o art. 43 do Código de Processo Civil: "Art. 43. Determina-se a competência no momento do registro ou da distribuição da petição inicial", e, de acordo com o art. 59: "Art. 59. O registro ou a distribuição da petição inicial torna prevento o juízo". Como se sabe, a prevenção é o fenômeno jurídico que se identifica com a fixação da competência em um dentre dois ou mais juízos igualmente competentes pelo critério territorial (*v.g.*, fixação da competência da 1ª vara cível de certa comarca, entre as dez, em tese e igualmente, competentes para processar e julgar determinada causa). Estabelecida, assim, a prevenção pelo registro ou distribuição da inicial (art. 59), um efeito de tal fenômeno é que uma segunda e subsequente causa, conexa com aquela primeira (art. 55 e parágrafos) ou que com ela guarde uma relação de continência (art. 56), é atraída em termos competenciais pelo juízo (prevento) da primeira, o que determina a reunião dos respectivos processos para julgamento conjunto (art. 58). Pois bem, o que o focalizado § 3º deste art. 381 significa é que, diferentemente das causas em geral, a particular produção antecipada da prova não produz o efeito atrativo competencial para qualquer outra causa subsequente que possa guardar relação de conexão ou de continência com a produção em curso. Eis o significado do texto legal "não previne a competência do juízo para a ação que venha a ser proposta", vale dizer, a produção antecipada não define a competência com força atrativa para qualquer outra causa. Exemplificando, o que temos, então, é que futuras e eventuais ações de conhecimento (sejam de que natureza forem), de execução (de qualquer tipo) ou mesmo postulações de jurisdição voluntária, não ficam vinculadas ao juízo da produção antecipada de prova, mesmo que envolvam as mesmas partes, as mesmas relações jurídicas materiais que se tenta demonstrar pela prova a ser produzida. Tudo, enfim, demonstrando a autonomia do direito material à prova, a desvinculação deste direito em relação a qualquer processo e a própria e natural etiologia voluntária dos procedimentos desta Seção II, salvo o do art. 381, inciso I.

> Art. 381. (...).
>
> § 4º. *O juízo estadual tem competência para produção antecipada de prova requerida em face da União, de entidade autárquica ou de empresa pública federal se, na localidade, não houver vara federal.*

O dispositivo que ora nos ocupa – novidade do Código em vigor em sede de competência para o processamento e julgamento da produção antecipada de prova – tem como fundamento jurídico mais profundo a própria Constituição, cujo art. 109, § 3º, autoriza a lei federal (a que rege o direito processual – art. 22, inciso I, da CF) a abrir espaço para que "outras causas sejam também processadas e julgadas pela Justiça Estadual", se verificada a condição de uma comarca não ser "sede de vara do Juízo Federal". Aproveitando exatamente a autorização constitucional é que o estatuto vigente, por meio do focalizado § 4º, atribui competência ao juízo estadual para a produção antecipada de prova requerida em face da União, de entidade autárquica ou empresa pública federal se, "na localidade", vale dizer, na comarca onde deva ser instaurado o procedimento (no foro onde a prova deva ser produzida, ou no foro do domicílio do réu – § 2º acima), não houver "vara federal" (ou juízo federal, como afirma o art. 109, § 3º, da CF). Já em relação ao fundamento jurídico sistemático interno do próprio Código, o que convém salientar é que o presente § 4º procura atender à comodidade das pessoas que buscam o Poder Judiciário para realizar o seu direito à prova, concedendo-lhes o conforto de não terem de se deslocar até a sede de um juízo federal, independentemente até das várias possibilidades competenciais que são conferidas a quem quer processar a União, entidade autárquica (incluindo fundação pública) e empresa pública federal, conforme o art. 109, § 2º, da Carta da República. A facilitação instituída pelo Código de Processo Civil aqui corresponde apenas a mais uma daquelas iniciativas para efetivar a garantia do acesso à Justiça em seu mais amplo significado.

Art. 381. (...).
§ 5º. Aplica-se o disposto nesta Seção àquele que pretender justificar a existência de algum fato ou relação jurídica para simples documento e sem caráter contencioso, que exporá, em petição circunstanciada, a sua intenção.

Se o direito material à prova que deflui das previsões dos incisos do *caput* deste art. 382 depende da singela pressuposição fática da perspectiva "de viabilizar a autocomposição" (inciso II) e de "justificar ou evitar o ajuizamento de ação" (inciso III), o direito de provar fundado no presente § 5º vincula-se semelhantemente à singela invocação do "pretender justificar a existência de algum fato ou relação jurídica para simples documento". Não sem razão, assim, que tal procedimento recebia do estatuto revogado o nome de "justificação" (CPC Buzaid, art. 861). O que, desde logo, se deve perceber é que, seja pelo intuito autocompositivo, seja pelo de poder ajuizar ou evitar ação ou seja pelo de justificar a existência de fato ou relação jurídica, o procedimento da produção antecipada de prova em todos esses casos parece de fato assumir uma feição não contenciosa e apta ao exercício do que secularmente se costumou chamar de jurisdição voluntária. É que basta alegar a intenção de provar, para qualquer um desses fins, para que o Judiciário se mova no sentido de viabilizar a produção da prova e com isso satisfazer plenamente o singelo e novo direito à produção da prova. O que parece, também, é que a transposição da justificação para os quadrantes da produção antecipada de prova operada pelo Código vigente ainda mais fortalece a ideia de jurisdição voluntária por nós defendida – recordemos que, toda a doutrina assim se posicionava pela voluntariedade da "justificação" do art. 861, apesar da sua ubicação dentre os "procedimentos cautelares específicos" –, não apenas pela referência expressa ao "sem caráter contencioso", mas pela disciplina anterior dos incisos II e III, que falam de prova para "viabilizar autocomposição" ou para "justificar ou evitar ajuizamento de ação", claríssimas alusões ao caráter não contencioso de tais pedidos. E tudo, inclusive o pedido de tutela cautelar (do extraordinário inciso I deste art. 381), submetido ao regime da inadmissibilidade de "defesa ou recurso", conforme o disposto no art. 382, § 4º. Mas, a par de toda a convergência teleológica no fenômeno da voluntariedade, ainda assim é possível distinguir, por alguns detalhes significativos, a justificação deste § 5º das outras formas de produção antecipada previstas pelo Código vigente: ao falar de "simples documento", a justificação parece ficar limitada, a princípio, como sempre foi (CPC Buzaid, arts. 863 e 864), à inquirição de testemunhas, ou quando muito à produção de prova oral, a envolver também o depoimento do requerente, enquanto as demais modalidades admitem também a produção de prova documental (incisos II e III, por certo, além do § 1º que trata do arrolamento que pode se expressar pela produção de prova documental: diz a lei para fins de "realização de documentação") ou mesmo a prova pericial, que, a nosso ver, não pode ser descartada, obviamente na hipótese extraordinária do inciso I (antecipação cautelar), mas também não deve ser excluída nos casos dos incisos II e III (*v.g.*, uma perícia para "viabilizar a autocomposição" ou para "justificar ou evitar o ajuizamento de ação"). Em suma, parece que das cinco modalidades de produção antecipada de prova (incisos I a III e §§ 1º e 5º deste art. 381), a mais limitada, sob o ângulo da própria produção, é, de fato, a justificação ("da existência de algum fato ou relação jurídica para simples documento"), assim como também a mais intensamente relacionada à ideia de não contenciosidade. Imagine-se, para exemplificar, os requerimentos de documentação de testemunhos sobre fatos para fins de simples postulações administrativas perante uma secretaria municipal, um cartório de registro civil ou perante o INSS. O procedimento da justificação, sob o prisma da sua finalidade, é menor em repercussão jurídica do que todos os demais (v., ainda, art. 700, § 1º, deste Código).

Art. 382. Na petição, o requerente apresentará as razões que justificam a necessidade de antecipação da prova e mencionará com precisão os fatos sobre os quais a prova há de recair.

A "petição" a que se refere o dispositivo sob enfoque é evidentemente a petição inicial da produção antecipada de prova, ato instaurador de procedimento único e autônomo perante o juízo sem vinculação necessária com qualquer outro procedimento ou processo. Assim é porque a produção antecipada de prova, reconstruída por completo pelo Código vigente, tem em quatro de suas cinco modalidades a natureza jurídica de procedimento de jurisdição voluntária, não apenas, mas também porque se presta hoje a instrumentalizar o direito material à prova que se encontra genericamente consagrado nos incisos II e III do art. 381. Observe-se que, ao dizer "não apenas", queremos chamar a atenção para o fato de que o procedimento da justificação (art. 381, § 5º) sempre foi considerado como de jurisdição voluntária, de sorte que, nesta medida, o Código não traz novidade; novidades são os incisos II e III mencionados, além do arrolamento para fim exclusivo de documentação (art. 381, § 1º), que, dessa maneira disciplinado, se transformou em procedimento de jurisdição voluntária e, como consequência, também ferramenta para o exercício do novo direito material à prova. Exceção a tudo isso é apenas a produção antecipada acautelatória (art. 381, inciso I), que, como sustentamos, é forma de processo cautelar antecedente mesmo, apesar da sua sujeição aos regramentos dos parágrafos deste art. 382 e aos regramentos do art. 383 (v. os longos comentários que dedicamos ao inciso I, o "estranho no ninho" do art. 381 do estatuto em vigor). Pois bem, sejam quais forem a forma e a natureza do procedimento, o fato é que a sua petição inicial se submete à exigência de que o requerente apresente "as razões que justificam a necessidade da antecipação da prova" e decline "com precisão os fatos sobre os quais a prova há de recair", enfim, tudo o que compõe a causa de pedir da postulação, sob o ângulo jurídico e fático, mediante aplicação subsidiária do art. 319, inciso III, bem como dos incisos I a IV identicamente aplicáveis. Lembramos, para concluir, que nas hipóteses particulares dos incisos II e III do art. 381, como também no caso do seu § 1º, o requerente deverá fazer alusão, eventualmente, à resistência encontrada para produzir a prova extrajudicialmente – o direito material à prova autoriza o seu titular a realizá-la extraprocessualmente com ou sem a participação dos outros envolvidos, na medida do possível, é claro (v. notas respectivas) –, de sorte a mostrar ao juiz o seu interesse de recorrer ao Poder Judiciário (art. 17) e de instaurar o procedimento aqui previsto e regulado.

Art. 382. (...).

> *§ 1º. O juiz determinará, de ofício ou a requerimento da parte, a citação de interessados na produção da prova ou no fato a ser provado, salvo se inexistente caráter contencioso.*

Curiosamente, o aspecto normativo mais relevante do focalizado § 1º se encontra na última previsão do texto que admite de forma expressa a possibilidade de inexistência de "caráter contencioso" na causa levada a juízo pelo requerente da produção antecipada de prova. Mais relevante, afirmamos, porque é justamente a contenciosidade ou não contenciosidade o critério que a lei estabelece para a exigência de que o juiz determine, até mesmo de ofício, ou não, a citação dos interessados na produção da prova ou no fato a ser provado. Ficando, por ora, apenas neste aspecto mais relevante, o que nos cabe consignar é que parece possível estabelecer um quadro com uma gradação de contenciosidade dentre os procedimentos desta Seção II, o que pode ser útil para definir, em tese e *grosso modo*, a necessidade ou não de o juiz ordenar a citação de interessados. Vamos ao quadro que estamos propondo numa escala que vai da maior contenciosidade para a menor contenciosidade: (1) a mais alta escala de contenciosidade da produção antecipada de prova se encontra inequivocamente na previsão do inciso I do art. 381, que versa sobre a antecipação acautelatória, e isto por sua relação íntima com um litígio a ser brevemente levado ao Judiciário via processo, o que sempre deve determinar da parte do juiz a citação de todos os interessados; (2) numa escala menos intensa de contenciosidade, mas em tese ainda potencialmente presente de alguma forma, encontramos o arrolamento de bens para fim exclusivo de documentação, previsto pelo § 1º do art. 381, dada a circunstância de que o objeto do procedimento quase sempre envolve bens materiais (coisas) frequentemente envolvidos em disputas e questionamentos relativos à propriedade ou posse, o que em regra vai determinar, então, a necessidade de citação dos interessados; (3) numa escala semelhante ou ainda um pouco mais baixa de contenciosidade, deparamo-nos com a produção antecipada prevista pelo inciso III do art. 381, que, aludindo ao "conhecimento dos fatos" para "justificar ou evitar ajuizamento de ação", traz pelo menos alguma perspectiva de litígio ou conflito futuro, de sorte que o juiz precisará avaliar com cuidado o caso concreto para ordenar ou dispensar a citação dos interessados; (4) já numa escala bem mais baixa de contenciosidade, encontramos a antecipação do inciso II, pelo simples fato de que sua finalidade é autocompositiva e, por isso, pode justificar a dispensa do ato citatório; (5) e, finalmente, numa escala, por certo, baixíssima de contenciosidade, localizamos a produção antecipada do § 5º do art. 381, a justificação, que quase nunca exigirá do magistrado a ordem de citação de interessados. Registramos, por derradeiro, que, apesar da gradação proposta, fora a produção antecipada acautelatória (art. 381, inciso I), a presente Seção II considera todos esses outros casos como de jurisdição voluntária, dada a presunção de baixa litigiosidade envolvida, o que justifica a disciplina contida no § 4º deste art. 382 (v. nota).

Art. 382. (...).
§ 2º. *O juiz não se pronunciará sobre a ocorrência ou a inocorrência do fato, nem sobre as respectivas consequências jurídicas.*

À luz de uma sequência lógica e cronológica, o focalizado art. 382, que inicia sua regulamentação falando da petição inicial (no *caput*) e que prossegue disciplinando a exigência ou dispensa de citação (no § 1º), deveria tratar, em seguida, do descabimento da defesa (que está no § 4º), mas curiosamente passa, neste § 2º, a normatizar, e de uma maneira rigorosamente imperfeita, o ato conclusivo do juiz frente à prova produzida: "o juiz não se pronunciará sobre a ocorrência ou a inocorrência do fato, nem sobre as respectivas consequências jurídicas". Observe-se, desde logo, que o teor normativo deste § 2º se inspira no parágrafo único do art. 866 do Código Buzaid, que tratava da justificação. Sempre entendemos que a proibição de pronúncia sobre "o mérito da prova" (art. 866) convivia logicamente com a ideia de sentença homologatória, parecendo-nos hoje que a proibição instituída continua significando exatamente a mesma coisa: produzida a prova, o juiz a homologa por sentença, à luz da declaração da regularidade de todo o processado, porém, sem se manifestar sobre o "mérito da prova", vale dizer, sem "se pronunciar sobre a ocorrência ou inocorrência do fato, nem sobre as respectivas consequências jurídicas". Trata-se, sim, de sentença e homologatória, coisas próprias da jurisdição voluntária, apenas que, aqui, irrecorrível (§ 4º abaixo). E tanto isto ainda parece verdade jurídica e interpretativa, que o art. 724, das disposições gerais do capítulo da jurisdição voluntária, fala expressamente de "sentença" e vários dispositivos reguladores de procedimentos falam de "homologação" (*v.g.*, arts. 725, inciso VIII, 731, 732, etc.). Homologa o juiz em jurisdição voluntária, justamente porque não há conflito, litígio ou lide a decidir nesta seara, como regra, exatamente como acontece nos procedimentos da produção antecipada de prova que o Código de Processo Civil vigente disciplina nesta Seção II.

> Art. 382. (...).
> § 3º. *Os interessados poderão requerer a produção de qualquer prova no mesmo procedimento, desde que relacionada ao mesmo fato, salvo se a sua produção conjunta acarretar excessiva demora.*

Justificado principiologicamente pela instrumentalidade do processo e pela efetividade da jurisdição, admite o parágrafo sob enfoque a produção de outra "qualquer prova no mesmo procedimento, desde que relacionada ao mesmo fato". Com efeito, se por meio dos procedimentos desta Seção II se busca viabilizar, autonomamente, a antecipação probatória por razões materiais ou processuais (processuais são as razões enquadráveis no inciso I do art. 381), nada mais coerente, racional e lógico que outras provas relacionadas ao(s) mesmo(s) fato(s) possam ser produzidas no mesmo procedimento a requerimento de qualquer dos interessados (requerentes ou requeridos, se citados – v. § 1º – e presentes, por óbvio). Afinal de contas, outra "qualquer prova (...) relacionada ao mesmo fato" significa apenas mais prova, mais informação e, por conseguinte, mais segurança sobre a verdade do acontecimento, ou não acontecimento, submetido à produção probatória viabilizada por algum dos procedimentos de jurisdição voluntária aqui regulados. A única ressalva fica por conta da possibilidade de que a produção de outra prova no mesmo procedimento seja tão demorada – numa prospecção que é dado ao juiz fazer quando do requerimento de algum interessado – que acabe significando violação de um outro princípio constitucional do direito processual, que é o da "razoável duração do processo" que "a todos, no âmbito judicial e administrativo", é assegurado (art. 5º, LXXVIII, da CF), o que, inclusive, o torna inequivocamente aplicável aos procedimentos de jurisdição voluntária. Por fim, o que nos cumpre salientar é que estas outras provas produzíveis por força do presente dispositivo são, por exemplo, uma prova documental na justificação do art. 381, § 5º, uma prova testemunhal no arrolamento do art. 381, § 1º, um depoimento do requerente nas produções de provas fundadas no art. 381, incisos II e III, ou uma inspeção judicial na produção antecipada acautelatória do art. 381, inciso I. Seja como for, atente-se para a implicação da presente autorização legal sobre a normatividade contida no § 4º abaixo.

> Art. 382. (...).
> § 4º. Neste procedimento, não se admitirá defesa ou recurso, salvo contra decisão que indeferir totalmente a produção da prova pleiteada pelo requerente originário.

O focalizado § 4º deste art. 382 revela com toda clareza o caráter de jurisdição voluntária dos procedimentos de produção antecipada da prova previstos e regulados na presente Seção II, a começar pelo fato de que o dispositivo em questão, em sua previsão inicial, reproduz afirmação contida no art. 865 do Código Buzaid ("No processo de justificação não se admite defesa nem recurso"), que assim dispunha em perfeita sintonia com a ideia de voluntariedade da jurisdição. Observe-se que, dizendo de forma expressa "neste procedimento, não se admitirá defesa ou recurso", fica de fato estampada a natureza não contenciosa dos procedimentos submetidos ao presente art. 382, vale dizer, todos, salvo na hipótese do inciso I do art. 381, em que a produção antecipada tem nítido caráter acautelatório, apesar do não cabimento de defesa ou recurso (v. longo comentário dedicado ao assunto). É que, salvo a providência cautelar mencionada, imersa em franca conflituosidade advinda do litígio já deflagrado ou prestes a ser deflagrado em juízo, as demais situações de antecipação da prova, justificadas materialmente, como as estampadas nos incisos II e III e §§ 1º e 5º do art. 381 (v. notas), são veiculadas por procedimentos despidos de contenciosidade, o que determina, inclusive, nas hipóteses mais flagrantes, a própria dispensa de citação dos interessados, conforme o disposto na previsão final do § 1º deste art. 382. De fato, se não se admite defesa é porque não há conflito, lide ou litígio a ser posto perante o juiz para ser solucionado, e isto, também, porque ao magistrado não é permitido se pronunciar sobre o mérito da prova, não havendo, por consequência lógica, contra o que os interessados possam se insurgir via recurso. Em outras palavras, e em sentido contrário, não cabe recurso porque ao juiz não é dado decidir sobre a prova produzida e, como a ele não cabe decidir, aos interessados (eventualmente citados) não cabe contestar o requerimento originariamente formulado. Atente--se, de outra parte, que tais procedimentos são considerados pela lei ainda menos contenciosos do que os do Capítulo XV do Título III do Livro I da Parte Especial (arts. 719 a 768), que exigem citação dos interessados (art. 721, início), autorizam manifestação em quinze dias (art. 721, parte final), impõem sentença ao juiz (art. 724, início) e permitem a utilização do recurso de apelação (art. 724, final), apesar da sua natureza de jurisdição voluntária. Prosseguindo, registre-se que, apesar da ausência de defesa, nada impede um interessado, eventualmente citado, de se manifestar antes, durante ou depois da prova a ser produzida, no sentido de chamar a atenção do juiz para a exigência de cumprimento da regularidade formal dos atos do procedimento probatório, bem como para o seu próprio requerimento incidental de produção de outra prova "relacionada ao mesmo fato" (postulação fundada no § 3º acima), com o que, de alguma maneira, alguma contradição pode acabar tendo espaço nos quadrantes da produção antecipada de prova, mas, de qualquer forma, sem qualquer possibilidade de o juiz se manifestar, decidir ou julgar o mérito das provas produzidas e suas consequências jurídicas (§ 2º), restando à sentença homologatória que se profira (v. nota ao mesmo § 2º) a natural condição de vazia de conteúdo decisório e de insubmissa a qualquer ataque recursal. Por fim, registre-se, em relação à previsão de encerramento do texto focalizado, que o indeferimento liminar e total da postulação de produção antecipada de prova por ilegitimidade, falta de interesse, inépcia ou falta de outro requisito formal (art. 330), como sentença terminativa que é, admite ataque por apelação (arts. 331, 485, inciso I, e 1.009), porque, se assim não fosse, obstaculizado, definitivamente e por instância única, estaria o acesso à Justiça via produção antecipada de prova, o que feriria frontalmente a garantia do duplo grau de jurisdição.

> *Art. 383. Os autos permanecerão em cartório durante 1 (um) mês para extração de cópias e certidões pelos interessados.*

Dada a natureza voluntária dos procedimentos desta Seção II (salvo o acautelatório) com vista à realização não litigiosa do direito material à prova instituído e reconhecido pelo art. 381 e seus incisos II e III e §§ 1º e 5º – daí a não necessária citação dos interessados (§ 1º do art. 382), a não admissibilidade de defesa ou recurso (§ 4º) e o não pronunciamento judicial sobre o mérito da prova (§ 2º) –, e dada a consequente autonomia desses mesmos procedimentos frente a quaisquer outros (judiciais ou extrajudiciais), é que estabelece o presente art. 383, *caput*, a permanência dos autos em cartório (após a homologação da prova antecipadamente produzida), pelo prazo de um mês, para extração de cópias e certidões, e cujo esgotamento desencadeia a entrega dos autos ao promovente da medida, conforme o disposto no parágrafo único abaixo. Com efeito, de fato, a voluntariedade e a autonomia desses procedimentos é que justificam tanto a permanência dos autos para reproduções como a entrega dos autos ao promovente: a permanência e seus fins são reflexos diretos da irrecorribilidade da sentença homologatória decorrente da voluntariedade; a entrega, após um mês, é reflexo da irrecorribilidade e da autonomia procedimental, já que a produção antecipada satisfaz completamente o direito substancial do seu postulante à prova. Por fim, enxergada tal realidade por outro ângulo, o que temos é que a "extração de cópias e certidões" é objeto de direito subjetivo processual de quaisquer interessados e a entrega dos autos é objeto de direito subjetivo processual apenas do promovente (v. nota ao parágrafo único, onde abordamos a questão da produção antecipada cautelar).

> Art. 383. (...).
> *Parágrafo único. Findo o prazo, os autos serão entregues ao promovente da medida.*

Como visto no comentário ao *caput*, também a entrega dos autos da produção antecipada ao promovente, que este parágrafo estabelece, se justifica tanto pela voluntariedade como pela autonomia procedimental: pela voluntariedade, porque não cabe recurso, o que implica liberação imediata dos autos para a entrega; pela autonomia, já que a produção antecipada satisfaz completamente o direito material do postulante, constitui um fim em si mesma e não se atrela, não se vincula, necessariamente a nenhum outro procedimento. Pois bem, este último aspecto traz à luz o problema relacionado à produção antecipada cautelar, prevista pelo inciso I do art. 381, e que nos obriga a fazer algumas importantes considerações. Inicialmente, é necessário reconhecer que a autonomia da produção antecipada acautelatória precisa ser considerada com grande relatividade, uma vez que ela se fundamenta no *periculum in mora* e, assim, necessariamente, se vincula ao litígio que já se manifesta, ou se manifestará, em outro processo. Tal constatação, por si só, já é suficiente para pôr em destaque a relatividade da autonomia apontada. O problema é que a produção antecipada cautelar não tem nada de jurisdição voluntária, mas seu processamento se submete a um procedimento padrão marcado pela voluntariedade, como este previsto pelos arts. 381 e 382. Veja-se que, na verdade, a produção antecipada acautelatória veicula jurisdição contenciosa, sua decisão deferitória assume a feição de tutela provisória de urgência cautelar cuja efetivação procedimentalizada passa por uma série de decisões interlocutórias, principalmente quando se trata de prova pericial. Vejamos, então, o rol de decisões próprias do contexto de contenciosidade que marca a produção antecipada neste caso, seja ou não pericial, mas fazemos questão de chamar a atenção principalmente para ela: (1) a decisão deferitória da prova passa necessariamente pela avaliação do que ocorre, ou ocorrerá, em outro processo, por causa da exigência de verificação do *periculum in mora*; (2) a decisão deferitória não pode jamais dispensar a citação dos interessados (na verdade, da parte adversa), sob pena de invalidade da própria prova, dada a contenciosidade do procedimento; (3) na produção antecipada de prova pericial, a decisão deferitória deve dispor sobre a nomeação do perito, quesitos, assistentes técnicos e sobre o pagamento do perito; (4) correndo o procedimento da produção de perícia, o juiz deve oportunizar ativamente a participação das partes, observados a isonomia e o contraditório acerca de cada ato processual; (5) produzido o laudo, o juiz deve admitir a discussão dos resultados entre as partes, perito, assistentes, ainda que, a final, o juiz sobre nada disso se pronuncie. Todo esse elenco de atos praticados sob o influxo da conflituosidade mostra o quão incompatível é a produção antecipada cautelar com a ideia de voluntariedade e revela não apenas a extrema relatividade da autonomia procedimental ditada pelo presente parágrafo único – autonomia apenas na medida em que o promovente, apesar de favorecido pela prova, não tem sobre si o ônus de instaurar a ação principal –, mas põe em destaque as amarras processuais impostas ao requerido que veja contra si deferida uma antecipação absurda, ou descabida, e que não pode, conforme o § 4º do art. 383, manifestar defesa ou oferecer recurso. O que nos parece é que em caso de antecipação cautelar, justamente pela cautelaridade, imersa em contenciosidade, e pela sua configuração como tutela provisória de urgência (v. nota ao inciso I do art. 381), pode sim o requerido, uma vez citado, contestar o pedido de antecipação (art. 306), bem como interpor agravo de instrumento contra a decisão deferitória que não atenda ao requisito do *periculum in mora*. Pode, também, ao invés de tudo isto, não se defender e participar da produção, deixando para discutir a prova, sua validade e eficiência no processo principal.

> Seção III
> *Da Ata Notarial*

A ata notarial, de acordo com o Código de Processo Civil vigente, constitui o meio de prova representado pelo registro escrito (notas ou anotações) de algum fato (acontecimento) que realiza um notário (tabelião), a partir de informações prestadas por alguém e que se formaliza num documento público chamado genericamente de "ata" ("registro escrito em que se relata o ocorrido numa sessão, congresso, etc." – Aurélio Buarque de Holanda, Dicionário Aurélio da Língua Portuguesa) – daí "ata notarial". Observe-se que tal atividade é prevista pela Constituição de 1988 e regulada pelo seu art. 236 que prescreve: "Art. 236. Os serviços notariais e de registro são exercidos em caráter privado, por delegação do Poder Público. § 1º. Lei regulará as atividades, disciplinará a responsabilidade civil e criminal dos notários, dos oficiais de registro e de seus prepostos, definirá a fiscalização de seus atos pelo Poder Judiciário. § 2º. Lei federal estabelecerá normas gerais para fixação de emolumentos relativos aos atos praticados pelos serviços notariais e de registro. § 3º. O ingresso na atividade notarial e de registro depende de concurso público de provas e títulos (...)". Por fim, registre-se que a Lei federal 8.935/1994 regulamentou o art. 236 da Constituição, valendo a pena prestar atenção ao que dispõem os seguintes dispositivos: "Art. 3º. Notário ou tabelião, e oficial de registro, são profissionais do direito, dotados de fé pública, a quem é delegado o exercício da atividade notarial e de registro"; "Art. 6º. Aos notários compete: (...); II – intervir nos atos e negócios jurídicos a que as partes devam ou queiram dar forma legal ou autenticidade, autorizando ou redigindo os instrumentos (...); III – autenticar fatos"; "Art. 7º. Aos tabeliães de notas compete com exclusividade: (...); III – lavrar atas notariais".

> *Art. 384. A existência e o modo de existir de algum fato podem ser atestados ou documentados, a requerimento do interessado, mediante ata lavrada por tabelião.*

Enquanto ata lavrada por notário ou tabelião, que atesta ou documenta com fé pública algum fato, a ata notarial se qualifica processualmente como meio de prova (instrumento material trazido para o processo com o intuito de revelar a veracidade de um fato ao órgão julgador, o juiz), mas também, sob a ótica jurídica um pouco mais ampla, se qualifica como documento público (representação material de um fato de cuja formação participa um notário ou tabelião, que exerce função pública). Voltando à perspectiva estritamente processual, a ata notarial se amolda à previsão do art. 405 deste Código, fazendo prova "não só da sua formação, mas também dos fatos que o (...) tabelião (...) declarar que ocorreram na sua presença". É óbvio, por outro lado, que tratando-se de documento elaborado a partir do requerimento de um só interessado, unilateralmente, os fatos atestados e documentados têm eficácia probatória relativa, posto que não sujeitos ao contraditório e nem a qualquer avaliação judicial prévia (v. comentário aos arts. 405 a 407, 425 e 427, que tratam da força probante dos documentos públicos, disciplina que inclui, por certo, a ata notarial). Por último, registre-se que dada a autorização dos arts. 190 e 191 deste Código que admitem o negócio jurídico processual entre as partes, de forma ampla, nada impede que os litigantes convencionem, antes ou durante o processo, a utilização bilateral da ata notarial, no sentido da documentação da "existência e o modo de existir de algum fato" com base no presente art. 384.

> Art. 384. (...).
> *Parágrafo único. Dados representados por imagem ou som gravados em arquivos eletrônicos poderão constar da ata notarial.*

Não apenas fatos e circunstâncias passiveis, basicamente, de visualização pelo notário podem ser atestados ou documentados pela via da ata notarial, mas também "dados representados por imagem ou som gravados em arquivos eletrônicos poderão constar da ata notarial". Observe-se que pelo recurso à utilização deste meio de prova hoje reconhecido pelo Código de Processo Civil, o que se opera é a transformação de um documento eletrônico (representação de fatos em suporte eletrônico) em um documento físico, ou em papel (representação de fatos em suporte material). Mas não apenas isto. Opera-se também a transformação do documento eletrônico, que é documento particular, em documento físico que, pela intervenção do notário, ou tabelião, se constitui em documento público – a ata notarial. Transmuda-se, assim, não apenas a forma do documento, mas também o seu status jurídico, que, a rigor, não deixa de ser identicamente uma simples alteração de forma, conforme o Direito...

Seja como for, o que ainda cumpre salientar é que da ata notarial, nestes casos, tanto pode constar a transcrição (anotações) em palavras dos sons gravados (os sons ficam "documentados", conforme o *caput*), como a certificação de que as imagens gravadas em meio eletrônico dizem respeito a tais e quais fatos, envolvendo tais e quais circunstâncias e tais e quais pessoas (as imagens ficam como que "atestadas", conforme o *caput*) ou, ainda, a certificação de que determinado conteúdo eletrônico se encontra à disposição em determinado site, blog, página, na internet. Tudo isso é atestável (ou documentável) via ato notarial.

Seção IV
Do Depoimento Pessoal

Depoimento pessoal é o meio de prova (art. 369) pelo qual se realiza o interrogatório da parte no curso do processo com o fim genérico de permitir o esclarecimento dos fatos controvertidos da causa e o fim específico de provocar a confissão. O depoimento pessoal do direito brasileiro não se confunde, em absoluto, com a figura do juramento, existente, *v.g.*, na ordem jurídica italiana.

> *Art. 385. Cabe à parte requerer o depoimento pessoal da outra parte, a fim de que esta seja interrogada na audiência de instrução e julgamento, sem prejuízo do poder do juiz de ordená-lo de ofício.*

Em dois momentos diferentes pode a parte requerer o depoimento pessoal da outra: na inicial ou contestação (arts. 319, inciso VI, e 396); na especificação de provas (art. 348). Observe-se que o depoimento pessoal do autor ou do réu pode ser requerido pelo Ministério Público fiscal da ordem jurídica (*custos legis*) autonomamente ou em suprimento à omissão de uma ou das duas partes, a qualquer tempo. Na realidade, o pedido complementar desta prova por parte do *custos legis* não tem grande repercussão prática, uma vez que é dado ao magistrado determiná-la *ex officio* com base no presente art. 385 – "sem prejuízo do poder do juiz de ordená-lo de ofício", diz a previsão final do texto – e dificilmente isto não ocorre no saneamento (art. 357, inciso II).

> Art. 385. (...).
> § 1º. *Se a parte, pessoalmente intimada para prestar depoimento pessoal e advertida da pena de confesso, não comparecer ou, comparecendo, se recusar a depor, o juiz aplicar-lhe-á a pena.*

Para que se aplique a pena de confissão aqui estabelecida é mister, em primeiro lugar, que a parte seja pessoalmente intimada, normalmente por meio do correio (art. 274); a intimação do advogado pela imprensa é irrelevante para ela. Em segundo, é necessário que da carta conste expressamente a advertência mencionada, sob pena de invalidade da sanção que o magistrado venha a aplicar (art. 280). Vejamos agora as hipóteses de aplicação da pena de confissão. Em primeiro lugar, se a parte não comparecer, mas desde que tenha sido intimada na forma deste § 1º. Mesmo assim, a presunção de veracidade não é absoluta, mas relativa: o juiz só considerará verdadeiros os fatos verossímeis e que também sejam coerentes com as demais provas já produzidas. Aplicada a pena, ficará sem efeito, no entanto, se o não comparecimento for cabalmente justificado mais tarde (invoca-se aqui a normatividade contida no art. 362, inciso II). Idêntica orientação (exigência de verossimilhança e coerência) pautará o magistrado na segunda hipótese de aplicação da pena de confissão: o comparecimento com recusa de depor (v., ainda, art. 386). Se a confissão for reputada suficiente, fica o juiz autorizado a dispensar outras provas.

> Art. 385. (...).
> § 2º. *É vedado a quem ainda não depôs assistir ao interrogatório da outra parte.*

Eis um aspecto diferenciado da forma da tomada do depoimento pessoal que a lei resolveu instituir explicitamente: como quem depõe em primeiro lugar é o autor (art. 361, inciso II), no momento do seu depoimento o réu deve abandonar a sala de audiências, nela permanecendo apenas seu advogado, que por ele formulará reperguntas. Depondo o réu em segundo lugar, e desde que o autor já tenha prestado seu depoimento, não é necessário que este se retire da sala quando aquele for interrogado pelo juiz.

> **Art. 385. (...).**
> **§ 3º.** *O depoimento pessoal da parte que residir em comarca, seção ou subseção judiciária diversa daquela onde tramita o processo poderá ser colhido por meio de videoconferência ou outro recurso tecnológico de transmissão de sons e imagens em tempo real, o que poderá ocorrer, inclusive, durante a realização da audiência de instrução e julgamento.*

Este § 3º autoriza expressamente a tomada do depoimento da parte que reside fora da comarca, seção ou subseção judiciária, por meio de videoconferência, observados os parâmetros normativos dos arts. 193 e 195 deste Código. Duas observações aqui se revelam importantes. Observe-se que, como está autorizada a utilização do recurso da videoconferência durante a própria realização da audiência de instrução e julgamento (arts. 358 a 368), a parte que pretenda se valer dessa tecnologia para a tomada do depoimento da outra (a domiciliada fora da sede do juízo) ou a própria parte que pretenda prestar o depoimento por videoconferência no foro do seu domicílio devem comunicar tal intenção com antecedência razoável ao juiz da causa – normalmente, antes do momento do saneamento, mas nada impede que se possa manifestar tal vontade depois (art. 357 e parágrafos) –, para que ordene o magistrado a intimação da parte, com a advertência de que tal recurso tecnológico será empregado, e determinando as providências necessárias à sua realização, *v.g.*, pedido de cooperação, sob a forma prevista pelo art. 69, inciso IV e § 2º, inciso II (atos concertados entre juízes cooperantes).

> *Art. 386. Quando a parte, sem motivo justificado, deixar de responder ao que lhe for perguntado ou empregar evasivas, o juiz, apreciando as demais circunstâncias e os elementos de prova, declarará, na sentença, se houve recusa de depor.*

Este artigo complementa a disciplina genérica imposta pelo inciso I do art. 379, bem como o tratamento da aplicação da pena de confissão prevista pelo § 1º do art. 385. O deixar de responder é apenado porque representa manifestação presumida de vontade, como consequência do abuso do direito de silenciar (Moacyr Amaral Santos). Equipara a lei à recusa de depor o emprego de evasivas, ainda, porque tal procedimento significa intuito malicioso de desviar o juiz da verdade, pela ocultação.

Observe-se, por fim, que o presente artigo consubstancia norma de valoração do depoimento, posto que permite ao juiz aplicar a pena de confissão na sentença (em qualquer caso a confissão só é aplicada na sentença, e jamais na audiência).

> *Art. 387. A parte responderá pessoalmente sobre os fatos articulados, não podendo servir-se de escritos anteriormente preparados, permitindo-lhe o juiz, todavia, a consulta a notas breves, desde que objetivem completar esclarecimentos.*

O dispositivo coloca em pauta dúvida acerca do cabimento do depoimento pessoal por procuração, uma vez que se expressa dizendo que "a parte responderá pessoalmente (...)". O depoimento por procuração deve ser entendido como cabível desde que observados os seguintes requisitos: (a) ser inútil sob o prisma probatório exigir a presença da parte (*v.g.*, se o representante da pessoa jurídica nada sabe; se a parte desconhece os fatos, porque tudo ocorreu por meio de procurador); (b) ter o procurador conhecimento próprio dos fatos controvertidos; (c) ser o procurador constituído por instrumento público com poderes especiais para depor e confessar. A consulta a notas, que visa apenas a esclarecer e precisar detalhes, depende de aprovação judicial mediante apresentação e verificação do conteúdo do escrito.

> *Art. 388. A parte não é obrigada a depor sobre fatos:*

O dever da parte de responder ao que lhe é perguntado – genericamente imposto pelo art. 379, inciso I, e especificamente detalhado pelos arts. 385 e 387 – encontra limite nos fatos arrolados a seguir, cuja natureza torna lícito e justificado o silêncio, posto que os valores neles envolvidos são mais preciosos do que o estabelecimento da verdade fática no processo. Quanto a esses fatos não há confissão possível, mesmo que a parte, regularmente intimada, não compareça para depor. Examine-se, ainda, o art. 229 do estatuto civil.

> *Art. 388. (...):*
> *I – criminosos ou torpes que lhe forem imputados;*

Tem o ônus de provar fatos criminosos ou torpes quem os alega, não sendo lícito que a parte contrária, a quem são imputados, fique exposta pelo dever de sobre eles se manifestar. Assim, dada a gravidade desses fatos, são eles excluídos do objeto do depoimento pessoal, mas não da ação da Polícia Judiciária e do Ministério Público, que, todavia, atuarão fora dos limites do processo civil.

> **Art. 388. (...):**
> *II – a cujo respeito, por estado ou profissão, deva guardar sigilo;*

O exercício de determinadas profissões, tais como as de advogado, médico, psicólogo, jornalista, radialista, pastor, padre, etc., que dependem de absoluta confiança, traz à luz o conhecimento de fatos que precisam permanecer sob o manto do sigilo, sob pena de descrédito e imprestabilidade social desses ofícios. Daí a lei material e processual resguardá-los. Idêntico raciocínio aplica-se às informações e fatos que vêm à tona por causa do íntimo relacionamento afetivo que o casamento ou o parentesco estabelece entre as pessoas. Note-se que o art. 229, inciso I, do estatuto civil estabelece idêntica previsão.

> **Art. 388. (...):**
> *III – acerca dos quais não possa responder sem desonra própria, de seu cônjuge, de seu companheiro ou de parente em grau sucessível;*

Este inciso III, que não existia no regime paralelo do Código Buzaid (art. 347), explicita hipótese consagrada pelo art. 229 do estatuto civil, que, por sua vez, não faz referência aos fatos criminosos ou torpes que o inciso I deste art. 388 menciona. À luz, assim, do art. 229, inciso II, a previsão pertinente à desonra própria, de cônjuge, parente ou amigo é genérica, no sentido de abarcar os fatos criminosos ou torpes. Já sob o ponto de vista deste art. 388, inciso III, do Código de 2015, trata-se de regra explicitativa dos que serão ofendidos pela desonra se os fatos criminosos ou torpes imputados à parte forem revelados ou, ainda, regra especial, se os fatos criminosos ou torpes, objeto do depoimento, ou mesmo outros, são diretamente imputados ao cônjuge, parente ou amigo da parte depoente. Em qualquer dos dois casos é direito da parte silenciar em juízo.

> Art. 388. (...):
> IV – que coloquem em perigo a vida do depoente ou das pessoas referidas no inciso III.

Diferentemente dos fatos protegidos pelos incisos I e III deste art. 388, que têm colorido penal ("criminosos") ou moral no sentido negativo ("torpes") – necessariamente nos casos do inciso I e provavelmente nos casos do inciso II (porque o fato a gerar desonra pode não ser torpe) –, os protegidos pelo presente inciso IV podem ser quaisquer fatos que "coloquem em perigo a vida do depoente ou das pessoas referidas no inciso III", como a revelação de um grave episódio familiar, de uma dívida escondida, da paternidade ou maternidade oculta de uma pessoa, etc. O art. 229, inciso III, do estatuto civil refere, além do "perigo de vida", o "perigo de demanda" e o perigo de "dano patrimonial imediato", fatos não protegidos pelo inciso IV de que cogitamos.

> Art. 388. (...).
> Parágrafo único. Esta disposição não se aplica às ações de estado e de família.

Tendo em vista a importância para o Estado e para a sociedade de que os direitos envolvidos em causas relativas ao estado das pessoas e à família sejam perfeitamente definidos jurisdicionalmente é que a lei afasta dessas demandas as razões de escusa explicitadas nos três incisos deste art. 388. Para a lei, aqui, é mais relevante proteger e resguardar a família e o estado da pessoa (estado civil, de nacional, político, familiar, pessoal de capaz ou incapaz) do que proteger o interesse do litigante enquanto indivíduo.

Seção V
Da Confissão

A confissão, assim como conceituada no art. 389, tem valor de prova legal e, por isso, obriga o juiz a se submeter aos exatos termos em que é posta para fins do julgamento da causa (José Frederico Marques). Isso significa que a veracidade do fato confessado fica excluída de qualquer apreciação judicial, devendo o magistrado apenas qualificá-lo juridicamente. Não se devem confundir confissão, que tem por objeto exclusivo os fatos, e reconhecimento da procedência do pedido, que tem por objeto o direito ou pretensão material (art. 487, inciso III, "a"). São requisitos da confissão: plena capacidade para estar em juízo, o litígio versar sobre direitos disponíveis e inexigibilidade de forma especial para o ato. Examinem-se, ainda, os arts. 212, inciso I, 213 e 214 do estatuto civil.

> *Art. 389. Há confissão, judicial ou extrajudicial, quando a parte admite a verdade de fato contrário ao seu interesse e favorável ao do adversário.*

O conceito de confissão estampado neste dispositivo torna claros alguns aspectos relevantes da sua disciplina: (a) a confissão pode ser feita tanto pelo autor como pelo réu; (b) pela confissão admite-se apenas a verdade de um fato, e não a justiça ou injustiça da pretensão (v. nota à Seção); (c) a verdade reconhecida concerne sempre a um fato contrário ao interesse do confitente (caso contrário a admissão não passa de alegação). Quanto à classificação estabelecida, observe-se que a confissão judicial é regulada especificamente pelos arts. 390 e 391, enquanto a extrajudicial é regida pelo art. 394; a ambas se aplicam as regras contidas nos arts. 392, 393 e 395.

> *Art. 390. A confissão judicial pode ser espontânea ou provocada.*

A confissão judicial espontânea é, em primeiro lugar, aquela que a parte voluntariamente tenciona fazer e, por isso, requer ao juiz que ordene a lavratura do respectivo termo (art. 208); em segundo, é aquela que a parte já faz constar da própria petição e que segue idêntica formalidade (o juiz despacha: "Tome-se por termo"). Já a confissão provocada é aquela que a parte faz, voluntária ou involuntariamente, quando presta depoimento pessoal em audiência (v. § 2º). Tanto a confissão espontânea como a provocada são modalidades de confissão real, que se contrapõe à ficta disciplinada pelos arts. 385 e 386 (pena de confissão).

> Art. 390. (...).
>
> *§ 1º. A confissão espontânea pode ser feita pela própria parte ou por representante com poder especial.*

Como a confissão implica, ou pode implicar, renúncia de direito, exige a lei a plena capacidade da parte confitente, além da disponibilidade (que significa renunciabilidade) do direito em jogo (art. 392). O dispositivo autoriza a própria parte, independentemente de procurador, a confessar, devendo para tanto firmar a petição ou comparecer em cartório para fins da lavratura do termo (v. nota ao *caput*). Poderá a parte, ainda, confessar por meio de representante, em consonância com o disposto nos arts. 105 deste Código e 213, parágrafo único, do estatuto civil ("Art. 213. ... Parágrafo único. Se feita a confissão por um representante, somente é eficaz nos limites em que este pode vincular o representado"). Tal representante poderá ou não ser o advogado constituído para a causa, mas, seja como for, os poderes devem ser explicitamente mencionados no instrumento, que deve conter, ainda, a referência aos fatos que serão objeto da confissão.

> Art. 390. (...).
> § 2º. *A confissão provocada constará do termo de depoimento pessoal.*

O § 2º em questão apenas explicita a exigência formal do termo de depoimento, exigência relativa à confissão provocada, que, como já havíamos visto no comentário ao *caput*, é aquela que a parte faz, voluntária ou involuntariamente, quando presta seu depoimento pessoal ao juiz da causa em audiência (art. 361, inciso II), ato cujo objeto específico é justamente este, o de provocar a confissão da parte, tanto que uma parte requer o depoimento da outra, e não o próprio, conforme o art. 385, *caput*. Logo, a confissão provocada tem por veículo formal sempre o termo de depoimento que é lavrado durante a audiência de instrução, salvo nos casos de produção antecipada de prova (art. 381).

> Art. 391. *A confissão judicial faz prova contra o confitente, não prejudicando, todavia, os litisconsortes.*

De acordo com o focalizado dispositivo, a formação de prova firme contra o confitente (salvo o caso de anulação do art. 393) é o primeiro grande efeito da confissão: fato confessado é fato provado contra quem confessou. Havendo litisconsórcio unitário, no entanto, a confissão de um litisconsorte não produz a indiscutibilidade assinalada, remanescendo no processo como mero indício a ser analisado pelo juiz (art. 116). Fora dessa hipótese excepcional o magistrado fica absolutamente vinculado, em termos de convicção, ao fato confessado (art. 371, inciso II), porque se trata verdadeiramente de caso de prova legal.

> **Art. 391. (...).**
> *Parágrafo único. Nas ações que versarem sobre bens imóveis ou direitos reais sobre imóveis alheios, a confissão de um cônjuge ou companheiro não valerá sem a do outro, salvo se o regime de casamento for o de separação absoluta de bens.*

A vênia conjugal nas ações reais imobiliárias corresponde à forma de integração da capacidade processual, de acordo com o disposto no art. 73 do Código de Processo Civil. Se assim é, parece de todo lógico que para a prática de ato que pode implicar renúncia, e para o qual se exige capacidade plena, estabeleça a lei a necessidade de que ambos os cônjuges confessem. A simples possibilidade de renúncia advinda da confissão já justificaria a imposição à luz das prescrições contidas no art. 1.647 do estatuto civil. Observe-se, ainda, que, dada a exceção instituída pela previsão final do *caput* do art. 73 ("salvo quando casados sob o regime de separação absoluta de bens"), o focalizado parágrafo único estabelece, por razões óbvias, semelhante exceção para os fins de confissão. E, finalmente, registre-se que o legislador de 2015, na esteira da ideia de constante equiparação dos direitos entre cônjuges e companheiros, estende a exigência de concordância ao companheiro ou companheira, para fins de validade da confissão, quando se tratar de ações reais imobiliárias.

> **Art. 392.** *Não vale como confissão a admissão, em juízo, de fatos relativos a direitos indisponíveis.*

Uma das características básicas dos direitos indisponíveis é justamente a não submissão dos fatos que lhes dão existência ao instituto da confissão, tanto que o art. 213, *caput*, do estatuto civil estabelece que "não tem eficácia a confissão se provém de quem não é capaz de dispor do direito a que se referem os fatos confessados" (v. § 1º, no mesmo sentido). Como o direito indisponível importa à própria sobrevivência do Estado e da sociedade, sua perfeita definição jurisdicional – corolário da sua importância – não pode depender exclusivamente da boa atuação das partes. É por isso que, no processo em que certos direitos indisponíveis estejam envolvidos, intervém o Ministério Público (art. 178), com o que se busca a verdade real e não a formal e proíbem-se o reconhecimento jurídico da procedência do pedido e a confissão.

> Art. 392. (...).
> § 1º. *A confissão será ineficaz se feita por quem não for capaz de dispor do direito a que se referem os fatos confessados.*

Reproduzindo o disposto no art. 213 do estatuto civil com pequena alteração redacional ("Art. 213. Não tem eficácia a confissão se provém de quem não é capaz..."), mas mantendo a técnica do dispositivo, fica explicitada a limitação eficacial processual da confissão à parcela dos fatos confessados em relação à qual o confitente tem capacidade (poder ou autorização jurídica) para dispor do respectivo direito discutido em juízo. Fora desse limite, a confissão é ineficaz, porque indisponível para o confitente o direito sob litígio.

> Art. 392. (...).
> § 2º. *A confissão feita por um representante somente é eficaz nos limites em que este pode vincular o representado.*

Enquanto o § 1º limita a eficácia da confissão pela indisponibilidade do respectivo direito para o confitente, seu titular, o focalizado § 2º refere-se à hipótese em que a confissão é feita por um representante ou procurador – lembre-se, por exemplo, que o advogado pode confessar em nome da parte apenas e tão somente se recebeu poderes expressos nesse sentido, conforme o art. 105, *caput*, deste Código –, de sorte que também aqui a confissão fica limitada em sua eficácia processual à dimensão dos poderes recebidos, e nada além disso.

> Art. 393. *A confissão é irrevogável, mas pode ser anulada se decorreu de erro de fato ou de coação.*

Reproduzindo mais uma vez disposição do estatuto civil, apenas que agora de forma integral, sem nenhuma alteração – este art. 393, *caput*, é idêntico ao art. 214 do Código Civil –, instituída fica a regra, que é a irrevogabilidade da confissão, e, em seguida, a exceção, que é sua anulabilidade por erro de fato ou coação. Erro é o falso conhecimento da realidade; só o juízo incorreto acerca dos fatos da causa (erro de fato, e não de direito) justifica a anulação da confissão. Dolo é a indução voluntária de alguém em erro; se esse alguém é a parte confitente, a confissão pode ser anulada. Coação é a ameaça injusta de dano ("fundado temor de dano iminente e considerável à sua pessoa, à sua família, ou aos seus bens" – art. 151, *caput*, do CC) que vicia o consentimento e, por isso, permite o desfazimento de qualquer ato jurídico, inclusive a confissão (v. CC, arts. 151 a 155). Observe-se, por fim, que, diferentemente do regime anterior do estatuto de 1973, já não existe aqui qualquer previsão de rescindibilidade da sentença (art. 352, inciso II, do Código Buzaid), o que ocorre por conta do desaparecimento do que estabelecia o art. 485, inciso VIII (rescisória quando houvesse fundamento para invalidar confissão), que não tem paralelo no art. 966 deste Código de 2015. Logo, a confissão pode ser anulada, como sempre foi, mas não pode mais o fundamento para tal anulação servir de base ou motivo para qualquer ação rescisória (art. 966).

> **Art. 393. (...).**
> *Parágrafo único. A legitimidade para a ação prevista no "caput" é exclusiva do confitente e pode ser transferida a seus herdeiros se ele falecer após a propositura.*

A parte inicial do enunciado deixa explicitada a circunstância de que o confitente tem legitimação ativa *ad causam* exclusiva para a ação desconstitutiva (ação anulatória da confissão); a rigor não precisava, porque é evidente a legitimação ordinária do confitente. A intenção última do dispositivo, na verdade, foi a de expressar a transmissibilidade, em qualquer caso, do direito à anulação, desde que a ação tenha sido proposta pelo confitente em vida.

> **Art. 394. *A confissão extrajudicial, quando feita oralmente, só terá eficácia nos casos em que a lei não exija prova literal.***

Ao prever a confissão extrajudicial oral para fins de regulamentação, como faz o presente dispositivo, este art. 394 obviamente reconhece que tal confissão pode ser escrita, como se dá na hipótese da confissão espontânea, que "pode ser feita pela própria parte ou por representante com poder especial", nos termos do § 1º do art. 390, o que também significa que ela "faz prova contra o confitente", de acordo com a previsão inicial do *caput* do art. 391 – o art. 391 fala da confissão judicial por causa da necessidade de regular a questão da sua eficácia para os litisconsortes e para o cônjuge ou companheiro (fenômenos exclusivamente judiciais), mas sua previsão inicial se aplica a todas as formas de confissão. Feitas tais considerações gerais, vejamos, então, o que significa o exato enunciado deste art. 394. Pois bem, o artigo em questão se ocupa da confissão verbal extrajudicial, quer seja ela feita à parte, a quem a represente ou a terceiro. Sua eficácia – que depende de a lei não exigir prova escrita (literal, a "forma especial" de que fala o art. 212, *caput*, do CC) – atrela-se, portanto, ao cabimento da prova testemunhal nestes termos: a confissão verbal extrajudicial precisa ser provada por meio de testemunhas, devendo o juiz apreciá-la livremente.

> **Art. 395.** *A confissão é, em regra, indivisível, não podendo a parte que a quiser invocar como prova aceitá-la no tópico que a beneficiar e rejeitá-la no que lhe for desfavorável, porém cindir-se-á quando o confitente a ela aduzir fatos novos, capazes de constituir fundamento de defesa de direito material ou de reconvenção.*

A indivisibilidade instituída pela parte inicial deste art. 395 é característica da chamada confissão pura, a que tem por objeto apenas os fatos que já integram a causa (os fatos constitutivos do direito do autor ou os fatos de qualquer espécie alegados pelo réu). A cisão, prevista pela parte final do dispositivo, só é possível em relação à confissão que recebe o nome de qualificada, aquela em que se reconhecem fatos da causa e outros, novos, que poderão ser objeto de prova (*v.g.*, o réu reconhece um fato constitutivo, mas alude a outros extintivos, modificativos ou impeditivos, correspondendo estes a novas questões que deverão ser discutidas no processo).

> **Seção VI**
> *Da Exibição de Documento ou Coisa*

Trata-se de incidente da fase probatória pela ótica procedimental e de ação incidente pelo prisma da natureza jurídica. São aqui disciplinados o poder do juiz de determinar a exibição (art. 396), o direito de uma parte de exigir tal ato da outra (arts. 397 a 400), o direito de uma parte de exigi-lo de um terceiro (arts. 401 a 403) e as escusas da parte e do terceiro (art. 404). Exibição é o ato ou a atividade de trazer alguma coisa a público, de submeter alguma coisa à faculdade de ver e tocar de outrem (v., ainda, notas ao art. 381).

> *Art. 396. O juiz pode ordenar que a parte exiba documento ou coisa que se encontre em seu poder.*

Este art. 396 representa, antes de tudo, uma explicitação do poder instrutório genericamente conferido ao juiz pelo art. 370. Logo, é poder que o magistrado também exerce *ex officio*, independentemente do pedido a que alude o art. 397. O fundamento dessa assertiva repousa no dever que todos têm, e especialmente as partes, de colaborar com o descobrimento da verdade (art. 378). Por outro lado, como a aplicação das sanções do art. 400 encontra-se estritamente ligada à instauração do incidente, o não atendimento à determinação *ex officio* de exibição deve ser tido pelo juiz apenas como mais um elemento de convicção, sem a força vinculante da admissão prevista naquele dispositivo. O princípio dispositivo e o da disponibilidade que permeiam o processo civil fortalecem tal entendimento.

> *Art. 397. O pedido formulado pela parte conterá:*

O requerimento a que alude o dispositivo não dá ensejo a qualquer autuação própria e a qualquer processamento em apartado; o pedido de exibição tem lugar nos próprios autos sob a forma de petição autônoma juntada a qualquer tempo ou de capítulo da petição inicial ou da peça contestatória.

> Art. 397. (...):
> *I – a individuação, tão completa quanto possível, do documento ou da coisa;*

A individuação minuciosa do documento ou da coisa objeto da ação exibitória incidental é importantíssima para fins de demonstração da sua existência. O conhecimento desses aspectos identificatórios pela parte já é um indício da procedência do pedido, razão por que a lei exige tal requisito. O documento pode assumir a feição de prova direta do fato litigioso (*v.g.*, um recibo de pagamento, um instrumento de contrato) ou de prova indireta (*v.g.*, uma carta, um balancete). A idêntica classificação submetem-se as coisas: prova direta (*v.g.*, os livros objeto de contrafação) e indireta (*v.g.*, os objetos queimados ou destruídos num acidente).

> Art. 397. (...):
> *II – a finalidade da prova, indicando os fatos que se relacionam com o documento ou com a coisa;*

A demonstração da relação existente entre o documento ou a coisa e a prova que se pretende fazer é imprescindível à apreciação do mérito do pedido exibitório. Tecnicamente, temos que a falta dessa indicação é sinônimo de falta de interesse processual (ou interesse de agir), posto que só há necessidade concreta da ação exibitória incidental se do objeto da exibição depende a prova de fato controvertido na causa. Se essa relação não é apontada, ou não aparece implicitamente no requerimento, o juiz deve indeferir liminarmente o pedido (art. 203, § 2º).

> Art. 397. (...):
> *III – as circunstâncias em que se funda o requerente para afirmar que o documento ou a coisa existe e se acha em poder da parte contrária.*

Além da identificação do inciso I e do apontamento do escopo probatório do inciso II, exige a lei a referência expressa às circunstâncias aludidas no texto como forma de assegurar a seriedade e a viabilidade do pedido exibitório. Exigindo tais afirmações, o que provocará contradição, dá a lei um importante passo no sentido de permitir o surgimento da verdade acerca da existência do documento ou coisa e sua posse.

> *Art. 398. O requerido dará sua resposta nos 5 (cinco) dias subsequentes à sua intimação.*

Deferido liminarmente o processamento da ação exibitória (art. 203, § 2º), ordenará o magistrado a intimação (que na verdade é citação) do requerido (na pessoa do seu advogado pela imprensa, física ou eletrônica) para responder em cinco dias. Quatro atitudes do sujeito passivo são possíveis, embora só uma (a última à frente) tenha sido mencionada textualmente pelo parágrafo único: (a) o requerido exibe o documento ou a coisa, o que provoca a extinção do incidente; (b) o requerido fica revel, o que gera a consequência do inciso I do art. 400; (c) o requerido nega o dever de exibir, o que faz incidir os arts. 399, 400, inciso II, e 404; (d) o requerido nega a posse do documento ou coisa, o que se encontra previsto e regulado pelo parágrafo único abaixo (v. nota).

> Art. 398. (...).
> *Parágrafo único. Se o requerido afirmar que não possui o documento ou a coisa, o juiz permitirá que o requerente prove, por qualquer meio, que a declaração não corresponde à verdade.*

Na hipótese de o requerido dar a sua resposta, no prazo de cinco dias, e negar a posse do documento ou da coisa – a quarta possível atitude do requerido nesta ação incidental, conforme esclarecido no comentário ao *caput* –, estabelece o texto sob exame que o magistrado deve permitir ao requerente que "prove, por qualquer meio, que a declaração não corresponde à verdade", ou seja, que o juiz da causa deve intimar o requerente para que prove de imediato o que alegou com documentos ou proteste pela produção de prova documental, testemunhal, depoimento pessoal ou mesmo pericial, tudo a ser objeto do ato de saneamento e de organização do processo, nos termos das previsões do art. 357, seus incisos e parágrafos.

> *Art. 399. O juiz não admitirá a recusa se:*

A inadmissibilidade de recusa aqui prevista decorre do dever processual de exibição imposto às partes nas três hipóteses taxativamente elencadas nos incisos, o que gera, por seu turno, a aplicação da sanção prevista pelo art. 400, inciso II (a admissão da veracidade dos fatos que, por meio do documento ou da coisa, a parte pretendia provar, se a recusa for reputada ilegítima pelo juiz).

> Art. 399. (...):
> *I – o requerido tiver obrigação legal de exibir;*

Há dever inescusável de exibir documento ou coisa toda vez que a lei expressamente refira de forma abstrata tal obrigação. É o que acontece nas hipóteses previstas: no Código Civil, art. 1.191 (exibição integral de livros comerciais ou exibição parcial); no Código Tributário Nacional, art. 195 (exibição de todos os documentos e mercadorias em causas fiscais); na Lei de S/A, art. 105 (exibição integral dos livros da companhia); na Lei de Recuperação Judicial e Falência, art. 22, inciso I, "b" (fornecimento – pelo administrador judicial – aos credores de todas as informações pedidas) e "c" (entrega de extratos dos livros do devedor para fins de habilitações ou impugnações); III, "q" (entrega ao seu substituto de todos os bens e documentos da massa em seu poder); art. 104, inciso V (entrega – pelo falido – de todos os bens, livros, papéis e documentos ao administrador judicial); no Código de Processo Civil, arts. 420 (exibição integral nos casos que menciona – v. nota) e 421 (exibição parcial – v. nota).

Art. 399. (...):
II – o requerido tiver aludido ao documento ou à coisa, no processo, com o intuito de constituir prova;

O dever inescusável de exibição aqui instituído tem por fundamento o ato processual da parte de simplesmente afirmar, sob qualquer forma (na inicial, na contestação ou em qualquer outra peça), que juntará certo documento ou apresentará determinada coisa em juízo. A só alusão a tal documento ou coisa gera para a parte que fez a declaração o dever de exibir. Trata-se de solução inteligente da lei para inibir o blefe processual e suas consequências.

Art. 399. (...):
III – o documento, por seu conteúdo, for comum às partes.

Há dever inescusável de exibição, ainda, se o documento é comum às partes, não no sentido de propriedade comum, mas no sentido de que as declarações de vontade nele contidas dizem respeito às duas partes. Se a parte que alega a existência de um contrato perdeu seu instrumento, a outra que o detenha pode ser compelida a exibi-lo em juízo, porque o documento é comum. O mesmo se dá em relação a uma cópia de recibo ou outro documento.

> *Art. 400. Ao decidir o pedido, o juiz admitirá como verdadeiros os fatos que, por meio do documento ou da coisa, a parte pretendia provar se:*

Dada a circunstância de a ação exibitória incidental se processar nos mesmos autos, parece de todo recomendável, em função da natureza de mérito do julgamento que se realiza (a admissão da verdade de fatos), que o magistrado profira sentença única para as duas causas, exatamente como acontece com a reconvenção. Se o requerente não preenche a condição da ação interesse processual (ou interesse de agir), que para a exibitória é o escopo de provar um fato pela vinda a público do documento ou coisa (art. 397, inciso II), é evidente que o juiz a indeferirá de plano por decisão interlocutória (art. 203, § 2º).

> *Art. 400. (...):*
> *I – o requerido não efetuar a exibição nem fizer nenhuma declaração no prazo do art. 398;*

A primeira hipótese de procedência do pedido exibitório e seu corolário, a admissão da veracidade do fato alegado que se pretendia provar, é a revelia do requerido: não efetuando a exibição nem se defendendo no prazo do art. 398, autorizado está o juiz a aplicar a sanção estabelecida.

> *Art. 400. (...):*
> *II – a recusa for havida por ilegítima.*

Este inciso, que alude ao reconhecimento judicial da ilegitimidade da recusa, abarca as duas hipóteses de defesa pela arguição de ausência do dever de exibir (arts. 399 e 404), bem como a defesa pela afirmação de não possuir o requerido o documento ou a coisa (art. 398). Em qualquer dos três casos, declarada a ilegitimidade da recusa, sentenciará o magistrado nos moldes previstos no *caput*. Observe-se que o fato de o pedido exibitório ter sido julgado procedente não torna precluso o direito do requerido de juntar o documento ou apresentar a coisa em momento posterior.

> **Art. 400. (...).**
> **Parágrafo único.** *Sendo necessário, o juiz pode adotar medidas indutivas, coercitivas, mandamentais ou sub-rogatórias para que o documento seja exibido.*

Este parágrafo único – sem paralelo no regime do estatuto de 1973 (art. 359) – traz à luz a autorização para que o juiz, "sendo necessário", diz o texto, aplique de imediato à parte resistente as medidas de força aqui previstas, aliás, as mesmas medidas reconhecidas genericamente pelo art. 139, inciso IV. Pois bem, o que vale ressaltar é que tais providências podem ser determinadas de imediato se o juiz julgar o pedido exibitório autonomamente, por decisão interlocutória proferida no curso do processo, e não na sentença conjunta, como alvitrado no comentário ao *caput*. Mas, observe-se que isto só é possível em caso de necessidade, como diz o texto, e não naquela hipótese em que a pura e simples admissão da verdade do fato alegado (prevista pelo *caput* deste art. 400) já permita ao juiz resolver o mérito do pedido principal, sem ter de praticar as medidas de força requeridas. Tudo, então, vai depender da necessidade a ser avaliada em cada caso concreto.

> **Art. 401.** *Quando o documento ou a coisa estiver em poder de terceiro, o juiz ordenará sua citação para responder no prazo de 15 (quinze) dias.*

Este artigo e os dois seguintes disciplinam a ação exibitória contra terceiro, que se traduz identicamente num incidente da fase probatória, mas que se distingue da exibitória contra a parte pelo fato de ter processamento em apenso. A formação de autos apartados justifica-se pela necessidade de impedir o tumulto procedimental que adviria da participação de um estranho na relação processual. Duas outras diferenças importantes podem ser inferidas a partir do texto deste art. 401: primeira, a citação (citação, mesmo) do requerido deve ser feita pelos meios legais; segunda, o prazo de resposta do terceiro é três vezes maior do que o da parte: quinze dias.

> **Art. 402.** *Se o terceiro negar a obrigação de exibir ou a posse do documento ou da coisa, o juiz designará audiência especial, tomando-lhe o depoimento, bem como o das partes e, se necessário, o de testemunhas, e em seguida proferirá decisão.*

Quatro atitudes são possíveis ao terceiro requerido, embora apenas duas tenham recebido da lei expressa referência: (a) a exibição do documento ou coisa no prazo de resposta, o que extingue o processo no seu nascedouro; (b) inércia quer quanto à exibição, quer quanto à defesa, o que autoriza o julgamento imediato do pedido; (c) defesa do terceiro negando a obrigação de exibir (art. 399, inciso I, por analogia, e art. 404); (d) defesa do terceiro negando a posse do documento ou coisa. Nessas duas últimas hipóteses – as que estão previstas no texto – a regra sob comentário impõe a designação de audiência antes que o juiz profira a decisão. Se em relação ao art. 400 pode surgir dúvida sobre se se trata de decisão ou sentença (art. 203, §§ 1º e 2º), aqui a lei é expressa ao dizer "proferirá decisão".

> *Art. 403. Se o terceiro, sem justo motivo, se recusar a efetuar a exibição, o juiz ordenar-lhe-á que proceda ao respectivo depósito em cartório ou em outro lugar designado, no prazo de 5 (cinco) dias, impondo ao requerente que o ressarça pelas despesas que tiver.*

Este art. 403 disciplina, em todos os aspectos, o conteúdo da decisão que se profere na exibição proposta em face de terceiro e também a sanção em caso de não cumprimento. Julgado procedente o pedido, o magistrado ordenará que o requerido efetue a exibição do documento ou coisa mediante depósito em cartório em cinco dias, impondo, ato contínuo, ao requerente o reembolso das despesas. Eis a síntese do dispositivo. Algumas considerações interpretativas importantes se impõem, entretanto. A primeira, no sentido de que, diferentemente da ação exibitória incidental movida à parte (arts. 397, 398 e 400), que pode ser decidida por decisão ou por sentença (v. nota ao parágrafo único do art. 400), a exibitória movida a terceiro é sempre julgada por decisão interlocutória (art. 402, *in fine*). A segunda, no sentido de que tal decisão será proferida em autos próprios, vale dizer, em apenso, como já havíamos aventado (v. nota ao art. 401). A terceira, no sentido de que contra essa decisão interlocutória, que constitui decisão inequivocamente de mérito para o terceiro, já que sua obrigação de exibir ou não exibir é definida por ato judicial, cabe agravo de instrumento (art. 1.015, inciso II), que, como sabemos, não tem efeito suspensivo (art. 995 e parágrafo único), de sorte que, à falta de atribuição de efeito suspensivo pelo relator (art. 1.019, inciso I), as determinações previstas pelo parágrafo único abaixo se desencadeiam imediatamente.

> **Art. 403. (...).**
> *Parágrafo único. Se o terceiro descumprir a ordem, o juiz expedirá mandado de apreensão, requisitando, se necessário, força policial, sem prejuízo da responsabilidade por crime de desobediência, pagamento de multa e outras medidas indutivas, coercitivas, mandamentais ou sub-rogatórias necessárias para assegurar a efetivação da decisão.*

O descumprimento da ordem de exibir o documento ou a coisa, nos termos previstos pelo *caput*, e suas consequências sobre a órbita jurídica do terceiro constituem o objeto da normatividade deste parágrafo único.

Pois bem, descumprida a ordem, e independentemente de provocação, expede-se mandado de busca e apreensão (decisão mandamental), podendo o terceiro responder, ainda, por crime de desobediência (CP, art. 330), a ser apurado em processo próprio. Observe-se, ainda, que a previsão da parte final do dispositivo, concernente ao pagamento de multa e às medidas previstas no texto – idênticas às do art. 139, inciso VI –, devem ser imposta no mesmo ato que ordena a expedição do mandado de apreensão, articulando-se devidamente com este pronunciamento judicial.

> **Art. 404.** *A parte e o terceiro se escusam de exibir, em juízo, o documento ou a coisa se:*

Se o art. 399 prevê situações em que o dever de exibir é inescusável (em relação ao terceiro só têm aplicação os incisos I e III), o dispositivo sob comentário estabelece hipóteses em que, mesmo presente, em tese, o dever, a parte e o terceiro têm o direito de não exibir, dadas as legítimas justificativas elencadas a seguir.

> **Art. 404. (...):**
> *I – concernente a negócios da própria vida da família;*

A intimidade da vida familiar é resguardada pela lei por meio do presente inciso, por se tratar de interesse jurídico mais relevante do que o de trazer à luz a verdade de um fato para fins estritamente processuais. Lembremos aqui que o art. 229, inciso II, do estatuto civil afirma que: "II – ninguém pode ser obrigado a depor sobre fato: (...) a que não possa responder sem desonra própria, de seu cônjuge, parente em grau sucessível (...)" – no mesmo sentido do art. 338, inciso II, deste Código. Parece-nos, contudo, perfeitamente legítima a invocação analógica do parágrafo único do art. 388 deste Código nessa hipótese ("Art. 388. ... Parágrafo único. Esta disposição não se aplica às ações de estado e de família").

> **Art. 404. (...):**
> *II – sua apresentação puder violar dever de honra;*

O interesse jurídico que aqui prevalece sobre o escopo de alcance da verdade processual é o dever de honra imposto à parte ou terceiro em relação a outra pessoa. Recordemos aqui também que o art. 229 do estatuto civil escusa as pessoas de deporem sobre fato que exponha cônjuge, parente e amigo íntimo à desonra (CC, art. 229, inciso II – no mesmo sentido o art. 388, inciso III, deste Código). Escusa-se, assim, o requerido, *v.g.*, de exibir documento ou coisa que prove o adultério de outrem. A escusa identicamente cede ante a previsão do parágrafo único do art. 388 do Código, aplicável por analogia (v. texto transcrito na nota ao inciso I).

> **Art. 404. (...):**
> *III – sua publicidade redundar em desonra à parte ou ao terceiro, bem como a seus parentes consanguíneos ou afins até o terceiro grau, ou lhes representar perigo de ação penal;*

Este inciso, que complementa o anterior, estende a tutela legal ao bem jurídico *honra* do próprio requerido (parte ou terceiro) e explicita a circunstância de que seus familiares também se beneficiam da escusa, tanto em caso de desonra como em caso de perigo de ação penal. Não esqueçamos que o art. 229 do estatuto civil prescreve que ninguém é obrigado a depor sobre fato que exponha cônjuge, parente ou amigo íntimo a perigo de vida ou de demanda (CC, art. 229, inciso III, figuras iniciais – em sentido semelhante, o art. 388, inciso IV, deste Código).

> **Art. 404. (...):**
> *IV – sua exibição acarretar a divulgação de fatos a cujo respeito, por estado ou profissão, devam guardar segredo;*

O bem jurídico aqui resguardado é o dever de sigilo (v. nota ao art. 388, inciso II). Assim como a parte não é obrigada a depor sobre fatos sigilosos, a parte ou o terceiro não pode ser obrigado a exibir documento ou coisa que tenha por finalidade a prova desses mesmos fatos. Dada a similitude de situações, não há dúvida sobre a aplicação analógica do parágrafo único do art. 388 deste Código. O art. 229 do estatuto civil diz que ninguém é obrigado a depor sobre fato a cujo respeito, por estado ou profissão, deva guardar segredo (CC, art. 229, inciso I – em sentido semelhante, o art. 388, inciso II, deste Código).

> **Art. 404. (...):**
> *V – subsistirem outros motivos graves que, segundo o prudente arbítrio do juiz, justifiquem a recusa da exibição;*

O enunciado sob enfoque deixa claro que o rol previsto neste art. 404 não é *numerus clausus*, mas meramente exemplificativo. A gravidade dos motivos deverá ser examinada caso a caso pelo magistrado à luz da situação concreta que a causa apresente. Reconhecendo-a ou negando-a, deverá o órgão jurisdicional sempre fundamentar suficientemente sua decisão (art. 489, inciso II, e, particularmente, o seu § 1º e incisos).

> **Art. 404. (...):**
> *VI – houver disposição legal que justifique a recusa da exibição.*

Como previsão de encerramento deste art. 404 – inexistente no regime paralelo do estatuto de 1973 (art. 363) –, nada mais conveniente do ponto de vista normativo que o próprio Código de Processo Civil já anteveja a possibilidade de uma lei material ou processual especial qualquer estabelecer por via expressa alguma justificativa para a recusa de exibição de documento ou coisa em certa e determinada hipótese. O regramento é bem-vindo, portanto.

> **Art. 404. (...).**
> *Parágrafo único. Se os motivos de que tratam os incisos I a VI do "caput" disserem respeito a apenas uma parcela do documento, a parte ou o terceiro exibirá a outra em cartório, para dela ser extraída cópia reprográfica, de tudo sendo lavrado auto circunstanciado.*

Atingindo a escusa prevista nos incisos do art. 404 apenas parte do documento (ou da coisa também), a solução será a extração de suma da outra parte ou a reprodução integral desta porção se o documento ou a coisa o permitir. Toda essa operação deverá ser realizada, em cartório, na presença e sob a fiscalização do escrivão ou do chefe de secretaria (art. 152, inciso I, *in fine*), mediante a lavratura do respectivo auto circunstanciado.

Seção VII
Da Prova Documental

Prova documental, em sentido amplo, é o meio de prova pelo qual se chega à verdade dos fatos litigiosos mediante a presença nos autos de uma coisa capaz de representar um ato (um papel escrito, um desenho, um quadro, uma foto, um filme, uma fita, uma gravação eletrônica, em áudio ou vídeo, etc.). Em sentido restrito, é o meio de prova que se expressa por registros escritos fixados física ou eletronicamente, e que apontam para a existência de um ato ou fato jurídico. Ainda hoje, a prova documental possui a condição de certa proeminência no processo civil, uma vez que certos fatos só por ela se provam (art. 406) e quanto aos demais sua presença dispensa a prova testemunhal (arts. 412 e 420, inciso II). Sobre documentos eletrônicos, examine-se a Seção VIII à frente (arts. 439 a 441).

Subseção I
Da Força Probante dos Documentos

Conforme a lição dos clássicos, documento é toda representação material destinada a reproduzir determinada manifestação do pensamento (Chiovenda) ou toda coisa capaz de representar um ato (Carnelutti). A força probante dos documentos depende de vários fatores conjugados (origem, autenticidade, veracidade, formalidade), mas não traduz superioridade em relação à força de outras provas, posto inexistir hierarquia entre elas (art. 371).

Art. 405. O documento público faz prova não só da sua formação, mas também dos fatos que o escrivão, o chefe de secretaria, o tabelião ou o servidor declarar que ocorreram em sua presença.

Documento público é aquele de cuja criação participa o Estado por seus órgãos ou repartições. Pela simples circunstância de possuir tal origem, o documento assim criado faz prova judicial da sua formação, isto é, da sua autenticidade (certeza da sua proveniência) e da veracidade da declaração nele contida (não da veracidade dos fatos, objeto da declaração), mas também dos fatos que qualquer das pessoas previstas declarar que ocorreram na sua presença. A presunção legal de autenticidade e da veracidade das declarações do documento público origina-se na fé pública que a lei dá aos atos do Estado. Observe-se, por fim, que este art. 405 é regra de valoração da prova documental, pois o juiz fica vinculado (limitado em seu convencimento) pela autenticidade e veracidade instituídas. O art. 215 do estatuto civil estabelece que: "Art. 215. A escritura pública, lavrada em notas de tabelião, é documento dotado de fé pública, fazendo prova plena" (o § 1º institui os seus requisitos).

> *Art. 406. Quando a lei exigir instrumento público como da substância do ato, nenhuma outra prova, por mais especial que seja, pode suprir-lhe a falta.*

A norma regula a eficácia dos documentos *ad solemnitatem* ou *ad substantia negotii*, escrituras públicas que integram a substância de determinados atos (pactos antenupciais – art. 1.640, parágrafo único, do CC; contratos constitutivos ou translativos de direitos reais sobre imóveis de valor superior a 30 salários – arts. 108 e 1.245 do CC; instituição de fundação – art. 62 do CC; etc.). A prova desses atos só pode ser feita por meio de instrumento público (instrumento é a espécie de documento que é criado com o fim específico de provar), de sorte que, sob o prisma da valoração das provas, a regra sob comentário representa exceção ao princípio do livre convencimento ou persuasão racional (art. 371). Trata-se de regra instituidora de prova legal.

> *Art. 407. O documento feito por oficial público incompetente ou sem a observância das formalidades legais, sendo subscrito pelas partes, tem a mesma eficácia probatória do documento particular.*

O dispositivo consagra a ideia de que o documento público (documento ou instrumento) lavrado por oficial sem atribuição legal para lavrá--lo ou lavrado sem obediência à forma legal (v. art. 215, §§ 1º a 5º, do CC) perde a presunção de autenticidade a que alude o art. 405, valendo como se fosse documento particular, que é *ad probationem tantum*. Observe-se, contudo, que a identificação da eficácia referida depende de que o ato jurídico a provar não seja daqueles que exijam a escritura pública como da substância do ato (art. 406 deste Código c/c os arts. 62, 108, 1.245 e 1.640, parágrafo único, do CC) bem como de que, apesar dos vícios apontados, preencha os requisitos exigidos do instrumento particular.

> *Art. 408. As declarações constantes do documento particular escrito e assinado ou somente assinado presumem-se verdadeiras em relação ao signatário.*

Documento particular é aquele de cuja formação não participa o Estado por seus órgãos ou repartições. Sob o ponto de vista formal, o documento particular admite as seguintes feições: (a) escrito e assinado pelo declarante; (b) escrito por outrem e assinado pelo declarante; (c) escrito pela parte, mas não assinado; e (d) nem escrito, nem assinado. Apenas as duas primeiras encontram-se regidas pelo presente dispositivo, de sorte que só no que concerne a elas vale a presunção de veracidade em relação ao signatário (e não em relação a terceiro, atente-se). Tenha-se em vista, ainda, que a presunção instituída é relativa (*juris tantum*), posto que depende do reconhecimento previsto pelo art. 412. Observe-se que dos documentos com a quarta feição referida acima tratam os arts. 417 a 421 (livros comerciais). Por fim, registre-se o que estabelece o art. 219 do estatuto civil: "Art. 219. As declarações constantes de documentos assinados presumem-se verdadeiras em relação aos signatários".

> *Art. 408. (...).*
> *Parágrafo único. Quando, todavia, contiver declaração de ciência de determinado fato, o documento particular prova a ciência, mas não o fato em si, incumbindo o ônus de prová-lo ao interessado em sua veracidade.*

Todo e qualquer documento possui dois e apenas dois conteúdos: declaração de vontade e declaração de ciência (declaração de conhecimento de algum fato). Este parágrafo estabelece que o documento particular só prova a declaração do fato, mas não o próprio fato, que permanece controvertido no processo (*v.g.*, se o compromissário-vendedor declara que o imóvel foi construído em tal data, a declaração está provada, mas não a data). Quanto a esse aspecto da eficácia probatória, o documento particular difere do público porque os fatos declarados pelo oficial como ocorridos em sua presença gozam de presunção de veracidade (art. 405). Observe-se o que prescreve o parágrafo único do art. 219 do estatuto civil: "Parágrafo único. Não tendo relação direta, porém, com as disposições principais ou com a legitimidade das partes, as declarações enunciativas não eximem os interessados em sua veracidade do ônus de prová-las".

> Art. 409. A data do documento particular, quando a seu respeito surgir dúvida ou impugnação entre os litigantes, provar-se-á por todos os meios de direito.

Se, de acordo com a previsão genérica do art. 408, *caput*, "as declarações constantes do documento particular (...) presumem-se verdadeiras em relação ao signatário", o mesmo acontece em relação à "data do documento particular" mencionada no presente enunciado, uma vez que tal elemento informativo é objeto de declaração de ciência (ou de vontade?) do signatário do documento particular. E mais: quanto a tal declaração de ciência, "o documento particular prova a declaração, mas não o fato declarado, conforme a previsão inicial do parágrafo único do art. 408, de sorte que cabe "ao interessado em sua veracidade o ônus de provar o fato", segundo a previsão final do dispositivo. Ora, se cabe a prova do fato é porque surgiu uma dúvida ou uma impugnação entre os litigantes quanto à sua ocorrência – justamente o que prevê o focalizado art. 409, *caput*, numa perspectiva específica da presunção de veracidade da data estampada no documento particular – do que deflui, como consequência, a possibilidade de provar "por todos os meios de direito" a data afirmada no documento ou a data diferente desta para fins materiais ou processuais com relevância para o andamento ou o deslinde da causa em juízo.

> Art. 409. (...).
> Parágrafo único. Em relação a terceiros, considerar-se-á datado o documento particular:

Embora a data constante do documento particular seja presumida como verdadeira, surgindo dúvida a seu respeito, admite-se, por qualquer meio, que se prove o contrário (também se o documento não traz data). É o que diz o *caput* deste art. 409. Já o presente parágrafo único estabelece que, em relação a terceiros, a data declarada no documento não tem valor probatório, prevalecendo nessa hipótese as datas dos eventos arrolados nos incisos, se houver controvérsia a seu respeito, evidentemente.

> **Art. 409. (...).**
> **Parágrafo único. (...):**
> *I – no dia em que foi registrado;*

Para que se operem efeitos em relação a terceiros, exige a lei o registro do documento no cartório de registro público adequado (arts. 135 e 1.067 do CC). Todavia, para os fins processuais aqui disciplinados, abre a lei quatro exceções, que correspondem aos incisos subsequentes, dada a segurança representada pelos fatos neles previstos. De qualquer forma, a prova exata da data do documento sempre poderá ser feita pela parte.

> **Art. 409. (...).**
> **Parágrafo único. (...):**
> *II – desde a morte de algum dos signatários;*

De acordo com o dispositivo focalizado, se a parte ou o terceiro signatário faleceu, presume-se datado o documento na época do falecimento ou antes (e, como é óbvio, jamais daí para a frente).

> **Art. 409. (...).**
> **Parágrafo único. (...):**
> *III – a partir da impossibilidade física que sobreveio a qualquer dos signatários;*

Se à parte ou ao terceiro tornou-se fisicamente impossível participar do ato documentado (*v.g.*, porque se encontrava desaparecido ou em viagem à Europa), presume-se que a data do documento é a do instante a partir do qual a impossibilidade se caracterizou ou a de instante anterior.

> **Art. 409. (...).**
> **Parágrafo único. (...):**
> *IV – da sua apresentação em repartição pública ou em juízo;*

A apresentação do documento pela parte ou pelo terceiro em repartição ou em cartório (cartório mesmo ou nos autos) faz presumir que nessa data ou em época anterior (nunca posterior) é que o documento foi datado.

> Art. 409. (...).
> Parágrafo único. (...):
> V – do ato ou do fato que estabeleça, de modo certo, a anterioridade da formação do documento.

O ato jurídico normalmente praticado ou utilizado para fazer prova da data do documento particular é o reconhecimento de firma por semelhança, que não se confunde com o reconhecimento regulado pelo art. 411, inciso I. Reconhecida a firma em determinada data, prevalecerá esta em confronto com data posterior que conste do documento.

> Art. 410. Considera-se autor do documento particular:

A regra estabelece expressamente a presunção legal de autoria do documento particular em favor das pessoas que são mencionadas nos incisos que seguem. Tenha-se mais uma vez presente que tal presunção é relativa (*juris tantum*), admitindo, portanto, prova em contrário (v. art. 221, parágrafo único, do estatuto civil).

> Art. 410. (...):
> I – aquele que o fez e o assinou;

É evidente que aquele que faz e assina um documento (por isso chamado autógrafo) deve ser reputado seu autor até prova em contrário (*v.g.*, a falsidade material da assinatura). Tal presunção traz como consequência outra presunção, qual seja, a de que as declarações de vontade constantes do documento são verdadeiras, a teor do disposto no art. 408 (v. arts. 219, *caput*, e 221 do CC).

> Art. 410. (...):
> II – aquele por conta de quem ele foi feito, estando assinado;

A presunção de autoria do documento particular também decorre do simples fato de alguém assinar um documento, mesmo sem tê-lo elaborado materialmente. Se o documento foi criado, no plano físico, por conta de alguém e este o assina como seu criador intelectual, legítima se revela a presunção de autoria. Como na hipótese do inciso I, da presunção relativa estabelecida também deflui a presunção estampada no art. 408 (v., ainda, art. 221 do estatuto civil).

> Art. 410. (...):
> III – aquele que, mandando compô-lo, não o firmou porque, conforme a experiência comum, não se costuma assinar, como livros empresariais e assentos domésticos.

A presunção de autoria aqui prevista decorre apenas da circunstância de alguém ter mandado compor documentos, porque tais documentos não se assinam. Livros comerciais são típicos documentos heterógrafos, vale dizer, documentos produzidos por terceiros, razão por que basta a ordem de composição para que quem a deu seja reputado seu autor, já que não exigem assinatura. Se o assento doméstico for heterógrafo, aplica-se a presunção deste inciso III, porque pode não ser (v. notas aos arts. 415 e 416; sobre livros comerciais, v. arts. 417 a 421).

> Art. 411. Considera-se autêntico o documento quando:

Considerar-se autêntico um documento particular – este artigo dirige-se aos documentos particulares, obviamente – significa reputá--lo isento de dúvida quanto à sua procedência, e para tal fim o presente art. 411 prevê três maneiras pelas quais a lei considera estabelecida a presunção de autenticidade de um documento (sobre a autenticidade do documento público examine-se o comentário ao art. 405). Vejamos, então, uma a uma, essas três maneiras.

> Art. 411. (...)
> I – o tabelião reconhecer a firma do signatário;

Este inciso I institui a primeira maneira pela qual se torna indiscutível a autenticidade do documento particular. Reputa-se autêntico, isto é, certo quanto à proveniência, o documento cuja assinatura é reconhecida pelo tabelião. Tenha-se presente, todavia, que esse reconhecimento é o que se dá mediante declaração formal de que a assinatura foi aposta na presença do oficial, não se tratando, portanto, do mero reconhecimento de firma por semelhança, tão comumente utilizado (sobre este, v. art. 409, parágrafo único). Observe-se, por fim, que a presunção em favor da autenticidade também é relativa, uma vez que pode ser afrontada por arguição de falsidade (arts. 427 e 430 a 433).

> Art. 411. (...):
> II – *a autoria estiver identificada por qualquer outro meio legal de certificação, inclusive eletrônico, nos termos da lei;*

O inciso II sob exame estabelece a segunda maneira, ou forma, pela qual se atribui autenticidade a um documento particular: considera-se autêntico o documento cuja autoria se encontra formalizada por algum outro "meio legal de certificação", como o eletrônico, por exemplo. Observe-se que certificação é o ato ou atividade de certificar, o que significa afirmar a certeza, tornar certo, atestar, no caso, a autenticidade do documento. A certificação eletrônica aqui prevista pode ser realizada tanto por órgãos estatais (de qualquer dos Poderes) como por entidades privadas, mas desde que autorizadas por lei; daí dizer o inciso "outro meio legal de certificação", o que traz à luz a ideia de legitimação para o ato certificante. Registre-se, por fim, que, apesar da certificação, é possível discutir a autenticidade do documento particular em juízo, como qualquer outro. Quanto à disciplina da certificação digital – o art. 193, *caput*, parte final, refere-se à validação por meio eletrônico –, esta depende, no âmbito do Poder Judiciário e do foro extrajudicial, de atividade regulatória do Conselho Nacional de Justiça e supletivamente dos tribunais (art. 196, parte inicial, deste Código), além, obviamente, da regulamentação estritamente legal-administrativa.

> Art. 411. (...):
> III – *não houver impugnação da parte contra quem foi produzido o documento.*

O dispositivo institui a terceira forma de tornar indiscutível a autenticidade de um documento particular, bem como a maneira de tornar induvidosa sua veracidade. O reconhecimento implícito da parte como ato integrativo é exigido por este inciso III por dois motivos: (a) o documento particular não traz consigo a prova da sua paternidade (o documento público, sim – art. 405, 1ª parte); (b) tal documento não carrega a presunção de veracidade *erga omnes*, mas apenas em relação ao signatário (o documento público gera efeito contra todos – art. 405, *in fine*). Quanto aos livros comerciais e ao documento cuja firma foi reconhecida nos termos do art. 410, inciso I, não se aplica a exigência de reconhecimento da autenticidade da assinatura (v. notas ao art. 410, incisos I e III). Observe-se que a impugnação aqui prevista não significa que sempre terá de ser instaurado o incidente de arguição de falsidade, posto que pode bastar a impugnação por petição simples para a discussão e decisão sobre a autenticidade e veracidade (v. nota aos arts. 427 e 428).

> *Art. 412. O documento particular de cuja autenticidade não se duvida prova que o seu autor fez a declaração que lhe é atribuída.*

A previsão legal sob enfoque corresponde a mero corolário lógico do ato expresso ou tácito de reconhecimento (art. 411, inciso III) ou da autenticação (art. 411, incisos I e II). Autenticada a assinatura, por tabelião ou eletronicamente, segue-se o efeito, que é a prova de que o autor fez a declaração. Reconhecidas a autenticidade da assinatura e a veracidade total do contexto, segue-se, obviamente, o mesmo efeito probatório. Distinção há de ser feita quando o reconhecimento da veracidade é parcial: os fatos declarados mas impugnados serão objeto de prova, como quaisquer outros da causa (por prova testemunhal, depoimento pessoal ou, mesmo, outro documento).

> Art. 412. (...).
> *Parágrafo único. O documento particular admitido expressa ou tacitamente é indivisível, sendo vedado à parte que pretende utilizar-se dele aceitar os fatos que lhe são favoráveis e recusar os que são contrários ao seu interesse, salvo se provar que estes não ocorreram.*

A regra consagrada no dispositivo é a indivisibilidade, em princípio, do documento particular, desde que reconhecido de acordo com o art. 411, inciso III (não se perca de vista que é possível o reconhecimento apenas parcial do contexto – v. nota ao *caput*). Contudo, ainda que reconhecido totalmente quanto à veracidade das declarações, será lícito à parte mais tarde provar que um ou mais dos fatos reconhecidos não se verificaram. Trata-se, portanto, de permissão à impugnação superveniente ao reconhecimento, o que faz com que a divisibilidade ou a indivisibilidade do documento particular só possa ser afirmada *a posteriori* (v. arts. 395 e 419).

> *Art. 413. O telegrama, o radiograma ou qualquer outro meio de transmissão tem a mesma força probatória do documento particular se o original constante da estação expedidora tiver sido assinado pelo remetente.*

O dispositivo disciplina a eficácia probatória dos documentos particulares que menciona. Telegrama é a cópia da tradução da mensagem codificada – transmitida a partir de um texto original (despacho, minuta) – realizada pela estação receptora. Radiograma é o documento escrito da mensagem transmitida a partir de um texto original. Outros meios de transmissão são, exemplificativamente, o cabograma e o *telex*, o *fac-símile*, etc. Todos esses documentos só têm força probatória se do original (o escrito a partir do qual se transmite) constar a assinatura do remetente, e mesmo assim dependem do reconhecimento a que alude o art. 411, inciso III (v., ainda, art. 222 do estatuto civil).

> *Art. 413. (...).*
> *Parágrafo único. A firma do remetente poderá ser reconhecida pelo tabelião, declarando-se essa circunstância no original depositado na estação expedidora.*

Trata-se de mera faculdade a autenticação da assinatura do remetente do telegrama, radiograma ou outros meios de transmissão (v. nota ao *caput*). A autenticação aludida, que é a prevista pelo art. 411, inciso I, torna induvidosa a autenticidade desses documentos e deve ser mencionada expressamente na transmissão. O que não se dispensa em relação a tais documentos é a assinatura do remetente, que sempre precisa ser mencionada pelo expedidor (*caput* deste artigo).

> *Art. 414. O telegrama ou o radiograma presume-se conforme com o original, provando as datas de sua expedição e de seu recebimento pelo destinatário.*

A presunção de conformidade com o original, que se estende também aos documentos que expressem outros meios de transmissão, é meramente relativa (*juris tantum*) mas depende, para se verificar, da presença dos dois requisitos estampados no texto. A data da expedição sempre deve constar do documento; o recebimento pelo destinatário é documento complementar formado posteriormente (em relação ao telegrama, radiograma e cabograma; não assim em relação ao *telex* e ao *fac-símile*). Observe-se que, mesmo presentes tais requisitos, é possível provar a não conformidade, por se tratar de presunção relativa (v., ainda, art. 222 do estatuto civil).

Art. 415. As cartas e os registros domésticos provam contra quem os escreveu quando:

O dispositivo sob exame restringe-se apenas aos escritos não assinados, uma vez que os assinados têm sua disciplina expressa pelo art. 408. O termo "cartas", no texto, compreende tanto a carta missiva (comunicação de conhecimento ou vontade realizada por intermédio do correio) como a carta doméstica (que prescinde de tal intermediação) e que pode assumir a forma singela de bilhetes ou recados. Já os registros domésticos correspondem a livros de anotações (ou só anotações), diários, memórias, etc. Tais documentos provam contra quem os escreveu nas hipóteses dos incisos a seguir.

Art. 415. (...):
I – enunciam o recebimento de um crédito;

Enunciar o recebimento de um crédito significa, por exemplo, a declaração do credor de que ocorreu o pagamento da dívida ou de que houve compensação, novação ou, ainda, extinção da obrigação por remissão (perdão da dívida) (v., ainda, art. 223, parágrafo único, do estatuto civil, que não conflita em absoluto com o presente regramento: "Parágrafo único. A prova não supre a ausência do título de crédito, ou do original, nos casos em que a lei ou as circunstâncias condicionarem o exercício do direito à exibição").

Art. 415. (...):
II – contêm anotação que visa a suprir a falta de título em favor de quem é apontado como credor;

Trata-se aqui da referência expressa, da menção explícita, num escrito qualquer, a uma dívida do declarante para com alguém, que, contudo, não gerou por algum motivo a formação de um título de crédito, mas que poderia ter gerado (v., ainda, art. 223, parágrafo único, do estatuto civil brasileiro, que não conflita em absoluto com a disciplina aqui estabelecida e que se encontra transcrito na parte final do comentário ao inciso anterior).

> Art. 415. (...):
> *III – expressam conhecimento de fatos para os quais não se exija determinada prova.*

A previsão sob análise refere-se à declaração contida em escritos de fatos cuja prova pode ser feita por qualquer meio legal ou legítimo, prescindindo, portanto, de forma especial como o instrumento público (arts. 369 e 406, combinados).

> *Art. 416. A nota escrita pelo credor em qualquer parte de documento representativo de obrigação, ainda que não assinada, faz prova em benefício do devedor.*

A nota a que se refere o texto legal é a chamada nota liberatória, pela qual o credor (ou quem o represente – CC, art. 308) expressamente declara cumprida a obrigação. De acordo com o dispositivo, a prova do benefício (a liberação da obrigação) ocorre mesmo que a declaração não esteja assinada, mas depende de ela constar em qualquer parte (no verso, ao pé da folha, na margem) do documento representativo da obrigação (*v.g.*, o título de crédito, o instrumento do contrato, etc.).

> Art. 416. (...).
> *Parágrafo único. Aplica-se essa regra tanto para o documento que o credor conservar em seu poder quanto para aquele que se achar em poder do devedor ou de terceiro.*

Segundo o dispositivo presentemente focalizado, não importa em poder de quem se encontre o documento representativo da obrigação (o título de crédito, o instrumento do contrato) do qual conste a nota liberatória. A prova desse benefício depende da existência da nota, sendo irrelevante quem detenha o documento ou quem o faça juntar aos autos do processo (v. CC, art. 324, e especialmente seu parágrafo único, que prescreve: "Parágrafo único. Ficará sem efeito a quitação assim operada se o credor provar, em sessenta dias, a falta de pagamento").

> *Art. 417. Os livros empresariais provam contra seu autor, sendo lícito ao empresário, todavia, demonstrar, por todos os meios permitidos em Direito, que os lançamentos não correspondem à verdade dos fatos.*

A parte inicial da prescrição corresponde parcialmente ao que dispõe o art. 226, *initio*, do Código Civil ("Art. 226. Os livros e fichas dos empresários e sociedades provam contra as pessoas a que pertencem..."). Autor, no texto, é o proprietário do livro, originário ou por sucessão. Já a segunda parte do enunciado explicita a relatividade da presunção de veracidade das declarações imprimidas nos livros empresariais: os lançamentos sempre poderão ser discutidos em juízo, por iniciativa até do próprio empresário (ou sociedade), interessado na demonstração de que seus registros não correspondem à verdade. Observe-se, por derradeiro, o que institui o parágrafo único do mesmo art. 226 do estatuto civil: "Parágrafo único. A prova resultante dos livros e fichas não é bastante nos casos em que a lei exige escritura pública, ou escrito particular revestido de requisitos especiais, e pode ser ilidida pela comprovação da falsidade ou inexatidão dos lançamentos".

> *Art. 418. Os livros empresariais que preencham os requisitos exigidos por lei provam a favor de seu autor no litígio entre empresários.*

O presente art. 418 tem paralelo normativo no art. 226, *caput*, *in fine*, do estatuto civil, que reza: "Art. 226. Os livros e fichas dos empresários e sociedades provam... e, em seu favor, quando, escriturados sem vício extrínseco ou intrínseco, forem confirmados por outros subsídios". Algumas observações se impõem a partir do cotejo deste art. 418 com o mencionado art. 226 do Código Civil. A primeira no sentido de que a prova contra os empresários e sociedades, por meio dos livros e fichas, é norma que deflui, hoje, tanto do art. 226, *caput*, *initio*, do estatuto civil como do art. 417 deste Código, que examinamos há pouco. A segunda no sentido de que este art. 418 se limita a regular a prova a favor do autor dos livros empresariais no litígio entre empresários, estabelecendo a condição para que isto se verifique: a exigência de regularidade da escrituração (o preenchimento dos "requisitos exigidos por lei"). E, finalmente, a terceira, no sentido de que, no contexto do litígio envolvendo empresário e não empresário, o art. 226, *caput*, do Código Civil exige um requisito a mais para a prova a favor do empresário: a confirmação "por outros subsídios".

> *Art. 419. A escrituração contábil é indivisível, e, se dos fatos que resultam dos lançamentos, uns são favoráveis ao interesse de seu autor e outros lhe são contrários, ambos serão considerados em conjunto, como unidade.*

Diferentemente das regras estabelecidas pelos arts. 395 e 412, parágrafo único, que admitem a divisibilidade, a norma sob comentário não a permite, ordenando ao juiz a apreciação da escrituração como um todo ou unidade (a norma constitui exceção, já que por sua natureza a escrituração contábil é divisível). Entrementes, tem-se entendido que esta regra de valoração da prova só se aplica nos casos em que a única prova existente é a escrituração contábil. Observe-se, ainda, que a indivisibilidade deve ser examinada à luz de cada negócio registrado no livro e que à parte contrária sempre será lícito demonstrar a inverdade parcial de lançamentos.

> *Art. 420. O juiz pode ordenar, a requerimento da parte, a exibição integral dos livros empresariais e dos documentos do arquivo:*

A ordem judicial de exibição plena de livros empresariais aqui prevista funda-se, antes de mais nada, no disposto no art. 1.191 do Código Civil e corresponde a uma explicitação do poder instituído pelo art. 396, que, por sua vez, é explicitação do poder genericamente estabelecido pelo art. 370. Na hipótese do presente dispositivo, fica o juiz autorizado a mandar exibir os livros, independentemente da instauração do incidente de "exibição de documento ou coisa", mas sempre na dependência do requerimento da parte nos autos. A necessidade de iniciativa da parte e a dispensa do incidente formal caracterizam a disciplina deste art. 420, destarte. Negada a exibição pela parte contrária nas situações elencadas nos incisos, a solução será a aplicação do disposto no art. 1.192 do estatuto civil, que reza: "Art. 1.192. Recusada a apresentação dos livros (...) serão apreendidos judicialmente e, no do seu § 1º, ter-se-á como verdadeiro o alegado pela parte contrária para se provar pelos livros".

> Art. 420. (...):
> I – na liquidação de sociedade;

Refere-se a lei à hipótese de pendência de processo de dissolução de sociedade (CC, arts. 1.033 a 1.035, c/c os arts. 509 a 603 do CPC), bem como à hipótese de processo ou fase de liquidação que se siga à decretação ou declaração da dissolução (CC, arts. 1.036, parágrafo único, e 1.037 e arts. 606 a 609 do CPC). A regra tem aplicação específica, ainda, aos casos de liquidação de firma individual, de sociedade comercial sem personalidade jurídica ou de sociedades anônimas (v. art. 602, § 2º).

> Art. 420. (...):
> II – na sucessão por morte de sócio;

A situação aqui prevista é a do processo de apuração de haveres por morte, a que alude, os arts. 509, incisos I e II, e 600, incisos I a III do estatuto processual civil vigente. Nesse caso, interessa sobremodo aos sucessores do sócio (a título universal ou singular) o exame integral da escrituração. Tal hipótese encontra-se expressamente prevista pelo art. 1.191, *caput*, do Código Civil: "Art. 1.191. O juiz só poderá autorizar a exibição integral dos livros e papéis de escrituração quando necessária para resolver questões relativas a sucessão, (...)".

> Art. 420. (...):
> III – quando e como determinar a lei.

O art. 1.191, *caput*, do Código Civil determina a exibição integral de livros e papéis de escrituração. Como os incisos anteriores já referiram expressamente as hipóteses de liquidação (inciso I) e sucessão por morte (inciso II), restam, do art. 1.191 mencionado, os casos de dúvidas sobre a comunhão (entre os sucessores de qualquer tipo e os sócios remanescentes), questões sobre administração ou gestão à conta de outrem (mandato, gestão sem mandato) e quaisquer outras questões relativas à sociedade.

> *Art. 421. O juiz pode, de ofício, ordenar à parte a exibição parcial dos livros e dos documentos, extraindo-se deles a suma que interessar ao litígio, bem como reproduções autenticadas.*

O dispositivo sob comentário, que prevê a exibição parcial para extração de suma, tem aplicação não só nas hipóteses do art. 420, como em quaisquer outras em que um empresário seja litigante, garantida a fiscalização da exibição por parte deste, de acordo com o art. 1.191, §§ 1º e 2º, do Código Civil. Observe-se, contudo, que o cabimento dessa modalidade de exibição depende de o registro ser comum às partes, isto é, de o registro dizer respeito a transações que envolvam diretamente os litigantes (Súmula 260 do STF). A exibição parcial, diferentemente da integral ou plena, pode ser determinada de ofício pelo magistrado, aplicando-se em caso de recusa injustificada a solução prevista pelo art. 400, que é também estabelecida pelo art. 1.192 do estatuto civil.

> *Art. 422. Qualquer reprodução mecânica, como a fotográfica, a cinematográfica, a fonográfica ou de outra espécie, tem aptidão para fazer prova dos fatos ou das coisas representadas, se a sua conformidade com o documento original não for impugnada por aquele contra quem foi produzida.*

As reproduções mecânicas previstas no texto, como documentos particulares que são (documento em sentido amplo é toda representação material de um ato ou fato), dependem de reconhecimento expresso ou tácito da veracidade daquilo que representam. Aplica-se aqui o art. 411, III, deste Código. Observe-se o que prescreve o art. 225 do estatuto civil: "Art. 225. As reproduções fotográficas, cinematográficas, os registros fonográficos e, em geral, quaisquer outras reproduções mecânicas ou eletrônicas de fatos ou de coisas fazem prova plena destes, se a parte, contra quem forem exibidos, não lhes impugnar a exatidão".

> *Art. 422. (...).*
>
> *§ 1º. As fotografias digitais e as extraídas da rede mundial de computadores fazem prova das imagens que reproduzem, devendo, se impugnadas, ser apresentada a respectiva autenticação eletrônica ou, não sendo possível, realizada perícia.*

Se o *caput* deste art. 422 se refere à "reprodução mecânica", nela incluída a "fotográfica", o presente § 1º refere-se à reprodução digital para regular, ou disciplinar, as "fotografias digitais" (aquelas tiradas por alguém mas não postadas na Internet) e as "extraídas da rede mundial de computadores" (todas, de qualquer origem, postadas na Internet), em quatro sentidos: (1º) no sentido da admissibilidade da sua utilização no processo civil (art. 369); (2º) no sentido de que têm eficácia probatória quanto às "imagens que reproduzem"; e, finalmente, (3º) no sentido de que, havendo impugnação por uma das partes (art. 411, inciso III), deve ser "apresentada a respectiva autenticação eletrônica" (v. nota ao inciso II do art. 411); ou (4º) no sentido de que, havendo impugnação e não sendo possível a apresentação de autenticação eletrônica, ter cabimento para o deslinde da questão o recurso à prova pericial (art. 464, inciso I).

> Art. 422. (...).
> § 2º. *Se se tratar de fotografia publicada em jornal ou revista, será exigido um exemplar original do periódico, caso impugnada a veracidade pela outra parte.*

Dada a circunstância de o presente dispositivo fazer referência expressa a "exemplar original do periódico", fica claro que se trata de regra dirigida à fotografia não digital, vale dizer, à fotografia física que consta do "exemplar original" que deve ser exibido para a prova da veracidade – jornal eletrônico ou revista eletrônica não têm "exemplar original". O que se tem aqui, portanto, é uma regra processual probatória específica que significa particularização normativa da estabelecida genericamente pelo *caput*, que fala de "documento original". Diferentemente da regra paralela do Código de 1973 (art. 386), já não se exigem mais o acompanhamento da fotografia pelo respectivo negativo (art. 386, § 1º) nem a fotografia original publicada no jornal e seu negativo (art. 386, § 2º).

> Art. 422. (...).
> § 3º. *Aplica-se o disposto neste artigo à forma impressa de mensagem eletrônica.*

Ao prescrever o focalizado § 3º que se aplica "o disposto neste artigo à forma impressa de mensagem eletrônica", o que fica instituído é que quando uma mensagem, ou comunicação, eletrônica (que tanto pode envolver texto como imagem) assumir a forma impressa, isto é, física, tal mensagem deve ser tratada como documento físico (representação material de fato ou ato jurídico), de sorte a que se aplique: (a) o *caput* deste art. 422 (a exigência de conformidade do impresso com o documento original); (b) o § 2º deste art. 422 (a exigência de cotejo da fotografia física com um exemplar original do jornal ou revista). Não se pode cogitar, por óbvio, da aplicação do § 1º acima, já que este se dirige exclusivamente às fotografias digitais, ou eletrônicas.

> *Art. 423. As reproduções dos documentos particulares, fotográficas ou obtidas por outros processos de repetição, valem como certidões sempre que o escrivão ou o chefe de secretaria certificar sua conformidade com o original.*

O enunciado se dirige a todas as formas de reprodução física de documentos particulares, o que inclui a reprodução fotográfica e outras obtidas por repetição, como a fotocópia, a xerocópia, a microfilmagem, etc. De acordo com a normatividade trazida, tais reproduções de documentos particulares têm o mesmo valor de certidões dos originais caso tenham sido autenticadas pelo escrivão ou chefe de secretaria, isto é, a reprodução deve ser tida no processo como o original, o que não significa equiparação quanto aos efeitos com a autenticação prevista pelo art. 411, inciso I, nem impede impugnação da autenticidade ou da veracidade do contexto a que alude o art. 411, inciso III.

> *Art. 424. A cópia de documento particular tem o mesmo valor probante que o original, cabendo ao escrivão, intimadas as partes, proceder à conferência e certificar a conformidade entre a cópia e o original.*

Este dispositivo disciplina, em sua segunda parte, a conferência pelo escrivão, ou chefe de secretaria, de cópias (autênticas, autenticadas, "públicas-formas", simples ou extratos) impugnadas nos termos do art. 411, inciso III. Só em caso de impugnação é que cabe a intimação das partes para a conferência e posterior certificação via lavratura de termo; a regra não se presta, observe-se, a simplesmente colocar à disposição do litigante mais um meio de autenticação. Já a primeira parte do enunciado afirma a equivalência probatória entre a cópia e o original, exceto, é claro, se a desconformidade for demonstrada.

> **Art. 425.** *Fazem a mesma prova que os originais:*

O texto sob enfoque equipara, para fins de efeitos probatórios em juízo, o documento original (que é o primeiro criado) às suas reproduções sob as formas elencadas nos incisos que seguem abaixo (v. Lei de Registros Públicos, art. 161, *caput*). Observe-se que também o art. 216 do estatuto civil inicia sua previsão dizendo: "Art. 216. Farão a mesma prova que os originais (...)".

> **Art. 425. (...):**
> *I – as certidões textuais de qualquer peça dos autos, do protocolo das audiências ou de outro livro a cargo do escrivão ou do chefe de secretaria, se extraídas por ele ou sob sua vigilância e por ele subscritas;*

De conformidade com o art. 152, inciso V, incumbe ao escrivão, ou chefe de secretaria, "fornecer certidão de qualquer ato ou termo do processo, independentemente de despacho, (...)". O presente inciso dá plena eficácia às certidões lavradas pelo escrivão, ou chefe de secretaria: de qualquer peça (documento) existente nos autos do processo; de qualquer folha do livro "protocolo das audiências" (v. art. 367, § 1º); ou de folhas de quaisquer outros livros a seu cargo (*v.g.*, livro de registro de iniciais, registro de sentenças, de carga, de compromisso, etc.). No mesmo sentido o art. 216 do estatuto civil, que prescreve a mesma coisa, acrescentando ao final: "(...) assim como os traslados de autos, quando por outro escrivão consertados". Observe-se, ainda, o que estabelece o art. 218 do mesmo estatuto: "Art. 218. Os traslados e as certidões considerar-se-ão instrumentos públicos, se os originais se houverem produzido em juízo como prova de algum ato".

> **Art. 425. (...):**
> *II – os traslados e as certidões extraídas por oficial público de instrumentos ou documentos lançados em suas notas;*

O inciso refere atos praticados por oficiais públicos que não os judiciais, tais como os oficiais dos cartórios de registros públicos, tabeliães, escreventes juramentados, etc. Traslado é a cópia textual do que se encontra no livro de notas; é a cópia do documento público, sua duplicata (fala-se em primeiros e segundos traslados e, ainda, traslado de traslado). Já a certidão não é duplicata do documento original, mas a asseveração autêntica (declaração) de documentos constantes de notas ou livros (podem ser certidões integrais – textual, inteiro teor, *verbo ad verbum* –, parciais ou em breve relatório – Moacyr Amaral Santos). No mesmo sentido o art. 217 do Código Civil, que estabelece: "Art. 217. Terão a mesma força probante os traslados e as certidões, extraídos por tabelião ou oficial de registro, de instrumentos ou documentos lançados em suas notas".

Art. 425. (...):

III – as reproduções dos documentos públicos, desde que autenticadas por oficial público ou conferidas em cartório com os respectivos originais;

Este inciso III refere as cópias reprográficas (fotocópias ou xerocópias) autenticadas por oficiais públicos, bem como a chamada pública--forma, que é a cópia de documento avulso extraída por oficial público. A reprodução reprográfica de outra reprodução reprográfica só é admitida sob a feição de pública-forma, exceto aquelas que correspondem a documentos considerados originários, como as cartas de ordem, de sentença, de arrematação, de adjudicação, formais de partilha, certidões de registros, inclusive de protestos e Junta Comercial. Examinem-se, ainda, os arts. 422 e 424, que disciplinam outras formas de reprodução.

Art. 425. (...):

IV – as cópias reprográficas de peças do próprio processo judicial declaradas autênticas pelo advogado, sob sua responsabilidade pessoal, se não lhes for impugnada a autenticidade;

Este dispositivo reconhece de forma generalizada a autenticidade de cópias reprográficas de peças do próprio processo judicial se declaradas autênticas pelo advogado sob sua responsabilidade pessoal. Algumas observações se impõem. A primeira, no sentido de que a declaração de autenticidade a ser realizada pelo advogado deve constar expressamente da petição que estiver levando a juízo as peças reproduzidas (a inicial, a contestação, o agravo de instrumento, o requerimento de execução provisória, de tutela provisória, etc.). A segunda, no sentido de que o emprego da locução "próprio processo" quer significar a limitação imposta ao advogado de só poder realizar a declaração de autenticidade em relação às peças dos autos do processo em que esteja atuando, e não em relação a qualquer outro de que não participe. A terceira, no sentido da existência de outro limitador ao poder declaratório: a impugnação, realizada por quem quer que seja, da autenticidade de certo documento inviabiliza de forma absoluta a declaração do advogado. E, por derradeiro, em quarto lugar, deve-se dar registro ao fato de que a responsabilidade a que alude o dispositivo tem tríplice natureza, vale dizer, processual, civil e criminal, o que assegura e potencializa a eficiência do presente regramento.

> Art. 425. (...):
> V – *os extratos digitais de bancos de dados públicos e privados, desde que atestado pelo seu emitente, sob as penas da lei, que as informações conferem com o que consta na origem;*

O dispositivo sob enfoque significa, em primeiro lugar, a instituição dos extratos digitais de bancos de dados como documentos perante o direito processual e, em segundo, o reconhecimento normativo de que no processo – pouco importa se ele é total ou parcialmente eletrônico – tais documentos fazem a mesma prova que os originais. Observe-se que a presente disposição legal se coloca sob o manto da previsão genérica contida no *caput* do art. 11 da Lei n. 11.419/2006 ("Art. 11. Os documentos produzidos eletronicamente e juntados aos processos eletrônicos com garantia da origem e de seu signatário, na forma estabelecida nesta Lei, serão considerados originais para todos os efeitos legais"), mas também encontra explicitação normativa no seu § 1º ("§ 1º. Os extratos digitais e os documentos digitalizados e juntados aos autos (...) têm a mesma força probante dos originais, ressalvada a alegação motivada e fundamentada de adulteração antes ou durante o processo de digitalização"). Chamamos apenas a atenção para o fato de que a referência ao "atestado pelo seu emitente, (...) que as informações conferem com o que consta na origem" (presente no texto em epígrafe) nada mais representa, realmente, do que a própria "garantia da origem e de seu signatário, na forma estabelecida nesta Lei" (prevista no *caput* do art. 11, transcrito), vale dizer, a assinatura eletrônica enquanto via de identificação inequívoca do signatário (art. 1º, § 2º, inciso III, da Lei n. 11.419/2006).

> **Art. 425. (...):**
>
> *VI – as reproduções digitalizadas de qualquer documento público ou particular, quando juntadas aos autos pelos órgãos da Justiça e seus auxiliares, pelo Ministério Público e seus auxiliares, pela Defensoria Pública e seus auxiliares, pelas Procuradorias, pelas repartições públicas em geral e por advogados, ressalvada a alegação motivada e fundamentada de adulteração.*

Este dispositivo, reprodução, em parte, do § 1º do art. 11 da Lei n. 11.419/2006, institui as reproduções digitalizadas como documentos reconhecidos pelo direito processual, bem como para estabelecer que eles também fazem a mesma prova que os originais. Observe-se que o § 6º do mesmo art. 11 ainda nos apresenta um regramento importante concernente à matéria: "§ 6º. Os documentos digitalizados juntados em processo eletrônico somente estarão disponíveis para acesso por meio da rede externa para suas respectivas partes processuais e para o Ministério Público, respeitado o disposto em lei para as situações de sigilo e de segredo de justiça" (v., ainda, o art. 198 deste Código).

> **Art. 425. (...).**
>
> *§ 1º. Os originais dos documentos digitalizados mencionados no inciso VI deverão ser preservados pelo seu detentor até o final do prazo para propositura de ação rescisória.*

Se o inciso VI deste art. 425 reconhece as reproduções digitalizadas e seu efeito probatório (v. nota), o focalizado § 1º se ocupa apenas de dar regramento aos originais dos documentos digitalizados, estabelecendo a exigência, que se impõe ao seu detentor, no sentido de que os preserve até o final do prazo para propositura de ação rescisória. Observe-se, nesse passo, que a disposição legal sob exame é reprodução quase idêntica do § 3º do art. 11 da Lei n. 11.419/2006, assim positivado: "§ 3º. Os originais dos documentos digitalizados, mencionados no § 2º deste artigo, *[objeto de arguição de falsidade]* deverão ser preservados pelo seu detentor até o trânsito em julgado da sentença ou, quando admitida, até o final do prazo para interposição de ação rescisória". Como se vê, este § 1º é apenas mais abrangente. De qualquer maneira, o que realmente parece digno de registro aqui é o teor normativo do § 5º deste mesmo art. 11, que contempla uma outra situação envolvendo documentos físicos originais: "§ 5º.

Os documentos cuja digitalização seja tecnicamente inviável devido ao grande volume ou por motivo de ilegibilidade deverão ser apresentados ao cartório ou secretaria no prazo de 10 (dez) dias contados do envio da petição eletrônica comunicando o fato, os quais serão devolvidos à parte após o trânsito em julgado".

> **Art. 425. (...).**
> **§ 2º.** *Tratando-se de cópia digital de título executivo extrajudicial ou de documento relevante à instrução do processo, o juiz poderá determinar seu depósito em cartório ou secretaria.*

Importante disciplina processual é esta contida no focalizado § 2º, reprodução da Lei n. 11.419/2006 – instituidora, entre nós, da informatização do processo judicial. Importante, a uma, porque reconhece de forma expressa a reprodução digitalizada de título executivo extrajudicial e, a duas, porque, ao admitir a cópia digital de "outro documento relevante à instrução do processo", reconhece a forma eletrônica dos outros "documentos indispensáveis à propositura da ação" de que cogita o art. 3320 do Código de Processo Civil. Por cautela, no entanto, estabelece a lei que tanto num caso como no outro – na verdade, o título executivo é espécie de documento indispensável – o juiz poderá determinar seu depósito em cartório ou secretaria (desta apresentação em cartório também fala o § 5º do art. 11 da Lei n. 11.419/2006 – v. texto completo na nota dirigida ao 1º deste artigo). Observe-se que a lei não impõe ao juiz determinação do depósito, mas apenas poder para determinar, o que acaba por implicar a exigência de que a parte conserve o documento sob sua responsabilidade (desta preservação imposta ao detentor fala o § 3º do mesmo art. 11 – v. texto completo na nota ao § 1º).

> ***Art. 426.*** *O juiz apreciará fundamentadamente a fé que deva merecer o documento, quando em ponto substancial e sem ressalva contiver entrelinha, emenda, borrão ou cancelamento.*

A liberdade de valoração da prova instituída por este dispositivo tem lugar toda vez que o documento particular apresente os vícios extrínsecos mencionados, independentemente de ter ou não havido a impugnação prevista pelo art. 111, inciso III. Ponto substancial, no texto, é o ponto relevante, crucial, basilar, do conteúdo do documento, e a ressalva que a lei pressupõe inexistir é aquela colocada expressamente antes da assinatura com o fim de eliminar os defeitos contidos no documento. Se o vício atinge pontos não substanciais desaparece a liberdade de valoração, devendo o juiz declarar tal circunstância na sentença (v. art. 211 a respeito das entrelinhas, emendas e rasurar sob a perspectiva dos atos processuais). Seja como for, chamamos a atenção, por fim, para o fato de que a exigência de fundamentação estabelecida expressamente no início do texto sob exame põe em destaque a grande preocupação do estatuto vigente com a necessidade de que os juízes atentem, de fato e praticamente, para tudo aquilo que é objeto de sua cognição no processo civil, no caso, para as nuanças dos documentos apresentados (no mesmo sentido, v. art. 489, § 1º e seus incisos, deste Código).

> *Art. 427. Cessa a fé do documento público ou particular sendo-lhe declarada judicialmente a falsidade.*

Reputa-se idôneo o documento se seu contexto é veraz – isto é, se são verdadeiras as declarações nele presentes – e se sua assinatura é autêntica. Cessa a fé do documento, por conseguinte, se a falsidade que atinge seu contexto ou sua assinatura é declarada judicialmente. Por três formas a falsidade pode ser declarada: (a) *incidenter tantum*, mediante simples incidente de arguição de falsidade (art. 430, parágrafo único, primeira figura) e declaração judicial que constituirá parte da motivação da sentença, sem necessidade de ação de qualquer tipo); (b) *principaliter*, mediante propositura de ação incidental de arguição de falsidade (art. 430, parágrafo único, segunda figura); (c) *principaliter*, mediante propositura de ação autônoma (art. 19, inciso II). Examine-se a nota à Subseção II adiante (Da Arguição de Falsidade).

> *Art. 427. (...).*
> *Parágrafo único. A falsidade consiste em:*

A falsidade, assim como prevista nos dois incisos deste parágrafo único, não é exclusivamente a material, como poderia à primeira vista parecer, mas abrange também a ideológica. Examinem-se os incisos que seguem.

> *Art. 427. (...).*
> *Parágrafo único. (...):*
> *I – formar documento não verdadeiro;*

Documento não verdadeiro é, em primeiro lugar, aquele cuja formação nunca foi desejada (o documento formado por outrem e não por aquele que consta como seu autor); nesse caso a falsidade é material. Mas formar documento não verdadeiro é também o ato de declarar, em documento materialmente verdadeiro, fatos inverídicos; aí temos a falsidade ideológica (Moacyr Amaral Santos).

Art. 427. (...).
Parágrafo único. (...):
II – alterar documento verdadeiro.

Trata-se da inserção material de novidade em documento verdadeiro, como acontece nas hipóteses de alteração material de uma cláusula de contrato, a alteração de certas palavras desta ou, ainda, a mudança de uma única palavra que possa desvirtuar o significado de uma frase. Alteração também acontece se todo um parágrafo é suprimido ou se algumas palavras simplesmente são apagadas (*v.g.*, a data ou o lugar).

Art. 428. Cessa a fé do documento particular quando:

A referência exclusiva a documento particular explica-se pelo fato de os vícios aqui previstos (contestação da assinatura e preenchimento abusivo) só poderem alcançar essa modalidade de documento. Enquanto a fé do documento público (art. 405) e do particular autenticado (art. 411, inciso I) só cessa com a declaração da falsidade (art. 430, parágrafo único, segunda figura), nas hipóteses elencadas adiante o que faz cessar a fé é a impugnação prevista pelo art. 411, inciso III. Logo, devendo ser provada a autenticidade ou veracidade do contexto, tal questão para ser dirimida não exige ação, bastando sua discussão na própria causa e decisão *incidenter tantum*, como fundamento da sentença.

Art. 428. (...):
I – for impugnada sua autenticidade e enquanto não se comprovar sua veracidade;

A impugnação da autenticidade do documento particular pode ser feita pela parte contra quem foi produzido o documento, no prazo de quinze dias, por simples petição na qual se aponte a falsidade, a teor do disposto no art. 430. Assim fazendo, desencadeada estará a controvérsia a respeito da autenticidade, que será dirimida por prova pericial, via de regra (v. art. 432). Nada impede, por outro lado, que a parte prefira promover a ação incidental de arguição de falsidade (art. 400, parágrafo único, previsão final). Tratando-se de documento público, só por meio de ação autônoma se poderá declarar sua falsidade (art. 19, inciso II).

> Art. 428. (...):
> II – *assinado em branco, for impugnado seu conteúdo, por preenchimento abusivo.*

Trata-se da figura, legal desde 1973, do documento assinado em branco mas preenchido em desacordo com a convenção estabelecida entre o signatário e aquele a quem incumbe o preenchimento (v. parágrafo único). Interpretada a previsão à luz da regência disciplinar do *caput*, conclui-se que a parte contra quem se produziu tal documento deve impugná-lo nos termos do art. 430 para que cesse a sua fé e se abra a oportunidade de prova da violação ou do desrespeito ao contrato.

> Art. 428. (...).
> *Parágrafo único. Dar-se-á abuso quando aquele que recebeu documento assinado com texto não escrito no todo ou em parte formá-lo ou completá-lo por si ou por meio de outrem, violando o pacto feito com o signatário.*

O parágrafo em questão torna explícito o que a lei considera exatamente o abuso previsto no inciso II do *caput*, de sorte a autorizar a impugnação fundada no art. 430. O pacto existente entre as partes, que tanto pode ser escrito como verbal, será objeto de quaisquer dos meios de prova (depoimento pessoal, testemunhas, outros documentos), competindo ao juiz, na sentença, rejeitar a eficácia probatória do documento se ficar reconhecido o abuso quanto à sua formação.

> *Art. 429. Incumbe o ônus da prova quando:*

Essa regra especial de distribuição do ônus da prova (a geral se encontra esculpida pelo art. 373) aplica-se tanto à ação declaratória autônoma de falsidade (art. 19, inciso II) como à ação incidental de arguição de falsidade ou, ainda, ao mero incidente de falsidade (art. 430, parágrafo único).

> **Art. 429. (...):**
> *I – se tratar de falsidade de documento ou de preenchimento abusivo, à parte que a arguir;*

Sempre que uma das partes impugnar um documento por falsidade ideológica ou material do seu contexto, ou ainda por preenchimento abusivo, a ela competirá a prova. Idêntica é a imposição probatória se o documento particular teve sua assinatura aposta na presença do tabelião, na hipótese do art. 411, inciso I.

> **Art. 429. (...):**
> *II – se tratar de impugnação da autenticidade, à parte que produziu o documento.*

Inverte a lei o ônus da prova na hipótese de impugnação à autenticidade do documento: quem faz ingressar nos autos um documento e afirma sua autenticidade deve prová-la se a parte contrária a puser em dúvida. Tal discussão, como visto (art. 428, inciso I), dar-se-á no bojo da arguição de falsidade, seja ela uma ação incidental, seja ela um mero incidente (art. 430, parágrafo único), no âmbito da própria causa em que o documento foi produzido.

> Subseção II
> Da Arguição de Falsidade

De acordo com o Código de Processo Civil de 2015, a arguição de falsidade é uma ação declaratória incidental, ou um simples incidente, cujo objeto é a declaração da falsidade de um documento relevante para o julgamento da causa. O objeto da arguição de falsidade é exclusivamente a falsidade material, que ocorre, *v.g.*, nos casos previstos pelos arts. 427 e 428. Já a falsidade ideológica – aquela que atinge as declarações constantes do documento, mas não sua materialidade – não se submete à arguição, devendo ser admitida a seguinte distinção: se o negócio jurídico que o documento representa é simulado ou foi realizado por erro, dolo ou coação, a solução é a propositura de ação própria anulatória ou a discussão da desconformidade como mais uma questão *incidenter tantum* da causa, exatamente como se dá no caso de preenchimento abusivo; se apenas algumas declarações são inverídicas, mas o ato em si não é viciado, basta a prova da desconformidade pelos meios adequados na própria causa.

> *Art. 430. A falsidade deve ser suscitada na contestação, na réplica ou no prazo de 15 (quinze) dias, contado a partir da intimação da juntada do documento aos autos.*

Instaura-se o incidente por requerimento ou pedido constante de capítulo próprio da contestação se o documento é juntado com a inicial da réplica, se é juntado com a contestação, ou por petição autônoma, em quinze dias da ciência da juntada, se o documento ingressa nos autos posteriormente. Em qualquer caso, só tem cabimento a arguição se o documento é relevante para a causa; se não é, falta interesse de agir, e o requerimento ou pedido deve ser indeferido liminarmente, o que também deve acontecer se o prazo (quinze ou dez dias) é perdido (nessa hipótese só resta a ação do art. 19, inciso II, c/c o art. 313, inciso V, "a", ou rescisória – art. 966, inciso VI) (v. Lei n. 11.419/2006, art. 11, § 2º, sobre a arguição de falsidade processada eletronicamente). Lembramos que o incidente de falsidade – ação incidental ou simples incidente (v. parágrafo único) – cabe, em regra, em qualquer procedimento cognitivo, mas só pode ter por objeto a falsidade material, admitindo para sua demonstração quaisquer meios de prova.

> *Art. 430. (...).*
> *Parágrafo único. Uma vez arguida, a falsidade será resolvida como questão incidental, salvo se a parte requerer que o juiz a decida como questão principal, nos termos do inciso II do art. 19.*

Diferentemente do regime do estatuto de 1973, que conferia à arguição de falsidade a natureza jurídica exclusiva de ação incidental (ou ação declaratória incidental), o focalizado parágrafo único do art. 430 deste Código reconhece com toda clareza a dupla natureza jurídica da arguição aqui disciplinada: (1ª) "(...) arguida, a falsidade será resolvida como questão incidental, (...)", vale dizer, como mais uma questão fática da causa (a dúvida entre a falsidade e a autenticidade do documento), a ser dirimida pelo juiz na sentença, *incidenter tantum* (no fundamento da sentença), revelando a natureza de mero ou simples incidente da arguição; (2ª) pode "a parte requerer que o juiz a decida como questão principal, nos termos do inciso II do art. 19", isto é, pode a parte deduzir pedido por meio de ação declaratória incidental para a obtenção de uma declaração judicial *principaliter* (no dispositivo da sentença). Registrem-se, por fim, duas considerações importantes sobre o tema. A primeira, no sentido de que a referência da parte final do texto ao "inciso II do art. 19" serve apenas para justificar a equiparação da eficácia processual da arguição aqui prevista à eficácia que tem lugar quando se ajuíza a ação do art. 19, inciso II, equiparação que se encontra consagrada no texto do art. 433 (v. nota). E a segunda, no sentido de que, por óbvio, a referência ao inciso II do art. 19 não significa que uma ação declaratória autônoma de falsidade documental não possa ser ajuizada, a critério exclusivo da parte, o que pode desencadear a suspensão do processo onde o documento supostamente falso foi juntado (art. 313, inciso V, "a").

> *Art. 431. A parte arguirá a falsidade expondo os motivos em que funda a sua pretensão e os meios com que provará o alegado.*

Antes de mais nada, observe-se que, diferentemente do regime paralelo do Código Buzaid, que previa duas formas procedimentais para a arguição de falsidade – nos mesmos autos se o documento fosse oferecido antes de encerrada a instrução (art. 391), e em apenso caso o documento surgisse depois do encerramento (art. 393) –, a regulamentação desta Subseção II não faz qualquer distinção quanto à forma de processar o incidente, o que significa a consagração da sua unidade procedimental, independentemente do momento em que foi juntado o documento em primeira instância. É que o art. 430, *caput*, ao falar dos três momentos possíveis para a arguição, sem qualquer discriminação, acaba por estabelecer a unidade de forma a que nos referimos e por tornar a disciplina deste art. 431 a única utilizável quer pelo réu quando contesta, quer pelo autor quando apresenta sua réplica, quer pelo autor ou pelo réu quando, por petição autônoma, arguem a falsidade de um documento, seja ele apresentado antes ou depois de encerrada a instrução. Em capítulo próprio da contestação ou da réplica, ou como objeto único da petição autônoma, a parte deve expor "os motivos em que funda a sua pretensão e os meios com que provará o alegado". Se houver requerimento de decisão "como questão principal" (*principaliter*, nos termos do parágrafo único do art. 430), tais motivos constituem, em qualquer caso, *causa petendi* da ação incidental, fundamento jurídico do pedido de declaração de falsidade; na hipótese contrária de simples incidente (*incidenter tantum*) os motivos constituem razões que apenas se integram como mais um elemento à *causa petendi* originária ou à defesa do réu, já que não existe um novo pedido introduzido no processo. O vocábulo "pretensão" neste art. 431 admite duas compreensões, portanto: *petitum* mesmo em caso de ação incidental de arguição de falsidade; mais um simples requerimento do autor ou do réu em caso de arguição como mero incidente.

> *Art. 432. Depois de ouvida a outra parte no prazo de 15 (quinze) dias, será realizado o exame pericial.*

A oitiva da parte contrária, mencionada no texto, é provocada na arguição de falsidade por dois atos de comunicação processual diferentes que se praticam, no entanto, sob a mesmíssima forma: intimação, na hipótese de a arguição ter natureza de mero incidente; citação, na hipótese de a arguição ter natureza de ação declaratória incidental (v. nota ao parágrafo único do art. 430). É que, se se tratar de ação, há novo pedido envolvido, decisão de mérito própria e coisa julgada (v. nota ao art. 433), o que depende de chamamento do sujeito passivo da demanda incidental por citação (art. 238). Todavia, tal ato citatório na arguição de falsidade se dá sob a forma de intimação, porque realizável na pessoa do procurador constituído, pela imprensa, física ou eletrônica, exatamente como ocorre no caso de reconvenção, conforme o previsto pelo art. 343, § 1º, regramento que infelizmente não foi aqui estabelecido de forma expressa, mas presente implicitamente. Pois bem, comunicada a parte contrária para se manifestar, em quinze dias, três possibilidades se colocam: o silêncio, a resistência ou a retirada do documento de que fala o parágrafo único do art. 432. No caso de falta de manifestação por parte de quem produziu o documento, entende-se que tal omissão não gera os efeitos da revelia, como ocorre nas ações em geral (art. 344), devendo ser considerada como afirmação da autenticidade e veracidade do documento. Já na hipótese de resistência à arguição, a ordem para a realização de perícia constituirá apenas mais um dos possíveis objetos da decisão de saneamento e de organização do processo, nos termos do art. 357, de sorte que tal decisão não se dará de forma tão automática como sugere o texto deste art. 432 (v. notas aos incisos e parágrafos do art. 357).

> Art. 432. (...).
> Parágrafo único. *Não se procederá ao exame pericial se a parte que produziu o documento concordar em retirá-lo.*

Uma das possíveis atitudes do arguido, como adiantamos no comentário ao *caput*, pode ser a de, ante a impugnação, manifestar-se no sentido de retirar o documento dos autos. Nesse caso, o juiz deve abrir vista ao arguinte, que deverá dizer se concorda ou não, posto que pode ter interesse em ver declarada a falsidade do documento e dirimida toda a dúvida a esse respeito de uma vez por todas (v. nota ao art. 433). Observe-se que a regra tem aplicação também nas hipóteses em que a arguição não assume a feição de arguição de ação declaratória incidental, mas de mero incidente da fase probatória.

> *Art. 433. A declaração sobre a falsidade do documento, quando suscitada como questão principal, constará da parte dispositiva da sentença e sobre ela incidirá também a autoridade da coisa julgada.*

O texto deixa clara a natureza jurídica do ato judicial que resolve a arguição de falsidade, no caso de esta ter a natureza de ação declaratória incidental: trata-se de sentença, e não de decisão interlocutória, no que acertou plenamente o legislador, dada a natureza de mérito da questão principal da dúvida sobre a falsidade. Como a arguição aqui é uma verdadeira ação incidental, a sentença do incidente deve ser proferida em conjunto com a sentença da causa principal (em capítulo desta, o juiz resolve a questão, exatamente como acontece na reconvenção, art. 343). Observe-se, ainda, que, dada a natureza meritória assinalada e o pedido declaratório deduzido por ação, tal sentença faz indubitavelmente coisa julgada material (arts. 502 e 503). Registre-se, por fim, que, embora o texto deste art. 433 se refira apenas à declaração de falsidade "quando suscitada como questão principal" – tudo para dizer que a decisão "constará da parte dispositiva da sentença" e que fará "coisa julgada" –, a essência processual da regra em questão, que é o estabelecimento da sentença de mérito como sede própria do julgamento da falsidade ou autenticidade do documento, vale perfeitamente para a arguição de falsidade que tenha apenas a natureza de incidente da fase probatória: é na sentença – não no dispositivo, mas na fundamentação e sem coisa julgada material – que se julga o requerimento de falsidade (v. notas aos arts. 430, parágrafo único, e 431).

> Subseção III
> Da Produção da Prova Documental

Produção de prova documental é o ato ou atividade, disciplinada pela lei processual, pela qual se faz inserir validamente nos autos do processo um documento para que este passe a integrar aqueles como peça probatória.

> *Art. 434. Incumbe à parte instruir a petição inicial ou a contestação com os documentos destinados a provar suas alegações.*

O dispositivo disciplina os momentos iniciais da produção da prova documental. Quanto ao autor, documentos há que a lei reputa indispensáveis (art. 320, v. nota) e que, por isso, precisam ser juntados com a inicial, sob pena de indeferimento (art. 321), e outros que ela reputa dispensáveis, portanto inexigíveis (art. 320, *a contrario sensu*). Quanto ao réu, a distinção não cabe, sendo sempre direito deste apenas juntar os documentos que repute relevantes à defesa (art. 335).

> Art. 434. (...).
> *Parágrafo único. Quando o documento consistir em reprodução cinematográfica ou fonográfica, a parte deverá trazê-lo nos termos do "caput", mas sua exposição será realizada em audiência, intimando-se previamente as partes.*

O parágrafo único sob enfoque disciplina, sob a ótica da produção da prova documental (v. conceito na nota ao título da Subseção III), os documentos "reprodução cinematográfica ou fonográfica" (reconhecidos pelo art. 422, *caput*), para instituir um ato complementar de produção consistente na sua necessária exposição, ou exibição, em audiência de instrução e julgamento (a dos arts. 358 a 368). Observe-se que a novidade trazida pelo Código vigente não retira dessas reproduções a eventual qualidade de documentos indispensáveis (art. 320), mas acrescenta a exigência exibitória em audiência como elemento integrativo necessário da sua produção válida no processo civil. Além disso, chama a atenção o fato de que fica também criada a prática de ato de produção documental (ainda que complementar) em audiência, o que foge ao clássico modelo dos atos ali praticáveis.

> *Art. 435. É lícito às partes, em qualquer tempo, juntar aos autos documentos novos, quando destinados a fazer prova de fatos ocorridos depois dos articulados ou para contrapô-los aos que foram produzidos nos autos.*

De acordo com a literalidade do focalizado dispositivo legal, apenas os documentos novos, vale dizer, aqueles documentos que concernem a fatos ocorridos depois dos deduzidos na petição inicial, na contestação ou na réplica ou que, embora velhos, servem para se contrapor aos que já foram produzidos nos autos, são admitidos como validamente produzíveis no processo civil. Veja-se, então, que a classe dos "documentos novos" aqui reconhecida tem limite estreito, porque ou se trata de documento novo quanto à sua formação (formado recentemente para a prova de fatos recentes) ou se trata de documento novo, não quanto à formação (porque formado há muito tempo), nem novo quanto ao fato que visa a provar (fato antigo), mas novo apenas quanto ao tipo de fato que visa a provar: o contrário a um dos originariamente deduzidos (para contrapô-lo ao da inicial, contestação ou réplica). Observe-se, por fim, que a limitação jurídica aqui instituída já não tem o mesmo significado que tinha ao tempo do estatuto de 1973, e que obrigava a uma interpretação extensiva ou liberal, porque o parágrafo único à frente abre espaço à produção de documentos velhos desde que devidamente justificada.

> Art. 435. (...).
> *Parágrafo único. Admite-se também a juntada posterior de documentos formados após a petição inicial ou a contestação, bem como dos que se tornaram conhecidos, acessíveis ou disponíveis após esses atos, cabendo à parte que os produzir comprovar o motivo que a impediu de juntá-los anteriormente e incumbindo ao juiz, em qualquer caso, avaliar a conduta da parte de acordo com o art. 5º.*

Este parágrafo único amplia a classe dos documentos novos produzíveis no processo civil, na exata medida em que admite expressamente a juntada de documentos cuja novidade decorre apenas do momento da sua descoberta, porquanto somente depois da apresentação da inicial, da contestação ou da réplica "se tornaram conhecidos, acessíveis ou disponíveis". Quanto ao momento da formação, quanto aos fatos que provam e quanto ao tipo de fato, são documentos inequivocamente velhos (v. nota ao *caput*). Observe-se, por outro lado, que a previsão inicial do texto, ao se referir à "juntada posterior de documentos formados após a petição inicial ou a contestação", somente repete ou explicita o que o *caput* já houvera previsto ao mencionar "prova de fatos ocorridos depois dos articulados" – os fatos ocorridos depois dos articulados são justamente aqueles que se provam por documentos formados após a inicial ou a contestação –, de sorte que a primeira parte do texto deste art. 435 é inútil. Seja como for, o que precisa ser salientado é que a admissibilidade desses documentos novos por causa do momento da sua descoberta depende de justificação a ser feita pela parte acerca do "motivo que a impediu de juntá-los anteriormente", ou, em outras palavras, depende da exposição das razões pelas quais os documentos só se tornaram "conhecidos", "acessíveis" ou "disponíveis" agora, devendo o juiz avaliar tal justificativa à luz do princípio da boa-fé objetiva de que cogita o art. 5º deste Código.

> *Art. 436. A parte, intimada a falar sobre documento constante dos autos, poderá:*

A *ratio* do dispositivo vincula-se indubitavelmente ao princípio do contraditório, e sua normatividade garante, em última análise, o direito da parte de se defender sempre contra quaisquer documentos juntados aos autos, o que significa a real possibilidade de impugnação (incisos I e II) e, ainda, de fazer contraprova mediante a juntada de outro documento ou prova oral. É por causa dessa garantia que não se admite a juntada de documentos, em regra, em audiência (exceção se encontra no art. 434, parágrafo único) ou dentro do prazo de cinco dias que a antecede ou que surge com as razões finais (art. 363, § 2º). Observe-se, outrossim, que a falta de intimação da parte gera nulidade que só não se decreta ante a total ausência de prejuízo ou em face da completa irrelevância do documento para o deslinde da causa.

> *Art. 436. (...):*
> *I – impugnar a admissibilidade da prova documental;*

Impugnação à admissibilidade da prova documental significa questionamento, resistência ou negação do cabimento da prova documental em certa e determinada causa em juízo. Inadmissível, ou incabível, é a prova documental: (a) quando se quer provar com documento fato controvertido que depende de conhecimento especial de técnico (prova pericial – art. 464, inciso I); (b) quando se quer provar fato que depende de instrumento público, por meio de documento particular (art. 406); (c) quando se pretende provar, com declaração em documento, fato cuja transmissão ao juiz depende de depoimento testemunhal (art. 442) – entre outros casos.

Art. 436. (...):
II – impugnar sua autenticidade;

A impugnação à autenticidade de um documento significa questionamento, resistência ou negação da proveniência, ou autoria, do documento, que se traduz, via de regra, na alegação de que a assinatura constante do instrumento trazido para os autos não pertence à pessoa apontada como assinante. Observe-se que o presente inciso II distingue a autenticidade da falsidade, que vem prevista no inciso III, o que decorre da circunstância disciplinar de que o Código vigente resolveu separar o vício relacionado à proveniência, ou autoria, do documento (autenticidade) do vício relacionado à formação ou alteração de documento verdadeiro (falsidade). Assim, se se alega que um documento foi inteiramente ou parcialmente forjado, diz-se que ele é falso; se se alega que apenas a assinatura de um documento verdadeiro é falsa, diz-se que não é autêntico – argumento: o art. 428, inciso I, que fala de impugnação de autenticidade; em seu paralelo no estatuto de 1973, o art. 388, inciso I, falava de contestação de assinatura (o art. 429 e seus dois incisos trazem a mesma distinção).

Art. 436. (...):
III – suscitar sua falsidade, com ou sem deflagração do incidente de arguição de falsidade;

O fenômeno da falsidade documental – objeto da suscitação aqui reconhecida e objeto das previsões do parágrafo único do art. 427 ("formar documento não verdadeiro" e "alterar documento verdadeiro")

– distingue-se do fenômeno da falta de autenticidade que é previsto pelo inciso II e que se prende exclusivamente à ideia de falta de certeza quanto à proveniência do documento ou de dúvida quanto à sua autoria ou paternidade (v. nota). Seja como for, e presente o fato de que apenas a falsidade material pode ser alegada aqui, e não a ideológica, resta um problema interpretativo que demanda esclarecimento: de acordo com o parágrafo único do art. 430, a arguição de falsidade pode apresentar duas naturezas jurídicas (mero incidente da fase probatória ou ação declaratória incidental), de sorte que toda suscitação de falsidade se dá por meio de deflagração do incidente, caindo por terra a ideia trazida pelo presente inciso III de que há uma suscitação de falsidade sem deflagração do incidente dos arts. 430 a 433. Segundo nos parece, não há.

Art. 436. (...):
IV – manifestar-se sobre seu conteúdo.

Se o inciso I deste art. 436 se limita à alegação de inadmissibilidade ou descabimento da prova documental e os incisos II e III se restringem a tratar da alegação de falsidade (falsidade em sentido estrito – inciso II; falta de autenticidade – inciso III), o focalizado inciso IV trata de um terceiro (ou quarto) fenômeno que concerne a todas as possíveis alegações a respeito do conteúdo do documento, como a sua clareza ou dubiedade, sua boa ou má redação, sua eficácia probatória maior ou menor, sua extensão eficacial subjetiva, suas dúvidas interpretativas quanto a cláusulas, frases, locuções ou vocábulos, entre outras. Tudo o que não disser respeito à admissibilidade da prova documental, à autoria e à veracidade do documento é objeto de discussão do seu conteúdo.

Art. 436. (...).
Parágrafo único. Nas hipóteses dos incisos II e III, a impugnação deverá basear-se em argumentação específica, não se admitindo alegação genérica de falsidade.

Dada a circunstância de que a alegação de falsidade (art. 427, parágrafo único) e a de falta de autenticidade de um documento (art. 428, inciso I) trazem em seu bojo gravidade e, com frequência, enorme potencial de acirramento dos litígios, exige a lei que a impugnação se fundamente em argumentos precisos, específicos, que revelem seriedade, e não em argumentos genéricos, que podem transparecer mero propósito de protelação e má-fé processual.

> *Art. 437. O réu manifestar-se-á na contestação sobre os documentos anexados à inicial, e o autor manifestar-se-á na réplica sobre os documentos anexados à contestação.*

Este art. 437, *caput*, nada mais faz do que explicitar os direitos que as partes têm quando se defrontam pela primeira vez com documentos produzidos pelo adversário e, além disso, as expectativas que o sistema tem em relação às partes e à sua colaboração, pelo exercício do contraditório, para a formação do convencimento do juiz sobre a verdade dos fatos que deflui dos documentos juntados aos autos. Assim é que o dispositivo sob exame, desdobrando o direito de "alegar, na contestação, toda a matéria de defesa" (art. 336), especifica o direito de se manifestar o réu "sobre os documentos anexados à inicial", e em relação ao autor explicita seu direito de "manifestar-se na réplica sobre os documentos anexados à contestação" (arts. 350 e 351). Trata-se, portanto, de detalhamento normativo do contraditório, explicitação de direitos processuais que dele decorrem, e nada mais do que isso.

> *Art. 437. (...).*
> *§ 1º. Sempre que uma das partes requerer a juntada de documento aos autos, o juiz ouvirá, a seu respeito, a outra parte, que disporá do prazo de 15 (quinze) dias para adotar qualquer das posturas indicadas no art. 436.*

Se o *caput* explicita os direitos às manifestações do réu e do autor sobre os documentos, na contestação e na réplica, respectivamente (v. nota), o focalizado § 1º reconhece e institui o direito subjetivo processual das duas partes – obviamente, por conta da isonomia – de serem informadas, em qualquer tempo ou fase procedimental, sobre a juntada de qualquer documento aos autos (promovida por uma delas ou por um terceiro, embora o texto não diga) e de serem ouvidas, em quinze dias, a seu respeito, o que significa poderem se manifestar contra sua admissibilidade, autenticidade, falsidade e/ou sobre qualquer aspecto de seu conteúdo (as posturas consignadas nos incisos do art. 436), tudo, obviamente, positivado a título de densificação do princípio do contraditório.

> Art. 437. (...).
>
> § 2º. *Poderá o juiz, a requerimento da parte, dilatar o prazo para manifestação sobre a prova documental produzida, levando em consideração a quantidade e a complexidade da documentação.*

Dando encerramento à disciplina do direito das partes à manifestação sobre os documentos que aportem nos autos, institui o presente § 2º o poder judicial para dilatar ou ampliar os prazos para tais manifestações, estendendo-os para além dos quinze dias de contestação, réplica ou manifestação autônoma. Assim é que, reconhecendo o juiz da causa (ou relator, no tribunal) a exiguidade dos quinze dias, em função da "quantidade" e da "complexidade da documentação", fica ele autorizado pelo presente dispositivo a dilargar o prazo para vinte, trinta, quarenta dias, ou outro que entender adequado, hipótese em que o prazo de contestação ou de réplica será mantido, mas quanto aos documentos a parte disporá do prazo suplementar que o juiz lhe conferir. Quanto à manifestação autônoma, obviamente que a cisão mencionada não terá lugar, bastando ao magistrado já intimar a parte para falar sobre a documentação no prazo ampliado. Lembremos, apenas, que quanto à contestação e à réplica os dois prazos precisarão ser claramente informados às partes.

> Art. 438. *O juiz requisitará às repartições públicas, em qualquer tempo ou grau de jurisdição:*

O poder judicial aqui instituído bem como o previsto pelos arts. 396, 420 e 421 corresponde a meras explicitações do poder instrutório genericamente consagrado pelo art. 370. O que caracteriza fundamentalmente a prerrogativa sob comentário é o fato de que ela só deve ser exercida na hipótese de impossibilidade – comprovada ou seriamente alegada – de a parte obter o documento por sua própria iniciativa. Trata-se, portanto, de atividade judicial complementar e não substitutiva da atividade da parte. Por "repartições públicas", no texto, devem ser entendidos os tabelionatos, os cartórios de registro civil, de imóveis, de protestos, etc. (v., ainda, art. 378).

> Art. 438. (...):
> *I – as certidões necessárias à prova das alegações das partes;*

Toda e qualquer certidão pode ser requisitada pelo juiz da causa nos limites estabelecidos pelo *caput* (v. nota), inclusive aquelas provenientes da Delegacia da Receita Federal. É tranquila hoje a orientação de que informes constantes de declarações feitas pelo contribuinte ao Fisco podem ser requisitados judicialmente não só para a descoberta de fatos que estão sendo discutidos na causa, como também de endereços (para fins citatórios, ou intimatórios) ou, ainda, para o conhecimento do próprio acervo patrimonial da parte, desde que tais informações se mostrem fundamentais para o processo (de conhecimento ou de execução), mas sempre resguardado o sigilo das informações protegidas por lei, o que implica a não sujeição de tais documentos à publicidade processual.

Art. 438. (...):

II – os procedimentos administrativos nas causas em que forem interessados a União, os Estados, o Distrito Federal, os Municípios ou entidades da Administração indireta.

São interessadas na causa as pessoas jurídicas de direito público referidas, as autarquias (pessoas jurídicas de direito público exclusivamente administrativas), as fundações públicas (também autarquias), as sociedades de economia mista e as empresas públicas – exceto as primeiras, todas participantes da Administração indireta – quando figurarem no processo como autoras, rés, oponentes ou assistentes (v. arts. 182 e 183). Todos os procedimentos administrativos que tenham curso perante tais entes podem ser requisitados, desde que digam respeito aos direitos discutidos em juízo.

Art. 438. (...).

§ 1º. Recebidos os autos, o juiz mandará extrair, no prazo máximo e improrrogável de 1 (um) mês, certidões ou reproduções fotográficas das peças que indicar e das que forem indicadas pelas partes, e, em seguida, devolverá os autos à repartição de origem.

O "prazo máximo e improrrogável de 1 (um) mês", previsto no texto para que o juiz mande extrair certidões ou reproduções das peças de procedimentos administrativos – o parágrafo em questão vincula-se exclusivamente ao inciso II deste art. 438 –, é facilmente explicável ante a necessidade de que o funcionamento da Administração Pública não seja comprometido por mais tempo do que o expressamente tolerado pelo presente dispositivo. Observe-se que, recebidos os autos do procedimento, o juiz deve ordenar, de imediato, a extração de cópia ou certidão e que, concluído o trabalho pelo cartório, os autos devem ser devolvidos sem delongas, mesmo antes da aproximação do vencimento do prazo (o prazo de um mês é máximo, não mínimo). Registre-se, por fim, que, havendo ou não indicação de peças pelas partes, o juiz pode, de ofício, ordenar a reprodução, poder que também significa explicitação da prerrogativa judicial prevista pelo art. 370 do Código de Processo Civil vigente.

> Art. 438. (...).
> § 2º. *As repartições públicas poderão fornecer todos os documentos em meio eletrônico, conforme disposto em lei, certificando, pelo mesmo meio, que se trata de extrato fiel do que consta em seu banco de dados ou no documento digitalizado.*

A rigor, o presente § 2º não tem natureza nem caráter processual, mas nitidamente substancial, posto que autoriza as repartições públicas a fornecerem todos os seus documentos em meio eletrônico. Veja-se que apenas por via transversa o direito processual é atingido, na medida em que, cumprindo-se a previsão normativa, os objetos da requisição judicial de que cogitam os incisos I e II deste art. 438 passam a ter a forma eletrônica. É justamente essa consequência verificável em juízo que justifica a inserção do dispositivo no Código de Processo Civil. Pois bem, para compreender o regramento sob enfoque é necessário lembrar, inicialmente, que a Lei n. 11.419/2006 define meio eletrônico como sendo "qualquer forma de armazenamento ou tráfego de documentos e arquivos digitais" (art. 1º, § 2º, inciso I) e que a certificação eletrônica referida no texto – de que "se trata de extrato fiel do que consta em seu banco de dados ou do documento digitalizado" – corresponde à identificação inequívoca do signatário viabilizada pela assinatura eletrônica, também prevista pela mesma lei (art. 1º, § 2º, inciso III). Observe-se, ainda, que, dada a implantação do fornecimento eletrônico de documentos pelas repartições públicas, tanto a própria requisição de que fala o *caput* deste art. 438 como o envio direto a juízo das certidões, procedimentos administrativos e outros documentos poderão ocorrer pela via eletrônica, assim como os requerimentos das partes e o envio dos documentos às partes de que não participe de qualquer modo o juiz da causa (v. arts. 193 a 199 e 439 a 441).

Seção VIII
Dos Documentos Eletrônicos

Art. 439. *A utilização de documentos eletrônicos no processo convencional dependerá de sua conversão à forma impressa e da verificação de sua autenticidade, na forma da lei.*

Apesar de o Código de Processo Civil reconhecer, instituir e disciplinar em tantos aspectos o processo eletrônico – a informatização processual constitui verdadeiro princípio ou, quando menos, princípio informativo do estatuto de 2015 –, não faltou ao legislador processual o bom-senso para admitir que, por alguns anos, ainda convivermos com o "processo convencional" (processo em meio físico ou processo em papel), de sorte que, à luz dessa realidade, fica estabelecido o presente regramento: os documentos eletrônicos (aqueles de que cogitam, *v.g.*, os arts. 193 e 438, § 2º) dependem de conversão à forma impressa e da verificação de autenticidade (v. art. 425, incisos e parágrafos) para que possam ser juntados ao processo convencional (sobre o valor probante de tais documentos, v. o art. 440).

Art. 440. *O juiz apreciará o valor probante do documento eletrônico não convertido, assegurado às partes o acesso ao seu teor.*

O que em primeiro lugar chama a atenção no presente dispositivo é que o regramento processual que ele veicula parece contradizer a disciplina do artigo anterior, que impõe a "conversão à forma impressa" e a "verificação de sua autenticidade" como supostos requisitos de cabimento da produção da prova documental eletrônica. Na verdade, à luz deste art. 440, o que fica claro é que a "conversão" e a certificação da autenticidade do art. 439 não constituem requisitos de cabimento, mas regras condicionantes da forma do documento eletrônico desprovidas da sanção representada pela inadmissibilidade, de sorte que, mesmo em desacordo com a forma prescrita em lei, o juiz, ainda assim, apreciará "o valor probante do documento eletrônico não convertido". O desrespeito à forma acaba significando para a parte, neste caso, um risco à eficiência do seu ato probatório, em detrimento da defesa do seu direito (v. art. 371).

> *Art. 441. Serão admitidos documentos eletrônicos produzidos e conservados com a observância da legislação específica.*

Este art. 441, que por seu conteúdo normativo generalíssimo deveria constituir o primeiro dispositivo da presente Seção VIII, reconhece e institui expressamente a admissibilidade da prova documental eletrônica sob a condição de que tais documentos tenham sido "produzidos e conservados com a observância da legislação específica". Tal regramento nos remete, antes de mais nada, a outra regra, ainda mais geral, do estatuto vigente, que é o art. 193, que prevê que "os atos processuais podem ser total ou parcialmente digitais, de forma a permitir que sejam produzidos, comunicados, armazenados e validados por meio eletrônico, na forma da lei". O documento eletrônico deste art. 441 é, ao mesmo tempo, objeto e o próprio ato processual probatório da parte que o art. 193 tão amplamente prevê. Seja como for, observe-se, por fim, que a "legislação específica" aqui mencionada – cláusula paralela da que consta dos arts. 193, parte final, e 195, parte final – tanto significa a regulamentação atribuída pelo art. 196 ao "Conselho Nacional de Justiça e, supletivamente, aos tribunais", como a Lei n. 11.419/2006, que ainda regula a informatização do processo judicial no Brasil naquilo em que não se tornou superada pela presente lei geral, o Código de Processo Civil em vigor.

Seção IX
Da Prova Testemunhal

Prova testemunhal é aquela obtida por meio do depoimento verbal, prestado em juízo, de pessoa estranha ao processo que relata o que se encontra em sua memória a respeito dos fatos litigiosos (as testemunhas representam no processo os olhos e os ouvidos da Justiça – Bentham). Quanto à fonte do conhecimento, as testemunhas podem ser presenciais (as que conhecem os fatos porque os assistiram) ou de referência (as que os conhecem por relato de terceiros). Referidas são as testemunhas cuja convocação se tornou possível dada a referência da sua pessoa no depoimento de outrem. Já quanto à função que prestam, as testemunhas podem ser judiciárias (as que relatam o que sabem ao juiz) ou instrumentárias (as que atestam, firmando, a realização de negócio jurídico).

Subseção I
Da Admissibilidade e do Valor da Prova Testemunhal

A admissibilidade da prova testemunhal quanto aos fatos é expressamente disciplinada pelos arts. 442 a 446 e 448; o art. 447 regula seu cabimento quanto à própria pessoa da testemunha, de acordo com sua idoneidade. Quanto ao valor, como é sabido, não existe hierarquia entre as provas (art. 371), restando inócua a previsão do art. 447, §§ 4º e 5º (v. notas).

Art. 442. A prova testemunhal é sempre admissível, não dispondo a lei de modo diverso.

De acordo com o presente art. 442, a regra é a admissibilidade da prova testemunhal, o que é explicitado pelos arts. 444 a 446. A exceção é a inadmissibilidade, que sempre vai depender de um texto legal expresso que imponha outra modalidade probatória, como faz, por exemplo, o próprio inciso II do art. 443, que refere duas hipóteses típicas de descabimento da prova testemunhal. Inviável que se revele esta, como sói acontecer nas situações mencionadas, a consequência será o indeferimento.

Art. 443. O juiz indeferirá a inquirição de testemunhas sobre fatos:

Se o art. 442 abre a presente Subseção instituindo a regra, que é o cabimento da prova testemunhal no processo civil e prevendo a exceção, que é seu descabimento havendo disposição legal em sentido contrário, o focalizado art. 443 já se antecipa para estabelecer expressamente as duas primeiras hipóteses em que não tem admissibilidade a prova testemunhal e que, por isso, impõem ao juiz da causa o proferimento de decisão interlocutória (aliás, irrecorrível – v. art. 1.015) no sentido do indeferimento da inquirição de testemunhas quando seu objeto for a prestação de informações sobre os fatos que seguem arrolados nos incisos abaixo. Vejamos cada um deles.

Art. 443. (...):
I – já provados por documento ou confissão da parte;

Documento, no texto, é o *ad probationem tantum* não impugnado quanto à autenticidade ou veracidade (arts. 411, inciso III, 412 e 436, incisos II e III); em caso contrário é lícito provar com testemunhas. Confissão é o ato pelo qual uma das partes admite a verdade de um fato contrário ao seu interesse e favorável ao adversário, qualquer que seja sua feição, exceto a extrajudicial feita a terceiro (arts. 389 a 393, 395 e 374, inciso II). Para os fins desse inciso, equiparam-se aos fatos confessados os fatos incontroversos (art. 394, inciso III). Examinem-se, ainda, os arts. 212, inciso III, e 227 a 230 do estatuto civil.

> Art. 443. (...):
> *II – que só por documento ou por exame pericial puderem ser provados.*

Documento, neste inciso II, é, obviamente, o *ad solemnitatem*, cuja disciplina se encontra expressa no art. 406 (v. nota ao inciso I e referências ao Código Civil); o documento *ad probationem tantum*, no contexto do presente dispositivo, é previsto pelo inciso I. Também a necessidade de exame pericial sobre determinados fatos inviabiliza a prova por meio de testemunhas, o que ocorre na hipótese do inciso I do parágrafo único do art. 464, interpretado *a contrario sensu* (a prova do fato depende de conhecimento especial de técnico).

> Art. 444. *Nos casos em que a lei exigir prova escrita da obrigação, é admissível a prova testemunhal quando houver começo de prova por escrito, emanado da parte contra a qual se pretende produzir a prova.*

Diferentemente do estatuto de 1973 – o art. 402 se referia a "qualquer que seja o valor do contrato" para admitir a prova testemunhal se "houver começo de prova por escrito", tudo porque o art. 401 limitava a prova exclusivamente testemunhal aos contratos de valor inferior a 10 salários-mínimos –, o focalizado art. 444 já não faz qualquer alusão a valor como critério de admissibilidade da prova testemunhal, mas institui um outro limite, que é a existência de previsão legal que exija "prova escrita da obrigação", quando, então, o cabimento da prova por testemunhas fica a depender de "começo de prova por escrito, emanado da parte contra a qual se pretende produzir a prova". A atual regulamentação parece inequivocamente superior à antiga, porque desloca o eixo da admissibilidade da prova testemunhal para a exigência geral e inespecífica de prova escrita, seja qual for o valor do negócio jurídico, deixando de lado o elemento econômico, que não tem a capacidade de criterizar, por si só, a idoneidade processual da testemunha para trazer a verdade dos fatos aos olhos e ouvidos do juiz. Se se exige "começo de prova por escrito" (a prova imperfeita) é porque a "prova escrita da obrigação" (a prova perfeita) não pôde ser apresentada, e a relativização em favor da prova testemunhal fica condicionada a uma questão meramente probatória, e não econômica (v. art. 445).

Art. 445. Também se admite a prova testemunhal quando o credor não pode ou não podia, moral ou materialmente, obter a prova escrita da obrigação, em casos como o de parentesco, de depósito necessário ou de hospedagem em hotel ou em razão das práticas comerciais do local onde contraída a obrigação.

A bem da verdade, o presente art. 445 torna explícitas algumas hipóteses específicas em que se abre exceção à regra geral da prova escrita em favor da prova exclusivamente testemunhal. Tanto é assim que o texto prevê de forma expressa "quando o credor não pode ou não podia, moral ou materialmente, obter prova escrita da obrigação", e, além disso, ainda inicia o enunciado com um "também se admite a prova testemunhal", a indicar a clara relação com o art. 444. Pois bem, o dispositivo sob análise permite genericamente a prova testemunhal em situações em que não se pode exigir que o credor possua um documento que comprove o crédito em razão de motivos morais ou materiais. Dizemos "genericamente" porque o rol estabelecido no texto é apenas exemplificativo. Motivo moral é, *v.g.*, o parentesco, que impede o credor de obter documento, dada a confiança que permeia as relações jurídicas em família. Motivos materiais, a lei cita três: o depósito necessário (o realizado por ocasião de calamidade como o incêndio, a inundação, o naufrágio ou o saque – CC, art. 647, inciso II); a hospedagem em hotel onde o depósito é tido por existente por força de lei independentemente de qualquer documento (CC, art. 649); as práticas comerciais do local onde contraída a obrigação (conforme os usos e costumes locais).

Art. 446. É lícito à parte provar com testemunhas:

O dispositivo enfocado tem por pano de fundo os processos das ações anulatórias de negócios jurídicos e por destinatária da autorização da prova exclusivamente testemunhal a parte inocente, assim considerada aquela que se diz prejudicada pela simulação ou vício e que, por isso, a argui em juízo. Também a terceiros se estende a prerrogativa, porquanto a vontade da lei tem sido apenas a de impedir que a parte culpada (a que praticou simulação fraudulenta ou fraude, etc.) prove com testemunhas o que não pode nem mesmo alegar (CC, art. 150, *v.g.*). Observe-se, por fim, que, diferentemente do texto paralelo do estatuto de 1973 (art. 404, *caput*), já não se fala mais de "parte inocente", mas apenas de "parte", o que se explica pela circunstância de que a parte contratante inocente não é a única a quem se dirige o regramento – também ao terceiro não contratante ele se dirige (art. 167, § 2º, do CC), e este terceiro pode ser parte, mas não parte inocente, sob o prisma do direito material –, de sorte que o emprego de uma locução de significação genérica ("parte") é mais adequado do que o emprego de uma locução específica ("parte inocente"). Vejamos, então, as hipóteses em que é lícito à parte provar com testemunhas.

Art. 446. (...):
I – nos contratos simulados, a divergência entre a vontade real e a vontade declarada;

Quando a *causa petendi* da ação de nulidade de negócio jurídico é a simulação (CC, art. 167), a divergência entre a vontade real e a declarada pode ser provada exclusivamente com testemunhas, porque esse é normalmente o único meio de demonstrá-la, o que se faz, com frequência, pela comprovação de indícios ou circunstâncias. Do somatório desses concluir-se-á pela ocorrência de simulação, que, como sabemos, não é vício do consentimento.

Art. 446. (...):
II – nos contratos em geral, os vícios de consentimento.

A *ratio* da autorização da prova exclusivamente testemunhal nesse caso é semelhante à presente na norma contida no inciso anterior. Os vícios do consentimento (erro, dolo, coação, estado de perigo ou lesão – CC, arts. 171, II, e 138 a 157) normalmente só se tornam passíveis de demonstração mediante prova indiciária, na qual as testemunhas quase sempre ocupam papel de extremo destaque (sobre a prova por indícios, examine-se o art. 375 deste Código).

> **Art. 447. Podem depor como testemunhas todas as pessoas, exceto as incapazes, impedidas ou suspeitas.**

Em relação à fonte da prova testemunhal, a regra é a admissibilidade em juízo do testemunho de quaisquer pessoas; a exceção, a inadmissibilidade nas hipóteses expressa e casuisticamente elencadas nos três parágrafos deste artigo, que não comportam interpretação extensiva ou ampliativa. Se a testemunha se enquadrar em qualquer das situações a seguir previstas, assegura-se à parte contrária o exercício do direito de contraditá-la em audiência (art. 457, §§ 1º e 2º).

> **Art. 447. (...).**
> **§ 1º. São incapazes:**

A incapacidade de depor como testemunha (de fim estritamente processual, portanto) não tem paralelo perfeito na incapacidade civil, porque o relativamente incapaz pode ser testemunha (inciso III), mas não o plenamente capaz se alguma doença ou circunstância lhe houver tirado a consciência, ainda que momentaneamente (inciso II), ou se lhe faltar algum sentido (inciso IV). O art. 228, *caput*, do estatuto civil diz, simplesmente: "Art. 228. Não podem ser admitidos como testemunhas: (...)".

> **Art. 447. (...).**
> **§ 1º. (...):**
> ***I – o interdito por enfermidade ou deficiência mental;***

Interdito por enfermidade ou deficiência mental é a pessoa que sofreu processo de interdição (procedimento de jurisdição voluntária disciplinado pelos arts. 747 a 756) e que teve contra si proferida sentença que lhe subtraiu a capacidade de exercício (ou de fato) pelo fundamento indicado, "enfermidade ou deficiência mental", o que significa o desaparecimento do necessário discernimento para a prática" de certos atos (CC, arts. 3º, inciso II, e 9º, inciso III). Se a interdição teve outro motivo (*v.g.*, a prodigalidade, CC, art. 4º, inciso IV), não incide a restrição.

A regra especifica um aspecto do que o estatuto civil já havia enunciado genericamente no seu art. 228, inciso II.

> Art. 447. (...).
> § 1º. (...):
> *II – o que, acometido por enfermidade ou retardamento mental, ao tempo em que ocorreram os fatos, não podia discerni-los, ou, ao tempo em que deve depor, não está habilitado a transmitir as percepções;*

Este inciso retira a capacidade de depor (processual, destarte) da pessoa civilmente capaz pelo simples fato de ter sofrido qualquer doença que tenha impedido o discernimento do fato, que é objeto de discussão em juízo, no momento em que ele ocorreu; ou pelo fato de sofrer qualquer doença que a impeça, no momento do testemunho, de declarar ao juiz o que sabe. A regra é mais específica (porque processual) do que a constante do art. 228, inciso II, do estatuto civil, que reza: "Art. 228. (...); II – aqueles que, por enfermidade ou retardamento mental, não tiverem discernimento para a prática dos atos da vida civil".

> Art. 447. (...).
> § 1º. (...):
> *III – o que tiver menos de 16 (dezesseis) anos;*

O absolutamente incapaz no plano civil (CC, art. 3º, inciso I) também o é no plano processual para o fim de prestar depoimento como testemunha em juízo. A razão é, evidentemente, a presunção legal inarredável de falta de desenvolvimento intelectual suficiente. A regra sob enfoque é reprodução do art. 228, inciso I, do Código Civil.

> Art. 447. (...).
> § 1º. (...):
> *IV – o cego e o surdo, quando a ciência do fato depender dos sentidos que lhes faltam.*

Há incapacidade de depor, logicamente, se à pessoa falta o sentido necessário à percepção do fato litigioso a respeito do qual vai depor em juízo. Assim, não só em relação ao cego ou ao surdo existe a proibição, como também em relação àquele a quem falte tato, olfato ou paladar, se desses sentidos depender a percepção do fato. A regra em questão tem paralelo redacional quase perfeito no art. 228, inciso III, do estatuto civil.

> Art. 447. (...).
> § 2º. *São impedidos:*

Impedimento é a incompatibilidade com a função de testemunhar, isto é, com a função de transmitir ao órgão jurisdicional o conhecimento a respeito do fato controvertido. Todas as razões de impedimento previstas nos incisos que se seguem estão ligadas ao fato de a testemunha ter vínculo jurídico com alguém ligado direta ou indiretamente à relação processual. Observe-se que, de todas as previsões constantes dos incisos deste parágrafo, somente a primeira (inciso I) tem paralelo no Código Civil.

> Art. 447. (...).
> § 2º. (...):
> *I – o cônjuge, o companheiro, o ascendente e o descendente em qualquer grau e o colateral, até o terceiro grau, de alguma das partes, por consanguinidade ou afinidade, salvo se o exigir o interesse público ou, tratando-se de causa relativa ao estado da pessoa, não se puder obter de outro modo a prova que o juiz repute necessária ao julgamento do mérito;*

Diferentemente do texto paralelo do estatuto de 1973 (art. 405, § 2º, inciso I), o inciso focalizado refere-se de forma expressa não apenas ao cônjuge, mas também ao companheiro, o que coloca o Código vigente em consonância com a equiparação que o direito material realiza já de longa data no Brasil. Pois bem, quanto aos colaterais (pessoas que descendem de ancestral comum) por afinidade, para a contagem de graus, basta colocar um cônjuge, ou o companheiro, no lugar do outro; *v.g.*, cunhados são afins em segundo grau. A ressalva da parte final do dispositivo permite ao juiz tomar o depoimento do cônjuge, companheiro ou parentes por consanguinidade ou afinidade – independentemente de compromisso (§§ 4º e 5º), é claro –, caso entenda existente, segundo seu prudente arbítrio, interesse público, ou se a causa versar sobre estado da pessoa (*status civitatis, status familiae* ou estado civil), que é fenômeno objetivamente constatável. O texto sob comentário tem paralelo no art. 228, inciso V, e seu parágrafo único, do Código Civil.

> Art. 447. (...).
> § 2º. (...):
> II – *o que é parte na causa;*

Nenhuma forma de incompatibilidade com a função de testemunhar é maior ou mais intensa do que a da parte. Quem é parte não pode, em hipótese alguma, ser admitido a prestar depoimento como testemunha. Testemunha, conceitualmente, é sempre um estranho ao feito que vai a juízo dizer o que sabe sobre o fato litigioso.

> Art. 447. (...).
> § 2º. (...):
> III – *o que intervém em nome de uma parte, como o tutor, o representante legal da pessoa jurídica, o juiz, o advogado e outros que assistam ou tenham assistido as partes.*

O que justifica fundamentalmente a instituição do impedimento aqui é a grande identificação que as pessoas mencionadas no texto guardam com a parte, de sorte que seus depoimentos não podem deixar de ser tidos em sua substância como depoimentos das próprias partes (o tutor, o curador, o advogado, público ou privado, o mandatário *ad negotia*, o representante legal da pessoa jurídica). A outra justificativa concerne à intensa vinculação objetiva da pessoa com a causa, de forma que seu depoimento se torna absolutamente incompatível (o juiz, o árbitro, o membro do Ministério Público, da Defensoria Pública, o assistente social, etc.).

> Art. 447. (...).
> § 3º. *São suspeitos:*

Suspeição é sinônimo de falta de credibilidade, de confiabilidade. Suspeita é a testemunha cujo interesse, por razões subjetivas ou objetivas, desautoriza a Justiça a confiar no seu depoimento. Observe-se que as previsões a seguir têm paralelo perfeito no vigente estatuto civil. Registre-se, por fim, que o desaparecimento das previsões dos incisos I e II do § 3º do art. 405 do Código de 1973 ("I – o condenado por crime de falso testemunho, ...", "II – o que, por seus costumes, não for digno de fé") representa a mais pura aplicação do princípio da dignidade da pessoa humana pelo legislador de 2015.

> Art. 447. (...).
> § 3º. (...):
> *I – o inimigo da parte ou o seu amigo íntimo;*

Trata-se de critério extremamente subjetivo este que é instituído pelo presente inciso I para a detecção da testemunha suspeita. Ao juiz competirá prudentemente decidir sobre o grau de amizade ou de inimizade existente entre a parte e a testemunha, não podendo, no entanto, afastar-se da necessidade de caracterizar como intenso o relacionamento entre elas para dar aplicação à focalizada norma jurídica (sócios, compadres, ex-companheiros, podem ou não ser amigos íntimos; inimigos políticos podem ou não ser inimigos capitais segundo a lei). A regra em questão tem paralelo no art. 228, inciso IV, parte final, do Código Civil.

> Art. 447. (...).
> § 3º. (...):
> *II – o que tiver interesse no litígio.*

O critério aqui estabelecido é menos subjetivo do que o previsto pelo inciso I. O interesse que a testemunha deve ter no litígio deve ser pessoal e jurídico, como o do fiador na causa do afiançado, do cedente na causa do cessionário, do vendedor, sujeito à evicção, na causa do comprador (os exemplos são de Moacyr Amaral Santos). Se o interesse é apenas fático ou moral, suspeição não há. Também o presente inciso tem paralelo normativo no art. 228, mas no inciso IV, parte inicial, do estatuto civil.

> Art. 447. (...).
> *§ 4º. Sendo necessário, pode o juiz admitir o depoimento das testemunhas menores, impedidas ou suspeitas.*

Há estrita necessidade de oitiva de testemunhas menores (as incapazes do inciso III do § 1º), impedidas (§ 2º) ou suspeitas (§ 3º) quando, por qualquer motivo, não houver outro meio de prova que possa conduzir o juiz ao conhecimento do fato litigioso (*v.g.*, porque somente tais testemunhas poderiam ter tido contato com as pessoas envolvidas no fato controvertido na causa). Nessas hipóteses o compromisso de dizer a verdade (art. 458) tem de ser dispensado, por razões óbvias. Tais depoimentos são tidos como de meros informantes do juízo.

> Art. 447. (...).
> § 5º. *Os depoimentos referidos no § 4º serão prestados independentemente de compromisso, e o juiz lhes atribuirá o valor que possam merecer.*

Como consequência direta do previsto no parágrafo anterior, e como já deixamos antever, os depoimentos de menores, pessoas impedidas ou suspeitas são tomados pela estrita necessidade, mas são considerados como provenientes de informantes, e não propriamente de testemunhas que o são justamente por seu atributo de credibilidade; a tomada do depoimento independentemente de compromisso de dizer a verdade (art. 458) é outra consequência lógico-jurídica da falta de confiabilidade dessas pessoas. Já no que concerne à previsão final do enunciado sob exame, trata-se, na verdade, de regramento supérfluo, uma vez que a qualquer prova o juiz atribui o valor que lhe pareça adequado, conforme a norma geral de valoração instituída pelo art. 371 deste Código. O dispositivo sob enfoque tem paralelo no art. 228, parágrafo único, do estatuto civil.

> *Art. 448. A testemunha não é obrigada a depor sobre fatos:*

O artigo em questão consagra exceções ao dever instituído pelo art. 380, inciso I, segundo o qual ao terceiro compete "informar ao juiz os fatos e as circunstâncias, de que tenha conhecimento". A *ratio* destas exceções é bastante semelhante à que desobriga a parte de depor sobre os fatos previstos pelo art. 388: ninguém deve ser obrigado a se autoacusar, a acusar familiares ou a divulgar informações legalmente sigilosas. As testemunhas, nas circunstâncias desse artigo, devem requerer ao juiz que as escuse de depor (art. 457, § 3º). O dispositivo tem paralelo no art. 229 do Código Civil.

> Art. 448. (...):
> *I – que lhe acarretem grave dano, bem como ao seu cônjuge ou companheiro e aos seus parentes consanguíneos ou afins, em linha reta ou colateral, até o terceiro grau;*

A lei propositadamente deixa de especificar os fatos que são objeto da escusa da testemunha, com o que autoriza o magistrado a decidir, com base no caso concreto, o que seja ou o que não seja "grave dano" (em relação à parte, a escusa só pode fundar-se nas circunstâncias explicitamente indicadas pelo inciso I do art. 388: fatos criminosos ou fatos torpes).

Em relação às pessoas que são beneficiadas pela escusa, o texto limita de forma objetiva a apreciação judicial; somente as indicadas recebem o beneplácito da proteção legal. O dispositivo em questão tem paralelo no art. 229, incisos II e III, do estatuto civil: "Art. 229. Ninguém pode ser obrigado a depor sobre fato: (...); II – a que não possa responder sem desonra própria, de seu cônjuge, parente em grau sucessível, ou amigo íntimo; III – que o exponha, ou às pessoas referidas no inciso antecedente, a perigo de vida, de demanda, ou de dano patrimonial imediato".

> Art. 448. (...):
> *II – a cujo respeito, por estado ou profissão, deva guardar sigilo.*

A presente disposição é literalmente idêntica à expressa pelo art. 388, inciso II, que rege a escusa de depor da parte, razão por que remetemos o leitor ao comentário realizado àquela prescrição. Seja como for, o presente dispositivo tem paralelo no art. 229, inciso I, do estatuto civil, que diz a mesma coisa, salvo a palavra final: o Código Civil utiliza a palavra "segredo", em vez de "sigilo".

> *Art. 449. Salvo disposição especial em contrário, as testemunhas devem ser ouvidas na sede do juízo.*

Este art. 449, por seu conteúdo normativo, não deveria constituir regra de encerramento da disciplina da admissibilidade e do valor da prova testemunhal; pelo contrário, deveria estar inserido no corpo regulatório da produção dessa prova que a Subseção II, logo à frente, apresenta. Com efeito, prescrever que "as testemunhas devem ser ouvidas na sede do juízo", como regra – ou fora dele, como exceção, segundo o parágrafo único –, é tratar da forma das coisas, e não da substância, é tratar apenas da maneira como o depoimento testemunhal é tomado, assim como o art. 453, *caput*, que fala da audiência. Lugar do depoimento é mero aspecto da forma do ato processual, e este art. 449 é mera explicitação da norma geral do art. 217. Logo, deslocado se revela o dispositivo. Mas, seja como for, o regramento sob exame institui a sede do juízo como o lugar adequado para que o juiz se depare com a testemunha, e vice-versa, e, assim, se cumpra o desiderato da imediatidade, elemento essencial da oralidade no processo, a bem do contraditório e da justiça das decisões.

> Art. 449. (...).
> Parágrafo único. *Quando a parte ou a testemunha, por enfermidade ou por outro motivo relevante, estiver impossibilitada de comparecer, mas não de prestar depoimento, o juiz designará, conforme as circunstâncias, dia, hora e lugar para inquiri-la.*

O depoimento antecipado ou postergado da parte ou da testemunha, segundo o presente dispositivo decorre de circunstâncias que, em si mesmas, não representam perigo para a realização da prova (horário incompatível, viagem inadiável, defeito físico, idade avançada). Se tal perigo se verifica (doença grave, operação delicada) a solução é o recurso ao incidente de produção antecipada da prova (art. 381, inciso I). Verificada a hipótese do parágrafo, ao magistrado abrem-se duas possibilidades: ou ele marca outra data para o depoimento (antes ou depois da audiência); ou ele vai até o local onde se encontra a pessoa e lá toma seu depoimento (no hospital, na casa de repouso, etc.).

> Subseção II
> Da Produção da Prova Testemunhal

Produção da prova testemunhal é a atividade pela qual se faz com que o depoimento de uma testemunha passe a integrar o processo como peça de instrução. Antes do momento da produção, que é normalmente o da audiência de instrução (arts. 358 e segs.), a prova testemunhal já venceu as etapas do requerimento (arts. 319, inciso VI, e 336) e do deferimento (art. 357, incisos II, III e V). Quanto ao lugar do depoimento, outro aspecto da produção da prova testemunhal, examine-se o art. 449

(deslocado) e seu parágrafo único, que trata da postergação ou da antecipação não acautelatória do depoimento (a antecipação acautelatória se dá por meio de produção antecipada da prova do art. 381, inciso I).

> **Art. 450.** O rol de testemunhas conterá, sempre que possível, o nome, a profissão, o estado civil, a idade, o número de inscrição no Cadastro de Pessoas Físicas, o número de registro de identidade e o endereço completo da residência e do local de trabalho.

Se os momentos de requerimento da prova testemunhal, assim como os de quaisquer outras, são, respectivamente, o da petição inicial e o da contestação (arts. 319, inciso VI, e 336) e o momento do deferimento é o da decisão de saneamento e de organização do processo (art. 357, inciso II, parte final), o primeiro momento da produção dessa prova é o do oferecimento do rol de testemunhas deste art. 450, e que tem lugar: (a) no prazo comum não superior a quinze dias que o juiz fixa ao proferir o saneamento (art. 357, § 4º); (b) no instante da audiência de saneamento em cooperação (art. 357, §§ 3º e 5º); ou (c) no momento da homologação da delimitação consensual das questões de fato e de direito (art. 357, § 2º). Independentemente do aspecto temporal do oferecimento do rol, o fato é que o art. 357, § 6º, restringe a dez o número total de testemunhas e o § 7º admite que o juiz limite o número das que serão efetivamente ouvidas. Observe-se que tanto o momento do oferecimento como a limitação do número de testemunhas arroláveis pela parte correspondem aos dois primeiros aspectos disciplinares da produção da prova testemunhal, restando a identificação das testemunhas deste dispositivo sob enfoque como o terceiro. Algumas considerações interpretativas se fazem convenientes. A primeira, no sentido de que o estatuto vigente relativiza a exigência de perfeita identificação ao dizer "sempre que possível", o que significa valer processualmente o arrolamento de testemunha minimamente identificada. A segunda, no sentido de que, ao referir a exigência de "nome", obviamente, também se impõe a exigência de prenome, assim como em relação às partes, apesar da omissão do texto; mas só da testemunha se exige "idade". A terceira, no sentido de que a exigência de "endereço completo da residência e do local de trabalho" tem o claro objetivo de facilitação ao máximo da localização da testemunha, para fins de intimação. E, finalmente, a quarta, no sentido de que da testemunha não se exige endereço eletrônico como elemento identificatório, diferentemente do que ocorre com a parte (art. 319, inciso II).

> *Art. 451. Depois de apresentado o rol de que tratam os §§ 4º e 5º do art. 357, a parte só pode substituir a testemunha:*

O significado último, ou mais profundo, do presente art. 451 é o de que não parece justo ao sistema processual civil que a parte perca a oportunidade de fazer prova testemunhal em razão de circunstâncias imponderáveis como as previstas abaixo. Assim é que se flexibiliza a proibição de arrolamento de novas testemunhas após a apresentação do rol para garantir à parte a manutenção da sua potência instrutória, a bem do equilíbrio jurídico entre os litigantes (isonomia) e a bem da própria função jurisdicional, que poderia ser comprometida pela perda sem reparo do direito da parte de ouvir um certo número desejado de testemunhas. Registre-se, por derradeiro, que as referências textuais aos parágrafos do art. 357 significam, respectivamente, o prazo fixado pelo juiz (§ 4º) e o momento da audiência de saneamento em cooperação (§ 5º), mas não podemos esquecer que o prazo para o rol de testemunhas também pode derivar da homologação da delimitação consensual das questões de fato e de direito (art. 357, § 2º), equiparando-se, nesse caso e para os fins deste art. 451, ao prazo fixado diretamente pelo juiz do § 4º aqui mencionado.

> *Art. 451. (...):*
> *I – que falecer;*

A morte da testemunha deve ser comunicada e provada (ou só comunicada) pela parte ao juiz o mais rápido possível, para permitir a tomada de providências no sentido da intimação da substituta. A falta de certidão de óbito no instante da comunicação não impede o juiz de deferir a substituição, devendo a parte providenciar sua juntada aos autos em prazo razoável que o juiz determine (art. 218, § 1º).

> *Art. 451. (...):*
> *II – que, por enfermidade, não estiver em condições de depor;*

A lei não discrimina a enfermidade, como não podia mesmo discriminar, de sorte que a demonstração pela parte de qualquer doença da testemunha, e da consequente impossibilidade (ou grave inconveniência) de comparecimento à audiência, deve levar o juiz a deferir a substituição. Como acontece com a morte (inciso I), a doença deve ser comprovada (*v.g.*, por atestado médico), mas a falta de comprovação não obstaculiza o deferimento da substituição, devendo o juiz identicamente assinar prazo para a comprovação documental. Observe-se, entretanto, que se a testemunha, por seu profundo conhecimento dos fatos, não pode ser eficientemente substituída, a solução pode ser alternativamente o requerimento de produção antecipada de prova (art. 381, inciso I) ou a tomada de seu depoimento fora da sede do juízo (art. 449, parágrafo único).

> Art. 451. (...):
> *III – que, tendo mudado de residência ou de local de trabalho, não for encontrada.*

A comprovação de que o intento de informar ou intimar a testemunha se frustrou, em decorrência da mudança de residência ou de local de trabalho, depende, a princípio, exclusivamente da iniciativa do advogado da parte, uma vez que se tornou incumbência exclusivamente dele – e não mais do juízo, como ocorria no regime do estatuto de 1973 (art. 412) – a informação ou intimação da testemunha, a teor do disposto no art. 455 e seus parágrafos. Assim é que cabe ao advogado levar ao conhecimento do juiz da causa, o mais rápido possível: (a) a impossibilidade de informar a testemunha (art. 455, *caput*); (b) a frustração da intimação por carta com AR (art. 455, § 1º). Observe-se, entretanto, que apenas excepcionalmente a comprovação da frustração intimatória dependerá de ato de algum servidor da Justiça, o que pode acontecer nas hipóteses do § 4º do art. 455, em que a intimação da testemunha ocorre por iniciativa judicial (v. notas ao art. 455). Seja como for, o fato é que, como ocorre em relação à hipótese de enfermidade (inciso II), também aqui a solução a ser escolhida pela parte pode não ser a substituição, mas o oferecimento de novos dados para a localização da testemunha, em virtude do seu conhecimento profundo sobre os fatos litigiosos.

> Art. 452. *Quando for arrolado como testemunha, o juiz da causa:*

Juiz da causa, no texto, é o que presidirá a audiência (art. 360), e não o que tenha simplesmente funcionado em fase anterior do procedimento, que pode ser arrolado sem que isso gere qualquer incidente.

> Art. 452. (...):
> I – *declarar-se-á impedido, se tiver conhecimento de fatos que possam influir na decisão, caso em que será vedado à parte que o incluiu no rol desistir de seu depoimento;*

A exigência legal de declaração de impedimento por parte do juiz que tenha sido arrolado como testemunha e conheça os fatos litigiosos complementa a disciplina contida na parte final do art. 144, inciso I, que alude ao fenômeno por já ter o magistrado prestado depoimento.

> Art. 452. (...):
> II – *se nada souber, mandará excluir o seu nome.*

A ordem do juiz no sentido de que se exclua seu nome do rol de testemunhas consubstancia típica decisão interlocutória (art. 203, § 2º), porém não passível de agravo de instrumento (art. 1.015). O fato de a parte não ter alegado o impedimento anteriormente, quando soube da vinculação pessoal do juiz com a lide (art. 146 c/c o art. 144), não lhe retira o direito de questionar a decisão negativa do magistrado, para buscar a reconsideração do ato.

> Art. 453. *As testemunhas depõem, na audiência de instrução e julgamento, perante o juiz da causa, exceto:*

O dispositivo sob enfoque institui o momento do processo em que tem lugar a produção da prova testemunhal – a audiência de instrução (arts. 358 e seguintes) –, mas estabelece também, de forma expressa, as exceções nos incisos que se seguem.

> Art. 453. (...):
> I – *as que prestam depoimento antecipadamente;*

Este inciso se refere tanto à antecipação do art. 449, parágrafo único, como à produção antecipada de prova, do art. 381 e seus incisos (v. notas respectivas).

> **Art. 453. (...):**
> *II – as que são inquiridas por carta.*

"Carta", no texto, significa qualquer das modalidades de carta previstas pelo art. 260 (de ordem, rogatória ou precatória) e cuja disciplina se encontra exposta pelos arts. 260 a 268. Testemunha inquirida por carta de ordem é aquela que presta depoimento perante órgão monocrático a quem um tribunal dirigiu ordem para esse fim; por carta rogatória é a que testemunha perante juiz estrangeiro por solicitação de órgão jurisdicional brasileiro; por carta precatória é a que presta depoimento perante juízo de comarca, seção ou subseção judiciária distinta daquela em que tem curso o processo.

> **Art. 453. (...).**
> *§ 1º. A oitiva de testemunha que residir em comarca, seção ou subseção judiciária diversa daquela onde tramita o processo poderá ser realizada por meio de videoconferência ou outro recurso tecnológico de transmissão e recepção de sons e imagens em tempo real, o que poderá ocorrer, inclusive, durante a audiência de instrução e julgamento.*

O parágrafo focalizado cria exceção à aplicabilidade do inciso II acima: ao invés, *v.g.*, da expedição de carta precatória para a oitiva de testemunha, admite-se aqui expressamente a tomada do depoimento por videoconferência ou outro recurso tecnológico de transmissão, exatamente como autoriza o art. 385, § 3º, em relação ao depoimento pessoal da parte, inclusive durante a audiência de instrução e julgamento. Por conta da identidade de situações e de regulamentações, remetemos o leitor ao que escrevemos em comentário ao mencionado § 3º.

> **Art. 453. (...).**
> *§ 2º. Os juízes deverão manter equipamento para a transmissão e recepção de sons e imagens a que se refere o § 1º.*

De forma a viabilizar a tomada de depoimento da testemunha – e também da parte, nos termos do art. 385, § 3º – por meio de videoconferência "ou outro recurso tecnológico de transmissão e recepção de sons e imagens em tempo real", como diz o § 1º, é que este § 2º sob exame cria o dever do Poder Judiciário de fornecer equipamentos adequados a todos os juízos da Justiça comum. Veja-se que o dever aqui instituído tem paralelo em outro, da mesma natureza, reconhecido pelo art. 198, *caput* (o dever de manutenção de "equipamentos necessários à prática de atos processuais e à consulta e ao acesso ao sistema e aos documentos nele constantes"). Trata-se de deveres administrativos, antes mesmo do que processuais, que têm por objetivo único o de prestar o Estado-Judiciário apoio material ao sistema de processo eletrônico que o Código vigente impõe à justiça civil brasileira.

> *Art. 454. São inquiridos em sua residência ou onde exercem sua função:*
>
> *I – o presidente e o vice-presidente da República;*
>
> *II – os ministros de Estado;*
>
> *III – os ministros do Supremo Tribunal Federal, os conselheiros do Conselho Nacional de Justiça e os ministros do Superior Tribunal de Justiça, do Superior Tribunal Militar, do Tribunal Superior Eleitoral, do Tribunal Superior do Trabalho e do Tribunal de Contas da União;*
>
> *IV – o procurador-geral da República e os conselheiros do Conselho Nacional do Ministério Público;*
>
> *V – o advogado-geral da União, o procurador-geral do Estado, o procurador-geral do Município, o defensor público-geral federal e o defensor público-geral do Estado;*
>
> *VI – os senadores e os deputados federais;*
>
> *VII – os governadores dos Estados e do Distrito Federal;*
>
> *VIII – o prefeito;*
>
> *IX – os deputados estaduais e distritais;*
>
> *X – os desembargadores dos Tribunais de Justiça, dos Tribunais Regionais Federais, dos Tribunais Regionais do Trabalho e dos Tribunais Regionais Eleitorais e os conselheiros dos Tribunais de Contas dos Estados e do Distrito Federal;*
>
> *XI – o procurador-geral de justiça;*
>
> *XII – o embaixador de país que, por lei ou tratado, concede idêntica prerrogativa a agente diplomático do Brasil.*

O depoimento em sua própria residência é prerrogativa funcional das autoridades do Executivo, do Legislativo e do Judiciário expressamente elencadas nos incisos a seguir. Também os magistrados (art. 33, inciso I, da LOMAN), os membros do Ministério Público (art. 40, inciso I, da LONMP – Lei n. 8.625, de 12.2.1993) e membros da Defensoria Pública (art. 44, XIV, da Lei Complementar n. 80, de 12.1.1994) gozam de semelhante prerrogativa.

Art. 454. (...).

§ 1º. *O juiz solicitará à autoridade que indique dia, hora e local a fim de ser inquirida, remetendo-lhe cópia da petição inicial ou da defesa oferecida pela parte que a arrolou como testemunha.*

Este § 1º inicia a complementação da disciplina da prerrogativa funcional instituída pelo *caput* que atribui expressamente à autoridade o direito subjetivo processual de designar dia, hora e local da inquirição, e cujo exercício é provocado por solicitação judicial instruída com a inicial ou contestação da parte que a arrolou. Na data e hora designadas (por ofício remetido ao juízo) o magistrado deslocar-se-á ao local indicado para tomar o depoimento da autoridade.

Art. 454. (...).

§ 2º. *Passado 1 (um) mês sem manifestação da autoridade, o juiz designará dia, hora e local para o depoimento, preferencialmente na sede do juízo.*

Visando a racionalizar e tornar mais justo o relacionamento processual das autoridades deste art. 454 com a autoridade judiciária é que o presente § 2º institui o prazo de trinta dias para que a autoridade designe dia, hora e local do seu depoimento, sob pena de o Código devolver o poder de designação ao juiz da causa. Nada mais razoável e proporcional sob a ótica administrativa e jurisdicional. O "preferencialmente na sede do juízo" é mera recomendação legal, mas faz parte da consequência do não atendimento do prazo de trinta dias aqui previsto.

Art. 454. (...).

> *§ 3º. O juiz também designará dia, hora e local para o depoimento, quando a autoridade não comparecer, injustificadamente, à sessão agendada para a colheita de seu testemunho no dia, hora e local por ela mesma indicados.*

Prosseguindo com a regulamentação e com os mesmos objetivos (v. nota ao § 2º), estabelece agora o § 3º a sanção processual de devolução do poder de designação para a hipótese de a autoridade não comparecer, injustificadamente, à sessão por ela mesma agendada. Com efeito, nada mais lógico do que devolver à autoridade jurisdicional o poder para designar dia, hora e local ("preferencialmente na sede do juízo", conforme o § 2º, plenamente aplicável) para a tomada do depoimento da autoridade neste caso.

> *Art. 455. Cabe ao advogado da parte informar ou intimar a testemunha por ele arrolada do dia, da hora e do local da audiência designada, dispensando-se a intimação do juízo.*

Diferentemente do regime anterior, que conferia ao juízo o dever de intimar testemunhas (art. 412 do CPC Buzaid), o Código vigente atribui ao advogado da parte interessada o dever de informar ou intimar a testemunha da audiência de instrução designada – eis a regra; as exceções encontram-se no § 4º (v. nota). Pois bem, o "informar" a testemunha, com valor de intimação, pode se traduzir em declaração escrita da testemunha ao advogado para ser juntada aos autos, no prazo do § 1º, bem como, ainda, na própria declaração do advogado, em nome da parte, no sentido do compromisso de levar a testemunha à audiência, o ato previsto pelo § 2º à frente e que pressupõe informação prestada à testemunha, obviamente – dispensa-se aqui a juntada de qualquer declaração de ciência. Já no que concerne à intimação propriamente dita, atribuída ao advogado, esta tem sua prática regulada pelo § 1º à frente, ao qual remetemos o leitor.

> *Art. 455. (...).*
>
> *§ 1º. A intimação deverá ser realizada por carta com aviso de recebimento, cumprindo ao advogado juntar aos autos, com antecedência de pelo menos 3 (três) dias da data da audiência, cópia da correspondência de intimação e do comprovante de recebimento.*

Este § 1º trata daquilo que o próprio texto chama de "correspondência de intimação", documento particular do advogado e assinado por ele, por meio do qual dá ciência à testemunha de que está sendo convocada a comparecer a juízo para prestar depoimento. Tal correspondência de intimação – porque com valor de intimação processual – deve ser postada no correio sob a forma de "carta com aviso de recebimento" com antecedência razoável, para permitir que, chegado o AR, possa o advogado juntá-lo aos autos, com a "cópia da correspondência de intimação", pelo menos três dias antes da data da audiência de instrução e julgamento. Observe-se, por fim, sobre esse prazo de três dias, que ele tem a peculiaridade de ser um prazo inverso, porquanto corresponde a um lapso temporal dentro do qual o ato não pode ser praticado. Contudo, a disciplina do Código sobre contagem de prazos é única, não discrimina prazos e prazos, de sorte que se aplicam os arts. 219, 220 e 224 a esse prazo inverso (v.g., no caso de prazo de dez dias, se a audiência é no dia 20, terça-feira, o último dia para a juntada da correspondência será a quarta-feira, dia 15; se a audiência é na segunda, 19, o último dia será o dia 13, porque o prazo inverso não começa a correr no domingo, 18, mas só na sexta, 16, e o último dia proibido para a prática do ato é o dia 14, quarta).

> Art. 455. (...).
> *§ 2º. A parte pode comprometer-se a levar a testemunha à audiência, independentemente da intimação de que trata o § 1º, presumindo-se, caso a testemunha não compareça, que a parte desistiu de sua inquirição.*

O § 2º que nos ocupa reconhece e disciplina a categoria das testemunhas cujo comparecimento não depende de intimação de qualquer tipo, inclusive, é claro, a do § 1º. Malgrado a instituição da informalidade para o fim de comparecimento à audiência, tanto estas como as referidas no *caput* precisam ter sido arroladas de acordo com os arts. 357, §§ 4º a 6º, e 450. Quanto ao risco de não comparecimento da testemunha pelo fato de não ter sido formalmente intimada, todo ele é carreado à parte, posto que a lei presume, embora de maneira relativa, que esta desistiu de ouvi--la. A demonstração de uma justificativa séria permite o adiamento da audiência e a oitiva da mesma testemunha posteriormente.

> Art. 455. (...).
> § 3º. A inércia na realização da intimação a que se refere o § 1º importa desistência da inquirição da testemunha.

Sob o ponto de vista sistemático da produção da prova testemunhal, o não cumprimento do ônus processual atribuído à parte (cujo descumprimento se dá por intermédio do seu advogado), de intimar a testemunha arrolada para comparecer à audiência, tem o mesmo efeito preclusivo do não comparecimento da testemunha para depor, enquadrável na previsão do § 2º: a perda do direito subjetivo processual da parte de ouvir a testemunha arrolada, dada a presunção de que desistiu de ouvi-la. Observe-se que a explicitação textual de uma presunção de desistência acaba criando uma certa relatividade para a consumação da preclusão temporal aqui cogitada, na medida em que, principalmente no caso do § 2º, é possível salvar o depoimento mediante a demonstração de justa causa para o não comparecimento da testemunha. O mesmo já não se pode dizer da "inércia na realização da intimação a que se refere o § 1º", porque ou a parte (pelo advogado) tomou a providência intimatória a tempo, ou não a tomou, de sorte que pouco, ou quase nada, resta a fazer, salvo a demonstração de que a correspondência foi enviada com antecedência suficiente mas o AR não voltou a tempo para ser juntado pelo menos três dias antes da audiência. Com mais dificuldade aqui, mas ainda assim é possível invocar a justa causa para a não juntada tempestiva do AR – o comparecimento da testemunha apesar da irregularidade torna todo o problema superado, entretanto.

> Art. 455. (...).
> § 4º. A intimação será feita pela via judicial quando:

O dispositivo sob enfoque cumpre o papel de válvula de escape sistemática para as hipóteses descritas nos incisos abaixo. Ele é, assim, muito importante, porque situações existem, e são algumas, como veremos, em que a intimação advocatícia do § 1º – a regra geral para o processo civil, de acordo com o estatuto em vigor – não se mostra como a fórmula processual mais adequada, de sorte que a intimação por intermédio do juiz exsurge como último recurso e não poderia mesmo deixar de ser contemplada. Vejamos, então, as hipóteses de intimação judicial.

Art. 455. (...).
§ 4º. (...):
I – for frustrada a intimação prevista no § 1º deste artigo;

A frustração da intimação prevista no § 1º deste art. 455 pode assumir algumas feições diferentes. Qualquer delas, desde que efetivamente verificada, abre o caminho para a intimação judicial: (1ª) a testemunha residir em local não atendido pela entrega domiciliar de correspondência (art. 277, inciso IV, por analogia); (2ª) carta endereçada a condomínio edilício ou a loteamento com controle de acesso e recusa de recebimento pelo funcionário responsável (art. 248, § 4º, por analogia); (3ª) volta da carta com AR negativo em qualquer caso; (4ª) volta do AR seguida de carta da testemunha ao advogado comunicando impossibilidade de comparecimento; (5ª) extravio do AR pelo serviço de correio. Comunicada a frustração da intimação por correspondência, com a maior urgência possível, ordenará o juiz da causa a intimação da testemunha por via cartorária (pelo correio, ainda, eventualmente, na quarta situação descrita; ou por meio de oficial de justiça), tudo na dependência de ser faticamente possível intimar a testemunha a tempo.

Art. 455. (...).
§ 4º. (...):
II – sua necessidade for devidamente demonstrada pela parte ao juiz;

Se o inciso I pressupõe a frustração da intimação por correspondência, com tentativa e resultado negativo, o focalizado inciso II pressupõe, logicamente, algo distinto: "a necessidade (...) devidamente demonstrada pela parte ao juiz". Algumas situações podem e devem aqui ser lembradas: (1ª) já se sabe de antemão que a residência da testemunha não é servida pelo sistema de entrega domiciliar de correspondência (hipótese diferente da do inciso anterior – v. nota); (2ª) já se sabe de antemão que toda correspondência é prática e constantemente recusada pelo funcionário responsável de condomínio edilício ou loteamento com controle de acesso, *v.g.*, por causa das longas e constantes viagens da testemunha (hipótese também diferente da do inciso I); (3ª) a testemunha é profissional liberal e presta serviços a múltiplas empresas e não tem residência certa; (4ª) a testemunha só é encontrável fisicamente em dias determinados de reunião profissional, sem que se saiba de sua residência. Nestas e em outras situações extraordinárias é possível, desde logo, requerer a intimação da testemunha por mandado e oficial de justiça.

> Art. 455. (...).
> § 4º. (...):
> III – *figurar no rol de testemunhas servidor público ou militar, hipótese em que o juiz o requisitará ao chefe da repartição ou ao comando do corpo em que servir;*

Com a finalidade de não provocar distúrbio na atividade das repartições públicas de qualquer nível, estabelece a lei uma modalidade especial de intimação, a realizada mediante ofício expedido pelo juiz ao chefe da repartição, ou ao comando do corpo em que servir, pelo qual se solicita a presença do servidor com vistas à tomada do seu depoimento como testemunha. Observe-se que, diferentemente das hipóteses previstas nos dois incisos anteriores, em que o veículo formal da intimação à testemunha é mandado a ser cumprido pelo oficial de justiça, aqui o veículo é o ofício judicial dirigido ao chefe da repartição ou ao comando do corpo, com o que se cumpre o objetivo assinalado de não provocação de distúrbio no funcionamento na repartição ou no corpo em que servir a testemunha. Veja-se que o § 4º, cabeça, deste art. 455 fala de "intimação pela via judicial", e não de intimação por oficial de justiça.

> Art. 455. (...).
> § 4º. (...):
> IV – *a testemunha houver sido arrolada pelo Ministério Público ou pela Defensoria Pública;*

Diferentemente das prescrições dos três incisos anteriores, em que razões práticas e concretas da vida das pessoas justificam o rompimento da regra geral do § 1º, que institui a intimação por correspondência, o presente inciso IV determina que todas as testemunhas que sejam arroladas pelo Ministério Público e pela Defensoria Pública sejam intimadas por via judicial. A *ratio* do regramento é bastante fácil de compreender: não pareceu razoável ao legislador processual civil atribuir a tais instituições o ônus (jurídico, funcional e econômico) de enviar correspondências a testemunhas, o que significaria uma sobrecarga relevante e comprometеdora para o funcionamento dessas instituições. Registre-se, por fim, que o dispositivo em questão não se refere à Advocacia Pública.

> Art. 455. (...).
> § 4º. (...):
> *V – a testemunha for uma daquelas previstas no art. 454.*

O dispositivo sob análise encontra-se em perfeita sintonia lógica com o disposto no § 1º do art. 454, que prevê a solicitação judicial à autoridade para que indique onde e quando deseja ser ouvida. Tal solicitação se dá, obviamente, por meio de ofício – a forma usual de comunicação entre autoridades, no caso a judicial e a administrativa, judicial ou legislativa –, de sorte que não poderia mesmo o presente § 4º deixar de referir as autoridades do art. 454, que não são intimadas por correspondência privada (do § 1º), mas pela "via judicial" do ofício.

> Art. 455. (...).
> *§ 5º. A testemunha que, intimada na forma do § 1º ou do § 4º, deixar de comparecer sem motivo justificado será conduzida e responderá pelas despesas do adiamento.*

Seja qual for a modalidade de intimação empregada, deixando injustificadamente de comparecer a testemunha intimada, a solução ou sanção legal é a condução coercitiva (sob vara) instrumentalizada por mandado a ser cumprido pelo oficial de justiça com o auxílio de força policial, se for o caso. Observe-se, entrementes, que, tratando-se de testemunha intimada por carta postal, é usual que o magistrado ordene nova intimação, agora por mandado, antes de decretar a condução coercitiva (para estar obrigada a comparecer, a testemunha precisa ter sido intimada pelo menos quarenta e oito horas antes da audiência – art. 218, § 2º). A consequência processual interna do não comparecimento da testemunha é, em qualquer caso, o adiamento ou a suspensão da audiência (art. 362, inciso II).

> *Art. 456. O juiz inquirirá as testemunhas separada e sucessivamente, primeiro as do autor e depois as do réu, e providenciará para que uma não ouça o depoimento das outras.*

O dispositivo em questão consagra o princípio da incomunicabilidade entre as testemunhas ("para que uma não ouça o depoimento das outras"), de forma a garantir que o depoimento se revista da maior pureza e credibilidade possíveis. Para tanto é que estabelece o enunciado a exigência de que as testemunhas sejam inquiridas separadamente, isto é, isoladamente, e não conjuntamente, e sucessivamente (uma depois da outra e sem interrupção, e não com longos intervalos). Além disso, a ordem dos dois grupos de testemunhas (o do autor e o do réu) também é regulada, no sentido de que o primeiro grupo a ser ouvido seja o do autor, e depois ("sucessivamente" aqui aplicável da mesma forma) o do réu, mas com a possibilidade de alteração por ordem judicial, com base no parágrafo único (v. nota).

> Art. 456. (...).
> *Parágrafo único. O juiz poderá alterar a ordem estabelecida no "caput" se as partes concordarem.*

O parágrafo único sob enfoque abre exceção à norma extraída do *caput* de que primeiro sejam ouvidas as testemunhas do autor e depois as do réu – não há ordem para a oitiva das testemunhas dentro do respectivo grupo, atente-se – ordem que, aliás, também se encontra estabelecida no art. 361, inciso III, deste Código. Pois bem, com o objetivo sistemático de não comprometer o andamento normal do processo e sua celeridade possível é que o presente regramento autoriza a inversão da ordem dos depoimentos, podendo o juiz ouvir primeiro as testemunhas do réu e em seguida as do autor, mas apenas se houver concordância expressa das partes, que deverá constar por escrito do termo de audiência. O que pode haver, entretanto, é a constatação judicial da conveniência extraordinária de que se ouçam algumas testemunhas do autor (não todas) e, a seguir, todas ou algumas (já presentes) do réu, numa hipótese, por exemplo, de extrema dificuldade de retorno de testemunhas do demandado em outra data (testemunhas residentes, *v.g.*, em outra região do país). Parece-nos que também aqui, havendo concordância expressa das partes, a inversão parcial pode ocorrer. Se as partes podem estabelecer convenção de procedimento (arts. 190 e 191), que é o mais, podem convencionar a alteração parcial da ordem da oitiva de testemunhas, que é o menos.

> Art. 457. *Antes de depor, a testemunha será qualificada, declarará ou confirmará seus dados e informará se tem relações de parentesco com a parte ou interesse no objeto do processo.*

A qualificação formal da testemunha é exigida porque é necessário que fique caracterizada nos autos, da melhor maneira possível, a sua identidade. A partir dela e da declaração positiva ou negativa de parentesco com a parte ou de interesse no litígio é que nascerá ou não o direito processual de contraditar, cujo regramento encontra-se estampado no § 1º. Os dados que são declarados ou confirmados pela testemunha são aqueles elementos identificatórios expressamente mencionados pelo art. 450 (v. nota).

> Art. 457. (...).
> § 1º. *É lícito à parte contraditar a testemunha, arguindo-lhe a incapacidade, o impedimento ou a suspeição, bem como, caso a testemunha negue os fatos que lhe são imputados, provar a contradita com documentos ou com testemunhas, até 3 (três), apresentadas no ato e inquiridas em separado.*

O incidente da audiência denominado contradita é disciplinado pelo presente parágrafo e pelo subsequente. Contraditar a testemunha é sinônimo de impugná-la mediante a arguição da sua incapacidade, impedimento ou suspeição, de acordo com as previsões contidas no art. 447. Malgrado tratar-se de direito da parte, a lei não impede que o juiz reconheça de ofício qualquer dos motivos de contradita. Quanto ao momento, observe-se que a parte deve apresentar a impugnação assim que se encerre a qualificação da testemunha, antes do depoimento, e não no seu curso, quando a preclusão temporal já se terá operado; a contradita admite tanto a forma escrita (por petição trazida pronta à audiência) como a verbal, caso em que a fala do advogado será transcrita no respectivo termo. No que concerne ao procedimento do incidente, o texto legal é bem explícito, mas vale a pena aclarar alguns detalhes. Ofertada a impugnação, o juiz deve imediatamente dar à testemunha a oportunidade de se defender. Caso esta reconheça os fatos alegados, o juiz declara procedente a contradita, encerrando o incidente. Em caso contrário, a parte fica com o direito de provar o que alegou com documentos (que já podem ter sido apresentados com a própria petição) ou com testemunhas (que tanto podem ser as já arroladas como outras trazidas informalmente). A lei não diz, mas após a negativa da testemunha e a colheita das provas o juiz deve ouvir a parte contrária, em obediência ao princípio do contraditório, de aplicação irrestrita.

> Art. 457. (...).
> § 2º. Sendo provados ou confessados os fatos a que se refere o § 1º, o juiz dispensará a testemunha ou lhe tomará o depoimento como informante.

Este § 2º complementa e encerra a disciplina do incidente da contradita, prevendo a decisão de procedência da impugnação da testemunha por dois fundamentos, alternativamente verificáveis, e seus efeitos procedimentais, também alternativamente desencadeáveis. A contradita é acolhida, conforme o texto, quer porque a testemunha confessou os fatos que sustentam a incapacidade, o impedimento ou a suspeição, quer porque a parte que deflagrou o incidente provou um desses fatos, nos termos do § 1º. Nos dois casos, o julgamento do incidente se dá por meio de decisão interlocutória (art. 203, § 2º), proferível em audiência, porém irrecorrível por agravo de instrumento (art. 1.015), distinguindo-se apenas o efeito processual interno, ou procedimental: ou o juiz simplesmente dispensa a testemunha, não permitindo a tomada do seu depoimento, dada a intensa carga de desconfiança por ela gerada no espírito do juiz, ou o juiz toma o depoimento da testemunha como informante, se a descrença em relação a ela não é tão intensa aos olhos do magistrado.

> Art. 457. (...).
> § 3º. A testemunha pode requerer ao juiz que a escuse de depor, alegando os motivos previstos neste Código, decidindo o juiz de plano após ouvidas as partes.

Trata-se de outro incidente da audiência: a escusa da testemunha quanto ao dever de depor. Evidentemente, é a própria testemunha quem deve suscitá-lo, por meio de pedido verbal ao magistrado no instante em que seja arguida sobre qualquer dos fatos elencados pelo art. 448. Diferentemente da contradita, aqui a exigência de oitiva das partes por força do contraditório é expressa, decidindo o juiz em seguida por meio de decisão interlocutória (art. 203, § 2º) que constará do respectivo termo e identicamente irrecorrível por agravo de instrumento (art. 1.015).

> Art. 458. Ao início da inquirição, a testemunha prestará o compromisso de dizer a verdade do que souber e lhe for perguntado.

O enunciado determina que, antes de depor, a testemunha preste compromisso de dizer a verdade. Esse compromisso é corolário lógico do dever cívico instituído pelo art. 380, inciso I, deste Código, que afirma competir ao terceiro, em relação a qualquer causa, "informar ao juiz os fatos e as circunstâncias, de que tenha conhecimento". Não fosse o dever de dizer a verdade, de nada, ou de muito pouco, valeria o depoimento de testemunhas em juízo. Daí a razão de a lei exigir compromisso.

> Art. 458. (...).
> *Parágrafo único. O juiz advertirá à testemunha que incorre em sanção penal quem faz afirmação falsa, cala ou oculta a verdade.*

Com o intuito de prestigiar a verdade e a função jurisdicional, a lei penal tipifica o falso testemunho como crime contra a administração da justiça no art. 342, apenando-o com reclusão de um a três anos. A advertência a que alude o dispositivo corresponde, em primeiro lugar, ao ato judicial inicial que provoca o compromisso da testemunha referido no *caput*, mas significa também a possibilidade de o juiz chamar a atenção da testemunha, de ofício ou a requerimento da parte, a qualquer momento no curso do depoimento, na medida em que perceba que esta começa a faltar com a verdade.

> *Art. 459. As perguntas serão formuladas pelas partes diretamente à testemunha, começando pela que a arrolou, não admitindo o juiz aquelas que puderem induzir a resposta, não tiverem relação com as questões de fato objeto da atividade probatória ou importarem repetição de outra já respondida.*

Este art. 459 disciplina a forma desse importante e complexo ato processual que é o interrogatório da testemunha. Observe-se que, ao disciplinar a forma, o artigo sob exame regula o próprio aspecto procedimental do interrogatório, estabelecendo regras: para a formulação de perguntas pela parte (previsão inicial); limitatórias de conteúdo das perguntas (previsão final); sobre a ordem das inquirições (§ 1º); sobre a imposição do dever de tratamento urbano (§ 2º); e sobre a formalização do termo de depoimento (§ 3º). Acerca da previsão inicial do texto, vale a pena esclarecer que o estatuto em vigor reconhece explicitamente o direito subjetivo da parte (a ser exercido pelo advogado) de formular perguntas diretamente à testemunha, sem que elas tenham de passar pelo destinatário final do depoimento, que é o juiz, como se entendia ao tempo do Código Buzaid. Já em relação à longa previsão final constante do dispositivo, chamamos a atenção para o fato de que a lei impõe ao juiz o dever de não admitir certas perguntas na inquirição de qualquer das partes: (1ª) a pergunta que já pode induzir resposta; (2ª) a pergunta que não guarda relação com as questões de fato (art. 357, inciso II) objeto da instrução probatória (impertinentes ou irrelevantes – v. nota ao § 2º); (3ª) a pergunta que constitua repetição de outra já respondida anteriormente. No caso de indeferimento da pergunta formulada pela parte, é direito desta ver a indagação indeferida transcrita no termo (§ 3º).

> Art. 459. (...).
> *§ 1º. O juiz poderá inquirir a testemunha tanto antes quanto depois da inquirição feita pelas partes.*

O dispositivo constante do focalizado § 1º torna rigorosamente explícita e clara a autorização legal no sentido de que tanto a inquirição da testemunha pode ser realizada pelo juiz em primeiro lugar, já que ele é o destinatário final de toda a atividade probatória, como ela pode ser realizada pela própria parte em primeiro lugar, posto que é ela, em regra, que propõe a produção dessa prova. Com o presente regramento deixa de haver qualquer dúvida a respeito da legitimidade jurídica da alternância de primazia da inquirição da testemunha no processo civil – o estatuto de 1973 não dispunha de uma regra explícita como esta, e não raro advogados se surpreendiam em audiência quando juízes lhes entregavam a iniciativa da inquirição...

> Art. 459. (...).
> *§ 2º. As testemunhas devem ser tratadas com urbanidade, não se lhes fazendo perguntas ou considerações impertinentes, capciosas ou vexatórias.*

O presente parágrafo disciplina um dos aspectos do vínculo jurídico-processual que liga autor e réu (outros se encontram regidos pelos arts. 77 a 81, 85, 86, 313, inciso II, e 362, inciso I). Especificamente em relação ao dever de tratar as testemunhas com urbanidade – o que significa civilidade, respeito, cortesia –, são seus defensores o magistrado, tanto que deve indeferir "perguntas ou considerações impertinentes, capciosas ou vexatórias", como as próprias partes e advogados (normalmente, o da parte que arrolou a testemunha), que devem intervir para resguardar a testemunha das perguntas ou considerações ilegítimas previstas no texto.

> Art. 459. (...).
> § 3º. *As perguntas que o juiz indeferir serão transcritas no termo, se a parte o requerer.*

A disposição legal institui o direito processual da parte de ver sua pergunta, ou repergunta, indeferida transcrita no termo de audiência; o juiz não pode, sob nenhum pretexto, indeferir tal requerimento. O indeferimento de perguntas ou reperguntas pode fundar-se nas hipóteses previstas no § 1º como também no fato de as reperguntas serem impertinentes (fora do contexto do litígio), irrelevantes (dentro do contexto, porém sem importância) ou por já terem sido respondidas pela testemunha.

> Art. 460. *O depoimento poderá ser documentado por meio de gravação.*

Na esteira do princípio da informatização judicial, que permeia todo o Código de Processo Civil em vigor, o focalizado art. 460, *caput*, institui a regra geral de forma da documentação do depoimento das testemunhas: a regra, no processo eletrônico ou no parcialmente eletrônico, é a de que a documentação se dá por meio de simples gravação, dispensada a lavratura de termo de depoimento. Tanto é assim que o § 2º abaixo só impõe documentação escrita ("digitada") quando "for impossível o envio de sua documentação eletrônica", na hipótese de haver recurso (v. nota). Dispensa-se, destarte, como regra, a documentação escrita (termo de depoimento), cuja disciplina, no entanto, vem estabelecida no § 1º, mas apenas para a hipótese explicitada no § 2º, a que fizemos menção.

> Art. 460. (...).
> § 1º. *Quando digitado ou registrado por taquigrafia, estenotipia ou outro método idôneo de documentação, o depoimento será assinado pelo juiz, pelo depoente e pelos procuradores.*

O § 1º sob exame prevê e regulamenta a forma escrita de documentação do depoimento prestado pelas testemunhas em audiência. Trata-se, como aludimos no comentário ao *caput*, de forma excepcional de documentação do depoimento, já que a regra, segundo o estatuto vigente, é a simples gravação (v. nota). Seja como for, havendo necessidade da lavratura do termo de depoimento conforme o § 2º, a regulamentação aqui prevista deverá ser observada: registro por digitação, por taquigrafia, estenotipia ou outro método idôneo de documentação, assinaturas do juiz, do depoente e dos procuradores presentes à audiência. Observe-se que o texto não estabelece uma ordem de preferência para a utilização desta ou daquela forma de documentar, mas admite todas de maneira indistinta, justamente para não criar qualquer obstáculo à formalização do ato em situações extraordinárias e, por isso mesmo, imprevisíveis.

> Art. 460. (...).
> *§ 2º. Se houver recurso em processo em autos não eletrônicos, o depoimento somente será digitado quando for impossível o envio de sua documentação eletrônica.*

Se o *caput* institui a regra (a documentação por simples gravação) e o § 1º a exceção (a documentação por escrito), o parágrafo que ora nos ocupa estabelece o cabimento de uma e outra forma de registro do depoimento das testemunhas. Observe-se que, de acordo com o presente § 2º, a regra da documentação por gravação se aplica a todo processo eletrônico ou parcialmente eletrônico, obviamente, mas também ao processo não eletrônico, bastando, neste caso, que seja possível o envio da documentação eletrônica (a gravação do depoimento) ao tribunal para fins recursais. Já a exceção representada pela documentação por escrito somente se aplica ao processo não eletrônico se, havendo nele interposição de recurso (para cujo julgamento seja imprescindível o conhecimento da prova testemunhal), for impossível o envio da documentação eletrônica (da gravação do depoimento) ao tribunal. A exceção – exceção, mesmo – só confirma a regra da aplicabilidade indistinta da gravação às duas formas de autuação processual: à eletrônica e à não eletrônica. Mas, seja como for, duas últimas conclusões parecem importantes. A primeira, no sentido de que o vocábulo "digitado", no texto, tem significado mais amplo do que aquele do § 1º: aqui, o registro digitado do depoimento (acrescido de assinaturas escritas) é tanto o diretamente digitado como o digitado após a decodificação do texto taquigrafado, estenotipado ou produzido por outro método idôneo – o tribunal depende, neste caso, do texto digitado final, resultado da decodificação. A segunda, no sentido de que a impossibilidade do envio da documentação eletrônica é tanto a impossibilidade permanente (por ausência de aparato tecnológico) como a momentânea (*v.g.*, por "problema técnico do sistema", como prevê o art. 197, parágrafo único), porque o processamento do recurso no tribunal não pode ficar na dependência da implantação ou do reparo do sistema de automação processual da instância inferior.

> Art. 460. (...).
> § 3º. *Tratando-se de autos eletrônicos, observar-se-á o disposto neste Código e na legislação específica sobre a prática eletrônica de atos processuais.*

Este parágrafo de fechamento do art. 460 apenas submete à normatividade geral dos arts. 193 a 196 a documentação eletrônica do depoimento testemunhal: "Art. 193. Os atos processuais podem ser total ou parcialmente digitais, de forma a permitir que sejam produzidos, comunicados, armazenados e validados por meio eletrônico, na forma da lei"; "Art. 194. Os sistemas de automação processual respeitarão a publicidade dos atos, o acesso e participação das partes e de seus procuradores, inclusive nas audiências (...)"; "Art. 195. O registro de ato processual eletrônico deverá ser feito em padrões abertos que atenderão aos requisitos de (...)"; "Art. 196. Compete ao Conselho Nacional de Justiça e, supletivamente, aos tribunais, regulamentar a prática e a comunicação oficial de atos processuais por meio eletrônico (...)". Além disso, observar-se-á aqui, como em relação a inúmeros outros atos processuais, obviamente, a "legislação específica sobre a prática eletrônica de atos processuais", destacando-se neste momento da informatização judiciária brasileira a Lei n. 11.419/2006, ainda parcialmente aplicável à luz do Código de Processo Civil em vigor.

> *Art. 461. O juiz pode ordenar, de ofício ou a requerimento da parte:*

A faculdade outorgada ao juiz para ordenar especificamente a realização dos atos instrutórios elencados nos incisos que se seguem decorre diretamente do poder instituído de forma geral pelo art. 370. Portanto, este art. 461 significa mera explicitação do poder instrutório genérico que o Código de Processo Civil dá ao magistrado, apenas que com as finalidades específicas de realizar no processo a inquirição de testemunhas referidas (inciso I) e a acareação entre testemunhas ou entre algumas delas e a própria parte (inciso II).

> Art. 461. (...):
> *I – a inquirição de testemunhas referidas nas declarações da parte ou das testemunhas;*

Testemunhas referidas são aquelas pessoas, estranhas à causa, que são mencionadas – no depoimento pessoal do autor ou réu ou no depoimento de qualquer testemunha – como conhecedoras dos fatos litigiosos. Reconhecendo o juiz a necessidade de essas testemunhas serem ouvidas, deverá ele ordenar suas intimações (nos termos do art. 455 e parágrafos), o que poderá provocar a suspensão da audiência (v. comentário ao *caput* do art. 362). Examine-se, ainda, a nota à Seção IX – Da Prova Testemunhal.

> Art. 461. (...):
> *II – a acareação de 2 (duas) ou mais testemunhas ou de alguma delas com a parte, quando, sobre fato determinado que possa influir na decisão da causa, divergirem as suas declarações.*

Acareação é a confrontação de depoimentos realizada mediante a colocação de duas testemunhas divergentes, ou da parte e uma testemunha, frente a frente, na presença do juiz, para que dela possa vir à tona a verdade sobre um fato relevante para a causa. A determinação ou deferimento do pedido de acareação pelo magistrado pode provocar identicamente a suspensão da audiência, posto tratar-se de incidente que demanda tempo e atividade processual para ser superado (sobre suspensão, v. nota ao *caput* do art. 362).

> Art. 461. (...).
> *§ 1º. Os acareados serão reperguntados para que expliquem os pontos de divergência, reduzindo-se a termo o ato de acareação.*

O dispositivo apenas torna explícita a disciplina do ato de acareação no processo civil, prevendo, em primeiro lugar, um aspecto importante da sua forma de realização – a presença frente a frente dos acareados para que sejam reperguntados, pelo juiz e/ou pelas partes, no sentido de que expliquem, ou esclareçam, os pontos fáticos divergentes de seus depoimentos – e, em segundo lugar, da sua forma de documentação: a exigência da lavratura de um termo especial (o termo de acareação) na sessão da audiência em que tenha lugar.

> Art. 461. (...).
> § 2º. *A acareação pode ser realizada por videoconferência ou por outro recurso tecnológico de transmissão de sons e imagens em tempo real.*

Assim como tantos outros atos processuais previstos pelo Código vigente em seu intuito de implementação do processo eletrônico entre nós, também o ato de acareação pode ser realizado pela via eletrônica da "videoconferência ou por outro recurso tecnológico de transmissão de sons e imagens em tempo real". Como já tratamos desse assunto (a videoconferência) em relação ao simples depoimento da testemunha (art. 453, §§ 1º e 2º) e, antes, em relação ao depoimento pessoal (art. 385, § 3º), remetemos o leitor ao que lá dissemos a seu respeito. Lembrando apenas que o presente § 2º não traz, de forma explícita, as limitações geográficas previstas naqueles dispositivos, mas que, com certeza, parecem aqui invocáveis por analogia.

> Art. 462. *A testemunha pode requerer ao juiz o pagamento da despesa que efetuou para comparecimento à audiência, devendo a parte pagá-la logo que arbitrada ou depositá-la em cartório dentro de 3 (três) dias.*

Despesa efetuada pela testemunha é o dispêndio realizado em virtude de viagem ou de diária a que alude o art. 84. A responsabilidade pelo seu pagamento, segundo este art. 462, é carreada à parte que a arrolou, embora esta possa ser reembolsada ao final, caso vença a demanda, como ordena o art. 82, § 2º. A testemunha deve requerer o pagamento da despesa no momento da audiência, antes ou depois do seu depoimento, ou, mesmo, independentemente de ter sido ouvida. Arbitrado o valor, mediante a apresentação de documentos comprobatórios das despesas (ou sem eles), a parte deve pagar imediatamente contra recibo ou em três dias.

> *Art. 463. O depoimento prestado em juízo é considerado serviço público.*

Se o art. 380, inciso I, impõe genericamente a todo terceiro, em relação a qualquer causa, a incumbência de prestação de informações sobre os fatos e circunstâncias de que tenha conhecimento, o focalizado art. 463 qualifica o depoimento prestado em juízo pelo terceiro que se tornou testemunha como "serviço público", do que se extrai também o seu caráter de dever cívico, dada a exigência de somente dizer a verdade (art. 458): verdade, dever cívico e serviço público, porque a testemunha é, e precisa ser, a bem da função jurisdicional, "os olhos e os ouvidos da Justiça) (Bentham).

> *Art. 463. (...).*
> *Parágrafo único. A testemunha, quando sujeita ao regime da legislação trabalhista, não sofre, por comparecer à audiência, perda de salário nem desconto no tempo de serviço.*

Consequência jurídica lógica e natural do preceito estabelecido pelo *caput* – o caráter cívico do dever da testemunha de dizer a verdade e de contribuir para a realização da justiça, razões por que seu depoimento é considerado "serviço público" – é que o Código de Processo Civil, que é lei federal, expressamente retira da falta ao emprego a qualificação jurídica de violação ao contrato de trabalho, explicitando, por conseguinte, que nenhuma sanção pode ser aplicada à pessoa que funcionou no processo como testemunha.

> Seção X
> *Da Prova Pericial*

Prova pericial é a que se obtém por meio de um laudo, ou manifestação verbal, que contém declaração de ciência e afirmação de juízo de valor a respeito de fato litigioso realizadas por especialista em determinado ramo do conhecimento humano. O perito distingue-se da testemunha pelo fato de se valer da ciência, e não da memória, para declarar e explicar a ocorrência de fatos. A determinação ou deferimento da prova pericial no saneamento (art. 357, inciso II e § 8º) torna a fase instrutória do procedimento bastante delineada. Examine-se, ainda, o art. 212, inciso V, do Código Civil: "Art. 212. Salvo o negócio jurídico a que se impõe forma especial, o fato jurídico pode ser provado mediante: (...); V – perícia".

> *Art. 464. A prova pericial consiste em exame, vistoria ou avaliação.*

"Exame" é a inspeção judicial feita por perito que tem por objeto pessoas, animais ou coisas móveis de qualquer espécie (do "exame médico" e "perícia médica" falam, respectivamente, os arts. 231 e 232 do estatuto civil). "Vistoria" é a inspeção judicial feita por perito que tem por objeto bem imóvel para a constatação da sua localização, estado ou outra circunstância qualquer. "Avaliação" é a inspeção judicial feita por perito que tem por objeto a determinação do valor de um bem corpóreo qualquer ou incorpóreo (*v.g.*, o direito de uso de uma marca, as cotas de uma sociedade, etc.).

> *Art. 464. (...).*
> *§ 1º. O juiz indeferirá a perícia quando:*

Prevendo as hipóteses de indeferimento da prova pericial, nada mais faz o parágrafo em questão do que instituir *a contrario sensu* seus pressupostos de cabimento. Tanto o deferimento como o indeferimento da perícia representam decisão interlocutória, nos termos do art. 203, § 2º, mas inatacável por agravo de instrumento, a teor do disposto no art. 1.015. Observe-se, entretanto, que o indeferimento de prova pericial, em hipótese de evidente cabimento e necessidade, pode ser atacado por mandado de segurança, com fundamento no direito processual líquido e certo de fazer prova em juízo.

> *Art. 464. (...).*
> *§ 1º. (...):*
> *I – a prova do fato não depender de conhecimento especial de técnico;*

A contrario sensu, o primeiro pressuposto ou requisito de cabimento da prova pericial é a circunstância de que o fato litigioso só possa ser captado, compreendido e explicado em sua realidade por alguém que disponha de conhecimento técnico especializado (*v.g.*, nas áreas médica – v. arts. 231 e 232 do CC –, contábil, de engenharia, arquitetura, agronomia, grafotécnica – art. 478 do CPC –, psicológica, etc.).

Art. 464. (...).
§ 1º. (...):
II – for desnecessária em vista de outras provas produzidas;

O segundo pressuposto de admissibilidade da prova pericial é a necessidade do conhecimento técnico especializado, para a percepção do fato controvertido no processo, mesmo tendo em vista as provas orais ou documentais já produzidas. É necessário, portanto, que nenhuma prova produzida tenha tido o condão de elucidar a dúvida sobre o fato litigioso. Se, contudo, o fato, que deveria em tese ser analisado por técnico, consubstancia fato incontroverso na causa (art. 374, inciso III) ou foi confessado (art. 374, inciso II), não cabe a prova pericial. A circunstância de ter sido realizada antecipadamente a prova pericial (vistoria *ad perpetuam rei memoriam* – art. 381, inciso I) não impede por si só a realização de perícia (nova perícia). Observe-se, por fim, que o art. 472 permite ao juiz dispensar a prova pericial quando as partes apresentarem espontaneamente pareceres técnicos ou documentos que lhes pareçam suficientemente elucidativos (v. nota respectiva).

Art. 464. (...).
§ 1º. (...):
III – a verificação for impraticável.

A contrario sensu, o terceiro e último requisito ou pressuposto de cabimento da prova pericial é sua realizabilidade prática. Em outras palavras: a prova pericial tem de ser possível. Não é, *v.g.*, em relação a fatos ou circunstâncias passageiras, transitórias, que não deixam vestígios materiais.

Art. 464. (...).

> § 2º. De ofício ou a requerimento das partes, o juiz poderá, em substituição à perícia, determinar a produção de prova técnica simplificada, quando o ponto controvertido for de menor complexidade.

Este § 2º institui e inicia a regulamentação da chamada prova técnica simplificada, que se caracteriza pela dispensa da lavratura de laudo, substituído que este é pela manifestação verbal de especialista em audiência. Observe-se, desde logo, que o cabimento da prova técnica simplificada – deferível ou determinável de ofício – depende da "menor complexidade" do ponto controvertido, ou seja, da menor complexidade da questão fática que demanda conhecimento especializado, técnico ou científico. Seu cabimento gira em torno, portanto, de fatos litigiosos mais simples (aqueles cujas características revelam menor embaraço), e que, por isso, podem ser examinados informalmente pelo especialista por explícita decisão judicial no ato do saneamento (art. 357, inciso II e § 8º). Observe-se, entrementes, que a maior ou menor complexidade fática pode ser detectada, ainda, à luz do quanto de valoração o perito deva declarar ao magistrado, nos seguintes termos: se a prova técnica visa preponderantemente à constatação de fatos, pode-se afirmar, em tese, a pequena complexidade; se a perícia, por outro lado, busca a emissão de variada gama de juízos de valor sobre os fatos, pode-se afirmar a sua maior complexidade. Como se vê, o critério não é absoluto, mas pode ser útil.

> Art. 464. (...).
> § 3º. A prova técnica simplificada consistirá apenas na inquirição de especialista, pelo juiz, sobre ponto controvertido da causa que demande especial conhecimento científico ou técnico.

Ao estabelecer a exigência de "especial conhecimento científico ou técnico", a prova técnica simplificada aqui prevista fica equiparada à perícia, propriamente dita, em termos de capacitação intelectual do *expert* que a realiza. A diferença repousa apenas na menor ou maior complexidade do objeto da investigação, do que decorre a distinção de nomenclatura (especialista, aqui; e perito, lá) e a distinção procedimental (inquirição do especialista em audiência, aqui; e apresentação, nos autos, de um documento escrito – o laudo –, lá). Quanto a este último aspecto, chama a atenção o fato de que o especialista será intimado a prestar suas informações sobre o "ponto controvertido" ao juiz da causa, o que se dá sob a forma de "inquirição", remanescendo a inquirição das partes como elemento acessório ou secundário, já que o texto só fala da inquirição judicial – a inquirição das partes não está afastada, absolutamente, mas a primazia repousa sobre o juiz. Observe-se, por fim, e ainda neste diapasão, que, diferentemente do texto paralelo do § 2º do art. 421 do estatuto de 1973, já não há aqui qualquer referência a "assistentes" (assistentes técnicos), de sorte que parece ter o legislador de 2015 optado decisivamente pela simplificação de personagens processuais, o que não impede a parte, todavia, de valer-se de um técnico que possa testemunhar sobre o fato controvertido.

> Art. 464. (...).
> § 4º. *Durante a arguição, o especialista, que deverá ter formação acadêmica específica na área objeto de seu depoimento, poderá valer-se de qualquer recurso tecnológico de transmissão de sons e imagens com o fim de esclarecer os pontos controvertidos da causa.*

Ao aludir o presente § 4º à necessidade de o especialista "ter formação acadêmica específica", fica criado para o juiz da causa o dever de designar profissional com tal qualificação quando do proferimento da decisão de saneamento e de organização do processo (art. 357, inciso II e § 8º, deste Código), e para o *expert* o dever de apresentar nos autos, o quanto antes, sua titulação acadêmica, para fins de informação às partes e sujeição ao contraditório. Eis o pano de fundo da inquirição do especialista em audiência, ato que se equipara à prestação de esclarecimentos pelo perito para o fim da definição da ordem dos trabalhos (art. 361, inciso I). Por fim, registre-se que nada mais consentâneo com a plenitude de informatização desenhada pelo estatuto processual vigente que se autorize o especialista a valer-se de todo e qualquer recurso tecnológico à sua disposição para o propósito de esclarecer ao juiz e às partes a verdade técnica ou científica do fato submetido à sua avaliação.

> *Art. 465. O juiz nomeará perito especializado no objeto da perícia e fixará de imediato o prazo para a entrega do laudo.*

A nomeação do perito (ou *expert* judicial) é ato a ser praticado pelo magistrado no momento do saneamento do processo (art. 357, inciso

II) e que deve obedecer ao disposto nos parágrafos do presente art. 465, como estabelece expressamente o § 8º do próprio art. 357 que trata do saneamento e da organização do processo. Quanto à segunda parte do dispositivo, merece realce o fato de que a lei exige expressamente do juiz a fixação do prazo para entrega do laudo no próprio ato de nomeação. Fica, assim, explicitada a necessidade de o juiz nomear o perito e, ato contínuo, marcar prazo para entrega do laudo, o que demonstra que esses dois atos não podem ser separados, sob qualquer pretexto.

Art. 465. (...).

§ 1º. *Incumbe às partes, dentro de 15 (quinze) dias contados da intimação do despacho de nomeação do perito:*

Da intimação do despacho de nomeação do perito e de fixação de prazo para a entrega do laudo (que é despacho mesmo, e não decisão interlocutória – art. 203, § 3º) começa a correr o prazo de quinze dias para a prática dos atos elencados nos incisos que se seguem. Trata-se de prazo preclusivo, tanto no que concerne à indicação de assistente técnico como à apresentação de quesitos. A discriminação quanto à questão da preclusão (parte da doutrina pensa que tal prazo não é preclusivo), além de carecer de amparo textual, só traz instabilidade para o procedimento e insegurança para as partes.

Art. 465. (...).

§ 1º. (...):

I – arguir o impedimento ou a suspeição do perito, se for o caso;

A arguição de impedimento ou suspeição do perito – os motivos são os mesmos que maculam a atividade do juiz, conforme o art. 148, inciso II (v. o art. 156, § 4º, que institui método de controle) – tem natureza de incidente da fase probatória provocável pela parte interessada, nos termos do presente regramento. Também neste prazo, a parte poderá requerer a substituição do perito por falta de conhecimento técnico ou científico, com fundamento no art. 468, inciso I, mas apenas se tal circunstância já pôde ser detectada à luz do simples ato de nomeação realizado pelo juiz da causa (motivo preexistente e claramente perceptível). Seja como for, arguidos o impedimento, a suspeição ou a falta de conhecimento, a consequência é sempre a mesma: oportunidade de contraditório à parte contrária e oportunidade de manifestação ao próprio perito, seguidas de decisão resolutória do incidente (art. 203, § 2º), da qual não cabe recurso (art. 1.015).

> **Art. 465. (...).**
> **§ 1º. (...):**
> ***II – indicar assistente técnico;***

A indicação de assistente técnico não é um dever processual imposto à parte, mas apenas um direito, cujo exercício é limitado no tempo pelo § 1º. A indicação tempestiva é necessária, mas não suficiente, contudo, para que o assistente indicado funcione no processo: o juiz deverá aprová--lo. Esta aprovação, embora tenha natureza jurídica de decisão (art. 203, § 2º), não é agravável, não apenas por causa do que prevê o art. 1.015, mas também porque à parte contrária é facultada a sua impugnação por ausência de conhecimento técnico ou científico (jamais por impedimento ou suspeição (v. arts. 466, § 1º, e 157) –, o que provocará do magistrado uma decisão acerca da habilitação do assistente. Reconhecendo-a, o juiz o aprova; não a reconhecendo, o juiz o declara impossibilitado de participar da prova, não cabendo à parte qualquer substituição (art. 468, v. nota ao *caput*). Dessa decisão também não caberá agravo de instrumento (art. 1.015).

> **Art. 465. (...).**
> **§ 1º. (...):**
> ***III – apresentar quesitos.***

Assim como a indicação de assistente técnico, também a apresentação de quesitos é facultativa e sujeita à preclusão temporal estabelecida no *caput*. Quesitos são os questionamentos ou as perguntas dirigidas ao perito judicial a respeito do fato litigioso que será objeto de investigação. Esses, que são os originários – o art. 469 disciplina os complementares –, devem ser deduzidos de forma precisa e objetiva, de sorte a que esgotem as dúvidas que a parte possa ter sobre o fato litigioso. Antes de serem submetidos ao perito, os quesitos têm de passar pelo crivo da avaliação do juiz, que os deferirá total ou parcialmente segundo o critério da pertinência e da relevância. Observe-se que os quesitos são necessários também no caso de prova técnica simplificada (art. 464, §§ 2º a 4º). E, quanto ao Ministério Público fiscal da ordem jurídica (*custos legis*): perde o Ministério Público a faculdade de praticar tal ato se não respeitar o prazo que o sistema legal lhe outorga? A resposta é afirmativa. Como parte que é (porque exerce atividade processual) ou terceiro interveniente, o fiscal da lei sujeita-se, em tese, às mesmas limitações impostas ao autor e ao réu. Dizemos "em tese" por causa das prerrogativas especiais de que goza a instituição no processo civil, inclusive a atinente a prazos. Fora daí, não há outras vantagens. Mas, se é assim, poder-se-ia objetar: como se explicam o requerimento e o deferimento intempestivo de provas? Como já dissemos, estes fenômenos se devem ao fato de o requisito contido no inciso VI do art. 319 não ser considerado essencial e, também, por se reconhecer a extrema relevância do aspecto teleológico da função ministerial, que é a busca da verdade. Quanto a prazos ligados à produção da prova – e não ao seu requerimento –, entendemos que todos eles são preclusivos para quem quer que seja. Assim, no prazo que a lei lhe assina, deve o *custos legis* apresentar seus quesitos, genericamente, como qualquer das partes.

> Art. 465. (...).
> § 2º. Ciente da nomeação, o perito apresentará em 5 (cinco) dias:

Diferentemente do regime anterior do estatuto de 1973, que autorizava o juiz a nomear o perito e a fixar desde logo e unilateralmente o valor dos honorários provisórios (art. 421), o focalizado § 2º deste art. 465 inova a disciplina da produção da prova pericial para criar um momento próprio para a maturação e definição jurisdicional dos honorários periciais (inciso I e § 3º), sua forma de pagamento (§ 4º), sua redução (§ 5º), bem como para estabelecer um momento procedimental próprio em que o perito apresenta seu currículo, endereços e contatos profissionais (incisos II e III), além de prever a regulamentação da prova pericial que se realiza por carta (§ 6º).

> Art. 465. (...).
> § 2º. (...):
> I – proposta de honorários;

De acordo com o presente dispositivo, ficam atribuídos ao perito nomeado pelo juiz (art. 156, §§ 1º a 5º) o direito e o dever processual de apresentar nos autos sua proposta de honorários, no prazo de cinco dias a partir da ciência da sua nomeação, ciência, esta, que, em regra, ocorre por via eletrônica (art. 270). Observe-se que com a sistemática implantada pelo Código vigente democratiza-se a definição do valor e da forma de pagamento dos honorários pela sujeição de uma proposta que vem do perito à manifestação das partes (§ 3º), como forma de legitimação do arbitramento judicial (§ 3º, *in fine*), o que significa a mais pura explicitação do exercício do contraditório.

Art. 465. (...).
§ 2º. (...):
II – currículo, com comprovação de especialização;

No mesmo prazo de cinco dias em que deve apresentar sua proposta de honorários, fica o perito também incumbido de apresentar seu "currículo, com comprovação de especialização", documentação que acompanhará a proposta. Tal currículo é fundamental para a demonstração de que o perito é profissional "especializado no objeto da perícia", exigência constante do próprio *caput* deste art. 465, valendo ainda ressaltar que ele deve ser atualizado, o que deflui indiretamente da normatividade do art. 156, § 3º, que alude à "atualização do conhecimento e a experiência dos peritos", o que não deve deixar de ser cobrado do perito que está prestes a funcionar num processo determinado, num caso concreto, e sob o comando de um juiz específico que o nomeou. Por fim, registre-se que o currículo deve estar instruído com os títulos acadêmicos e outros que revelem a especialização do profissional.

Art. 465. (...).
§ 2º. (...):
III – contatos profissionais, em especial o endereço eletrônico, para onde serão dirigidas as intimações pessoais.

Ao mencionar "contatos profissionais, em especial o endereço eletrônico", nada mais quis fazer o dispositivo sob enfoque do que impor ao perito nomeado o dever de informar ao juízo – e, por conseguinte, às partes e à serventia judiciária – todos os endereços profissionais de que dispõe, desde os físicos (dos escritórios, laboratórios, departamentos universitários), passando pelos números de telefones fixos onde possa ser encontrado e "em especial o endereço eletrônico" (todos os *e-mails* que permitam "contatos profissionais" com o perito nomeado). Observe--se que, apesar da preferência legal pela intimação eletrônica (art. 270), à falta de emprego desta, o endereço físico serve à intimação postal (art. 274, *initio*) e o próprio telefone fixo se presta à viabilização da intimação direta pelo escrivão (art. 274, *in fine*).

> Art. 465. (...).
> *§ 3º. As partes serão intimadas da proposta de honorários para, querendo, manifestar-se no prazo comum de 5 (cinco) dias, após o que o juiz arbitrará o valor, intimando-se as partes para os fins do art. 95.*

Presentes nos autos a proposta de honorários, o currículo comprobatório da especialização e os endereços profissionais do perito (§ 2º, incisos I a III), determina o presente § 3º que agora o juiz da causa abra vista da documentação juntada às partes, para que elas, querendo, se manifestem no prazo de cinco dias. Trata-se, como se vê, de regramento que traduz pura densificação normativa da garantia constitucional do contraditório para a definição dos honorários periciais no processo civil (informação que é dada pelo juiz; oportunidade de reação das partes; consideração das reações pelo juiz). Pois bem, juntadas as petições com as eventuais discordâncias das partes em relação à proposta de honorários (discordâncias, sugestões ou conveniências, mas sempre bem fundamentadas), os autos serão conclusos ao juiz para o arbitramento dos honorários, decisão interlocutória típica (art. 203, § 2º), porém, como tantas outras, irrecorrível por agravo de instrumento (art. 1.015).

> Art. 465. (...).
> *§ 4º. O juiz poderá autorizar o pagamento de até 50% (cinquenta por cento) dos honorários arbitrados a favor do perito no início dos trabalhos, devendo o remanescente ser pago apenas ao final, depois de entregue o laudo e prestados todos os esclarecimentos necessários.*

Diferentemente do regime do estatuto revogado, que permitia o arbitramento de honorários provisórios, no momento do saneamento, e de definitivos, após a conclusão do trabalho pericial, o focalizado § 4º toma como ponto de partida o fato de que o arbitramento previsto pelo § 3º é sempre definitivo, tanto que se fala aqui de "pagamento" de metade no início e de "remanescente (...) ao final". Pois bem, algumas considerações se fazem convenientes. A primeira, no sentido de que a autorização para o pagamento parcial inicial por certo não consta da decisão de saneamento que trouxe em seu bojo o deferimento ou a determinação da produção da prova pericial (art. 357, inciso II), pela simples razão de que é do saneamento que flui o prazo para apresentação da proposta (§ 2º, inciso II) e, desta, para a manifestação das partes (§ 2º, inciso III). Trata-se, portanto, de decisão posterior e complementar, do saneamento. A segunda, no sentido de que a autorização de pagamento parcial é "de até 50% (cinquenta por cento) dos honorários arbitrados", o que significa que o juiz pode autorizar o pagamento de valor inferior à metade (*v.g.*, 40%, 30%, 25% do total) e que a autorização representa, na verdade, uma ordem para que a parte deposite em juízo o montante devido desde logo ao perito (sobre quem paga, examinem-se os arts. 82, 91 e 95); o não atendimento da ordem pode implicar extinção do processo (art. 485, inciso III). E, finalmente, a terceira, no sentido de que o pagamento do remanescente dependerá de uma nova decisão interlocutória ao final – antes da sentença, obviamente – por meio da qual o juiz da causa, após a entrega do laudo, verificará se todos os esclarecimentos solicitados (ou determinados, de ofício, pelo próprio magistrado) foram devidamente prestados pelo *expert*, quando então se declara concluído o trabalho pericial a contento (se não, pode ser aplicado o § 5º) e se ordena à parte responsável o depósito em juízo do valor remanescente, para levantamento posterior pelo perito.

Art. 465. (...).

§ 5º. *Quando a perícia for inconclusiva ou deficiente, o juiz poderá reduzir a remuneração inicialmente arbitrada para o trabalho.*

Mais uma vez inovando em relação ao regime do Código Buzaid, estabelece o presente § 5º a possibilidade processual de redução da remuneração inicialmente arbitrada. Note-se que não se trata de admitir uma fixação provisória e outra definitiva, nada disso, posto que a fixação do § 3º, parte final, é sempre definitiva, mas de se autorizar o juiz a proferir uma nova decisão, só que desta vez reformatória da primeira, em face de ter se revelado a perícia inconclusiva ou deficiente. O legislador permite, com vantagens, a adequação da verba honorária à realidade da perícia efetivamente apresentada, mediante a redução do valor, cujos limites a lei não traça, confiando inteiramente ao prudente arbítrio judicial a sua dosagem. Registre-se, por fim, que tanto a perícia inconclusiva (sem solução para a questão controvertida) como a insuficiente (insatisfatória quanto à solução apresentada para a questão controvertida) geram a mesma perspectiva de redução dos honorários, mas somente o juiz, à vista do caso concreto, poderá dimensionar o grau de ineficiência probatória de uma ou de outra para fixar a redução – já que um trabalho foi feito e não pode deixar de ser remunerado –, levando-se em conta, inclusive, a necessidade ou não de realizar nova perícia (art. 480).

> Art. 465. (...).
> § 6º. *Quando tiver de realizar-se por carta, poder-se-á proceder à nomeação de perito e à indicação de assistentes técnicos no juízo ao qual se requisitar a perícia.*

O dispositivo sob enfoque institui a faculdade – não dever, já que o texto emprega a palavra "poder-se-á" – de o juiz deprecado, isto é, aquele a quem se requisita a prática de um ato por carta precatória, nomear o perito e comandar o procedimento da produção da prova pericial. Tal faculdade depende, obviamente, de o juiz deprecante não ter, no saneamento, nomeado perito e facultado às partes as arguições de impedimento ou suspeição, a indicação de assistente e a apresentação de quesitos. Quando a carta precatória for expedida para fins periciais, ela deverá ser instruída com as peças requeridas pelas partes (art. 260, § 1º), bem como com o original do documento a ser periciado, ficando a reprodução nos autos (art. 260, § 2º).

> Art. 466. *O perito cumprirá escrupulosamente o encargo que lhe foi cometido, independentemente de termo de compromisso.*

Dado o *status* jurídico de auxiliar da justiça e sujeito secundário do processo, destinado ao exercício da função pública de interpretar cientifica ou tecnicamente para o juiz certos fatos controvertidos, nada mais natural do que a imposição legal e inafastável ao perito do dever de cumprir com escrúpulo, com cuidado, com zelo, com afinco, a sua missão de óculos técnicos do julgador, e isto independentemente de qualquer termo de compromisso. É que sua investidura no exercício do *munus* e a responsabilidade que dela decorre (art. 158) se impõem por força de lei (*ex vi legis*), bastando a nomeação de que trata o art. 465, *caput*, e sua não remoção pela recusa ou pela escusa previstas pelo art. 467.

> Art. 466. (...).
> § 1º. *Os assistentes técnicos são de confiança da parte e não estão sujeitos a impedimento ou suspeição.*

Se o perito é auxiliar da justiça e personagem da inteira confiança do juiz e de quem se espera, por isso, imparcialidade e isenção, o assistente técnico não é auxiliar da justiça e nem personagem da confiança do juiz, mas única e exclusivamente da parte, razão por que dele não se pode exigir nem imparcialidade, nem isenção, porque é escolhido e remunerado pelo litigante para auxiliá-lo com seu conhecimento técnico ou científico, mediante a apresentação de um parecer voltado à defesa do direito da parte no processo. Eis o motivo pelo qual explicita o dispositivo sob enfoque a não sujeição do assistente técnico às figuras, ou institutos, do impedimento e da suspeição.

> Art. 466. (...).
> § 2º. *O perito deve assegurar aos assistentes das partes o acesso e o acompanhamento das diligências e dos exames que realizar, com prévia comunicação, comprovada nos autos, com antecedência mínima de 5 (cinco) dias.*

Antes de mais nada, é preciso esclarecer que a produção da prova pericial se encontra sob o poder de controle do juiz da causa, que designa a data e o local para o começo dos trabalhos, ou que defere a sugestão do perito quanto a tal início (art. 474, v. nota). De uma maneira ou de outra, não importa, o fato é que, iniciados os trabalhos, tem aplicação o presente parágrafo, que determina que o perito assegure aos assistentes técnicos "o acesso e o acompanhamento das diligências e dos exames que realizar, com prévia comunicação, comprovada nos autos, com antecedência mínima de 5 (cinco) dias". Trata-se, na verdade, de uma incumbência imposta ao perito que, sob a ótica da parte, significa o direito de ser informada acerca de todas as diligências e que permite o exercício do direito de acesso e acompanhamento daquilo que o perito faz, prerrogativas próprias da garantia do contraditório (informação e possibilidade de reação) tendo por objeto a produção da prova pericial. O dispositivo sob análise, destarte, garante o exercício do contraditório pelas partes a partir de uma exigência de comunicação transferida ao perito e que se traduz no dever de, a cada passo, comprovar, com antecedência mínima de cinco dias, nos autos, que comunicou aos assistentes técnicos (os legítimos representantes das partes para as finalidades instrutórias) a perspectiva de realização de mais uma diligência, de mais um encontro, de mais um exame, de mais uma vistoria, de mais uma ida ao local dos fatos, etc.

> *Art. 467. O perito pode escusar-se ou ser recusado por impedimento ou suspeição.*

A recusa do perito pela parte, por impedimento ou suspeição, deve obedecer à disciplina prevista pelo art. 148, § 1º. Exige-se que a recusa seja formulada no prazo de 15 dias da intimação da nomeação (art. 465, § 1º, cabeça) – essa a "primeira oportunidade" a que alude o § 1º do art. 148 – por meio de petição escrita fundamentada e instruída com documentos, se for o caso. Protocolada a petição, o juiz ordenará o processamento do incidente em separado (autos apartados) e sem suspensão do processo, seguindo-se a resposta do perito-arguido no prazo de quinze dias, facultada a produção de prova, quando necessária (art. 148, § 2º), e o proferimento do julgamento do incidente por decisão interlocutória (art. 203, § 1º), porém irrecorrível por agravo (art. 1.015). Já quanto à escusa do perito, a que alude a previsão inicial deste dispositivo, esta deve ser "apresentada no prazo de 15 (quinze) dias, contado da intimação, da suspeição ou do impedimento supervenientes, sob pena de renúncia ao direito de alegá-la" (art. 157, § 1º), seguindo-se o imediato julgamento da escusa pericial (sem necessidade de manifestação das partes) por decisão interlocutória, também irrecorrível (arts. 203, § 2º, e 1.015, combinados), com a única outra diferença que, aqui, o incidente é processado nos mesmos autos, por absoluta falta de previsão legal em sentido contrário (v. nota ao parágrafo único).

> *Art. 467. (...).*
> *Parágrafo único. O juiz, ao aceitar a escusa ou ao julgar procedente a impugnação, nomeará novo perito.*

O focalizado parágrafo único refere-se singelamente à aceitação da escusa do perito, em razão do fato de que o incidente de escusa não admite manifestação das partes (art. 157, § 1º), o que implica ausência de conflito que o juiz deva apreciar. Refere-se o dispositivo, por outro lado, ao julgamento da procedência da impugnação, porque neste incidente o perito apresenta resposta e pode fazer prova (art. 148, § 2º), de sorte que há conflito instaurado e, por conseguinte, julgamento da impugnação. Mas, lembramos que, nos dois casos, o pronunciamento judicial de que se cogita é o mesmo: decisão interlocutória inatacável por agravo de instrumento (arts. 203, § 2º, e 1.015, combinados). Pois bem, o que importa é que, seja no caso de aceitação da escusa, seja no de procedência da impugnação, a consequência para o funcionamento do processo e para o desenvolvimento da produção da prova pericial é exatamente a mesma: a nomeação de novo perito, o que vai significar a necessidade de repetição da prática de todos aqueles atos previstos pelo art. 465 e seus seis parágrafos.

Art. 468. O perito pode ser substituído quando:

Embora o texto deste art. 468 não seja perfeitamente claro, a substituição do perito só pode ser deferida nas hipóteses previstas no art. 467 (escusa ou recusa por impedimento ou suspeição) ou nas expressamente elencadas nos incisos a seguir. O incidente aqui previsto, cujo processamento se dá nos próprios autos, deve ser suscitado pela parte assim que se verifique a situação autorizadora da substituição. A solução do incidente se dá mais uma vez e obviamente por decisão interlocutória irrecorrível (arts. 203, § 2º, e 1.015, combinados).

Art. 468. (...):
I – faltar-lhe conhecimento técnico ou científico;

A falta de conhecimento técnico ou científico torna a prova pericial, a ser formalizada no laudo ou a ser manifestada em audiência (art. 464, § 3º), absolutamente inidônea para a demonstração do fato litigioso. Logo, constatada a falta de conhecimento pelo juiz, de ofício, ou pela arguição da parte no prazo do art. 465, § 1º, deve o magistrado ordenar de imediato a substituição do perito. A carência de conhecimento especializado deve estar suficientemente comprovada pela parte, no caso de sua iniciativa, para que o magistrado a reconheça, não se podendo perder de vista que conhecimento técnico não é sinônimo de diploma universitário (pode ser se a lei expressamente o exigir – v.g., nos casos dos engenheiros, arquitetos, médicos, psicólogos). Seja como for, a decisão que o juiz profira deve indicar expressamente as razões por que a substituição é necessária.

> **Art. 468. (...):**
> *II – sem motivo legítimo, deixar de cumprir o encargo no prazo que lhe foi assinado.*

O encargo a que alude o texto é, evidentemente, a apresentação do laudo pericial no prazo fixado pelo juiz nos termos do art. 465, *caput* (v. nota). Como se percebe, a lei condiciona a substituição à falta de motivo legítimo (v.g., doença repentina, acidente no curso dos trabalhos, inviabilidade intercorrente do exame pericial), devendo o magistrado investigá-lo antes de proferir decisão de substituição. Observe-se, entretanto, que, dados o alto custo das perícias e o longo tempo que demanda a realização de outra, prudência e flexibilidade se hão de exigir do magistrado para aplicar a regra sob enfoque, porque, afinal de contas, as partes nenhuma responsabilidade têm, via de regra, no atraso de quem foi nomeado e desfruta da confiança do juízo.

> **Art. 468. (...).**
> *§ 1º. No caso previsto no inciso II, o juiz comunicará a ocorrência à corporação profissional respectiva, podendo, ainda, impor multa ao perito, fixada tendo em vista o valor da causa e o possível prejuízo decorrente do atraso no processo.*

As sanções processuais previstas no texto – que decorrem do não cumprimento do encargo de apresentar o laudo no prazo fixado nos termos do art. 465, *caput*, e que podem ser aplicadas cumulativamente, se assim entender necessário o juiz – têm por veículo formal decisão interlocutória fundamentada. Registrem-se algumas observações relativas às penalidades: (a) a comunicação à corporação profissional depende, evidentemente, de ela existir (v. nota ao inciso I do *caput*); (b) a multa a ser imposta ao perito sempre será fixada de acordo com o duplo critério estabelecido, e não apenas com base em um deles (valor da causa "e o possível prejuízo" advindo do atraso – v.g., o montante já adiantado, o preço atual de uma perícia, etc.).

> **Art. 468. (...).**
>
> **§ 2º.** *O perito substituído restituirá, no prazo de 15 (quinze) dias, os valores recebidos pelo trabalho não realizado, sob pena de ficar impedido de atuar como perito judicial pelo prazo de 5 (cinco) anos.*

Diferentemente da hipótese de perícia inconclusiva ou deficiente, em que tem lugar a redução da remuneração devida (art. 465, § 5º), na hipótese de substituição do perito – por falta de conhecimento ou não realização do trabalho – a consequência é outra: a restituição dos valores já recebidos, de acordo com o presente § 2º. Assim é que, reconhecido um dos motivos descritos nos incisos do *caput*, profere o juiz da causa decisão de substituição do perito e, ato contínuo, determina a devolução do dinheiro. Neste caso, o perito tem quinze dias para proceder à devolução, mediante depósito em juízo e comprovação nos autos, sob pena de ficar "impedido de atuar como perito judicial pelo prazo de 5 (cinco) anos", como aqui estabelecido. Tal sanção já deve constar expressamente da própria decisão interlocutória que determina a substituição, mas a sua efetiva imposição ao perito depende de uma segunda decisão, que só pode ser proferida após o decurso do prazo e depois de certificada nos autos a não devolução do dinheiro. Sobre outras sanções a que pode se submeter o perito, examine-se o art. 158 deste Código.

> **Art. 468. (...).**
>
> **§ 3º.** *Não ocorrendo a restituição voluntária de que trata o § 2º, a parte que tiver realizado o adiantamento dos honorários poderá promover execução contra o perito, na forma dos arts. 513 e seguintes deste Código, com fundamento na decisão que determinar a devolução do numerário.*

Se o § 2º se limita a prever a sanção processual de efeito administrativo que se impõe ao perito substituído que não devolve o que recebeu (o impedimento ao exercício profissional), o focalizado § 3º reconhece o cabimento da instauração de execução forçada em face do perito para a recuperação dos valores recebidos. Algumas ponderações se fazem convenientes. A primeira, no sentido de que o interesse processual para executar-o perito depende da certidão nos autos do decurso do prazo do § 2º. A segunda, no sentido de que o título executivo judicial aqui é a própria decisão interlocutória que determina a devolução (arts. 203, § 2º, 1.015 e 515, inciso I). A terceira, no sentido de que a expressa remissão aos arts. 513 e seguintes significa inequivocamente que a execução aqui cogitada se dá por meio de cumprimento de sentença (cumprimento definitivo de sentença que reconhece exigibilidade de obrigação de pagar quantia certa – arts. 523 a 527). E finalmente, a quarta, no sentido de que a legitimação *ad causam* ativa para a instauração da execução, sob a forma de cumprimento de sentença em face do perito, é, como diz o texto, da "parte que tiver realizado o adiantamento dos honorários".

> *Art. 469. As partes poderão apresentar quesitos suplementares durante a diligência, que poderão ser respondidos pelo perito previamente ou na audiência de instrução e julgamento.*

"Quesitos suplementares" são aqueles questionamentos ou dúvidas que surgem no espírito das partes em virtude dos próprios trabalhos periciais em curso. Devem ser admitidos, portanto, até o encerramento das diligências. À parte que não apresentou quesitos originários (art. 4651, § 1º, inciso III) não é lícito formular suplementares, pois só é possível suplementar o que já exista. Os quesitos suplementares devem ser deduzidos por petição nos autos, e a lei manda que da sua juntada se ouça a parte contrária (em respeito ao contraditório – v. parágrafo único), seguindo-se a decisão deferitória ou indeferitória, a ser tomada pelo juiz conforme o art. 470, inciso I. Deferidos que sejam, o magistrado deve, ato contínuo, ordenar a intimação do perito para responder, enviando-lhe cópia desses quesitos, respostas que poderão ser dadas por escrito nos autos – assim se deve entender o "previamente" – ou na audiência de instrução e julgamento, conforme a determinação que realize o juiz, levando em conta as particularidades da causa.

> *Art. 469. (...).*
> *Parágrafo único. O escrivão dará à parte contrária ciência da juntada dos quesitos aos autos.*

De forma a chamar a atenção para a importância do respeito à garantia do contraditório na hipótese de apresentação pelas partes de quesitos suplementares é que o focalizado parágrafo único foi estabelecido – na verdade, destacado do texto do *caput*, se tivermos em conta o dispositivo paralelo do estatuto revogado (art. 425). O destaque, ou ênfase, de que cogitamos mostra-se pertinente, na medida em que o Código em vigor acentua com muita intensidade a prática do contraditório em dezenas de seus dispositivos, de sorte que também aqui, na perspectiva da prova pericial e da relevante colaboração da parte representada pela apresentação de quesitos suplementares, a explicitação em parágrafo único de que "o escrivão dará à parte contrária ciência da juntada dos quesitos aos autos" faz todo sentido.

> *Art. 470. Incumbe ao juiz:*

O presente dispositivo se aplica não só aos quesitos suplementares (art. 469) – como revela a sua própria localização topográfica dentro da presente Seção X –, mas também aos quesitos originários (art. 465, § 1º, inciso III), de sorte que a aprovação judicial de quaisquer quesitos é sempre pressuposto da intimação do perito para responder a eles. Trata-se, na verdade, de mais uma expressão do poder judicial que decorre diretamente daquele poder instrutório geral previsto pelo art. 370, posto que o "determinar as provas necessárias ao julgamento do mérito" envolve o controlar seu cabimento, sua adequação, a necessidade específica de cada uma delas e, evidentemente, o poder de indeferir quesitos impertinentes – o parágrafo único do art. 370 fala de "diligências inúteis" –, mas também o de formular os que entender necessários ao esclarecimento da causa.

> *Art. 470. (...):*
> *I – indeferir quesitos impertinentes;*

O indeferimento de quesitos impertinentes (e também dos irrelevantes) não depende de requerimento da parte contrária; é ato que o juiz pratica de ofício, a bem da regularidade da produção da prova pericial. Trata-se, evidentemente, de decisão interlocutória, embora não passível de agravo (arts. 203, § 2º, e 1.015), razão por que o juiz deve fundamentá-la, ainda que concisamente. Sobre a dimensão contextual da aplicação dessa regra examine-se a nota ao *caput*.

> *Art. 470. (...):*
> *II – formular os quesitos que entender necessários ao esclarecimento da causa.*

A formulação de quesitos por parte do juiz é prerrogativa que decorre diretamente do fato de este ser o destinatário de todas as provas – razão por que é ele que as determina e controla (v. nota ao *caput*) –, inclusive, é óbvio, da pericial. Logo, nada mais coerente do que o próprio órgão julgador poder, desde logo, questionar o perito a respeito de dúvidas existentes *a priori* em seu espírito (v., ainda, nota ao art. 370 deste Código).

> *Art. 471. As partes podem, de comum acordo, escolher o perito, indicando-o mediante requerimento, desde que:*

Na esteira do princípio da consensualidade que o estatuto processual em vigor tão amplamente consagra, estabelece o presente art. 471 que as partes podem escolher, de comum acordo, o perito que há de funcionar no processo. Se os litigantes podem o mais, que é realizar ajuste de procedimento (art. 190) e delimitar as questões sobre as quais gravitará a atividade probatória (art. 357, § 2º), por que não poderiam o menos, que é escolher de comum acordo o perito? Pois bem, apesar da abertura do sistema a tal flexibilização da atividade jurisdicional, estabelecem os incisos abaixo os requisitos que precisam ser observados para que o juiz admita a definição consensual do perito. Vejamos quais são eles.

> Art. 471. (...):
> *I – sejam plenamente capazes;*

Assim como a plena capacidade das partes constitui requisito subjetivo lógico-jurídico da validade da solução consensual dos conflitos, do ajuste de procedimento e da delimitação consensual das questões para fins probatórios, nada mais natural que constitua condição para a escolha consensual do perito. Trata-se da condição pessoal da parte que lhe confere autonomia jurídica em sua vida privada e que se traduz na autonomia para estar em juízo e para dispor de seus direitos por si mesma (art. 70).

> Art. 471. (...):
> *II – a causa possa ser resolvida por autocomposição.*

Além do requisito subjetivo da plena capacidade que o inciso I estabelece, o focalizado inciso II institui um segundo requisito, agora objetivo, qual seja, a disponibilidade do direito material em jogo para que tenha validade processual a escolha consensual do perito pelas partes. Não basta, então, ter capacidade civil e a consequente capacidade para estar em juízo, porque é necessário que, além disso, o próprio direito envolto em litígio seja daqueles que admitam sua resolução por autocomposição, diz o texto, vale dizer, que sejam recobertos pelo atributo da disponibilidade objetiva. Havendo, assim, plena capacidade, somada à disponibilidade material do direito, as partes recebem da lei a disponibilidade processual para convencionar a escolha do perito.

> Art. 471. (...).
> § 1º. *As partes, ao escolher o perito, já devem indicar os respectivos assistentes técnicos para acompanhar a realização da perícia, que se realizará em data e local previamente anunciados.*

Este § 1º tem o intuito de disciplinar o tempo processual da apresentação ao juízo da escolha do perito pelas partes. Malgrado o bom propósito, o texto não é suficientemente esclarecedor justamente porque se preocupa em exigir a apresentação conjunta dos respectivos assistentes técnicos e em exigir que o início dos trabalhos já esteja definido quanto ao tempo e ao lugar. O que nos parece é que, se a primeira exigência faz algum sentido, a segunda absolutamente não faz. Que se exija que as partes, ao elegerem o perito, elejam conjuntamente os assistentes técnicos, isto faz algum sentido como medida de economia e de racionalidade: se as partes se acertaram quanto ao perito, que é o mais, nada há de errado em exigir a lei que devam já dizer quem serão os assistentes, que é o menos. Já no que concerne à exigência de que os trabalhos estejam "previamente anunciados", nenhum sentido faz tal assertiva no contexto da produção da prova pericial, por algumas razões: (1ª) as partes podem ter escolhido o perito antes do ato de saneamento, apenas à vista da perspectiva de que haverá deferimento de prova pericial (a eficácia da escolha ficará a depender do futuro deferimento); (2ª) as partes podem ter escolhido o perito junto com a delimitação consensual das questões de fato e de direito (art. 357, § 2º); (3ª) as partes podem ter escolhido o perito na audiência de saneamento em cooperação (art. 357, § 3º); (4ª) as partes podem ter escolhido o perito após a audiência de instrução (art. 357, inciso V), mas antes da prática dos atos previstos pelo art. 465 (mencionados no § 8º do art. 357). O que queremos dizer é que todas essas possibilidades elencadas são incompatíveis com o anúncio prévio da data e do local do início dos trabalhos periciais (da parte final do texto deste § 1º), de sorte que a exigência de tal anúncio é completamente despicienda sob a perspectiva do direito das partes de apresentar ao juízo da causa a escolha consensual do perito.

> Art. 471. (...).
> § 2º. *O perito e os assistentes técnicos devem entregar, respectivamente, laudo e pareceres em prazo fixado pelo juiz.*

Dada a consideração de que o presente dispositivo se coloca como parágrafo do art. 471, que trata especificamente da escolha consensual do perito, somente à luz do contexto jurídico de tal ato comum das partes é que este § 2º pode ser interpretado: como o perito e os assistentes técnicos são apresentados pelas partes por meio de petição conjunta ao juiz da causa (§ 1º, *initio*), eles entregarão laudo e pareceres técnicos conforme um calendário único estabelecido pelo juiz da causa, quer no saneamento, quer em ato subsequente. Observe-se que tal interpretação é plenamente justificada pelo fato de que, não havendo escolha de perito pelas partes, incide primeiro o art. 465, *caput*, que determina ao juiz a fixação de imediato do prazo para a entrega do laudo, e depois incide o art. 477, § 1º, que dá quinze dias aos assistentes, a partir da entrega do laudo, para a apresentação dos seus respectivos pareceres técnicos. A conclusão a que se chega, então, é que a previsão normativa deste § 2º excepciona as duas que acabamos de mencionar, justamente porque se trata da situação extraordinária da produção da prova pericial fundada em nomeação consensual do perito.

> Art. 471. (...).
> § 3º. *A perícia consensual substitui, para todos os efeitos, a que seria realizada por perito nomeado pelo juiz.*

A disposição legal contida no focalizado § 3º tem caráter meramente explicitativo, na medida em que sua inexistência não traria nenhuma consequência para o sistema do processo civil, posto restar lógico e inequívoco que, se se admite que o perito do juiz pode ser substituído por um perito eleito pelas partes, a perícia obtida por meio consensual substitui, para todos os fins jurídicos, a perícia judicial. O regramento de que cogitamos, portanto, se extrairia com toda tranquilidade hermenêutica do próprio texto do *caput* deste art. 471.

> *Art. 472. O juiz poderá dispensar prova pericial quando as partes, na inicial e na contestação, apresentarem, sobre as questões de fato, pareceres técnicos ou documentos elucidativos que considerar suficientes.*

Este art. 472 estabelece regramento de grande alcance prático: a possibilidade de dispensa da prova pericial em caso de presença nos autos de pareceres ou documentos considerados suficientemente elucidativos pelo juiz. Vista a regra pelo ângulo literal, a dispensa funda-se no fato de os litigantes virem a juízo já munidos de documentos técnicos, ou de pareceres de profissionais especializados, sobre os fatos controvertidos na causa; veja-se que o texto alude expressamente à petição inicial e à contestação. Nesse contexto específico, surge uma primeira dúvida: e se apenas o autor, ou somente o réu, apresentar-se munido da prova técnica extrajudicial, cabe a dispensa? Respondemos que sim, porque, ainda que a parte impugne a documentação ou o parecer da outra, o juiz não fica impedido de considerar suficiente a prova unilateralmente produzida. Já sob o prisma teleológico, a regra pode se revelar aplicável a situações processuais diversas: (a) só o autor traz documento, ou parecer, mas no momento da especificação (art. 348); (b) nem o autor nem o réu produziram qualquer desses documentos, mas, por circunstâncias alheias à vontade das partes, documentos suficientemente elucidativos acabam ingressando nos autos (porque um terceiro os juntou por ordem ou com autorização do juiz). Nesses dois casos, ainda que não previstos, também é aplicável a regra de dispensa deste art. 472.

> *Art. 473. O laudo pericial deverá conter:*

O focalizado art. 473 disciplina especificamente a forma (art. 188) que a lei exige do ato processual documentado que veicula as declarações do perito acerca de todo o trabalho por ele empreendido. Ao instituir as regras abaixo sobre a forma do laudo pericial, o que a lei simultaneamente está fazendo é estabelecer as exigências de conteúdo deste tão importante ato do processo, as exigências de substância informativa e de opinião técnico-científica sobre os fatos controvertidos. Ou, em outras palavras, porque a forma existe para condicionar e induzir a substância dos atos jurídicos e, com isso, proporcionar garantia de direitos e segurança jurídica, é que os quatro incisos e três parágrafos que seguem devem ser obrigatoriamente observados, sob pena de o sistema considerar o laudo inválido e imprestável aos seus propósitos instrutórios.

> Art. 473. (...):
> I – a exposição do objeto da perícia;

A "exposição do objeto da perícia", enquanto requisito formal instituído (v. nota ao *caput*), significa a exigência de que o perito faça constar da parte introdutória do laudo uma apresentação geral do processo do qual brotou sua nomeação (juízo, autos, partes, ação proposta) e uma apresentação específica dos pontos fáticos controvertidos na causa que demandam conhecimento especial de técnico e que justificaram a nomeação, o deferimento ou determinação da prova pericial, sob a forma de exame, vistoria ou avaliação, e os próprios quesitos apresentados. "Objeto da perícia" é, portanto, aquilo em torno do que gira, gravita ou se desenvolve a atividade do perito, isto é, e como referido, os quesitos apresentados sobre a base das questões fáticas que exigem conhecimento especializado que a lei presume absolutamente que o juiz não tem, razão por que deve se valer de um auxiliar especialista, *expert* em determinada matéria, que lhe servirá de óculos ou lentes técnicas para a compreensão do fato sobre o qual controvertem as partes e para o oferecimento das respostas conclusivas sobre as questões apresentadas (v. inciso IV).

> Art. 473. (...):
> II – a análise técnica ou científica realizada pelo perito;

Se o inciso I exige apenas a exposição do objeto da perícia, da exata dimensão da controvérsia fática existente (v. nota), o presente inciso II já se refere ao trabalho intelectual, cognitivo, do perito sobre os fatos que lhe são submetidos. A "análise técnica ou científica" que deve constar do laudo constitui justamente a exposição de todo esse trabalho, que envolve um primeiro lado material e preparatório representado pelos atos físicos praticados pelo perito para investigar os fatos controvertidos (a ida ao local, a retirada de amostras, o registro fotográfico dos vestígios, o acondicionamento de coisas, a preparação do que vai ser submetido à perícia, a exposição do objeto aos assistentes, etc.), bem como um segundo lado, ainda material, mas já finalístico, no sentido da investigação, do exame ou da análise propriamente dita (a submissão do material colhido a algum aparato tecnológico ou à simples observação ou percepção do perito), e, finalmente, um terceiro, este já de caráter imaterial, representado pela compreensão e pelo entendimento alcançados pelo profissional e que também precisam ser traduzidos em palavras e texto, representando a etapa derradeira da "análise técnica ou científica realizada pelo perito", que deve constar do laudo (v. § 2º abaixo e nota respectiva).

> **Art. 473. (...):**
> *III – a indicação do método utilizado, esclarecendo-o e demonstrando ser predominantemente aceito pelos especialistas da área do conhecimento da qual se originou;*

Quanto a este terceiro requisito formal-material do laudo, na verdade, ele se apresenta como um elemento integrativo da própria análise técnica ou científica realizada pelo perito e mencionada pelo inciso II, mas é destacado pelo presente dispositivo como exigência de explicitação detalhada e particularizada da metodologia que se empregou no processo analítico ou investigativo. A razão de ser desse destaque e do detalhamento prende-se à necessidade de dar mais confiabilidade e credibilidade ao laudo pela legitimação metodológica da análise. Dele constando expressa e fundamentadamente ("esclarecendo-o e demonstrando") a aceitação do método empregado pela comunidade de técnicos e/ou cientistas ("predominantemente aceito pelos especialistas da área do conhecimento da qual se originou"), o laudo, enquanto expressão documental do exame, vistoria ou avaliação, ganha em credibilidade, e, portanto, em autoridade, diante das partes e do órgão jurisdicional ao qual é dirigido. Eis a *ratio* do regramento.

> **Art. 473. (...):**
> *IV – resposta conclusiva a todos os quesitos apresentados pelo juiz, pelas partes e pelo órgão do Ministério Público.*

Por derradeiro, estabelece o focalizado inciso IV a natural e lógica exigência de que do laudo conste a "resposta conclusiva a todos os quesitos apresentados", vale dizer, o resultado prático e efetivo da "análise técnica ou científica realizada" (inciso II) especificamente sobre os fatos controvertidos e, sob o prisma sistemático, objetivo último da própria prova pericial. Se a "exposição do objeto da perícia" (inciso I) traz a dimensão da controvérsia fática e os quesitos a serem respondidos, e se a "análise técnica ou científica" e a "indicação do método utilizado" (incisos II e III) revelam os caminhos da investigação e do entendimento alcançado, "a resposta conclusiva a todos os quesitos" fecha o laudo pericial com a realização do escopo de elucidação articulada de todas as dúvidas fáticas postas pelas partes e, eventualmente, pelo Ministério Público e pelo próprio juiz da causa, tudo com vista a permitir e viabilizar o proferimento de uma sentença que julgue o mérito e dê solução (ou resolução) ao litígio.

> Art. 473. (...).
> § 1º. *No laudo, o perito deve apresentar sua fundamentação em linguagem simples e com coerência lógica, indicando como alcançou suas conclusões.*

O § 1º deste art. 473, por óbvio, também disciplina a forma do ato jurídico *laudo pericial*, porém de uma maneira diferente: não se trata aqui de estabelecer exigências de conteúdo via requisitos de validade, mas de impor ao perito do juiz linguajar acessível a qualquer leigo no assunto tratado na perícia, o que inclui as partes, o membro do Ministério Público e o próprio juiz da causa. É isto que significa "fundamentação em linguagem simples", exigência de forma para a escrita utilizável pelo perito que excepciona de alguma maneira a singela previsão de "uso da língua portuguesa" (art. 192, *caput*), que admite o tecnicismo, porque voltada ao mundo dos técnicos em Direito. Já quanto à "coerência lógica", trata-se de mera explicitação de exigência para o laudo pericial, posto que constitui regra geral implícita para todos os atos escritos, embora receba atenção especial de alguns dispositivos deste Código (arts. 330, incisos III e IV, 489, § 1º, incisos I a V, 1.022, inciso I – entre outros). As exigências de "linguagem simples e com coerência lógica" incidem indiscriminadamente sobre todas as partes do laudo pericial indicadas nos incisos (relatório, fundamentação e respostas).

> Art. 473. (...).
> § 2º. *É vedado ao perito ultrapassar os limites de sua designação, bem como emitir opiniões pessoais que excedam o exame técnico ou científico do objeto da perícia.*

O parágrafo que nos ocupa, ainda dentro do contexto da forma do laudo pericial, cumpre no sistema um objetivo bastante específico e útil, que é o de vedar ao perito a manifestação de opiniões pessoais que digam respeito a questões de fato ou de direito que não lhe foram submetidas pelo juiz. O perito tem sua incumbência limitada pelos quesitos apresentados, quesitos que se estribam, por sua vez, nos fatos controvertidos expressamente confiados à análise técnica ou científica do especialista. Ainda que lhe pareça conveniente emitir opiniões sobre pontos que estão além do objeto da perícia, tais opiniões são de todo impertinentes, irrelevantes e violadoras da nomeação judicial, razão por que devem ser completamente desconsideradas, cabendo ao juiz, ainda, advertir o perito sobre a ilegalidade da sua conduta. Insista-se, por derradeiro, que o focalizado § 2º diz respeito à disciplina de forma processual, sim, porque tanto é forma impor os requisitos positivos, como relatório, análise técnica e respostas conclusivas (incisos I a IV), além do atinente ao linguajar simplificado (§ 1º), como o estabelecer um requisito negativo, este representado pelo não analisar e não expressar opinião sobre o que não lhe foi designado.

Art. 473. (...).

§ 3º. Para o desempenho de sua função, o perito e os assistentes técnicos podem valer-se de todos os meios necessários, ouvindo testemunhas, obtendo informações, solicitando documentos que estejam em poder da parte, de terceiros ou em repartições públicas, bem como instruir o laudo com planilhas, mapas, plantas, desenhos, fotografias ou outros elementos necessários ao esclarecimento do objeto da perícia.

Fugindo ao propósito do art. 473 de traçar parâmetros formais para o laudo pericial, este § 3º sob enfoque concede poderes instrumentais ao perito para o alcance de informações necessárias à realização da "análise técnica ou científica" de que fala o inciso II acima – de forma da produção da prova pericial aqui se cogita, mas não de forma do laudo, como salientado. Seja como for, o dispositivo em questão institui a liberdade do perito e dos assistentes no que concerne à investigação e ao exame do fato litigioso, liberdade, esta, que só pode ser limitada por preceitos legais de ordem técnica que estabeleçam métodos obrigatórios de averiguação. O perito e os assistentes devem pessoalmente, e não por interpostas pessoas, valer-se dos meios adequados à realização do trabalho, inclusive dos meios exemplificativamente elencados no texto. Oitiva de testemunhas é apenas a obtenção informal de subsídios para a perícia a partir de pessoas envolvidas que conheçam o fato. A solicitação de documentos pode ser feita direta e informalmente à parte ou por intermédio do juízo, o mesmo acontecendo em relação a informações cuja fonte sejam terceiros, incluindo repartições públicas. Por fim, observe-se que este § 3º não fala do acesso aos autos do processo, o que sempre depende de autorização expressa do juiz a ser dada no próprio saneamento ou depois.

> *Art. 474. As partes terão ciência da data e do local designados pelo juiz ou indicados pelo perito para ter início a produção da prova.*

Este art. 474 reconhece o poder judicial de designação da data e do local em que terão lugar os trabalhos técnico-periciais. Tal poder de controle sobre o "dia, hora e lugar" da perícia se presta ao intuito de permitir aos magistrados uma proximidade maior da produção da prova pericial para que, com isso, se possa dar desenvolvimento mais ágil e racional à atividade processual probatória. Observe-se que há um aspecto disciplinar neste art. 474 que merece destaque: a indicação feita pelo perito acerca do tempo e lugar dos trabalhos. Esse detalhe chama a atenção porque tira do juiz o dever de marcar por conta própria a data e o local, o que às vezes é dificultoso ou trabalhoso demais para quem tem centenas de feitos sob sua responsabilidade, mas impõe ao perito o dever de indicar (sugerir) a data, o horário e o local, ficando com o juiz, nesse caso, apenas o dever de chancelar (aprovar) a indicação do perito, mas sempre observando, é claro, a conveniência e a razoabilidade da sugestão com vista ao resguardo do interesse das partes, como do próprio interesse público de bem administrar a justiça.

> *Art. 475. Tratando-se de perícia complexa que abranja mais de uma área de conhecimento especializado, o juiz poderá nomear mais de um perito, e a parte, indicar mais de um assistente técnico.*

A figura da "perícia complexa", que abrange mais de uma área de conhecimento especializado – expressamente reconhecida e disciplinada no seu sentido de permitir ao juiz a nomeação de mais de um perito e às partes a indicação de mais de um assistente técnico – constitui forma de ampliação do poder instrutório pericial regulado genericamente pelos arts. 464 e 465. Registre-se que a ampliação a que nos referimos já havia começado com o art. 464, que confere ao magistrado poder para colher a prova pericial mediante simples inquirição do perito em audiência (§§ 2º e 3º do art. 464), prosseguindo com a autorização para que o magistrado dispense a prova pericial quando as partes, na inicial e na contestação, apresentem pareceres técnicos ou documentos elucidativos (art. 472). Observe-se que falamos de ampliação do poder instrutório em todos esses casos porque o sistema revela o escopo de alargar as possibilidades de obtenção de convencimento judicial por meio da prova técnica, vale dizer, instituindo maneiras diferentes de o juiz chegar ao conhecimento do fato litigioso pela via pericial: perícia simples, prova técnica simplificada (art. 464, §§ 2º e 3º); pareceres técnicos e documentos elucidativos suficientes, dispensa da perícia (art. 472); e perícia complexa, mediante a nomeação de mais de um perito (deste art. 475). Por último, saliente-se que nada, ou quase nada, muda em termos de produção da prova pericial se dois ou mais peritos forem nomeados, salvo que o juiz deverá se preocupar justamente com a aplicação do art. 474, de sorte que não permita que os trabalhos de uma perícia atrapalhem a realização da outra ou das outras.

> *Art. 476. Se o perito, por motivo justificado, não puder apresentar o laudo dentro do prazo, o juiz poderá conceder-lhe, por uma vez, prorrogação pela metade do prazo originalmente fixado.*

O dispositivo legal sob apreciação reconhece o direito processual do perito à prorrogação do prazo para a entrega do laudo se este demonstrar ao juiz motivo ponderável. Duas observações interpretativas se impõem. A primeira concerne à titularidade do benefício instituído: não se aplica analogicamente a faculdade de pedir a prorrogação aos assistentes técnicos; se fosse da vontade da lei equiparar o assistente técnico ao perito, ela o teria feito expressamente. A segunda diz respeito à atitude que os juízes com frequência tomam em razão da possibilidade de os *experts* pedirem prorrogação: nossos magistrados não designam audiência, no saneamento, quando determinam ou deferem prova pericial, para não correrem o risco de vê-la adiada a pedido do perito (v. art. 477 e nota). Registre-se, por fim, que o presente regramento limita a prorrogação à metade do prazo originalmente fixado, com o que o estatuto vigente procura imprimir um pouco mais de agilidade à produção da prova pericial e ao processo de conhecimento.

> **Art. 477.** *O perito protocolará o laudo em juízo, no prazo fixado pelo juiz, pelo menos 20 (vinte) dias antes da audiência de instrução e julgamento.*

Dispõe o art. 465, *caput*, que o juiz, ao nomear o perito, deve fixar o prazo para a entrega do laudo, o que se dá, via de regra, no saneamento (art. 357, inciso II e § 8º). Já de acordo com o presente art. 477 fica estabelecido que o *expert* deve desincumbir-se do referido encargo "no prazo fixado pelo juiz, pelo menos 20 (vinte) dias antes da audiência de instrução e julgamento". Surge a dúvida sobre como conciliar os dois preceitos. A solução não é difícil. Inicialmente é necessário ressaltar que a previsão concernente ao prazo de vinte dias, no texto deste art. 477, não se dirige ao perito, mas, sim ao juiz, haja vista que este já conferiu àquele, no saneamento, o prazo exato dentro do qual deve apresentar o laudo (art. 465, *caput*). Resta explicar a questão relativa à designação da audiência: observe-se que, como a regra sob enfoque fala de prazo do laudo, vinculando-o à audiência, parece certo que o desejo da lei foi o de que a designação ocorra antes da entrega do laudo, o que leva a duas conclusões alternativas: primeira, num mesmo ato, o juiz nomeia o perito, fixa o prazo do laudo e designa audiência, observando o mínimo de vinte dias de intervalo entre as duas datas; segunda, o juiz nomeia o perito e fixa o prazo do laudo no saneamento, designando audiência depois, mas antes da entrega do laudo, observando da mesma maneira o intervalo instituído. Mas como tornar viável, na prática, a interpretação alvitrada? É muito simples: basta que, ao realizar os três atos em conjunto no saneamento (nomeação, fixação e designação), o juiz da causa deixe um intervalo grande – quem sabe de sessenta dias – entre a data da entrega e a da audiência, porque assim todos os demais atos da produção da prova pericial (incidentes ou não) poderão ter lugar sem comprometimento da audiência (*v.g.*, vista às partes sobre o laudo, cujo prazo é o mesmo para os assistentes técnicos apresentarem seus pareceres, pedido de prorrogação de prazo pelo perito, requerimento de esclarecimentos ou puro e simples atraso na entrega do laudo). A designação da audiência após a entrega do laudo afronta o previsto nesse dispositivo, interpretado em sua literalidade, mas nada impede que o juiz assim proceda se levarmos em conta a visão sistemática que considere o § 8º do art. 357 em sua autonomia aplicativa.

> **Art. 477. (...).**
> **§ 1º.** *As partes serão intimadas para, querendo, manifestar-se sobre o laudo do perito do juízo no prazo comum de 15 (quinze) dias, podendo o assistente técnico de cada uma das partes, em igual prazo, apresentar seu respectivo parecer.*

Diferentemente do regime estabelecido pelo estatuto de 1973, que dizia singelamente que os assistentes "oferecerão seus pareceres no prazo comum de 10 (dez) dias, após intimadas as partes da apresentação do laudo", o focalizado § 1º torna explícita, inicialmente, a faculdade conferida às partes de, "querendo, manifestar-se sobre o laudo do perito do juízo no prazo comum de 15 (quinze) dias" e, depois, explicita a faculdade de "o assistente técnico de cada uma das partes, em igual prazo, apresentar seu respectivo parecer". Por sua clareza e suas explicitações, o § 1º traz mais segurança e previsibilidade a esse momento da produção da prova pericial do que o estatuto anterior. Contudo, remanesce o problema interpretativo gerado pelo *caput* (v. nota), que traz perplexidade quando se cogita da aplicação do presente parágrafo. Como aplicá-lo levando em conta o que prescreve o *caput*? A única forma de dar aplicação prática ao presente parágrafo é mediante o reconhecimento do acerto da interpretação que sustentamos sobre o *caput* e, também, pelo atendimento à recomendação no sentido de que o juiz deixe um intervalo grande entre a data da entrega do laudo e a data da audiência. Assim é porque, a se entender que o perito tem o prazo de até vinte dias da audiência para se desincumbir do encargo – o que é afronta ao art. 465, *caput*, como vimos, embora superável –, torna-se impossível aos assistentes técnicos elaborarem e apresentarem seus pareceres até 10 dias antes da audiência. Sim, porque, se o laudo pode ser apresentado vinte dias antes da audiência e os assistentes têm quinze a partir do laudo, é óbvio que o termo *ad quem* deste último prazo se identificará com o quinto dia anterior à audiência. Destarte, ou se interpreta o *caput* como fizemos, ou a presente disposição se tornará letra morta, o que pode levar muitos magistrados a não marcarem audiência antes da presença do laudo nos autos, o que também é desrespeitar a lei (o *caput* deste art. 477, justamente). Por fim, registre-se que, de acordo com o texto, só se cogita de prazo para os assistentes técnicos apresentarem seus pareceres quando as partes forem intimadas da presença do laudo pericial nos autos. Essa circunstância apenas corrobora o que sustentamos no início deste comentário sobre a forma de articular a designação das datas de apresentação do laudo e da audiência de instrução pelo juiz.

> Art. 477. (...).
> § 2º. *O perito do juízo tem o dever de, no prazo de 15 (quinze) dias, esclarecer ponto:*

Ainda sob a nuvem da perplexidade interpretativa trazida pelo *caput* do presente art. 477, e que se transfere à compreensão do § 1º, como registramos acima (v. notas), o dispositivo legal focalizado estabelece que o perito tem o dever de prestar esclarecimentos em quinze dias. Todo o problema repousa na circunstância de que, se a audiência já tiver sido designada anteriormente e se o laudo for entregue vinte dias antes da data marcada, como é possível cumprir os quinze dias do § 1º (manifestação das partes e oferecimento dos pareceres técnicos) e os subsequentes quinze deste § 2º (esclarecimentos do perito) sem comprometer a audiência de instrução designada? Mais uma vez chamamos a atenção para o fato de que a única maneira de dar aplicação concreta ao presente § 2º – também ao § 1º, como escrevemos linhas atrás – é reconhecer que o magistrado, ao designar a audiência no saneamento (art. 357, incisos II e V), em caso de necessidade de prova pericial (art. 357, § 8º), sempre o faça deixando um intervalo grande entre o termo *ad quem* do prazo para o perito e a data da audiência de instrução e julgamento. Somente dessa maneira é possível cumprir os prazos sucessivos de quinze dias do § 1º e deste § 2º sem comprometer a audiência. Ou isto, ou a admissão da ideia e da prática tão frequente, que tende a eternizar-se, de que o juiz, quando profere saneamento e defere ou determina prova pericial, não designa audiência nenhuma, só o fazendo depois da protocolização do laudo e depois da superação das etapas de manifestação das partes, pareceres técnicos e esclarecimentos das dúvidas, que este § 2º disciplina. Seja como for, e deixando de lado a questão aplicativa, vejamos como o Código trata das dúvidas que devem ser esclarecidas conforme os incisos abaixo.

> Art. 477. (...).
> § 2º. (...):
> *I – sobre o qual exista divergência ou dúvida de qualquer das partes, do juiz ou do órgão do Ministério Público;*

O ponto sobre o qual deve existir divergência ou dúvida – objeto do esclarecimento a ser realizado pelo perito judicial – tanto pode ter conotação estritamente fática como assumir uma feição estritamente técnica ou científica: a dúvida ou divergência pode repousar sobre o fato em si ou sobre sua compreensão pelo perito. Ponto, portanto, é o próprio fato, algum aspecto da análise e/ou do método empregado ou, ainda, algum aspecto da resposta ao quesito. Observe-se que o presente inciso I se limita a referir a divergência ou dúvida das partes, do juiz ou do promotor de justiça, o que permite concluir que em três momentos distintos elas podem surgir: a dúvida ou divergência das partes, no momento da manifestação prevista pelo § 1º; a dúvida ou divergência do juiz, no momento da abertura de vista às partes sobre o laudo ou depois de suas manifestações, a qualquer tempo; a dúvida ou divergência do órgão ministerial, no instante da sua fala (art. 179, inciso I). Por fim, em relação à diferença entre as figuras da dúvida e da divergência, o que se pode dizer é que: a dúvida questiona qualquer ponto do laudo – lembremos do que foi dito no início deste comentário –, buscando o esclarecimento de algum aspecto obscuro, omisso ou, mesmo, contraditório, mas sem necessariamente combater o resultado final da perícia, ou de parte dela; já a divergência aponta a inaptidão, o desvio, o erro, afirmando categoricamente a insustentabilidade do resultado final da perícia, ou de parte dela. Mas o que realmente importa dizer, por fim, é que, suscitadas dúvidas ou expostas as divergências, o perito será intimado para responder por escrito e esclarecer os pontos evidenciados no prazo de quinze dias.

> Art. 477. (...).
> § 2º. (...):
> *II – divergente apresentado no parecer do assistente técnico da parte.*

Se o inciso I menciona divergência ou dúvida manifestada pelas partes, pelo juiz ou pelo promotor de justiça, o presente inciso II se restringe à menção à divergência apresentada pelo assistente técnico em seu parecer. Ao que parece, o legislador processual civil resolveu colocar em destaque e evidência a opinião técnica do assistente, e não a manifestação dos sujeitos principais, todos leigos em relação à perícia, como que enfatizando a importância do esclarecimento do perito acerca das críticas presumivelmente mais técnicas contidas nos pareceres apresentados do que nas manifestações das partes, no despacho do juiz ou na cota do *parquet*.

Seja como for, chama a atenção ainda o fato de que o texto não fala de "dúvida", referindo apenas a "divergência", o que parece significar, mais uma vez, que o foco do dispositivo está no confronto das opiniões técnicas, mais do que nas possíveis dúvidas que possam emergir do laudo do perito. Dúvidas terão sido provavelmente comunicadas pelo assistente técnico à parte, por seu advogado, para suscitação por meio da manifestação de que trata o § 1º, reservando-se o parecer às críticas frontais ao laudo – o dispositivo em questão obviamente não impede o assistente técnico de levantar "dúvidas", ele próprio, sobre o documento ofertado pelo perito. Seja como for, divergente que se revele o parecer do assistente técnico em relação a trabalho pericial apresentado, deverá o juiz mandar intimar o perito judicial para que esclareça os pontos divergentes no prazo de quinze dias.

> Art. 477. (...).
> *§ 3º. Se ainda houver necessidade de esclarecimentos, a parte requererá ao juiz que mande intimar o perito ou o assistente técnico a comparecer à audiência de instrução e julgamento, formulando, desde logo, as perguntas, sob forma de quesitos.*

O dispositivo institui a figura dos esclarecimentos do perito e dos assistentes, disciplinando as formalidades que precisam ser obedecidas para a validade e eficácia do ato. O pedido de esclarecimento é admitido na hipótese de o laudo não ser suficientemente claro quanto a algum aspecto da perícia, tanto que a previsão de abertura diz enfaticamente "se ainda houver necessidade de esclarecimentos". Trata-se, portanto, de questionamentos voltados à elucidação ainda necessária do trabalho, e não à inovação investigatória. As perguntas devem ser formuladas pela parte sob a forma de quesitos, que, uma vez aprovados pelo juiz (art. 470), serão submetidos ao perito mediante intimação judicial, nos termos do § 4º (v. nota) com vista à obtenção de respostas verbais deste em audiência. Observe-se que o direito de pedir esclarecimentos aqui instituído não desaparece mesmo que as respostas por escrito sejam consideradas satisfatórias de alguma maneira pelo juiz da causa.

> Art. 477. (...).
> *§ 4º. O perito ou o assistente técnico será intimado por meio eletrônico, com pelo menos 10 (dez) dias de antecedência da audiência.*

Embora sem dizer expressamente, como fazia o texto paralelo do estatuto revogado que afirmava só estarem obrigados o perito e os assistentes técnicos a prestar os esclarecimentos se fossem intimados cinco dias antes da audiência (art. 435, parágrafo único), o focalizado § 4º estabelece a mesma coisa, porque instituir a exigência de intimação "com pelo menos 10 (dez) dias de antecedência da audiência" é o mesmo que admitir que os intimados não estão obrigados a comparecer se a antecedência mínima for desobedecida. Observe-se que o regramento que se extrai do presente enunciado excepciona, pelo prazo estabelecido de 10 dias, a regra geral esculpida no art. 218, § 2º, que prevê prazo menor, mas que ele se coloca em perfeito paralelo quanto à limitação ao dever de comparecimento: "Quando a lei ou o juiz não determinar prazo, as intimações somente obrigarão a comparecimento após decorridas 48 (quarenta e oito) horas". Saliente-se, por outro lado, que o dispositivo que nos ocupa impõe expressamente a intimação "por meio eletrônico", em sintonia com a regra geral do art. 270 e com a exigência de endereço eletrônico, que o perito deve necessariamente declinar quando se manifesta nos autos, por força de sua nomeação pelo juiz (art. 465, § 2º, inciso III).

> *Art. 478. Quando o exame tiver por objeto a autenticidade ou a falsidade de documento ou for de natureza médico-legal, o perito será escolhido, de preferência, entre os técnicos dos estabelecimentos oficiais especializados, a cujos diretores o juiz autorizará a remessa dos autos, bem como do material sujeito a exame.*

A falsidade ou a autenticidade de documento colocam-se como questão incidente no processo nas hipóteses previstas pelos arts. 427, parágrafo único, e 428 e são sempre objeto de arguição de falsidade (v. arts. 427, 428 e 430 a 433). A norma sob comentário não obriga, mas apenas recomenda que, nesses casos, bem como na hipótese de exame médico-legal, o perito seja escolhido entre os técnicos dos próprios estabelecimentos oficiais. Observe-se que perito será sempre um técnico (pessoa física), e não o estabelecimento (pessoa jurídica ou natural); a lei recomenda estabelecimentos oficiais porque são estes os que normalmente possuem pessoal e o instrumental técnico necessários à realização desses exames. Embora não diga expressamente, quem deve escolher o perito oficial em tais casos é o próprio diretor do estabelecimento, a quem o juiz delega tal poder, mas é óbvio que o juiz pode realizar diretamente a nomeação, se isto lhe parecer mais conveniente.

> Art. 478. (...).
> § 1º. *Nas hipóteses de gratuidade de justiça, os órgãos e as repartições oficiais deverão cumprir a determinação judicial com preferência, no prazo estabelecido.*

Dadas a hipossuficiência econômica de pelo menos um dos litigantes no processo civil e a consequente concessão dos benefícios da gratuidade da justiça, o que implica dispensa de pagamento de todos os "exames considerados essenciais" (art. 98, § 1º, inciso V, *in fine*), nada mais lógico e natural que, tratando-se de exame sobre autenticidade ou falsidade de documento ou perícia médico-legal, este seja realizado, com mais justificativa ainda, por estabelecimentos oficiais especializados e, quando assim, com preferência sobre outras perícias determinadas judicialmente. É o que se encontra estabelecido na parte final deste § 1º: "os órgãos e repartições oficiais deverão cumprir a determinação judicial com preferência". Observe-se, entretanto, que, para enfatizar ainda mais a necessidade de essas perícias terem um tratamento especial, o texto não deixa de referir expressamente a exigência de cumprimento da tarefa "no prazo estabelecido", quer dizer, no prazo fixado pelo juiz nos termos do art. 465, *caput*, com o que se busca dar efetividade ao tratamento preferencial não apenas por uma, mas por duas frentes jurídicas.

> Art. 478. (...).
> § 2º. *A prorrogação do prazo referido no § 1º pode ser requerida motivadamente.*

O prazo a que se refere o focalizado § 2º é aquele previsto na locução final do texto do § 1º ("no prazo estabelecido"), que, como vimos, é o objeto da fixação pelo juiz com vista a permitir ao perito um tempo razoável para a realização do seu trabalho técnico ou científico (art. 465, *caput*). Pois bem, quanto à "prorrogação" mencionada, esta só pode ser compreendida como aquela de que fala genericamente o art. 476 ("Se o perito, por motivo justificado, não puder apresentar o laudo dentro do prazo, o juiz poderá conceder-lhe, por uma vez, prorrogação pela metade do prazo originalmente fixado"), servindo o regramento em epígrafe para chamar a atenção: em primeiro lugar, para o cabimento do pedido de prorrogação, mesmo por "órgãos e repartições oficiais" (§ 1º); em segundo, para a exigência de requerimento fundamentado ("requerida motivadamente", como consta do texto deste § 2º); e, em terceiro, para a circunstância de que, mesmo em caso de perícia a ser realizada "com preferência" (§ 1º), a prorrogação só pode ser concedida "pela metade do prazo originalmente fixado" (art. 476, *caput*).

> Art. 478. (...).
> § 3º. *Quando o exame tiver por objeto a autenticidade da letra e da firma, o perito poderá requisitar, para efeito de comparação, documentos existentes em repartições públicas e, na falta destes, poderá requerer ao juiz que a pessoa a quem se atribuir a autoria do documento lance em folha de papel, por cópia ou sob ditado, dizeres diferentes, para fins de comparação.*

A faculdade conferida ao *expert* oficial de requisitar documentos a repartições tem como único escopo agilizar os trabalhos periciais. Se houver recusa da repartição pública, duas alternativas se colocam à frente do perito: reclamar contra o funcionário ao diretor ou comunicar o ato ao juiz, para que este oficie ao estabelecimento. A segunda parte do dispositivo apenas consagra o que é procedimento corriqueiro nas perícias grafológicas: a requisição ao juízo para que a pessoa envolvida escreva em papel, sob ditado, em cartório, palavras ou frases para que este escrito sirva como elemento comparativo para o perito.

> Art. 479. *O juiz apreciará a prova pericial de acordo com o disposto no art. 371, indicando na sentença os motivos que o levaram a considerar ou a deixar de considerar as conclusões do laudo, levando em conta o método utilizado pelo perito.*

Este art. 479 nada mais faz do que densificar normativamente o princípio do livre convencimento (ou persuasão racional) que o art. 371 institui, mas sob a perspectiva específica da prova pericial – norma de valoração da prova dirigida ao órgão julgador. O juiz é livre para formar o seu convencimento – dessa liberdade falava expressamente o art. 131 do Código Buzaid, o que hoje se extrai do art. 371 por interpretação sistemática –, mas deve indicar na decisão as razões que sustentam seu entendimento acerca da resolução das questões fáticas que dependeram de análise técnica ou científica. Eis o significado da indicação na sentença dos "motivos que o levaram a considerar ou a deixar de considerar as conclusões do laudo levando em conta o método utilizado pelo perito", conforme a longa e cuidadosa previsão final do texto deste art. 479. Observe-se que o considerar ou não as "conclusões do laudo" é admitir como corretas ou incorretas as respostas conclusivas dos quesitos (do art. 473, inciso IV), à luz da análise técnica ou científica realizada (do art. 473, inciso II), amparada, por sua vez, na "indicação do método utilizado" (do art. 473, inciso III), tudo perfeitamente legitimado pelo postulado de que o juiz é o *peritum peritorum* (o "perito do perito") quanto à verdade ou inverdade fática, técnica ou cientificamente inferida, e constante do laudo apresentado nos autos. O considerar ou não considerar o juiz da causa as conclusões do laudo constitui, ainda, e por outro ponto de vista, pura manifestação normativa do direito ao contraditório em sua terceira expressão jurídica: o direito das partes à consideração (fundamentada, saliente-se) acerca das reações probatórias e postulacionais que realizaram, a partir das informações subministradas pelo juiz, passo a passo, durante o curso do procedimento – ou, em sentido inverso, os direitos à informação, à reação e à consideração judicial. Registre-se, ainda, que o levar "em conta o método utilizado pelo perito" significa especificamente o apontamento legal da perspectiva lógica que o juiz precisa incorporar à sua análise para considerar acertadas ou não as respostas aos quesitos – "o método utilizado" –, o que não significa, obviamente, que o juiz não possa rejeitar o próprio método do profissional por ele nomeado, para adotar outro, como o utilizado e exposto por um dos assistentes técnicos ou, ainda, um inteiramente seu, mas sempre à luz de razões técnicas explícitas e logicamente convincentes para fundamentar tanto o acolhimento como a rejeição das respostas aos quesitos que se encontram no laudo ou nos pareceres técnicos. Por fim, tenha-se em conta, também, que o juiz ainda pode desconsiderar as conclusões do perito e dos assistentes técnicos, quaisquer que sejam elas, em razão de outros elementos ou fatos provados nos autos, como afirmava o art. 436 do estatuto revogado, regra jurídica identicamente extraível, por interpretação sistemática, da conjugação dos arts. 371 e deste 479 (v., ainda, art. 480, § 3º).

Art. 480. O juiz determinará, de ofício ou a requerimento da parte, a realização de nova perícia quando a matéria não estiver suficientemente esclarecida.

O cabimento da nova perícia, ou segunda perícia, de acordo com o texto legal sob exame, depende exclusivamente da circunstância de ao juiz não parecer suficientemente esclarecida a matéria ("... quando a matéria não estiver...", diz a lei). Portanto, como só mesmo o magistrado pode afirmar a suficiência ou a insuficiência do trabalho técnico realizado, não tem a parte agravo contra a decisão que defira ou indefira a nova perícia, porque à segunda instância não seria mesmo lícito nem possível ordenar ao juiz que mude seu convencimento sobre a necessidade de repetição de uma prova. Observe-se, por fim, que, independentemente da justificativa exposta acima, o agravo de instrumento não cabe contra tal decisão interlocutória pelo simples fato de tal hipótese não estar contemplada pelo art. 1.015 deste Código.

> Art. 480. (...).
> § 1º. *A segunda perícia tem por objeto os mesmos fatos sobre os quais recaiu a primeira e destina-se a corrigir eventual omissão ou inexatidão dos resultados a que esta conduziu.*

Dada a circunstância de a lei explicitar os escopos da segunda perícia (correção de eventual omissão ou inexatidão de resultados), parece óbvio que seu sucesso depende da nomeação de novo perito, porquanto não é razoável esperar do primeiro perito que reconheça que foi omisso ou inexato, apesar do dever de esclarecimentos previsto pelo art. 477, § 2º; a omissão e inexatidão aqui previstas são de tal monta que os esclarecimentos são incogitáveis. Por outro lado, e com o intuito de tornar a segunda perícia o mais eficiente possível, uma vez deferida ou determinada, deve o magistrado abrir a oportunidade às partes para nova apresentação de quesitos e indicação de assistentes técnicos (art. 465, § 1º, c/c § 2º abaixo).

> Art. 480. (...).
> § 2º. *A segunda perícia rege-se pelas disposições estabelecidas para a primeira.*

A par dos dois aspectos já ventilados no comentário ao § 1º, todo o restante da disciplina da produção da prova pericial estabelecida pelo Código de Processo Civil em vigor tem aplicação à segunda perícia por força do presente dispositivo: indicação de assistente técnico (art. 465, § 1º, inciso II), escusa e recusa (art. 467), substituição (art. 463), fixação de prazo para a entrega do laudo (art. 477), perícia por carta (art. 465, § 6º), atividade (arts. 473, § 3º, 474 e 475), prorrogação de prazo (art. 476), perícia de documento ou médico-legal (art. 478), esclarecimentos (art. 477, §§ 2º e 3º) e valoração (art. 479).

> **Art. 480. (...).**
> **§ 3º.** *A segunda perícia não substitui a primeira, cabendo ao juiz apreciar o valor de uma e de outra.*

A natureza jurídica da norma contida neste § 3º é idêntica à da prevista pelo art. 479: trata-se de norma de valoração da prova dirigida ao juiz (v. nota ao artigo mencionado). A ideia de não substituição prende-se à necessidade de permitir ao juiz o acesso ao maior número possível de informações técnicas para que assim possa ele bem formar seu convencimento. O fato de a primeira perícia ser omissa ou inexata quanto a alguns aspectos não lhe retira o valor informativo e probatório quanto aos demais.

> **Seção XI**
> **Da Inspeção Judicial**

Inspeção judicial é o meio legal de prova (art. 369) por cujo intermédio se dá o exame direto de pessoa ou coisa pelo magistrado, com o fim de que este se informe sobre a realidade fática do litígio (art. 370). Por meio da inspeção se viabiliza, no processo, o contato imediato, direto – sem intermediários –, do juiz com a fonte da prova (princípio da imediatidade). Observe-se, por derradeiro, o que dispõe o art. 126 da Constituição Federal: "Art. 126. Para dirimir conflitos fundiários, o Tribunal de Justiça proporá a criação de varas especializadas, com competência exclusiva para questões agrárias. Parágrafo único. Sempre que necessário à eficiente prestação jurisdicional, o juiz far-se-á presente no local do litígio".

> **Art. 481.** *O juiz, de ofício ou a requerimento da parte, pode, em qualquer fase do processo, inspecionar pessoas ou coisas, a fim de se esclarecer sobre fato que interesse à decisão da causa.*

Desde que pareça ao juiz conveniente e oportuno para melhor se informar a respeito dos fatos litigiosos, poderá ele (trata-se de poder, não de dever) dirigir-se pessoalmente ao lugar onde se encontre a pessoa ou a coisa com a finalidade de examiná-la, investigá-la. Se a pessoa for a própria parte, ela tem o dever de, preservado o direito de não produzir prova contra si própria, colaborar com o juízo na realização da inspeção judicial (art. 379, inciso II – v. nota); se a pessoa for um terceiro, o dever restringe-se à exibição de documento ou coisa (art. 380, inciso II), não alcançando seu corpo. Tanto a parte como o terceiro podem escusar-se de exibir documento ou coisa para fins de inspeção nas hipóteses do art. 404, analogicamente aplicado; mas, uma vez definido o dever por decisão judicial, a parte que se recusar poderá ser declarada litigante de má-fé (art. 80) e o terceiro que se recusar poderá ser processado criminalmente por desobediência. Curiosamente, e como visto, a Constituição Federal refere uma situação concreta em que o juiz pode realizar inspeção judicial: nas questões agrárias (art. 126, parágrafo único).

Art. 482. Ao realizar a inspeção, o juiz poderá ser assistido por um ou mais peritos.

Embora o texto deste art. 482 não fale expressamente, parece de todo lógico que se interprete a disposição legal como dizendo que a realização da inspeção depende de prévia determinação judicial (argumento sistemático – art. 357, inciso II). Tal determinação, expressa de ofício ou a requerimento, consubstancia verdadeira decisão interlocutória (art. 203, § 2º) inatacável, contudo, por agravo, inclusive, por se tratar de ato cuja necessidade só ao juiz é lícito afirmar (v. art. 480 e nota – hipótese semelhante). No que concerne à previsão de presença de peritos, é importante salientar que não há necessidade de nomeação formal (embora seja recomendável), nem as partes terão a faculdade de indicar assistentes técnicos ou de apresentar quesitos. Atente-se que da inspeção pode resultar a necessidade de prova pericial.

Art. 483. O juiz irá ao local onde se encontre a pessoa ou a coisa quando:

A necessidade de o juiz sair da sede do juízo para ir pessoalmente examinar pessoa ou coisa decorre da circunstância de que às vezes somente o contato pessoal com a prova dá ao órgão julgador elementos seguros de convicção. Nas hipóteses adiante enumeradas – em caráter exemplificativo – a lei apresenta algumas dessas situações de necessidade, que, contudo, só ao juiz compete avaliar.

> **Art. 483. (...):**
> *I – julgar necessário para a melhor verificação ou interpretação dos fatos que deva observar;*

O julgamento de necessidade aqui previsto corresponde inequivocamente a uma expressão do livre convencimento do juiz, que lhe é assegurado pelos arts. 371 e 479 (princípio da persuasão racional). O juiz avaliará sempre à luz do caso concreto a conveniência do seu deslocamento para a verificação ou interpretação *in loco* dos fatos controvertidos da causa. O exemplo mais significativo da hipótese aqui genericamente prevista é o do parágrafo único do art. 126 da Constituição Federal, ao qual já fizemos referência anteriormente.

> **Art. 483. (...):**
> *II – a coisa não puder ser apresentada em juízo sem consideráveis despesas ou graves dificuldades;*

O texto fala apenas de coisa, mas é evidente que a necessidade de inspeção pode resultar da impossibilidade ou da dificuldade de locomoção também de uma pessoa. Observe-se que, mesmo presentes as circunstâncias impeditivas referidas expressamente, o juiz poderá entender desnecessária sua verificação pessoal por considerar absolutamente suficiente o exame que o perito judicial realizar.

> **Art. 483. (...):**
> *III – determinar a reconstituição dos fatos.*

A reconstituição ou reprodução simulada dos fatos como meio de prova não é exclusividade do inquérito policial (CPP, art. 7º). Também no processo civil ela pode representar papel importante para o alcance da verdade mediante a encenação dos fatos controvertidos pelas partes envolvidas e o confronto de versões na presença do juiz. Segundo o sistema processual civil, a reconstituição dos fatos é veiculada pelo meio de prova *inspeção judicial*. Como em relação aos incisos anteriores, só o magistrado é quem pode afirmar a conveniência da sua realização.

> Art. 483. (...).
> *Parágrafo único. As partes têm sempre direito a assistir à inspeção, prestando esclarecimentos e fazendo observações que considerem de interesse para a causa.*

Para que se torne factível o exercício do direito processual subjetivo assegurado às partes pelo presente dispositivo, é mister que o juiz, ao decidir pela realização da inspeção direta, ordene, ato contínuo, a intimação das partes, em obediência ao princípio do contraditório. Da intimação constarão obrigatoriamente a data, o horário e o local em que a diligência terá lugar. Dentro do direito de assistir e prestar esclarecimentos e observações está incluído, por certo, o direito da parte de se fazer acompanhar de técnicos (que formalmente não são assistentes técnicos) para a melhor compreensão dos fatos que serão investigados pelo juiz.

> *Art. 484. Concluída a diligência, o juiz mandará lavrar auto circunstanciado, mencionando nele tudo quanto for útil ao julgamento da causa.*

Realizada a inspeção judicial na data e no horário designados, mediante assistência ou não de peritos (art. 482), com ou sem a presença das partes (art. 483, parágrafo único), o magistrado ordenará ao escrivão ou ao escrevente que o acompanhe na diligência a lavratura de auto circunstanciado (auto, e não termo, porque se trata de ato processual realizado fora da sede do juízo). Esse documento, escrito (art. 209), poderá ser elaborado tanto no local da inspeção como em cartório, desde que o juiz tenha em sua mente, ou em anotações detalhadas, as informações que comporão o seu conteúdo.

> Art. 484. (...).
> *Parágrafo único. O auto poderá ser instruído com desenho, gráfico ou fotografia.*

A enumeração é, evidentemente, exemplificativa, podendo o juiz que tenha realizado a inspeção direta instruir o auto, que instrumentaliza os resultados da diligência, com todo e qualquer documento que lhe pareça conveniente para a elucidação do fato investigado.

> **Capítulo XIII**
> *Da Sentença e da Coisa Julgada*

Sentença, conforme o disposto no art. 203, § 1º, deste Código de Processo Civil, é o pronunciamento por meio do qual o juiz, com fundamento em matéria de mérito (art. 487) ou estritamente processual (art. 485), põe fim à fase cognitiva do procedimento comum, bem como à execução, ressalvadas as disposições expressas relativas aos procedimentos especiais. Já a coisa julgada, de acordo com o art. 502 à frente, é "a autoridade que torna imutável e indiscutível a decisão de mérito não mais sujeita a recurso" (coisa julgada material) ou a imutabilidade da sentença, enquanto ato do processo, dado o esgotamento, ou não utilização, das vias recursais (coisa julgada formal). Este Capítulo XIII corresponde ao penúltimo do Título I (Do Procedimento Comum) do Livro I (Do Processo de Conhecimento e do Cumprimento de Sentença) da Parte Especial do Código de Processo Civil em vigor.

> **Seção I**
> *Disposições Gerais*

Nesta Seção I – inexistente no corpo normativo paralelo do estatuto de 1973 (arts. 458 a 475) – são disciplinadas as figuras da sentença terminativa (a que, não resolvendo o mérito, põe fim ao processo – arts. 485 e 486) e da sentença definitiva (a que, resolvendo o mérito, põe fim à fase cognitiva do procedimento comum – arts. 487 e 488). Em relação às disciplinas instituídas, importa salientar que são previstos nos incisos I a X do art. 485 os fundamentos possíveis da sentença terminativa, e nos incisos I a III do art. 487 os fundamentos possíveis da sentença definitiva. Quanto aos §§ 1º a 6º do art. 485, encontram-se previstas regulamentações específicas dos fundamentos; o § 7º trata da apelação e da retratação; quanto ao parágrafo único do art. 487, prevê-se o contraditório no caso de prescrição e decadência; e no art. 488 a preferência pelo julgamento de mérito em favor de quem aproveitaria o proferimento de sentença terminativa.

> *Art. 485. O juiz não resolverá o mérito quando:*

A sentença no processo civil brasileiro, há muito, não é mais necessariamente o ato do juiz que põe fim ao processo, como previa originariamente o Código Buzaid (arts. 267 a 269), porque nos casos de procedência do pedido, reconhecimento da procedência e transação (art. 487, inciso I e III, "a" e "b"), nas hipóteses de ações condenatórias ou mandamentais, é apenas ato decisório de transição da fase cognitiva para a fase executiva do processo de conhecimento ou, simplesmente, cumprimento de sentença (v. § 1º do art. 203). Contudo, nas hipóteses de decadência, prescrição e renúncia (art. 487, incisos II e III, "c") e nas elencadas nos onze incisos deste art. 485 a sentença continua sendo ato de extinção do processo, como, aliás, implicitamente afirma o art. 486 que fala da propositura de nova ação. É que, frente à verificação da ausência de certos pressupostos processuais objetivos positivos (incisos I a IV deste art. 485) ou da presença de pressupostos objetivos negativos (incisos V e VI), ou dada a constatação da falta de condições da ação (inciso VI), o processo não se revela habilitado a seguir adiante, de forma que, a bem do interesse público, o Código de Processo Civil determina que o magistrado decrete seu encerramento. Por fim, registre-se que, nas hipóteses deste art. 485, a relação jurídico-processual deve ser encerrada pelo órgão de jurisdição, monocrático ou colegiado, por sentença ou acórdão, sem apreciação do direito discutido, toda vez que uma delas se verificar. Note-se que o escopo social da figura da extinção do processo sem resolução do mérito repousa na necessidade de permitir ao Poder Judiciário livrar-se de causas processualmente inviáveis.

Art. 485. (...):
I – indeferir a petição inicial;

O indeferimento da petição inicial decorre fundamentalmente de vícios formais dessa peça – o que significa ausência de pressuposto processual, já que a regularidade formal da inicial é requisito objetivo positivo de validade da relação processual – ou de falta de condições da ação (art. 330). Observe-se que o indeferimento da inicial pressupõe processo já pendente, haja vista que a existência da relação processual depende apenas de petição inicial e protocolização (objetivamente) e de capacidade para ser parte (subjetivamente); a investidura do juiz (como pressuposto processual subjetivo) já não integra mais a categoria dos pressupostos de existência, porque o processo existe apenas com a protocolização da inicial – diferente do que estabelecia o art. 263 do estatuto revogado que admitia o despacho da inicial como ato apto a dar nascimento ao processo. Portanto, o indeferimento da inicial é sentença e sentença terminativa, ou seja, ato que põe termo ao processo, embora o réu não tenha sido sequer citado, porque processo já existe com a protocolização. É pronunciamento que encerra a relação processual no seu nascedouro, já que inviável a resolução do mérito e incompatível com a ideia de mera transição para a fase executiva.

> Art. 485. (...):
> II – *o processo ficar parado durante mais de 1 (um) ano por negligência das partes;*

A atividade de impulso do autor – expressa pelo ônus que lhe é atribuído de dar andamento ao processo – é pressuposto processual de desenvolvimento. Somada a negligência do autor à inércia do réu, que também tem interesse na solução do litígio, impõe a lei, passado um ano, a extinção do processo, observadas as cautelas do § 1º. A inércia por tão longo período faz presumir que desapareceu o interesse pelo processo, o que, no entanto, não pode ser reconhecido de ofício pelo magistrado (§ 3º). Examine-se, ainda, o art. 486, § 3º, a respeito do fenômeno da perempção.

> Art. 485. (...):
> III – *por não promover os atos e as diligências que lhe incumbir, o autor abandonar a causa por mais de 30 (trinta) dias;*

Esta hipótese de extinção por ausência do mesmo pressuposto de desenvolvimento (atividade de impulso do autor) distingue-se da prevista no inciso II pelo fato de a lei exigir que se caracterize abandono por falta da promoção de atos e diligências específicas, como a citação. Necessário não só o decurso do tempo – muito mais curto por razões óbvias –, mas a existência de prazos em curso para que o autor pratique atos determinados. O descumprimento do ônus de praticar tais atos acarreta a extinção, que o juiz deve decretar, observadas, identicamente, as cautelas previstas pelo § 1º (intimação da parte e não suprimento), além do requerimento do réu (§ 6º).

> Art. 485. (...):
> *IV – verificar a ausência de pressupostos de constituição e de desenvolvimento válido e regular do processo;*

Quanto à falta dos pressupostos objetivos positivos, como petição inicial e protocolização, tais não geram extinção porque sem eles não há processo; quanto à falta de citação, a solução é a anulação; quanto falta de regularidade formal da inicial, todas as hipóteses estão compreendidas pelo inciso I, o que inclui a situação prevista pelo art. 321 e seu parágrafo único. No que concerne aos pressupostos objetivos negativos, encontram eles disciplina nos incisos V e VII. Restam os pressupostos subjetivos: a falta de investidura do juiz geraria, em tese, inexistência, devendo ser extinto o pseudoprocesso, porém isto não mais ocorre pelo fato de não ser mais possível instaurar processo pelo simples despacho do juiz (como previa o art. 263 do estatuto revogado); a falta de competência ou imparcialidade não acarreta extinção, mas a anulação; a falta de capacidade para ser parte provoca habilitação ou extinção (mas há previsão expressa – art. 76); a falta de capacidade para estar em juízo, regularização ou extinção (mas há previsão, ainda – art. 76); a falta de capacidade postulatória, regularização ou extinção (mas também há previsão expressa – art. 313, § 3º). Certos fatos supervenientes (como, *v.g.*, a falta de depósito do art. 542, parágrafo único) ou nulidades não sanadas também permitem a extinção do processo com fundamento nesta disposição legal.

> Art. 485. (...):
> *V – reconhecer a existência de perempção, de litispendência ou de coisa julgada;*

Coisa julgada (existência de sentença ou acórdão de mérito transitado em julgado sobre a causa proposta anteriormente em juízo e que representa obstáculo a um segundo processo que contenha causa idêntica – art. 337, inciso VII) e litispendência (pendência de processo nascido anteriormente e que versa sobre a mesma ação submetida a julgamento num segundo processo– art. 337, inciso VI) são pressupostos processuais objetivos negativos, de sorte que a sua presença gera a extinção do processo. Já a perempção, que é a morte ou o desaparecimento da ação pelo abandono e extinção de três processos idênticos sucessivamente (v. art. 486, § 3º), gera igualmente a extinção da relação processual, posto identificar-se igualmente como requisito negativo de desenvolvimento válido e regular do processo.

> Art. 485. (...):
> VI – *verificar ausência de legitimidade ou de interesse processual;*

Condições da ação são uma categoria jurídico-processual composta dos requisitos de existência, ou exercitabilidade, do direito de ação (direito a uma sentença de mérito). De acordo com o presente dispositivo, duas e somente duas são as condições da ação: legitimidade das partes (ou legitimação para a causa ou *legitimatio ad causam*) e interesse processual (ou interesse de agir). Legitimidade *ad causam* é a qualidade processual de titularidade ativa e passiva da ação decorrente da titularidade, em tese (ou em abstrato), da relação controvertida afirmada (ou deduzida) em juízo (legitimidade ordinária) ou decorrente da expressa vontade da lei (legitimidade extraordinária). Interesse processual é interesse que o demandante precisa demonstrar no sentido da necessidade concreta de se valer do processo para ver solucionado o litígio (interesse-necessidade) e também no sentido da adequação do provimento solicitado e do procedimento que elegeu para causa que leva a juízo. Daí dizer-se que o interesse processual (ou interesse de agir) se identifica pelo binômio necessidade-adequação (necessidade concreta do processo e adequação do provimento e do procedimento para a solução do litígio). Observe-se, ainda, que, como já tivemos a oportunidade de dizer anteriormente, a possibilidade jurídica do pedido não desapareceu do sistema, mas foi apenas transplantada para dentro do interesse processual (v. art. 17).

> Art. 485. (...):
> VII – *acolher a alegação de existência de convenção de arbitragem ou quando o juízo arbitral reconhecer sua competência;*

De acordo com o art. 3º da Lei n. 9.307/1996, por "convenção de arbitragem" entendem-se a "cláusula compromissória" ("a convenção através da qual as partes em um contrato comprometem-se a submeter à arbitragem os litígios que possam vir a surgir, relativamente a tal contrato" – art. 4º) e o "compromisso arbitral" ("a convenção através da qual as partes submetem um litígio à arbitragem de uma ou mais pessoas, podendo ser judicial ou extrajudicial" – art. 9º). Diante disso, portanto, tanto o compromisso já firmado como a simples cláusula compromissória representam obstáculos ao desenvolvimento do processo (pressupostos objetivos negativos) e provocam sua extinção. Registre-se, por derradeiro, que o focalizado inciso VII ainda faz referência ao reconhecimento pelo juízo arbitral da sua própria competência, o que alarga o cabimento da extinção do processo no contexto do fenômeno *arbitragem*, que pode ter sido instituído sem cláusula compromissória e sem instrumento formalizado e devidamente nomeado como compromisso arbitral.

> **Art. 485. (...):**
> *VIII – homologar a desistência da ação;*

Desistência da ação é o ato unilateral do autor (incondicionado ou condicionado – v. § 4º e art. 335, § 2º) pelo qual se abre mão do processo como meio de solução do litígio. Não se confunde com a renúncia, que tem por objeto o direito material, nem com o ato de disposição do direito de ação, que teria como consequência não permitir a repropositura. Do que se abre mão na desistência é apenas do instrumento, a relação processual, nada impedindo que a ação volte a ser proposta (art. 486, *caput*). Advirta-se, por último, que o presente inciso VIII não fala singelamente de desistência da ação pelo autor (como fazia o mesmo inciso do art. 267 do estatuto revogado), mas de homologação da desistência da ação, o que coloca o Código vigente em perfeita sintonia com a realidade jurídica de que não é a desistência manifestada pela parte, mas o ato judicial homologatório que induz a extinção do processo.

> **Art. 485. (...):**
> *IX – em caso de morte da parte, a ação for considerada intransmissível por disposição legal; e*

Intransmissibilidade da ação é o desaparecimento do direito de ação em decorrência do desaparecimento do direito material que se pretendia fazer valer por seu intermédio, em razão do caráter personalíssimo desse ou de simples vontade da lei, como sói acontecer nas hipóteses dos direitos à anulação de casamento, separação judicial, divórcio, conversão, extinção de poder familiar, se uma das partes vem a falecer. Se a ação é transmissível, opera-se a habilitação (arts. 687 a 692); segundo o art. 1.700 do Código Civil, a obrigação de prestar alimentos transmite-se aos herdeiros.

Seja como for, nos casos de intransmissibilidade da ação, o processo é extinto porque a ação desaparece, e não porque falte pressuposto processual.

> Art. 485. (...):
> X – nos demais casos prescritos neste Código.

Alguns dos demais casos prescritos neste Código são: o não suprimento da incapacidade processual ou irregularidade de representação (art. 76, § 1º, inciso I); a não promoção da citação de todos os litisconsortes passivos necessários (art. 115, parágrafo único); a não constituição de novo procurador em substituição ao falecido (art. 313, § 3º); a satisfação da obrigação, a obtenção pelo executado da extinção total da dívida, a renúncia do crédito exequendo ou ocorrer prescrição intercorrente (arts. 924, incisos II a V, e 925).

> Art. 485. (...).
> § 1º. Nas hipóteses descritas nos incisos II e III, a parte será intimada pessoalmente para suprir a falta no prazo de 5 (cinco) dias.

Embora sem dizer expressamente, de acordo com o presente dispositivo, é requisito indispensável para a extinção do processo nos casos de abandono da causa a prévia intimação pessoal da parte para dar andamento ao feito no prazo de cinco dias. Somente após o decurso desse prazo, contado na forma do art. 231, é que o juiz poderá proferir sentença, extinguindo o processo. Observe-se, por fim, o que dispõe o art. 274, *caput*, sobre a intimação da parte: "Art. 274. Não dispondo a lei de outro modo, as intimações serão feitas às partes, aos seus representantes legais, aos advogados e aos demais sujeitos do processo pelo correio ou, se presentes em cartório, diretamente pelo escrivão ou chefe de secretaria" (v., ainda, o respectivo parágrafo único sobre a validade da intimação dirigida ao endereço constante dos autos, ainda que não recebida pessoalmente).

> Art. 485. (...).
> § 2º. No caso do § 1º, quanto ao inciso II, as partes pagarão proporcionalmente as custas, e, quanto ao inciso III, o autor será condenado ao pagamento das despesas e dos honorários de advogado.

O dispositivo focalizado estabelece disciplina especial para a sucumbência nos casos de abandono: na hipótese do inciso II, repartem-se as despesas e não há condenação em honorários porque as duas partes foram negligentes; na hipótese do inciso III, o autor arca integralmente com a responsabilidade decorrente da sucumbência, porque deu causa exclusivamente à extinção do processo, recaindo sobre ele, ainda, o dever de pagar previamente as despesas e honorários ao réu se quiser repropor a ação (art. 486). Sobre o abandono, examine-se, ainda, o § 6º à frente.

> Art. 485. (...).
> § 3º. O juiz conhecerá de ofício da matéria constante dos incisos IV, V, VI e IX, em qualquer tempo e grau de jurisdição, enquanto não ocorrer o trânsito em julgado.

As matérias dos incisos previstos (pressupostos processuais e condições da ação) são chamadas de objeções processuais exatamente porque são passíveis de reconhecimento pelo órgão jurisdicional independentemente de alegação da parte. Para o juízo de primeiro grau, o conhecimento de ofício é possível até o proferimento da sentença. Observe-se, entretanto, que o tribunal não fica impedido de conhecer dessas matérias, ainda que só em apelação sejam ventiladas. Já na hipótese de convenção de arbitragem, exige-se alegação da parte, como também, e é óbvio, no caso de desistência, que tem de ser manifestada. Quanto ao indeferimento da petição inicial, o juiz também o faz de ofício, porque seu conteúdo se enquadra nas previsões dos incisos IV a VI. Em caso de abandono pelo inciso II, é evidente a dispensabilidade de alegação. Por fim, registre-se que a não alegação no tempo previsto das matérias dos incisos IV a VI não gera preclusão nem impede o conhecimento de ofício pelo juiz, mas acarreta a sanção de pagar despesas de retardamento.

> Art. 485. (...).
> § 4º. Oferecida a contestação, o autor não poderá, sem o consentimento do réu, desistir da ação.

A desistência da ação – melhor seria desistência do processo – é ato incondicionado do autor enquanto não for apresentada a contestação; torna-se condicionado ao assentimento do réu a partir do instante em que este ofereça a resposta (tanto no procedimento comum como em qualquer procedimento especial). A desistência e seus motivos e o eventual assentimento do réu não são objeto de fiscalização judicial (exceto se se tratar de lide que verse sobre direitos indisponíveis), mas para produzir seus efeitos dependem de homologação do juiz. Se houver litisconsórcio passivo, aplica-se o § 2º do art. 335; se a desistência é formulada em relação a todos, todos devem assentir se se tratar de litisconsórcio unitário.

> Art. 485. (...).
> § 5º. *A desistência da ação pode ser apresentada até a sentença.*

O focalizado § 5º torna explícito o regramento que institui a limitação temporal ao exercício do direito do autor de desistir da ação: enquanto o processo tramita em primeiro grau de jurisdição ou, como diz o texto, "até a sentença". Observe-se que à luz do estatuto revogado de 1973 já era assim, mas a regra decorria de interpretação doutrinária e jurisprudencial; agora, no entanto, de texto legal expresso do Código de Processo Civil, o que representa avanço no sentido da previsibilidade e da segurança jurídica.

> Art. 485. (...).
> § 6º. *Oferecida a contestação, a extinção do processo por abandono da causa pelo autor depende de requerimento do réu.*

Assim como o parágrafo anterior, também o presente § 6º significa consagração em texto expresso de regramento que decorria de interpretação doutrinária e jurisprudencial ao tempo do Código Buzaid (no caso, a Súmula 240 do STJ). Estabelecida expressamente a exigência de provocação do sujeito passivo para que o juiz possa decretar a extinção do processo por abandono – não sem antes ordenar a intimação pessoal do autor, nos termos do § 1º –, salvo se o abandono ocorre antes do ato citatório, ganha o sistema, mais uma vez, em segurança e previsibilidade.

> Art. 485. (...).
> § 7º. *Interposta a apelação em qualquer dos casos de que tratam os incisos deste artigo, o juiz terá 5 (cinco) dias para retratar-se.*

Inovando em relação ao regime do Código revogado, achou por bem o legislador processual civil instituir a necessária oportunidade do juiz da causa de se retratar em caso de interposição de apelação contra a sentença de extinção do processo sem resolução do mérito, qualquer que seja seu fundamento. A *ratio* da novidade estriba-se, obviamente, na conveniência de que, se possível aos olhos do juiz, ele próprio reforme sua sentença para dar prosseguimento ao processo, evitando o acionamento da segunda instância para o alcance de uma decisão que sempre padece de profundidade cognitiva. No mais das vezes, uma boa e curta apelação que chame a atenção do juiz para o *error in procedendo* (jamais *in judicando*) pode ser suficiente para convencer o magistrado do desacerto decorrente, quem sabe, da rapidez e da superficialidade da análise que marcam, com frequência, o proferimento de sentenças terminativas. É este contexto de fragilidade cognitiva que justifica o presente regramento, de indubitável impacto positivo sobre o sistema de distribuição de justiça civil.

> *Art. 486. O pronunciamento judicial que não resolve o mérito não obsta a que a parte proponha de novo a ação.*

Como o que se extingue é apenas o processo (a relação processual, o instrumento da jurisdição), desde que o direito de ação permaneça íntegro é possível sua repropositura. Assim, corrigida a legitimação, demonstrada a necessidade do processo, a adequação do procedimento, ou deduzido um pedido apropriado, e possível, é viável submeter a mesma causa objetivamente (causa de pedir e pedido) a julgamento, ou causa semelhante, mantidas as mesmas partes (idêntica causa de pedir e pedido diferente); logicamente, se há coisa julgada ou perempção (inciso V do art. 485), a ação não pode ser reproposta. Impossível será a repropositura, identicamente, se a base da extinção foi a intransmissibilidade (inciso IX do art. 485). Possível ainda será repropor a ação se o que faltou e gerou a extinção foram pressupostos processuais subjetivos ou objetivos concernentes à regularidade formal da inicial. Em qualquer hipótese, contudo, o autor terá de pagar as despesas e honorários previamente, juntando com a inicial a guia de recolhimento, ou após determinação do juiz.

> *Art. 486. (...).*
> *§ 1º. No caso de extinção em razão de litispendência e nos casos dos incisos I, IV, VI e VII do art. 485, a propositura da nova ação depende da correção do vício que levou à sentença sem resolução do mérito.*

Inspirado pelo propósito de aperfeiçoar a racionalidade do sistema é que o parágrafo sob enfoque amplia, em relação ao regime do estatuto revogado, o espectro da repropositura da ação na hipótese de proferimento de sentenças terminativas. De ampliação falamos basicamente por conta da previsão do inciso VII e da litispendência, já que em relação às demais o Código revogado já as admitia, embora sem texto legal expresso, o que aponta para o fato de que este § 1º também tem o condão de tornar explícita a exigência genérica de "correção do vício que levou à sentença sem resolução de mérito", que não existia anteriormente. Pois bem, quanto aos possíveis vícios que justificam o indeferimento da petição inicial (inciso I), a extinção por falta de pressupostos processuais (inciso IV), a extinção por falta de condições da ação (inciso VI), nenhuma dificuldade existe para o intérprete, mas algumas ponderações se impõem quanto à litispendência (destacada da previsão do inciso V) e à convenção de arbitragem (inciso VII). Em relação à litispendência, é preciso dizer que a alteração do pedido e/ou da causa de pedir em algum aspecto fático ou jurídico relevante (que permita a visualização de outro fundamento fático ou de outro fundamento jurídico do pedido) é suficiente para a eliminação do vício previsto no texto. E, em relação à convenção de arbitragem – acrescente-se a nova figura do reconhecimento da sua própria competência pelo juízo arbitral –, o que é necessário dizer é que a correção do vício significa a demonstração de que a convenção se encontra documentalmente extinta.

Art. 486. (...).

§ 2º. A petição inicial, todavia, não será despachada sem a prova do pagamento ou do depósito das custas e dos honorários de advogado.

Dando prosseguimento e encerramento à disciplina da repropositura da ação deste art. 486, estabelece o parágrafo sob exame que a petição inicial da nova ação – nova no sentido de que se trata da ação anteriormente ajuizada cujo processo gerou uma sentença terminativa mas cuja ação teve seus vícios agora corrigidos – somente será despachada pelo juiz se dela própria já constam os documentos comprobatórios do pagamento das custas e dos honorários advocatícios objeto de condenação do autor na correspondente sentença terminativa. Trata-se de uma solução inteligente da lei, que se vale do grande interesse do autor (a repropositura) para induzir ao pagamento das verbas da sucumbência, que, de outro modo, poderia ser protelado – a solução é idêntica à prevista pelo art. 268, *caput*, parte final, do estatuto processual revogado.

> Art. 486. (...).
>
> § 3º. *Se o autor der causa, por 3 (três) vezes, a sentença fundada em abandono da causa, não poderá propor nova ação contra o réu com o mesmo objeto, ficando-lhe ressalvada, entretanto, a possibilidade de alegar em defesa o seu direito.*

O parágrafo sob enfoque – reprodução quase literal do art. 268, parágrafo único, do estatuto de 1973, salvo a referência à "extinção do processo pelo fundamento (...)" – institui a figura da perempção da ação (literalmente, morte da ação) em virtude de três extinções por abandono. Por consequência, fica o autor impossibilitado de deduzir em face do réu o mesmo pedido fundado na mesma causa de pedir, não assim de alegar em defesa seu direito em causa que envolva o réu ou terceiro. Observe-se que a perempção aqui prevista não se confunde com aquela outra instituída pelo art. 8º da Lei do Mandado de Segurança (Lei n. 12.016, de 7.8.2009).

> Art. 487. *Haverá resolução de mérito quando o juiz:*

O dispositivo sob enfoque, em sua singeleza redacional, há de ser compreendido à luz da previsão do art. 203, § 1º, deste Código, que detalhadamente afirma que, como regra, a "sentença é o pronunciamento por meio do qual o juiz, com fundamento nos arts. 485 e 487, põe fim à fase cognitiva do procedimento comum". É justamente a partir dessa visão conjunta e sistemática que se conclui que a sentença condenatória ou mandamental, nas hipóteses elencadas a seguir, significa, a partir de agora, apenas e tão somente ato decisório de transição da fase cognitiva para a fase executiva do processo de conhecimento. Assim é porque, proferida sentença que acolher ou rejeitar o pedido (inciso I), que decidir sobre decadência ou prescrição (inciso II) ou que homologar transação, renúncia ou reconhecimento (inciso III), o processo de conhecimento não se extingue, nem se encerra, mas continua vivo, estendendo-se em sua sobrevida naquilo que pode ser chamado de fase de execução da sentença ou fase de "cumprimento da sentença", como se encontra escrito no título do Título II deste Livro I. Ora, se as sentenças anteriormente mencionadas, deste art. 487, apenas provocam a instauração de uma nova fase do processo cognitivo, sem encerrá-lo, é evidente que o *caput* que nos ocupa não poderia mesmo se utilizar da locução "extingue-se o processo" (como fazia o *caput* do art. 267 do estatuto revogado). Ao proclamar de forma singela "haverá resolução de mérito", como faz a disposição legal sob comentário, coerente e lógico se revela o Código, que não mais exige "processo de execução" para a efetivação das sentenças de procedência, satisfazendo-se, pelo contrário, apenas com uma nova etapa do procedimento em que se praticam atos de força e agressão patrimonial. Nos casos do art. 487 não há, destarte, sentenças de extinção do processo, mas apenas de resolução de mérito (v., no entretanto, notas aos incisos II e III, "c", onde, além da resolução, ocorre também a extinção). Por derradeiro, chamamos a atenção para o fato de que o focalizado dispositivo já não fala de "julgamento de mérito" (como fazia o Código Buzaid em sua versão original), mas de "resolução de mérito". Quanto ao assunto, temos para nós que a modificação foi desnecessária, porque à tese de que nas hipóteses do inciso III o juiz não realiza "julgamento de mérito", o que tornaria justificada a mudança terminológica, respondemos que o magistrado, nesses casos, também não realiza "resolução de mérito" porque "resolver" nada mais significa que dar solução, deliberar, decidir, exatamente o que o magistrado não faz quando se defronta com reconhecimento da procedência do pedido, transação das partes, prescrição, decadência ou renúncia (inciso III, "a" a "c"); o juiz não julga nem resolve o litígio, o pedido ou a pretensão, ele apenas homologa o acordo, a renúncia ou o reconhecimento e, quanto à prescrição e à decadência, ele declara a existência do fenômeno, não decidindo, deliberando, julgando, nem mesmo resolvendo a postulação do autor...

Art. 487. (...):
I – acolher ou rejeitar o pedido formulado na ação ou na reconvenção;

O julgamento de procedência (acolhimento) ou improcedência do pedido (rejeição) depende exclusivamente da existência ou inexistência do direito material invocado pelo autor. Esta é a hipótese em que verdadeiramente o juiz resolve o litígio deduzido mediante a aplicação da vontade da lei, atuando em substituição às partes. Por isso é que em doutrina se costuma dizer que a presente previsão constitui a genuína ou típica sentença de mérito. Observe-se, mais: o vocábulo "mérito" (do latim *merere*, *meritum*, de meretriz, meretrício, a significar exigência) alinha-

-se aqui com a ideia de pedido, pretensão (exigência de subordinação do interesse alheio ao próprio, no plano material); daí sentença de mérito (a que julga o pedido, a pretensão), a que examina sempre o direito material alegado; ou sentença definitiva, aquela que realiza definição (*accertamento*, dos italianos) sobre a relação material controvertida (dizendo se ela existe ou não, e em que medida existe), relação material da qual se origina o direito subjetivo material. Mérito, portanto, é a exigência que se veicula por meio da ação (do pedido, da pretensão), exigência, pedido ou pretensão que se funda numa relação jurídica material (que demanda definição jurisdicional) e da qual se extrai o direito subjetivo material, o que se aprecia quando se cogita de uma sentença definitiva ou de mérito.

> Art. 487. (...):
> *II – decidir, de ofício ou a requerimento, sobre a ocorrência de decadência ou prescrição;*

À luz do estatuto processual civil em vigor, prescrição e decadência geram identicamente sentença de mérito, de sorte que para fins processuais a distinção não é tão relevante. Como não se pode dizer que a prescrição atinja a ação, pela ótica do sistema vigente – como também pelo prisma do estatuto civil, que fala, no art. 189, de extinção da pretensão pela prescrição –, a diferença entre elas pode ser estabelecida da seguinte maneira: decadência é o fenômeno jurídico identificado pela extinção do próprio direito subjetivo pelo decurso do tempo (são exemplos de prazos decadenciais no CC os previstos pelos arts. 45, parágrafo único, 48, parágrafo único, 119, parágrafo único, 178, 501, 504, 1.148, 1.560 e 1.649); já a prescrição é fenômeno jurídico caracterizado pela extinção da pretensão material (ou exigibilidade) que nasce da violação do direito, extinção que decorre do fator tempo e do fator vontade conjugados (daí a necessidade de ser alegada em juízo, em regra – CC, art. 193). Outra maneira de distinguir os dois fenômenos é levando em conta seus efeitos: direito prescritível é aquele que, levado a juízo e reconhecido, gera sentença condenatória; direito submetido à decadência é aquele que, levado a juízo e reconhecido, gera sentença declaratória ou constitutiva positiva ou negativa. Por último, registre-se que esses dois fenômenos que o juiz pode reconhecer, de ofício ou a requerimento – "decidir", diz o texto em exame; "pronunciar", dizia o art. 269, inciso IV, do estatuto revogado –, têm natureza material, e não processual, razão por que constituem fundamentos de sentença de mérito (sentença definitiva, que define de alguma maneira a relação material), mas tal sentença se distingue da típica ou genuína sentença de mérito do inciso I deste art. 487, porque ela não acolhe nem rejeita o pedido ou a pretensão formulada pelo autor, ficando um passo atrás no processo de formação do julgamento ao decidir, pronunciar, reconhecer ou declarar que houve decadência ou que houve prescrição. Sobre o assunto examine-se, ainda, o parágrafo único à frente.

Art. 487. (...):
III – homologar:

Diferentemente do estatuto processual de 1973 – que falava pura e simplesmente de reconhecimento da "procedência do pedido" (art. 269, inciso II) "quando as partes transigirem" (art. 269, inciso III) e "quando o autor renunciar ao direito sobre que se funda a ação" (art. 269, inciso V) –, o focalizado dispositivo deste Código, em sintonia com a melhor técnica processual, refere-se ao ato judicial de homologação, ao dizer "homologar" (do grego *homologeu* – de *homo*, mesmo, e *logos*, palavra –, significando mesma palavra, dizer o mesmo, amém, confirmar, chancelar, testificar), com o que aponta para a gênese do pronunciamento de que aqui se cogita. A sentença do juiz nos casos desse inciso III é homologatória porque em todos eles quem realiza a resolução do litígio, da lide ou do conflito de interesses não é o magistrado, mas as próprias partes: na transação, as duas, mediante concessões recíprocas, fruto de iniciativa própria, de conciliação ou de mediação (autocomposição bilateral); no reconhecimento da procedência do pedido, as duas, mediante encontro de vontades oriundo do ato unilateral e altruísta do réu de admitir o direito do autor (autocomposição unilateral passiva); e na renúncia ao direito, as duas, mediante encontro de vontades oriundo do ato unilateral e altruísta do autor de abrir mão do seu direito (autocomposição unilateral ativa). A resolução da controvérsia vem, destarte, da atividade das próprias partes envolvidas no conflito, restando ao juiz apenas homologar cada um desses atos, para emprestar-lhes eficácia jurídica e, por equiparação, constituir-se em sentença de mérito.

Art. 487. (...):
III – (...):
a) o reconhecimento da procedência do pedido formulado na ação ou na reconvenção;

O reconhecimento da procedência do pedido identifica-se com a admissão pelo réu de que o autor tem razão, o direito alegado existe e o pedido é procedente. Tal admissão, que para valer depende da disponibilidade do direito discutido, pode ser expressa pelo réu explícita ou implicitamente (pedido de purgação da mora no despejo, comparecimento do credor para receber na consignatória), exigindo-se na primeira hipótese que o advogado tenha poderes especiais para tanto (art. 105). A figura em questão não se confunde com a confissão, que tem por objeto fatos, exclusivamente (art. 389); o reconhecimento tem por objeto a pretensão, o direito. Trata-se, na verdade, de extinção do litígio por autocomposição unilateral, uma vez que o juiz simplesmente a homologa por sentença (v. nota ao *caput*). Por fim, observe-se que a presença de interesse de incapaz no processo e a consequente indisponibilidade material dos seus direitos tornam absolutamente vedado o reconhecimento da procedência do pedido a que alude a focalizada alínea deste inciso III; não porque a presença ou a vontade do Ministério Público pelos incapazes lhe impeça a prática deste ato, mas porque a qualidade de indisponível do seu direito o faz avesso a este instituto processual. Por outro lado, se ao *parquet* compete a defesa do interesse indisponível como assistente do incapaz, é óbvio que não pode reconhecer a juridicidade do pedido formulado contra o seu assistido.

Art. 487. (...):
III – (...):
b) a transação;

Transação é, hoje, o contrato típico de direito civil por meio do qual os interessados previnem ou terminam o litígio mediante concessões mútuas (CC, arts. 840 a 850); processualmente falando, é a forma de extinção do litígio que se opera no processo mediante concessões recíprocas entre as partes; é forma de autocomposição bilateral (v. nota ao *caput*). Sob a ótica processual é possível a seguinte distinção: a transação pode ser provocada pelo magistrado (conciliação, art. 359) ou espontaneamente pelas próprias partes e levada para os autos (acordo). Para ter efeito processual a transação depende de o direito ser disponível e de homologação do juiz, que é ato de aprovação ou confirmação expressa por sentença homologatória (v. nota ao *caput*). Examinem-se, ainda, os arts. 105, 200, 515, inciso II, 966, § 4º, e 922, inciso III. Por fim, algumas palavras sobre a possibilidade de transação tendo por objeto os direitos do incapaz e a atuação do Ministério Público pelos incapazes. Quanto ao assunto, devemos lembrar que a autorização judicial é absolutamente imprescindível, segundo a lei civil, para que validamente se realize uma transação envolvendo direito de incapaz. Muito bem, surgindo a possibilidade de acordo em processo no qual haja intervindo o Ministério Público pelos incapazes, qual será seu procedimento? A primeira situação possível é bem analisada por Hugo Nigro Mazzilli, que escreve: "É evidente que, chegando as partes a um entendimento na sua presença, com interesse de incapaz, deverá o órgão ministerial submeter a matéria à autorização judicial (...), poderá formalizar a proposta de transação, nela inserindo sua concordância e submetendo-a, após regular distribuição, ao juiz competente para a homologação necessária". A segunda situação possível é aquela em que as próprias partes elaboram a minuta do acordo, juntando-a aos autos. Neste caso, o órgão do Ministério Público será chamado a se manifestar a respeito, concordando ou discordando, total ou parcialmente, bem como sugerindo alterações que resguardem, segundo seu entender, os interesses do incapaz. Em seguida, submeterá tudo à apreciação do órgão jurisdicional, a quem competirá sua homologação. A terceira situação possível – na verdade, uma variante da segunda – é aquela em que as partes apresentam ao juízo a minuta de acordo já acompanhada de prévia autorização judicial, caso em que, respeitados os limites da autorização, ao *parquet* caberá apenas verificar sua regularidade formal, antes do ato homologatório.

Art. 487. (...):
III – (...):
c) *a renúncia à pretensão formulada na ação ou na reconvenção.*

Renúncia é o ato abdicativo manifestado pelo autor que tem por objeto o direito material em que se encontra fundada a pretensão deduzida. Trata-se, identicamente, de forma de autocomposição unilateral do litígio, só que agora por iniciativa do sujeito ativo da ação e do processo (v. nota ao *caput* sobre as modalidades de autocomposição). A validade da renúncia exige a disponibilidade do direito, mas não o assentimento do réu, que é irrelevante (esse só importa na desistência da ação, que é abdicação apenas do processo, e não do direito discutido – art. 485, § 4º).

Finalmente, observe-se que, manifestada a renúncia, o juiz é chamado a proferir sentença homologatória desse ato (v. art. 105, *caput*, sobre o porquê de o ato se qualificar juridicamente como homologatório).

> *Art. 487. (...).*
> *Parágrafo único. Ressalvada a hipótese do § 1º do art. 332, a prescrição e a decadência não serão reconhecidas sem que antes seja dada às partes oportunidade de manifestar-se.*

A regra que se extrai deste parágrafo único, na esteira de tantas outras criadas pelo Código vigente com o propósito de normatizar a aplicação do contraditório (arts. 7º, *in fine*, e 9º), estabelece a necessária oportunidade que se deve dar às partes para manifestação toda vez que perceba o juiz a perspectiva de "decidir, de ofício ou a requerimento, sobre a ocorrência de decadência ou prescrição", para usar as palavras do inciso II deste art. 487. Em outros termos, toda vez que surgir no curso do processo a perspectiva de discussão ou reconhecimento sobre esses temas, obrigado está o juiz da causa a dar informação às partes (se a percepção provém do próprio juiz ou de um terceiro) ou à parte contrária (se o tema surge por alegação de uma das partes), para que se efetive a oportunidade de contradição, reação ou resistência de quem vai sofrer os efeitos do reconhecimento da prescrição ou da decadência. E, além disso, sob o ponto de vista do sistema, para que se evite a qualquer custo o fenômeno das decisões-surpresa, tão frequentes ao tempo da vigência do Código Buzaid e que o estatuto em vigor tão intensamente deseja abolir da prática judiciária. Por fim, registre-se que a exceção consagrada no início do texto é plenamente justificada pela inserção da prescrição e da decadência como objetos possíveis da improcedência liminar do pedido (art. 332, § 1º), hipóteses de julgamento precipitado que dispensam citação e, portanto, contraditório prévio.

> *Art. 488. Desde que possível, o juiz resolverá o mérito sempre que a decisão for favorável à parte a quem aproveitaria eventual pronunciamento nos termos do art. 485.*

O dispositivo sob comentário, evidentemente inspirado pelos princípios da instrumentalidade e da economia processual, admite expressamente que, na medida do "possível", o juiz profira sentença de mérito a favor da parte que se beneficiaria com o proferimento de uma sentença terminativa fundada no art. 485. Em outras palavras: sempre que possível o juiz da causa deve optar pela sentença de improcedência ao invés da sentença terminativa, o que proporciona a formação de coisa julgada material e eliminação definitiva do conflito de interesses levado a juízo. Mas, afinal de contas, quando é possível julgar improcedente o pedido ao invés de extinguir o processo sem tal julgamento? Evidentemente, nas hipóteses de carência de ação ou, como diz o texto do inciso VI do art. 485, quando o juiz "verificar a ausência de legitimidade ou de interesse processual", posto que nesses casos, que são múltiplos e variados, a proximidade temática com o mérito é enorme e permite sem problemas lógicos ou sistemáticos o proferimento de improcedência ao invés de carência (v. arts. 17; 335, inciso XI – notas –; e 485, inciso VI – notas).

Observe-se, por outro lado, que em nenhuma outra das previsões do art. 485 é possível cogitar da substituição de sentenças sugerida pelo texto deste art. 488, pelo simples motivo de que todas elas se amparam em matérias atinentes ao processo, ao desenvolvimento da relação processual, sem nenhuma relação com o direito material (art. 485, incisos I a IV e VII a X); somente as matérias atinentes à ação (as condições da ação) se vinculam à relação material controvertida e ao direito material discutido, justificando a substituição admitida. Por fim, registre-se que mesmo a hipótese de coisa julgada material, que tem vinculação direta com o mérito (art. 485, inciso V, última previsão), não admite a substituição, porque coisa julgada é impedimento jurídico absoluto ao proferimento de segunda sentença de mérito.

Seção II
Dos Elementos e dos Efeitos da Sentença

Depois de prever e disciplinar, detalhadamente, na Seção I, as hipóteses de sentença terminativa e definitiva e alguns de seus efeitos (arts. 485 a 488), a presente Seção II estabelece variada regulamentação sobre este que é o mais importante pronunciamento do juiz no processo e cujo conceito geral e abstrato se encontra previsto pelo art. 203, § 1º, deste Código. Aqui são tratados temas como: elementos essenciais da sentença (art. 489, *caput* e seus incisos); sentença não fundamentada (art. 489, § 1º e incisos); método de julgamento em caso de colisão entre normas (art.

489, § 2º), interpretação da decisão judicial (art. 489, § 3º); conteúdo decisório da sentença de mérito (art. 490); sentença condenatória líquida e ilíquida (art. 491 e parágrafos); vedação às sentenças *extra* e *ultra petita* (art. 492); fatos supervenientes e sentença de mérito (art. 493); alteração da sentença (art. 494); e hipóteses de hipoteca judiciária (art. 495). Como se vê, variados são os regramentos aqui instituídos para a sentença.

> *Art. 489. São elementos essenciais da sentença:*

Elementos essenciais da sentença devem ser entendidos de duas maneiras: são os elementos formais estruturais bem como os elementos substanciais de existência, validade e eficácia deste ato do juiz que julga o litígio. Neste último sentido a noção de elementos se identifica com a noção de requisitos. Trata-se, portanto, de requisitos de forma e de substância a um só tempo. Formalmente, são os requisitos que o escrito do juiz chamado sentença deve preencher; substancialmente, os requisitos para que a decisão jurisdicional tomada exista e valha juridicamente. Além dos elementos, ou requisitos, expressamente previstos nos três incisos deste art. 489, outros são exigidos pelo sistema processual, como a clareza e a precisão, posto que a sentença é ato de inteligência (v. art. 1.022). Registre-se, por fim, que, em razão do reconhecimento e instituição por este Código do "julgamento antecipado parcial do mérito" (art. 356, incisos e parágrafos), aplica-se também a certas decisões interlocutórias que julgam o pedido ou mérito (interlocutórias de mérito) os elementos ou requisitos das sentenças aqui estabelecidos: relatório, fundamentos e dispositivo.

> *Art. 489. (...):*
> *I – o relatório, que conterá os nomes das partes, a identificação do caso, com a suma do pedido e da contestação, e o registro das principais ocorrências havidas no andamento do processo;*

Relatório é a narrativa sintética do desenvolvimento do processo a partir da petição inicial até o último ato que antecede o pronunciamento da sentença, incluindo a referência a todos os incidentes: trata-se da "história relevante do processo", nas palavras de Pontes de Miranda. Observe-se que os elementos identificatórios da ação e da defesa ocupam papel de destaque no texto deste inciso I, tanto que o Código os menciona expressamente ao exigir "os nomes das partes, a identificação do caso, com a suma do pedido e da contestação", mas significando que o juiz os pode sumarizar: o pedido não precisa ser descrito "com suas especificações" (art. 319, inciso IV), nem a causa de pedir apontada com detalhes, assim como também a referência à contestação não demanda longa exposição, mas apenas a alusão às principais defesas apresentadas. Quanto ao mais, o dispositivo sob enfoque simplesmente reproduz o que já dizia o texto paralelo do estatuto revogado (art. 458, inciso I): "I – o registro das principais ocorrências havidas no andamento do processo". Por fim, saliente-se que a falta de relatório gera nulidade da sentença, mas o relatório sucinto constitui mera irregularidade sem sanção.

Art. 489. (...):
II – *os fundamentos, em que o juiz analisará as questões de fato e de direito;*

O fundamento ou motivação da sentença – elemento ou requisito diretamente ligado ao princípio do livre convencimento (art. 371) – é exigido pelo sistema processual por três razões: (a) a sentença é ato de vontade do Estado que deve traduzir justiça e não arbítrio, de sorte que deve convencer não só as partes envolvidas, mas também a opinião pública; (b) a exigência de motivação, por si só, assegura o exame criterioso dos fatos e do direito pelo juiz; (c) somente por meio do conhecimento da motivação da sentença é possível à parte manifestar seu inconformismo via recurso e ao tribunal julgá-la justa ou injusta, certa ou errada, por força da impugnação recursal da parte vencida. De acordo com o texto, são objeto da fundamentação as questões (pontos controvertidos) de fato e de direito. A lei está correta, devendo ser salientado que todas estas questões compõem a causa de pedir ou o fundamento da defesa sob o prisma fático (fatos e circunstâncias) ou sob o enfoque jurídico (todas as qualificações simples e complexas que dão corpo ou negam subsistência ao fundamento jurídico do pedido). A falta de enfrentamento de todo um fundamento jurídico apresentado pelo autor ou de todo um fundamento da defesa é sinônimo de falta de motivação, tornando nula a sentença. A ausência de enfrentamento apenas de algumas questões, por outro lado, pode significar muito se tais questões são cruciais para o deslinde da causa, nulificando a sentença, ou nada significar se se tratar de questões marginais, sem repercussão para a linha lógico-argumentativa escolhida pelo juiz para resolver o litígio. Seja como for, examinem-se o § 1º e seus incisos e parágrafos, que tratam particularmente da sentença não fundamentada.

> Art. 489. (...):
> III – *o dispositivo, em que o juiz resolverá as questões principais que as partes lhe submeterem.*

A previsão sob análise contém um gravíssimo erro redacional: no dispositivo o juiz decide ou julga o mérito da causa (o pedido formulado pelo autor) e não, como diz o texto, "as questões principais que as partes lhe submeterem"; a lei reproduziu no inciso III o que já havia dito no inciso II ("questões de fato e de direito" são exatamente aquelas que as partes submetem ao magistrado). Destarte, a locução "questões principais deste inciso III só pode ser interpretada como significando mérito ou pedido deduzido pelo autor, e nunca simplesmente questões, que nada mais são do que pontos controvertidos de fato ou de direito, que, decididos, apenas sustentam o julgamento do pedido pleiteado junto ao órgão de jurisdição. Somente a decisão do pedido – e não das questões – se identifica como dispositivo da sentença, e, portanto, como objeto do trânsito em julgado. Registre-se, ainda, que a previsão inovadora contida no § 1º do art. 503 significa apenas exceção à regra de que o que transita em julgado é somente o julgamento do pedido, vale dizer, o dispositivo da sentença. O que o § 1º do art. 503 faz é somente autorizar excepcionalmente que a decisão de questão prejudicial (fundamento) equipare-se à decisão de pedido (dispositivo) para fazer coisa julgada material. Observe-se, por fim, que o dispositivo (ou *decisum*) não precisa estar colocado formalmente na parte final da sentença; pode estar, mas pode também estar localizado antes ou no meio da fundamentação. Logo, o critério para sua detecção no corpo da sentença é substancial, e não meramente formal.

> Art. 489. (...).
> § 1º. *Não se considera fundamentada qualquer decisão judicial, seja ela interlocutória, sentença ou acórdão, que:*

Grande novidade introduzida pelo Código vigente no sistema do direito processual civil brasileiro é a previsão extensa e detalhada das hipóteses em que não se considera fundamentada qualquer decisão judicial, seja ela, conforme o texto, interlocutória, sentença ou acórdão. Observe-se que a importância dos novos regramentos é realmente grande, na medida em que se perceba, em primeiro lugar, que a história do processo civil é, de alguma forma, a "história da desfundamentação", alguém já disse, e, em segundo, que a violação da exigência de fundamentação é, no final das contas, infringência da própria garantia do contraditório (em sua terceira expressão: o direito à consideração judicial do que se postulou e provou) e, assim sendo, desprestígio de um dos alicerces jurídicos do próprio Estado de Direito (v. art. 1.022, parágrafo único, inciso II, que prevê embargos declaratórios em todos os casos de infringência dos incisos deste § 1º). Vejamos, então, as variadas antevisões legais daquilo que não se pode admitir como regular ou natural numa decisão judicial qualquer.

> Art. 489. (...).
> § 1º. (...):
> I – se limitar à indicação, à reprodução ou à paráfrase de ato normativo, sem explicar sua relação com a causa ou a questão decidida;

Desfundamentada é a decisão judicial que, devendo aplicar determinado ato normativo, expresso em artigo de lei, parágrafo, inciso ou alínea, não o faz devidamente, porque apenas indica o ato aplicável (*v.g.*, o número do dispositivo), reproduz o texto escrito ou realiza uma paráfrase (o emprego de palavras diferentes mas que dizem a mesma coisa que o texto da lei). A decisão é desfundamentada porque à indicação, reprodução ou paráfrase não se segue nenhuma explicação ou justificativa para a aplicabilidade que se aponta, o que por si só viola o direito que as partes, o tribunal e a opinião pública têm de conhecer o porquê específico da aplicação ao caso concreto de determinado ato normativo, texto legal ou dispositivo.

> Art. 489. (...).
> § 1º. (...):
> II – empregar conceitos jurídicos indeterminados, sem explicar o motivo concreto de sua incidência no caso;

Se o inciso I se refere aos atos normativos genericamente, o focalizado inciso se refere apenas àquela parte dos atos normativos que traz em seu bojo textual "conceitos jurídicos indeterminados", para estabelecer que é desfundamentada qualquer decisão judicial que, devendo aplicá-los, não explica "o motivo concreto de sua incidência no caso". A desfundamentação aqui cogitada também se expressa sob as formas previstas no inciso I: indicação, reprodução ou paráfrase do conceito indeterminado sem a devida explicação para a sua aplicabilidade à questão concreta por decidir. São exemplos de conceitos jurídicos indeterminados: "função social da propriedade", "função social do contrato", "boa-fé objetiva", "moralidade administrativa", etc.

> Art. 489. (...).
> § 1º. (...):
> *III – invocar motivos que se prestariam a justificar qualquer outra decisão;*

Enquanto os incisos anteriores se referem a atos normativos (genericamente considerados no inciso I e particularmente considerados no inciso II – os conceitos indeterminados), o presente inciso III permite vislumbrar desfundamentação naqueles motivos jurídicos inespecíficos, que, segundo o texto, "se prestariam a justificar qualquer outra decisão". Observe-se que a parte do enunciado que acabamos de transcrever nos leva com facilidade a lembrar dos princípios jurídicos de baixa densidade normativa e grande abstração, de que são exemplos, para ficar só no Código de Processo Civil, aqueles elencados no seu art. 8º: dignidade da pessoa humana, proporcionalidade, razoabilidade, eficiência, etc. Fora do Código, muitos exemplos podem ser localizados sem nenhuma dificuldade na Constituição Federal. Tais princípios, de fato, podem se prestar a justificar qualquer decisão...

> Art. 489. (...).
> § 1º. (...):
> *IV – não enfrentar todos os argumentos deduzidos no processo capazes de, em tese, infirmar a conclusão adotada pelo julgador;*

Se os três incisos anteriores trazem em sua gênese processual questões exclusivamente jurídicas, o inciso IV que ora nos ocupa abre o flanco da desfundamentação para todo tipo de questão a ser decidida pelo órgão julgador na sentença: "argumentos deduzidos no processo" compreendem tanto questões jurídicas como questões estritamente fáticas debatidas na causa. Mas, além disso, o que este inciso IV, em especial, nos mostra é a explicitação do dever do juiz, no processo civil, de "enfrentar todos os argumentos deduzidos no processo capazes de, em tese, infirmar a conclusão adotada pelo julgador". O que nos parece é que, se os deveres postos em evidência nos incisos I a III, de alguma maneira, sempre estiveram presentes no sistema, o dever sob enfoque como que cria algo novo, por vedar ou pelo menos criar resistência à fundamentação implícita, representada pelo não enfrentamento daquelas questões (pontos controvertidos), tanto fáticas como jurídicas, que se mostram incompatíveis logicamente com as decisões que o órgão jurisdicional toma de forma explícita na decisão, sentença ou acórdão. O enfrentar "todos os argumentos" haverá de ser considerado pelos nossos tribunais com muito equilíbrio e ponderação, sob pena de estarmos contemplando o ressurgimento das *consideranda* das sentenças medievais...

Art. 489. (...).
§ 1º. (...):
V – se limitar a invocar precedente ou enunciado de súmula, sem identificar seus fundamentos determinantes nem demonstrar que o caso sob julgamento se ajusta àqueles fundamentos;

A pura e simples invocação de "precedente ou enunciado de súmula", sem a identificação dos fundamentos ou sem demonstração do nexo entre a causa e os fundamentos, constitui mera explicitação ou detalhamento prescritivo da hipótese genérica do inciso I, que se refere à "indicação, à reprodução ou à paráfrase do ato normativo, sem explicar sua relação com a causa ou a questão decidida". É que, diante do sistema de precedentes que o Código em vigor procura implantar (arts. 926 e 927, 332, 988, inciso IV, e 932, incisos IV e V), o "precedente" é vinculativo, e, nesta medida, ato normativo, enquanto por "súmula" se pode aqui entender súmula de efeito vinculante (CF, art. 103-A), ato normativo, da mesma forma. Seja como for, e deixando de lado as dúvidas acerca do novo sistema, o fato é que, pelo menos nos dois casos referidos, parece claro que o presente inciso IV apenas detalha ou especifica casos de indicação, reprodução ou paráfrase desprovidas de explicação ou, como consta do texto, sem identificação dos "fundamentos determinantes" (as razões de decidir espalhadas pelo corpo da decisão originária) ou sem demonstração da adequação da causa a esses fundamentos (a essas razões); não identificar fundamentos ou não demonstrar a adequação com os fundamentos é o mesmo que "não explicar sua relação com a causa ou a questão decidida". Observe-se, por outro lado, que a alusão a "enunciado" de súmula também nos ajuda a compreender todas as previsões deste art. 489, na medida em que a figura do "enunciado" se aplica a textos legais, a previsões parciais de textos legais (*v.g.*, conceitos jurídicos indeterminados), a textos de súmulas não vinculantes e até mesmo a textos sintetizadores de jurisprudência dominante. Afinal de contas, à luz deste art. 489, é sempre à luz de enunciados, ou de textos prescritivos ou normativos, que as desfundamentações previstas se verificam.

> Art. 489. (...).
> § 1º. (...):
> **VI – *deixar de seguir enunciado de súmula, jurisprudência ou precedente invocado pela parte, sem demonstrar a existência de distinção no caso em julgamento ou a superação do entendimento.***

Se o inciso V significa explicitação de uma hipótese particular que se enquadra na previsão genérica do inciso I, o focalizado inciso VI representa explicitação de uma hipótese particular que se enquadra na previsão genérica do inciso III. Assim é porque o "deixar de seguir enunciado de súmula, jurisprudência ou precedente invocado pela parte, (...)" nada mais representa do que uma forma de "não enfrentar todos os argumentos deduzidos no processo (...)"; deixar o juiz de aplicar ("seguir") o "enunciado invocado pela parte" é o mesmo que desconsiderar ("não enfrentar") um argumento trazido pelo litigante. Pois bem, prosseguindo com o exame do dispositivo em questão, o que precisa ser esclarecido, desde logo, é que o texto deste inciso VI deixa clara a ideia de que, para afastar a aplicação do enunciado invocado pela parte, o juiz precisa demonstrar a "existência de distinção no caso em julgamento ou a superação do entendimento". É que, à luz da sistemática de precedentes implantada, inspirada no sistema americano, o magistrado está obrigado a realizar o *distinguishing* ou o *overruling*, processos argumentativos que revelam que o caso concreto não se encaixa no enunciado invocado (distinção) ou que o enunciado invocado já se encontra superado pelos tribunais (superação do entendimento). A falta dessa particular e específica forma de raciocinar e de argumentar para justificar a tomada de posição pelo julgador torna a decisão, a sentença e o acórdão desfundamentados. Por fim, registre-se que o vocábulo "súmula" tem sentido abrangente, para compreender quaisquer súmulas (de tribunais superiores ou inferiores – arts. 932, inciso IV, "a" e 332, incisos I e IV), o vocábulo "jurisprudência" significa jurisprudência dominante e o vocábulo "precedente" cumpre o papel, no dispositivo, de abarcar indistintas hipóteses, como a dos julgamentos de casos ou recursos repetitivos e as dos julgamentos dos incidentes de assunção de competência e de resolução de demandas repetitivas (arts. 927, inciso III, e 988, inciso IV).

Art. 489. (...).

§ 2º. *No caso de colisão entre normas, o juiz deve justificar o objeto e os critérios gerais da ponderação efetuada, enunciando as razões que autorizam a interferência na norma afastada e as premissas fáticas que fundamentam a conclusão.*

Na esteira dos dispositivos deste Código de Processo Civil que regulam em caráter geral a aplicação do ordenamento jurídico em busca do escopo da jurisdição de atuação da vontade do direito material para a solução do conflito – a lembrança concentra-se basicamente nos arts. 1º e 8º (métodos de interpretação do ordenamento jurídico), 140, *caput* (julgamento mesmo em casos de lacuna e obscuridade) e seu parágrafo único (julgamento por equidade nos casos previstos em lei) –, estabelece o focalizado § 2º deste art. 489 o mecanismo que deve ser empregado pelo juiz quando se defronta com o fenômeno jurídico da "colisão de normas". Registre-se, desde logo, que, apesar da aparente generalidade, tal fenômeno somente se verifica quando duas ou mais normas jurídicas constitucionais se encontram em rota de colisão no contexto da questão jurídica cuja decisão vai determinar o desfecho do julgamento do mérito. Apenas a colisão de normas constitucionais, aqui representada por normas principiológicas ou por normas-regras veiculadoras de direitos fundamentais, é que permite ao juiz, quando profere sentença, valer-se do critério aqui esculpido da ponderação e da "interferência na norma afastada". E a razão é simples e contundente: na colisão de princípios constitucionais (de qualquer espécie ou natureza) e na colisão de princípios ou normas veiculadoras de direitos fundamentais (de qualquer jaez ou dimensão) não é possível o afastamento de nenhuma das normas colidentes; e nem o prevalecimento por completo de uma sobre a outra na disputa pela regência jurídica do quadro fático do litígio submetido a julgamento. Somente neste contexto constitucional de colisão de normas é possível cogitar da aplicação do parágrafo que nos ocupa. Somente aqui é legítimo e constitucional realizar a ponderação, a aplicação do princípio da proporcionalidade, oriundo do direito alemão e lá reconhecido implicitamente pela Lei Maior, para permitir o alcance do meio-termo jurídico, a aplicação das duas normas em colisão simultaneamente, com vista à definição das exatas fronteiras aplicativas, no caso concreto, dos princípios em colisão. O problema, então, é saber até onde vai o direito do autor, fundado no princípio (ou norma-regra) X, e até onde vai o direito do réu, fundado no princípio (ou norma-regra) Y, nada impedindo que o juiz, ao proferir a sentença, reconheça uma certa prevalência de um direito sobre o outro (*v.g.*, um campo maior para a liberdade de expressão do que para o direito à intimidade, ou o contrário), mas nunca a superação completa de um direito pelo outro, salvo se o litígio efetivamente não tem relação nenhuma com a aplicação de um dos dois princípios ou regras supostamente colidentes, caso em que não se trata de colisão de normas e, por consequência, não se há de cogitar de qualquer ponderação, inaplicável o presente § 2º do art. 489. Observe-se, por outro lado, que, haja ou não haja colisão e ponderação, sempre se há de aplicar a proporcionalidade do art. 8º deste Código, porque, nele, proporcionalidade é método de interpretação da lei, de qualquer lei, inclusive a constitucional, por óbvio, e, enquanto método de interpretação, a norma jurídica que vai resolver o caso concreto emana de uma prescrição normativa qualquer (ou de várias, conjugadas, não importa), mas não diretamente a proporcionalidade – eis a razão pela qual a proporcionalidade, no art. 8º, é método, e não princípio de aplicação direta (sobre o tema, examine-se o comentário que dirigimos ao mencionado artigo). Pois bem, e quanto ao plano infraconstitucional da aplicação das normas jurídicas, tem incidência o parágrafo em questão? A resposta é negativa. No plano infraconstitucional o ordenamento se move de maneira diferente: ou se aplica a norma jurídica A ou se aplica a norma B, fazendo-se presente o fenômeno da antinomia. Ou os fatos tidos como verdadeiros pelo juiz ao final da instrução sofrem a incidência de uma norma ou sofrem a de outra norma, não sendo válido pensar que as duas possam incidir ao mesmo tempo. E nem se diga que a aplicação de conceitos jurídicos indeterminados representa exceção à ideia de antinomia: não, a única diferença é que aqui a lei confia ao juiz uma capacidade bem mais ampla de reconhecer quais são os fatos que se enquadram nessas prescrições normativas abertas, mas não a de aplicar normas inconciliáveis, pelo menos até o momento em que são tidas como inconciliáveis; se não são, o que se pode reconhecer pela via da interpretação, principalmente sistemática, é que não se trata mais uma vez de colisão de normas, e o problema não se coloca. Em suma, enquanto à colisão de princípios constitucionais ou normas constucionais instituidoras de direitos fundamentais se aplica o focalizado § 2º, à "colisão" de normas infraconstitucionais de qualquer espécie não se aplica o presente dispositivo, porque tal confrontação normativa se resolve pelo afastamento de uma norma em favor da outra, ou vice-versa – é o "tudo ou nada" de que fala Robert Alexy, próprio da ideia de antinomia, que impede a aplicabilidade deste § 2º. Por fim, algumas considerações interpretativas acerca das previsões constantes do texto sob exame. A primeira, no sentido de que, como vimos, somente a colisão entre normas constitucionais (princípios e princípios, princípios e regras instituidoras de direitos fundamentais) justifica a aplicação deste § 2º, o que leva à conclusão de que faltou no texto o vocábulo "constitucionais" logo após a locução "colisão entre normas". A segunda, no sentido de que, ao proferir a sentença, o juiz deve realizar uma justificação do "objeto (...) da ponderação efetuada", isto é, dizer exatamente quais são as normas colidentes que serão ponderadas (examinadas, consideradas, pesadas na balança) e a razão por que se vai proceder assim – eis o primeiro motivo por que este parágrafo se encontra localizado no contexto normativo da fundamentação das decisões judiciais. A terceira, no sentido de que o juiz deve, ainda, realizar uma justificação dos "critérios gerais da ponderação", vale dizer, esclarecer no fundamento da sentença os critérios (os parâmetros interpretativos, as réguas analíticas) com os quais em mãos realizará a ponderação, a avaliação, a sintonia fina da relação de proporção e de medida entre as normas que examina. A quarta, no sentido de que o objetivo da atividade cognitiva de ponderação é a explicitação, conforme o texto, das "razões que autorizam a interferência na norma afastada", bem como "as premissas fáticas que fundamentam a conclusão". Quanto às "premissas fáticas" não há nenhuma dificuldade de compreensão (o quadro fático tido como certo pelo juiz e que aponta para a incidência das duas ou mais normas em rota de colisão), o mesmo não se podendo dizer sobre "a interferência na norma afastada". A quinta, no sentido de que, à luz de todo o exposto acima, a previsão de "interferência na norma afastada" há de ser interpretada com muito cuidado, por sua imperfeição redacional: de "interferência" se pode cogitar, com certeza, mas não, absolutamente, de "norma afastada". Não há possibilidade jurídica de afastamento de nenhuma das normas em colisão pelo simples fato de que, sendo constitucionais, principiológicas ou veiculadoras de direitos fundamentais, constituem normas inafastáveis, daí a exigência sistemática da proporcionalidade e da ponderação para permitir uma saída decisória. "Norma afastada", no texto deste § 2º, só pode, então, significar a norma colidente de menor intensidade aplicativa no caso concreto, a que menos espaço normativo teve na solução ponderada, a que mais sofreu "interferência" em sua normatividade se se pensar que ela poderia ter regido sozinha a situação fática julgada. E, finalmente, a sexta, no sentido de que, em caso de colisão, o juiz deve procurar justificar cuidadosamente, à luz de critérios gerais de ponderação, o porquê do julgamento de procedência em parte (se a procedência é total é porque não havia colisão), o porquê de ter considerado e aplicado com mais intensidade uma norma em detrimento (parcial) da outra (a "norma afastada", no texto), o porquê de ter dado maior espaço na decisão ao direito de uma das partes em desfavor (parcial) do direito da outra; em suma, o porquê do maior peso de uma das normas e sua maior influência na decisão em detrimento da outra de menor peso e que, apesar de também aplicada, exerceu menor influência na decisão, ou, em outras palavras, sofreu maior "interferência" para a solução do caso.

> Art. 489. (...).
> § 3º. *A decisão judicial deve ser interpretada a partir da conjugação de todos os seus elementos e em conformidade com o princípio da boa-fé.*

Se o § 2º deste art. 489 se ocupa do método de aplicação do direito para a solução de conflitos que envolvem o fenômeno da colisão de normas, tornando explícito entre nós o princípio da proporcionalidade (v. nota), o focalizado § 3º nos apresenta outra importante novidade disciplinar para o sistema do direito processual civil ao instituir regramento para a interpretação das decisões judiciais, e principalmente para a sentença (ou acórdão), o objeto central do presente artigo de lei. A previsão é relevante, antes de mais nada, porque destaca a ideia de que não apenas o ordenamento jurídico – compreendidas todas as previsões, prescrições e enunciados jurídicos que se possa conceber – demanda interpretação, do que resulta o entendimento do que seja o direito em sentido abstrato, mas também a decisão judicial que, aplicando o ordenamento jurídico (arts. 1º e 8º), opera a transformação do direito em sentido abstrato em direito em sentido concreto ao declarar, constituir, condenar, mandar, executar ou acautelar. Tanto quanto o texto normativo em abstrato exige interpretação para ser entendido, o texto normativo em concreto, contido na sentença, exige interpretação para ser compreendido com vista ao fim específico de realização do comando normativo na vida das pessoas. Observe-se que a novidade de que falamos não está na interpretação da sentença, que sempre houve, mas na regulamentação expressa dessa atividade, tão antiga quanto natural, em texto de dispositivo de um Código de Processo Civil brasileiro. E mais uma vez vem a necessidade de afirmar a relevância da explicitação por escrito, a relevância de um enunciado como este, que autoriza a interpretação "a partir da conjugação de todos os seus elementos e em conformidade com o princípio da boa-fé". Veja-se que o texto parece tornar clara a vontade da lei de não desprezar nenhum dos "elementos essenciais da sentença" (dos incisos I a III do *caput*), porque até mesmo o relatório às vezes é capaz de clarear a compreensão do conteúdo de uma sentença, e, obviamente, o que não dizer da fundamentação para o entendimento das exatas dimensões da parte dispositiva, ainda mais quando se sabe que há dispositivo (*decisum*) em meio à motivação e motivação em meio ao dispositivo (v. notas aos incisos). Ao dizer de uma interpretação "a partir da conjugação de todos os seus elementos", acentuam-se algumas ideias que não podem deixar de ser referidas: (a) a de que a sentença é um complexo textual e mesmo as palavras e locuções mais simples demandam compreensão à luz do contexto; (b) a de que a sentença, enquanto ato de inteligência, demanda compreensão inteligente a partir de muitos raciocínios que se espalham pela fundamentação principalmente; (c) a de que a sentença é ato de vontade estatal judicial, expressão normativa do Estado de Direito, submetido à Constituição e à lei, observador de direitos fundamentais (art. 8º), submetido a um regime de precedentes (arts. 926 e 927) e a exigências motivacionais especialíssimas como as constantes do § 1º e seus incisos deste art. 489, tudo a revelar a complexidade que uma decisão judicial pode expor em termos de compreensão, daí a importância de um dispositivo como o focalizado prescrever exatamente o que prescreve: "conjugação de todos os seus elementos". Por fim, resta abordar a previsão final, que submete as decisões judiciais à interpretação conforme "o princípio da boa-fé", previsão, aliás, que se vincula ao genérico dever processual esculpido pelo art. 5º deste Código: "Art. 5º. Aquele que de qualquer forma participa do processo deve comportar-se de acordo com a boa-fé". A conclusão a que se chega é a de que, reconhecendo o princípio da boa-fé como critério interpretativo da decisão judicial – nos mesmos moldes em que "os valores e as normas fundamentais" servem à interpretação do processo civil (art. 1º) e os princípios do art. 8º à interpretação do ordenamento jurídico como um todo –, o estatuto em vigor impõe à compreensão de decisões, sentenças e acórdãos a premissa cognitiva de que o órgão de jurisdição emite seus pronunciamentos conforme a boa-

-fé: não se interpretam atos judiciais partindo da ideia de que o Estado-Judiciário, por seu agente competente, procede de má-fé – a mesma premissa é imposta à interpretação do pedido formulado pelo autor (art. 332, § 2º – v. nota). É que tanto as partes como o juiz estão submetidos à boa-fé, segundo o art. 5º acima transcrito, disso resultando, em caso de infringência comprovada do princípio, a litigância de má-fé para o autor e a anulação do pronunciamento judicial para quem o profere.

> *Art. 490. O juiz resolverá o mérito acolhendo ou rejeitando, no todo ou em parte, os pedidos formulados pelas partes.*

A disposição legal sob enfoque refere-se expressamente ao conteúdo típico da sentença de mérito: aquela que julga procedente (acolhe) ou improcedente (rejeita) o pedido apresentado pelo sujeito ativo da ação, nos exatos termos do inciso I do art. 487 (sujeito ativo da ação originária ou reconvencional). Dizemos "típico" porque esse conteúdo expressa o que é inerente ao órgão jurisdicional, que é sua atividade substitutiva e decisória do litígio. Nas demais hipóteses do art. 487 o juiz se limita a reconhecer que houve autocomposição bilateral (transação – inciso III, "b") ou unilateral (reconhecimento da procedência do pedido ou renúncia – inciso III, "a" e "c"), homologando o ato das partes de extinção do litígio, ou se limita a declarar que há decadência ou prescrição (inciso II). Observe-se, por fim, que o dispositivo em questão – reduzido em seu conteúdo disciplinar se comparado ao paralelo do estatuto revogado (art. 459) – apenas repete com mínimas alterações redacionais o art. 487, inciso I, já comentado, de sorte que a sua utilidade sistemática fica limitada a três regramentos: o primeiro, explicitativo, da possibilidade sempre colocada à frente do órgão julgador de proferir sentença (ou decisão) de acolhimento ou rejeição parcial do pedido ("acolhendo ou rejeitando, no todo ou em parte, os pedidos"); o segundo, omissivo, quanto à não alusão ao pronunciamento "sentença" (art. 203, § 1º), em consonância com o art. 487, *caput*, de forma a abrir espaço para as decisões interlocutórias de mérito reconhecidas por este Código (*v.g.*, arts. 332, 356, 550, § 5º, entre outros); o terceiro, generalizante, quanto à previsão de "pedidos formulados pelas partes", de maneira a abranger o pedido reconvencional que é deduzido pelo réu, na condição de réu-reconvinte (art. 343 e parágrafos). Em que pese tudo isso, o presente art. 490 poderia simplesmente não existir, sem qualquer comprometimento para o sistema.

> **Art. 491. Na ação relativa à obrigação de pagar quantia, ainda que formulado pedido genérico, a decisão definirá desde logo a extensão da obrigação, o índice de correção monetária, a taxa de juros, o termo inicial de ambos e a periodicidade da capitalização dos juros, se for o caso, salvo quando:**

O presente art. 491 surge no cenário disciplinar da sentença (ou decisão) de mérito com o objetivo de autorizar o juiz a emitir pronunciamento definido quanto ao valor mesmo quando o demandante tenha deduzido o pedido genérico regulado pelos parágrafos do art. 324. A regra é inspirada, evidentemente, no princípio da economia processual para permitir desde logo o proferimento de uma sentença (ou decisão) líquida apesar de o pedido ter sido formulado de maneira ilíquida, como forma de evitar o desenvolvimento de toda uma fase procedimental voltada à "apuração do valor devido", como previsto pelo § 1º deste artigo (a fase de liquidação dos arts. 509 a 512). De outra parte, o regramento em questão também significa exceção ao princípio da adstrição da sentença ao pedido, que se encontra consagrado no art. 492 e que deflui dos princípios da iniciativa de parte e dispositivo (art. 2º): a sentença (ou decisão) de mérito deste art. 491, embora perfeitamente legal, é *extra petita*. Tratando-se, assim, de pedido formulado em "ação relativa à obrigação de pagar quantia" (pouco importando qual seja a causa de pedir), fica autorizado o juiz a proferir "decisão" (como visto, sentença ou decisão) que "definirá desde logo a extensão da obrigação" (vale dizer, o *quantum debeatur*, o quanto pecuniário é devido), além dos índices indicados no texto (correção monetária e juros) e seu "termo inicial" e eventual "periodicidade da capitalização dos juros". Observe-se, finalmente, que a norma jurídica aqui explicitada não tem aplicação nas hipóteses expressamente elencadas nos dois incisos abaixo, quando, então, a sentença (ou decisão) que se profere é ilíquida, não definidora do *quantum*, mas apenas do *an debeatur*, e desencadeadora da fase de liquidação prevista no § 1º.

> **Art. 491. (...):**
> **I – não for possível determinar, de modo definitivo, o montante devido;**

A hipótese descrita no presente enunciado tem paralelo no art. 324, § 1º, inciso II, mas, apesar das diferenças de texto, significam processualmente a mesma coisa: a locução "de modo definitivo", deste art. 491, corresponde ao "desde logo" do art. 324, sob a perspectiva do *quantum debeatur*; a impossibilidade de determinar o "montante devido", deste art. 491, equivale à impossibilidade de determinar as "consequências do ato ou fato", do art. 324. O paralelo traduz-se, portanto, na ideia de que se o autor pode pedir genericamente no caso do art. 324, § 1º, inciso II, o juiz também pode, neste mesmo caso, deixar de exercer o poder que lhe é extraordinariamente conferido pelo *caput* à vista da constatação de que realmente não é possível determinar desde logo o montante devido. O dispositivo presta-se a colocar em destaque a necessidade de que o órgão julgador faça uma avaliação séria sobre a efetiva possibilidade ou impossibilidade de definir o *quantum debeatur* desde logo na sentença condenatória que está prestes a proferir. Apesar da falta de previsão expressa, a sentença deve reconhecer justificadamente tal possibilidade ou impossibilidade – o dispositivo deveria ter dito o que diz a parte final do inciso II abaixo.

Art. 491. (...):

II – a apuração do valor devido depender da produção de prova de realização demorada ou excessivamente dispendiosa, assim reconhecida na sentença.

Se o inciso I repete em sua previsão normativa o fundamento mais comum do pedido genérico (art. 324, § 1º, inciso II) para acentuar a exigência de que o juiz pense duas vezes sobre se efetivamente é o caso de antecipar a definição do *quantum debeatur* (v. nota), este inciso II que ora nos ocupa estabelece um outro motivo para o juiz deixar de definir desde logo o montante devido: a apuração depender de prova cuja produção será demorada ou excessivamente dispendiosa. O que o dispositivo autoriza, então, é que, à vista do provável e inconveniente retardamento do processo ou do pesado fardo econômico a ser imposto ao autor, em regra – tudo bem justificado na sentença –, o juiz da causa julgue apenas o que lhe foi pedido (a definição do *an debeatur*), deixando para outra etapa (a de liquidação) a apuração do valor devido. Observe-se que se o poder extraordinário do *caput* se justifica pela economia e pelo interesse público de adiantar a prestação jurisdicional, o focalizado inciso II, dentro da mesma lógica, estabelece um contrapeso, no sentido de não permitir que para se resolver tudo de uma vez (pela junção das definições do *an debeatur* e do *quantum debeatur*) se imponha ao processo um altíssimo preço temporal ou econômico. Economia e antecipação, sim, mas não a qualquer custo. Eis a *ratio* do dispositivo.

> Art. 491. (...).
> § 1º. *Nos casos previstos neste artigo, seguir-se-á a apuração do valor devido por liquidação.*

Os "casos previstos neste artigo", que justificam a apuração do valor devido por liquidação, são, evidentemente, os explicitados pelos dois incisos do *caput* deste art. 491, quais sejam: a impossibilidade, expressamente reconhecida na sentença, de determinar, desde logo, o montante devido (inciso I); e a dependência de prova demorada ou custosa para a apuração, de modo definitivo, do montante, também reconhecida de forma expressa pela sentença (inciso II). Veja-se que, sob o prisma redacional, melhor teria sido se a lei dissesse "nos casos previstos nos incisos do *caput* (...)", porque a redação instituída, numa primeira leitura, parece apontar para os casos que se enquadram no *caput*, e não nos incisos. Seja como for, observe-se, ainda, que a liquidação a que se refere o dispositivo identifica-se, obviamente, com o procedimento disciplinado pelos arts. 509 a 512, e que constitui a fase antecedente da de cumprimento de sentença regulada pelo Título II à frente.

> Art. 491. (...).
> § 2º. *O disposto no "caput" também se aplica quando o acórdão alterar a sentença.*

Este parágrafo de encerramento do art. 491, sem dizer com todas as letras, disciplina um aspecto específico do efeito devolutivo da apelação que o art. 1.013 deste Código regula de forma abrangente e genérica. Assim é porque ele permite que, interposta apelação contra uma sentença condenatória ilíquida, o tribunal aplique o disposto no *caput*, definindo desde logo a extensão da obrigação, o que significa dizer que a apelação neste caso transfere à segunda instância poder para alterar a sentença e definir o montante devido, independentemente de pedido do recorrente – assim como o autor não pediu definição do *quantum*, mas o juiz o pode realizar com base no *caput*, o recorrente nada pediu, mas o tribunal o pode realizar, dada a extensão do efeito devolutivo operada pelo presente parágrafo. Observe-se, de outra parte, que, dado o paralelo normativo criado pelo focalizado § 2º, não faz sentido a limitação expressa pelo enunciado "quando o acórdão alterar a sentença". Se o juiz pode romper com o postulado da adstrição da sentença ao pedido, o tribunal pode romper com os limites do efeito devolutivo que defluem da apelação interposta. Imagine-se que o autor apelou da sentença que julgou procedente o pedido e que definiu o *an debeatur* (*v.g.*, por não concordar com o julgamento de um pedido cumulado ou com os honorários fixados) e o tribunal negou provimento à apelação, mantendo a sentença. Pode o tribunal aplicar o *caput* do art. 491? Obviamente que sim, e obviamente que, neste caso, o acórdão não alterou a sentença (a sentença foi mantida, à luz da apelação interposta), mas a aplicação do art. 491, *caput*, acrescenta algo novo à decisão da causa – ao acórdão que substitui a sentença –, algo que não foi pedido e que sempre altera a decisão (à luz do art. 491), de sorte que o acórdão que aplica este novo regramento não se enquadra na previsão "quando o acórdão alterar a sentença" (ele sempre altera), do que se conclui que qualquer acórdão pode aplicar o *caput* deste art. 491: o que mantém a sentença ou o que reforma a sentença, total ou parcialmente.

> **Art. 492.** *É vedado ao juiz proferir decisão de natureza diversa da pedida, bem como condenar a parte em quantidade superior ou em objeto diverso do que lhe foi demandado.*

Esta prescrição consagra o princípio da adstrição da sentença ao pedido estabelecido de forma genérica pelo art. 141 e cuja *ratio* se encontra vinculada a outro grande fundamento do direito processual civil, que é o princípio dispositivo ou da iniciativa de parte instituído pelo art. 2º deste Código. Segundo ele, o *decisum* do juiz fica limitado ao *petitum* do autor, sem possibilidade de extrapolação. Em outras palavras, o magistrado só pode dizer sim ou não àquilo que foi expressamente deduzido como exigência do autor, dele não se podendo afastar em absoluto. Assim é que ao juiz é proibido julgar, em primeiro lugar, fora do pedido ou *extra petita*: sob a ótica do pedido imediato (sentença de natureza diversa, *v.g.*, como a que condena quando foi pedida declaração ou vice-versa, declara quando foi pedida desconstituição e vice-versa, manda quando foi pedida condenação, etc.); ou sob a ótica do pedido mediato ou bem da vida (condenação em objeto diverso – por exemplo, condena-se em dinheiro quando se pediu coisa ou vice-versa, manda-se fazer quando se pediu condenação em pecúnia e vice-versa, etc.). Em segundo lugar, fica o magistrado proibido de julgar além do pedido ou *ultra petita* sempre sob o prisma do pedido mediato ou bem da vida (condenação em quantidade superior, o que acontece quando o juiz condena a pagar valor acima do pedido ou manda entregar quantidade de coisas além do que for pedido, etc.). A sentença *extra petita* é nula, e assim deve ser declarada; a *ultra petita* deve ser apenas reduzida pelo tribunal. Por fim, registre-se uma crítica ao texto deste dispositivo, no sentido de que, à luz do sistema do processo civil, sentença condenatória é apenas a que tem por objeto obrigação de entregar dinheiro, porque a sentença que tem por objeto obrigação de entregar coisa, ou obrigação de fazer ou não fazer, é mandamental e não condenatória (v. art. 515, inciso I).

Art. 492. (...).
Parágrafo único. A decisão deve ser certa, ainda que resolva relação jurídica condicional.

Este art. 492, parágrafo único, explicitamente reconhece a existência das chamadas sentenças condicionais, ou com reserva, que são justamente aquelas que decidem relação jurídica condicional, *v.g.*, contrato de fornecimento condicionado à ocorrência de determinado evento futuro e certo (termo) ou futuro e incerto (condição). Tanto é assim que o art. 514, disciplinando o exercício da ação de execução, dispõe que nesses casos "o cumprimento da sentença dependerá de demonstração de que se realizou a condição ou que ocorreu o termo". O que o texto legal impõe é que, ainda quando o objeto do dispositivo da sentença seja uma obrigação condicional, esse ato do juiz deverá preencher o requisito da certeza, isto é, a sentença (ou decisão) deverá ser exata quanto àquilo a que se condena, declara, constitui ou manda, precisa no que concerne à afirmação da obrigação que deflui da relação jurídica condicional, bem como no que diz respeito à própria condição ou termo. Examinem-se os arts. 121 a 137 do estatuto civil.

Art. 493. Se, depois da propositura da ação, algum fato constitutivo, modificativo ou extintivo do direito influir no julgamento do mérito, caberá ao juiz tomá-lo em consideração, de ofício ou a requerimento da parte, no momento de proferir a decisão.

A tomada em consideração pelo juiz, na sentença (ou decisão), dos fatos aqui previstos só é possível e legítima uma vez que a causa de pedir não seja alterada, porque o art. 329 vedam expressamente tal alteração. Quanto ao fato constitutivo que cria direito novo para o autor, normalmente será este quem o alegará e provará (art. 373, inciso I), embora o juiz o possa reconhecer de ofício. Quanto aos fatos modificativos ou impeditivos que interessam ao réu, via de regra, este os arguirá (art. 373, inciso II; também o fato impeditivo), mesmo depois da contestação, por expressa autorização do inciso II do art. 342, que excepciona o princípio da impugnação específica dos fatos. Observe-se que a *ratio* da presente disposição legal está ligada à ideia de que nem sempre o contexto fático da causa permanece como era quando da propositura da ação – o que, evidentemente, seria o ideal –, de sorte que ao juiz cabe apropriar-se da realidade presente ao tempo da sentença para decidir com justiça o litígio. A regra aplica-se também ao acórdão. Examine-se, ainda, o art. 1.014.

Art. 493. (...).
Parágrafo único. Se constatar de ofício o fato novo, o juiz ouvirá as partes sobre ele antes de decidir.

Dada a expressa autorização contida no *caput* no sentido de que o juiz pode reconhecer de ofício (espontaneamente) fatos constitutivos, modificativos ou extintivos (também os impeditivos) do direito que influam no julgamento do mérito (do pedido, do direito material ou do litígio) é que, na esteira da grande preocupação do Código com a efetividade do contraditório, o focalizado parágrafo único ordena de maneira peremptória a esse mesmo juiz que ouça as partes sobre o fato antes de decidir. Observe-se que este parágrafo constitui mais um dos múltiplos regramentos que densificam normativamente o contraditório no processo civil com o intuito de não permitir, em absoluto, que as partes sejam pegas de surpresa. Aqui, particularmente, por uma decisão que leve em conta um fato novo sobre o qual os litigantes não tiveram a oportunidade de debater ou discutir previamente. Para qualquer fato novo que surja no curso do processo, a lei processual simplesmente invalida a decisão do juiz que não seja precedida, maturada e legitimada pelo contraditório: pela informação, pela possibilidade de reação e pela consideração da reação pelo julgador.

Art. 494. Publicada a sentença, o juiz só poderá alterá-la:

O dispositivo legal sob enfoque institui a inalterabilidade do conteúdo da sentença por parte do seu próprio prolator, uma vez que ela tenha sido publicada. Observe-se, como se pode claramente perceber, que a inalterabilidade de conteúdo estabelecida recai única e exclusivamente sobre a sentença (art. 203, § 1º), e não sobre as decisões interlocutórias, nem sobre os despachos (art. 203, §§ 2º e 3º), pronunciamentos passíveis de modificação de conteúdo por iniciativa do próprio juiz ou mediante pedido de reconsideração. Tratando-se de sentença, a lei estabelece a inalterabilidade à vista do peso jurídico, político e sociológico que este pronunciamento tem para o processo, enquanto ato de encerramento do procedimento em primeiro grau e, em regra, de resolução do litígio. Já no que concerne ao ato de publicação, chamamos a atenção para o fato de que estamos diante de fenômeno que não admite significação única: publicar a sentença é torná-la pública oralmente em audiência; é torná-la pública mediante sua juntada física aos autos; é torná-la pública mediante disponibilização eletrônica em autos do processo informatizado. Em qualquer caso, publicação, aqui, não se identifica com o ato de intimação das partes (por qualquer meio ou forma), mero ato de comunicação consequente que pressupõe a existência jurídica do ato, existência que já induziu a inalterabilidade de que cogita o presente artigo. Seja como for, vejamos quais são as hipóteses extraordinárias de alterabilidade que a lei prevê.

Art. 494. (...):
I – para corrigir-lhe, de ofício ou a requerimento da parte, inexatidões materiais ou erros de cálculo;

As inexatidões materiais passíveis de correção de ofício pelo juiz podem localizar-se tanto no relatório da sentença (equívoco quanto ao nome das partes, omissão de algum litisconsorte), como na fundamentação (troca de data, do nome de um local) ou na sua parte dispositiva (declaração de procedência ou improcedência em total contradição com os fundamentos apresentados; condenação em R$ 10.000,00 em vez dos R$ 100.000,00 pedidos; também se o juiz condiciona a tomada de uma providência ao trânsito em julgado quando o recurso não tem efeito suspensivo). Erros de cálculo, por outro lado, haverá toda vez que um equívoco meramente aritmético determinar a presença na sentença de uma expressão monetária ou verba no lugar de outra. Nesses casos, a parte pode requerer a correção por simples petição, como também opor embargos declaratórios (art. 1.022). Tratando-se de acórdão, só por meio de embargos é possível a correção, posto que o relator não é o único titular da decisão prolatada.

> **Art. 494. (...):**
> *II – por meio de embargos de declaração.*

Em que pese a enorme amplitude aplicativa dada aos embargos de declaração pelo art. 1.022, *caput*, deste Código, que prevê seu cabimento "contra qualquer decisão judicial", o presente inciso II que nos ocupa tem um papel importante em relação à sentença, porque os embargos de declaração aqui realmente constituem exceção ao postulado da inalterabilidade, uma vez que as decisões interlocutórias, como dissemos nos comentários ao *caput*, podem ser alteradas em seu conteúdo por ato de ofício do juiz ou mesmo pela via do pedido de reconsideração. Não em relação à sentença, que só admite alteração nas hipóteses estritas do inciso I (que se aplicam a quaisquer pronunciamentos) e por meio dos embargos de declaração dos arts. 1.022 a 1.026, ferramenta específica e insubstituível – por isso, excepcional e extraordinária – para o alcance da alteração do conteúdo da sentença. Eis a importância da previsão deste inciso II, enquanto exceção à inalterabilidade sentencial deste art. 494. Por fim, registre-se que a doutrina enxerga no procedimento liquidatório, dos arts. 509 a 512, outra forma de se alcançar a alteração da sentença, alteração que se expressa pela integração do título executivo pelo requisito da liquidez (v. nota ao art. 509). Sobre os embargos de declaração, particularmente, remetemos o leitor à sua regulamentação, prevista pelos arts. 1.022 a 1.026.

> *Art. 495. A decisão que condenar o réu ao pagamento de prestação consistente em dinheiro e a que determinar a conversão de prestação de fazer, de não fazer ou de dar coisa em prestação pecuniária valerão como título constitutivo de hipoteca judiciária.*

O dispositivo sob análise institui a hipoteca judiciária como um efeito secundário ou acessório da sentença, que é aquele efeito que decorre *ex vi legis* do atendimento de certo pedido (outros são, segundo Liebman: a dissolução da comunhão de bens ou a perda do direito de usar o nome do marido pela sentença de separação; a perempção da ação pela terceira sentença terminativa – art. 486, § 3º; valer a sentença como declaração de vontade não emitida na hipótese do art. 501, etc.). Lembremos, ainda, da extinção da concessão como efeito secundário da decretação da falência das concessionárias de serviços públicos (Lei n. 11.101, de 9.2.2005, art. 195). Como deixa claro o texto, a hipoteca judiciária é efeito secundário apenas da sentença (ou decisão) condenatória em obrigação de dar pecúnia diretamente ou a que determinar a conversão da prestação de fazer, não fazer ou dar coisa em prestação pecuniária e nunca da sentença mandamental para cumprimento de qualquer obrigação, ou da sentença constitutiva ou meramente declaratória. A hipoteca judiciária aqui instituída é, na verdade, uma modalidade de hipoteca legal ao lado da disciplinada pelos arts. 1.489 e seguintes do estatuto civil – e contraposta à convencional –, embora o art. 167, inciso I, n. 2, da Lei de Registros Públicos assim não a considere. O grande efeito da constituição dessa garantia real pelo seu registro (não inscrição) é o surgimento do direito de sequela e de preferência (§ 4º). A constituição da hipoteca judiciária vem regulada pelos §§ 2º e 3º abaixo.

Art. 495. (...).
§ 1º. *A decisão produz a hipoteca judiciária:*

O que o focalizado § 1º significa é que a sentença (ou decisão) condenatória ao pagamento de prestação pecuniária e a que determina a conversão de quaisquer outras prestações em prestação pecuniária têm por efeito secundário a produção de hipoteca judiciária e valem como títulos constitutivos dessa especial modalidade de hipoteca para fins de registro, ainda que se verifique no processo qualquer um dos fenômenos abaixo elencados nos seus incisos. Vejamos, então, cada um deles.

Art. 495. (...).
§ 1º. (...):
I – embora a condenação seja genérica;

O que o dispositivo nos apresenta é a ideia de que, ainda que a condenação constante da sentença (ou decisão) seja ilíquida, vale dizer, não definida no que concerne ao *quantum debeatur* – o que é autorizado nas hipóteses do art. 324, § 1º e seus três incisos –, a hipoteca judiciária continua sendo efeito secundário do ato condenatório (sentença, decisão ou acórdão). Para fins de registro, contudo, o valor a ser considerado será o que tiver sido atribuído à causa (Moacyr Amaral Santos).

> Art. 495. (...).
> § 1º. (...):
> *II – ainda que o credor possa promover o cumprimento provisório da sentença ou esteja pendente arresto sobre bem do devedor;*

Dois são os fenômenos previstos no presente inciso que a lei faz questão de explicitar como não obstaculizadores do efeito secundário representado pela hipoteca judiciária. O primeiro deles é a provisoriedade do cumprimento de sentença (ou de decisão), que é previsto e regulado pelos arts. 520 a 522 deste Código, vale dizer, ainda que a sentença (ou decisão) tenha sido atacada por recurso, basta que tal recurso não disponha de efeito suspensivo (o que autoriza o cumprimento provisório – art. 1.012, §§ 1º e 2º) para que esteja liberada a produção do efeito secundário de hipoteca judiciária – o dispositivo em questão é meramente explicitativo e didático, porque mesmo no caso de recurso com duplo efeito (v. inciso III) tem lugar a hipoteca (v. nota). O segundo deles é a pendência de arresto sobre o bem do devedor. Não deixa a sentença (ou decisão) condenatória de produzir o efeito secundário de hipoteca judiciária pelo fato de ter sido requerida e deferida anteriormente tutela provisória de urgência cautelar de arresto, com medida liminar já efetivada sobre bens do devedor (arts. 294 a 302 e 305 a 310). Neste caso, constituída a hipoteca pelo registro, esta simplesmente substitui o arresto decretado.

> Art. 495. (...).
> § 1º. (...):
> *III – mesmo que impugnada por recurso dotado de efeito suspensivo.*

O presente inciso surpreende enormemente o leitor deste art. 495, na medida em que o inciso II se refere apenas ao recurso desprovido de efeito suspensivo, dando a entender que apenas naquele caso teria lugar a produção de hipoteca judiciária. A surpresa vem porque o inciso III sob enfoque amplia o efeito secundário ao dizer agora: "mesmo que impugnada por recurso dotado de efeito suspensivo". Melhor seria se o inciso II tivesse se limitado a mencionar o caso do arresto e o inciso III tivesse previsto, singelamente: "ainda que a decisão seja impugnada por recurso com ou sem efeito suspensivo". Seja como for, o fato é que o estatuto processual civil em vigor resolveu claramente fortalecer os juízes de primeira instância, em vários sentidos, e a ampliação da produção de hipoteca judiciária por qualquer sentença (ou decisão) condenatória, ainda que impugnada no duplo efeito, corresponde apenas a mais um aspecto desse fortalecimento – fortalecimento dos juízes pelo fortalecimento de suas decisões. A única coisa realmente estranha é que a produção de hipoteca judiciária constitui efeito secundário da sentença e o presente dispositivo reconhece-a mesmo quando os efeitos principais estão obstaculizados pela suspensividade do recurso...

> Art. 495. (...).
>
> § 2º. *A hipoteca judiciária poderá ser realizada mediante apresentação de cópia da sentença perante o cartório de registro imobiliário, independentemente de ordem judicial, de declaração expressa do juiz ou de demonstração de urgência.*

Dada a circunstância de a hipoteca judiciária constituir um simples efeito secundário da sentença (ou decisão) condenatória – ainda que ilíquida, já garantida por arresto ou impugnada por recurso no duplo efeito (§ 1º) –, optou o legislador por facilitar sua constituição ou formalização, perante o cartório de registro imobiliário, mediante simples apresentação de cópia da sentença (cópia física ou eletrônica autenticada pelo escrivão), independentemente de ordem judicial (mandado), declaração expressa do juiz (no texto da sentença, ou decisão interlocutória, que proferiu) ou de qualquer demonstração de urgência (*periculum in mora*, quer pelo juiz, na sentença ou decisão, quer pela parte em requerimento judicial anterior ou no seu requerimento administrativo ao cartório imobiliário). Independentemente, assim, de formalidades, salvo a cópia autenticada da sentença (ou decisão), é que se procederá à constituição da hipoteca judiciária sobre o bem imóvel do suposto devedor no cartório ao qual a sentença for apresentada (Lei de Registros Públicos – Lei n. 6.015/1973 –, art. 167, inciso I, n. 2).

> Art. 495. (...).
>
> § 3º. *No prazo de até 15 (quinze) dias da data de realização da hipoteca, a parte informá-la-á ao juízo da causa, que determinará a intimação da outra parte para que tome ciência do ato.*

Na esteira da ideia de simplificação da disciplina da hipoteca judiciária, estabelece o presente § 3º o procedimento para a dação de ciência à parte contrária da constituição administrativa da hipoteca. Observe-se que, se tal constituição é facilitada mediante apresentação de mera cópia da sentença (ou decisão) ao cartório de registro imobiliário (v. § 2º e nota), a cientificação da outra parte também fica a depender da iniciativa do beneficiário, mediante a apresentação da certidão do registro nos autos, em quinze dias, para que só então o juiz da causa ordene a intimação e a ciência da parte contrária. Como se vê, a lei não apenas entrega a realização da hipoteca judiciária à parte, mas identicamente a informação da sua realização para fins intimatórios de quem sofre os seus efeitos (§ 4º). Por fim, o que ainda cabe indagar é o seguinte: e se a parte não informar ao juízo sobre a constituição da hipoteca judiciária em quinze dias? À falta de qualquer previsão, parece-nos que a resposta é a responsabilização civil do beneficiário, de que fala de forma genérica o § 5º, mas particularmente aqui pelos eventuais prejuízos que decorram da falta de conhecimento do ato sob a perspectiva da prática de atos no plano material que causem prejuízos a terceiros (v.g., o compromisso de compra e venda celebrado por conta da ignorância sobre a constituição da hipoteca judiciária).

> Art. 495. (...).
> § 4º. *A hipoteca judiciária, uma vez constituída, implicará, para o credor hipotecário, o direito de preferência, quanto ao pagamento, em relação a outros credores, observada a prioridade no registro.*

O parágrafo que ora nos ocupa prevê expressamente o principal efeito jurídico da realização, ou constituição, da hipoteca judiciária que se opera por meio do seu registro no cartório imobiliário: o direito de preferência do credor hipotecário, pela antecedência do registro da sua hipoteca, em relação a outros credores hipotecários – e, obviamente, em relação a quaisquer outros credores quirografários – quanto ao pagamento a ser realizado pelo devedor comum. Tal direito de preferência, que se estabelece primeiro no plano do direito material, manifesta-se concretamente no mundo do processo quando da realização da penhora de bens do devedor, em que a constituição da hipoteca judiciária implica primazia da penhora sobre outras quaisquer que se realizem, anteriormente ou posteriormente (art. 797). Por derradeiro, registre-se que falamos "principal efeito jurídico" da hipoteca judiciária porque o direito de sequela – o direito de perseguir o bem nas mãos de quem quer que ele se encontre – é outro efeito não explicitado dessa forma de hipoteca legal (v. nota ao *caput* deste art. 495).

Art. 495. (...).

§ 5º. *Sobrevindo a reforma ou a invalidação da decisão que impôs o pagamento de quantia, a parte responderá, independentemente de culpa, pelos danos que a outra parte tiver sofrido em razão da constituição da garantia, devendo o valor da indenização ser liquidado e executado nos próprios autos.*

Da mesma maneira como o proferimento de sentença (ou decisão) condenatória, ou conversiva em condenatória, produz a constituição da hipoteca judiciária (§ 1º), o proferimento de um acórdão (de tribunal inferior ou superior) que reforme, modifique ou invalide (nulifique) a sentença (ou decisão) condenatória produz a desconstituição da hipoteca judiciária (este § 5º), que haverá de ser formalizada posteriormente via mandado. A consequência jurídica dessa mudança de rumo é que todo e qualquer prejuízo que a parte (devedora hipotecária) tenha sofrido por conta da constituição ilegítima do gravame há de ser suportado, pela via da responsabilização civil, objetiva, pelo credor que já não ostenta essa qualidade e "independentemente de culpa". Observe-se que os prejuízos indenizáveis – liquidáveis e executáveis "nos próprios autos", conforme a previsão final do texto sob enfoque – podem ter ocorrido a qualquer tempo entre a data da constituição formal da hipoteca judiciária e a data do seu levantamento por ordem do juiz, uma vez que, embora o acórdão tenha sido proferido muito tempo depois da constituição do gravame, ele reconhece com efeito *ex tunc* (retroativo) que a hipoteca judiciária nunca deveria ter sido constituída.

Seção III
Da Remessa Necessária

Dentro do presente Capítulo XIII, dedicado à sentença e à coisa julgada, insere-se a focalizada Seção III, que trata da chamada "remessa necessária", instituto voltado a atender à exigência do sistema de que sentenças proferidas contra o Estado sejam reapreciadas pelo tribunal mesmo quando seus procuradores não interpõem recurso de apelação. Fala-se, então, de uma remessa necessária, revelando a ideia de um envio obrigatório dos autos do processo sentenciado ao tribunal quando o Estado deixa passar em branco o prazo de recurso. Observe-se que o instituto é tratado, então, neste Capítulo XIII porque a disciplina estabelecida tem mais relação com o tema *sentença* do que com o tema *recurso* – a remessa dos autos e da sentença ao tribunal quando não há recurso –, podendo ser qualificado tal instituto como exercício obrigatório do duplo grau de jurisdição, aliás como se encontra expressamente previsto pelo art. 496 logo abaixo (v. nota respectiva).

Art. 496. Está sujeita ao duplo grau de jurisdição, não produzindo efeito senão depois de confirmada pelo tribunal, a sentença:

O artigo sob comentário institui a figura do duplo grau de jurisdição obrigatório nas situações que menciona (interesses do Estado resguardados pela remessa necessária). Trata-se do antigo recurso de ofício (ou *ex officio*), nomenclatura hoje abandonada pelo fato de ser incoerente a ideia de que o juiz recorra da sua própria sentença (ou decisão nos casos do art. 356 de julgamento antecipado parcial de mérito). Não se trata, portanto, de recurso – que é sempre uma manifestação de inconformismo –, mas, sim, de um reexame necessário ou reapreciação da sentença (ou decisão) *ex vi legis* que condiciona a liberação dos seus efeitos (exceto em mandado de segurança, ação civil pública, entre outros) à formação da coisa julgada. Mas lembremos que, em certos casos, o duplo grau não é exigido: execução fiscal até 50 ORTNs – Lei n. 6.830/1980, art. 34; Juizado Especial Federal – Lei n. 10.259/2001, art. 13; determinação administrativa interna pela Advocacia-Geral da União, no sentido da não interposição de recurso. Atente-se também para o fato de que o reexame necessário processa-se exatamente como se fosse uma apelação, exceto pela circunstância de que não há preparo (porque não há impugnação). Observe-se, ainda, que, mantida ou reformada a sentença por maioria de votos, não tem cabimento o incidente do art. 942, por força do seu § 4º, inciso II. Por fim, observe-se que leis especiais também podem estabelecer a necessidade de reexame necessário, como, por exemplo, a Lei n. 6.739/1979.

> **Art. 496. (...):**
> *I – proferida contra a União, os Estados, o Distrito Federal, os Municípios e suas respectivas autarquias e fundações de direito público;*

Sentença proferida contra qualquer das pessoas jurídicas de direito público mencionadas é tanto o ato decisório de mérito que lhe seja desfavorável total ou parcialmente (procedência total ou parcial quando ré, ou procedência parcial ou improcedência quando autora) como o ato de extinção do processo sem resolução do mérito quando o Estado for o demandante. Observe-se que sentença "proferida contra" é tanto a desfavorável outorgada no processo de conhecimento (rito comum ou especial; de natureza condenatória, constitutiva, declaratória, mandamental ou executiva *lato sensu*) como a proferida em execução fiscal quando acolhe a exceção de pré-executividade do devedor (é também a sentença desfavorável proferida em liquidação por arbitramento ou por procedimento comum). Quanto aos entes públicos, registre-se que todas as autarquias de qualquer nível de governo estão favorecidas (a Lei n. 9.469/1997, que excluía o INSS – art. 7º – caiu no vazio), bem como as fundações de direito público (não as de direito privado). Estão excluídas, evidentemente, do benefício da lei tanto as empresas públicas como as sociedades de economia mista, que são pessoas jurídicas de direito privado.

> **Art. 496. (...):**
> *II – que julgar procedentes, no todo ou em parte, os embargos à execução fiscal.*

A respeito do dispositivo sob enfoque, algumas observações se impõem: a primeira, no sentido de que a execução de que cogita a lei é a execução fiscal, regulada fundamentalmente pela Lei n. 6.830/1980; a segunda, no sentido de que os embargos à execução de que se fala (ou embargos do devedor, ou do executado) se encontram disciplinados pelos arts. 16 a 20 da mencionada lei; a terceira, no sentido de que a procedência total ou parcial aludida pode estribar-se em variados fundamentos (inexequibilidade ou inexigibilidade da obrigação, penhora incorreta, excesso de execução, incompetência do juízo, pagamento, novação, transação ou prescrição, etc. – v. art. 917 deste Código); a quarta, no sentido de que equivale à sentença de procedência dos embargos, para fins de reexame necessário, a sentença que extingue a execução, acolhendo exceção de pré-executividade oferecida pelo devedor (v. nota ao inciso I).

> Art. 496. (...).
> § 1º. *Nos casos previstos neste artigo, não interposta a apelação no prazo legal, o juiz ordenará a remessa dos autos ao tribunal, e, se não o fizer, o presidente do respectivo tribunal avocá-los-á.*

Pelo fato de a figura da remessa necessária, ou duplo grau de jurisdição obrigatório, não se identificar com a do recurso, uma vez vencido o prazo para que a(s) parte(s) apele(m) – apelação é sempre um ato voluntário –, deve o magistrado ordenar de ofício a remessa dos autos ao tribunal. Do contrário o reexame obrigatório não se viabiliza. Se a ordem não ocorrer espontaneamente, pode a parte requerê-la, e caso tal requerimento seja indeferido caberá à parte dirigir seu requerimento à presidência do tribunal, já que não cabe agravo de instrumento contra o indeferimento do juiz (art. 1.015). Independentemente de tudo isso, a lei deixa expresso o poder-dever que tem o presidente do tribunal de avocar (chamar) os autos *ex officio*.

> Art. 496. (...).
> § 2º. *Em qualquer dos casos referidos no § 1º, o tribunal julgará a remessa necessária.*

Este parágrafo que ora nos ocupa tem o único e claro objetivo de explicitar algo que deflui naturalmente do sistema dos julgamentos colegiados dos tribunais: o poder do tribunal de realizar previamente a apreciação do cabimento, ou admissibilidade, de recursos, ações de competência originária, requerimentos de incidentes ou, agora, de remessas necessárias, como expressamente previsto. Eis o significado da frase "o tribunal julgará a remessa necessária", o que pode, obviamente, implicar o reconhecimento do acerto ou desacerto da sentença proferida contra o Estado ou o reconhecimento de que a remessa ou duplo grau obrigatório não se justifica – por razão econômica (§ 3º) ou jurídica (§ 4º) – com a ordem de devolução dos autos ao primeiro grau com vista à instauração do procedimento de cumprimento de sentença.

Art. 496. (...).

§ 3º. *Não se aplica o disposto neste artigo quando a condenação ou o proveito econômico obtido na causa for de valor certo e líquido inferior a:*

I – 1.000 (mil) salários-mínimos para a União e as respectivas autarquias e fundações de direito público;

II – 500 (quinhentos) salários-mínimos para os Estados, o Distrito Federal, as respectivas autarquias e fundações de direito público e os Municípios que constituem capitais dos Estados;

III – 100 (cem) salários-mínimos para todos os demais Municípios e respectivas autarquias e fundações de direito público.

De acordo com este parágrafo sob exame fica estabelecida a inaplicabilidade do instituto do duplo grau obrigatório (ou remessa necessária) às causas envolvendo os entes públicos elencados no inciso I deste art. 496, mas cujas sentenças, condenatórias ou outras, incluindo a de procedência dos embargos do devedor em execução fiscal, versem sobre valores inferiores aos elencados nos incisos abaixo ou estejam fundadas em precedentes judiciais previstos no § 4º. Observe-se, inicialmente, que a *ratio* do presente dispositivo é contribuir para desafogar os tribunais com a dispensa de reexame de causas de pequeno valor, chamando a atenção o fato de que tal pequeno valor é considerado sob a ótica econômica estatal. Já no que concerne às sentenças que se incluem na previsão de "proveito econômico obtido na causa", merece registro o fato de que a dispensa alcança, além da condenatória, que é fácil de imaginar, as seguintes: a sentença declaratória negativa de débito; a sentença declaratória ou constitutiva, positiva ou negativa, proferida contra ente público na qual o direito discutido não ultrapasse os limites valorativos indicados; a sentença mandamental ou executiva *lato sensu* proferida em ação cujo direito controvertido não ultrapasse os mesmos limites; e, finalmente, a sentença de procedência dos embargos em execução fiscal de dívida cujo montante a realizar ou satisfazer judicialmente seja igual ou inferior aos valores mencionados. Por fim, relembramos que em execução fiscal a sentença em causas até 50 ORTNs não é atacável por meio de apelação, mas, sim, por embargos infringentes (Lei n. 6.830/1980, art. 34), o que, por si só, já representaria dispensa do reexame necessário, ainda que o presente § 3º não existisse, já que se trata de recurso para o próprio juiz da causa.

> Art. 496. (...).
> § 4º. *Também não se aplica o disposto neste artigo quando a sentença estiver fundada em:*

Se para a constatação da dispensa da remessa necessária à luz do § 3º desse art. 496 é necessário verificar o valor pecuniário da condenação, ou o proveito econômico relacionado ao objeto da declaração, da constituição, do mandamento ou da execução *lato sensu*, para a constatação da dispensa, segundo o presente § 4º, é necessário verificar o fundamento em que se apoiou a sentença proferida contra os entes públicos mencionados no inciso I deste artigo. Veja-se que não se trata de examinar a causa de pedir da ação ou o fundamento da defesa, mas apenas a motivação da sentença, que pode estar mas não necessariamente está relacionada com a sustentação fático-jurídica do pedido ou da resistência. Pois bem, as hipóteses cogitadas no presente dispositivo se identificam pela circunstância de a sentença proferida contra a União, o Estado, o Distrito Federal, o Município, as autarquias ou as fundações de direito público estar fundada em precedente judicial conforme as previsões que seguem. Registre-se, por fim, que, verificada a hipótese de dispensa, deve o juiz da causa declará-la nos autos com o fim de não determinar sua remessa ao tribunal, ficando o destino do feito na dependência exclusiva do recurso da(s) parte(s).

> Art. 496. (...).
> § 4º. (...):
> *I – súmula de tribunal superior;*

Ao mencionar "súmula de tribunal superior" – "enunciados das súmulas do Supremo Tribunal Federal em matéria constitucional e do Superior Tribunal de Justiça em matéria infraconstitucional", nos dizeres do art. 927, inciso IV – regulamenta o Código vigente mais um aspecto eficacial do sistema brasileiro de precedentes judiciais, previsto e disciplinado pelos arts. 926, 927, 932, incisos IV e V, 322, entre outros. Conforme o presente dispositivo, destarte, basta que a sentença referida pelos incisos I e II do *caput* tenha se fundamentado direta e especificamente em súmula do STF ou do STJ para que o estatuto em vigor a considere digna de cumprimento imediato independentemente do valor da condenação ou do proveito econômico obtido e independentemente de remessa necessária.

> Art. 496. (...).
> § 4º. (...):
> *II – acórdão proferido pelo Supremo Tribunal Federal ou pelo Superior Tribunal de Justiça em julgamento de recursos repetitivos;*

Também o "acórdão proferido pelo Supremo Tribunal Federal ou pelo Superior Tribunal de Justiça em julgamento de recursos repetitivos" – outra decisão que a lei considera de observância obrigatória por juízes e tribunais, conforme o art. 927, inciso III, previsão final ("julgamento de recursos extraordinário e especial repetitivos") – pode fundamentar direta e especificamente a sentença proferida em primeiro grau contra o Estado para fins de dispensa de remessa necessária. Também aqui o sistema processual empresta dignidade a essa decisão monocrática no sentido de, condenando o ente estatal do inciso I do *caput* ou reconhecendo direito em seu prejuízo econômico, ficar ela imune à exigência de duplo grau obrigatório e liberada em seus efeitos para gerar cumprimento de sentença.

> Art. 496. (...).
> § 4º. (...):
> *III – entendimento firmado em incidente de resolução de demandas repetitivas ou de assunção de competência;*

Outras decisões a que o Código de Processo Civil atribui a condição de precedente judicial são os acórdãos em "incidente de resolução de demandas repetitivas ou de assunção de competência", segundo as previsões iniciais do inciso III do art. 927, e, por isso, de observância obrigatória por juízes e tribunais (v., ainda, art. 932, inciso IV, "a", e inciso V, "a"). Fundamentada, assim, a sentença deste art. 496, de forma direta e específica, em qualquer desses acórdãos (arts. 947, § 3º, e 984, § 2º), fica ela imune à exigência de remessa necessária, dadas a dignidade e a confiabilidade que lhe são emprestadas pelo sistema processual.

> Art. 496. (...).
> § 4º. (...):
> *IV – entendimento coincidente com orientação vinculante firmada no âmbito administrativo do próprio ente público, consolidada em manifestação, parecer ou súmula administrativa.*

Diferentemente das previsões constantes dos três incisos anteriores, que se atêm a súmulas e acórdãos qualificados pelo sistema como precedentes judiciais (art. 927, incisos III e IV), o focalizado inciso IV refere-se a fundamento sentencial que nenhuma relação tem com qualquer precedente do art. 927, mas que deita raízes em "orientação vinculante firmada no âmbito administrativo do próprio ente público". O que temos aqui, então, é uma sentença judicial (condenatória ou outra) que apresenta como fundamento um entendimento escorado em ato normativo administrativo vinculante de qualquer espécie – daí "manifestação, parecer ou súmula" oriundos de órgão monocrático ou colegiado, não importa – e que dá razão ao administrado (autor) e a tira de si própria (a ré, Administração Pública direta ou indireta). Observe-se que neste caso a dignificação sentencial que vai justificar a dispensa de remessa necessária não é um ato do Poder Judiciário de grande potencial normativo (um precedente), mas um ato vinculante da própria Administração, que em certas situações que o juiz identifica dá razão e direito ao seu próprio adversário no processo.

Seção IV
Do Julgamento das Ações Relativas
às Prestações de Fazer, de Não Fazer
e de Entregar Coisa

Se a Seção I deste Capítulo XIII trata de normas verdadeiramente gerais acerca da sentença no processo civil (arts. 485 a 489), o mesmo já não se pode dizer de parte da Seção II, que se dedica, com exclusividade, à sentença condenatória ao pagamento de quantia (arts. 491 e 495), nem da Seção III, que se ocupa de sentenças condenatórias ou que produzem efeitos econômicos indiretos para a Administração Pública (art. 496). Perceba-se, então, que, para trazer completude à regulamentação da sentença, pareceu conveniente ao Código de Processo Civil em vigor instituir uma Seção IV destinada à disciplina básica das decisões que têm por objeto ações relativas às prestações de fazer, não fazer ou de entregar coisa, o que significa, sob outro ângulo, regular fundamentalmente as sentenças mandamentais e executivas *lato sensu*, justamente as que veiculam as prestações indicadas no título desta Seção IV.

> **Art. 497.** *Na ação que tenha por objeto a prestação de fazer ou de não fazer, o juiz, se procedente o pedido, concederá a tutela específica ou determinará providências que assegurem a obtenção de tutela pelo resultado prático equivalente.*

O art. 497 sob comentário consagra a disciplina da tutela jurisdicional específica das obrigações de fazer e não fazer. Por "tutela específica" entenda-se a tutela direta, aquela que busca proporcionar ao credor o mesmo resultado prático que ele obteria caso tivesse havido o adimplemento da obrigação; inespecífica, ou indireta, é aquela providência que elimina as consequências da violação ou compensa pecuniariamente o credor em razão dela (Barbosa Moreira). Note-se, desde logo, que o dispositivo sob exame não se encontra bem redigido sob esse aspecto conceitual, já que dá a entender que as "providências que assegurem a obtenção de tutela pelo resultado prático equivalente" se contrapõem à tutela específica, o que não é verdadeiro – bem melhor é o art. 11 da Lei da Ação Civil Pública (Lei n. 7.347/1985). Antes de aprofundar o exame do texto, parece-nos importante lembrar que as obrigações de fazer ou não fazer, desde 1994, também podem ser objeto de título executivo extrajudicial, inclusive com fixação liminar de multa diária no processo (art. 814), de sorte que apenas quando não seja possível promover de pronto a execução é que terá cabimento o recurso à ação aqui regulada. Tentemos, então, vislumbrar a distinção entre as duas categorias de providência que, mal ou bem, *caput* deste artigo nos apresenta. Tutela específica é a ordem dirigida ao réu para que, em determinado prazo, por exemplo, elabore o projeto arquitetônico, apresente o parecer jurídico, pinte um mural, realize o *show*, restaure um quadro antigo, apresente a peça teatral, preste fiança, constitua uma sociedade (obrigações de fazer infungíveis), conserte o automóvel, construa um muro, repare o aqueduto, pinte a casa, ladrilhe uma calçada (obrigações fungíveis) ou, ainda, abstenha-se de produzir ruídos, de emitir poluentes, de interromper a vazão de um córrego, de modificar um açude, de usar marca comercial, ou tolere a utilização do seu prédio pelo vizinho (obrigações de não fazer). Observe-se que, segundo o texto que nos ocupa, em todos esses casos a tutela específica identificar-se-á com o estabelecimento de imposição de um preceito ao réu, quer seja ela deferida antecipadamente, por meio de tutela provisória de urgência antecipada (arts. 300 e 303), quer seja ela deferida no momento da sentença. Já no que concerne às providências que assegurem a obtenção de tutela pelo resultado prático equivalente (que também possuem natureza de tutela específica, como visto), observe-se que elas tanto se aplicam no âmbito das obrigações de fazer fungíveis, das obrigações de não fazer, como em relação às infungíveis, embora estas se resolvam mais frequentemente em perdas e danos se não houver vontade do devedor de cumpri-las, como dispõe o art. 247 do estatuto civil (arts. 499 e 500 deste Código). Mas, afinal, quais são elas? A principal é, sem sombra de dúvida, a autorização judicial contida na sentença para que a prestação de fazer fungível seja executada por terceiro às custas do devedor (CC, art. 249, *caput*), o que será realizado mediante ordem judicial proferida no curso do cumprimento de sentença (art. 519). Outra é a autorização sentencial para que a prestação seja executada pelo próprio autor, ou por alguém sob sua direção e vigilância, o que também só dependerá para se realizar da ordem judicial (expressa em mandado) a ser expedida dentro do procedimento de cumprimento de sentença (art. 519, mais uma vez). E, finalmente, quanto às obrigações de não fazer, a providência que assegura a obtenção de tutela pelo resultado prático equivalente é a autorização do juiz, na sentença, para que terceiro ou o próprio autor realize o desfazimento do ato (*v.g.*, restabelecendo o curso do córrego, o estado anterior do açude – CC, art. 251, *caput*) ou para que, *manu militari*, fique impedida a atividade nociva à segurança, ao sossego ou à saúde do autor (*v.g.*, mediante o fechamento de uma boate ou de uma oficina). Por último, faz-se necessário anotar que as obrigações de emitir declaração de vontade permanecem submetidas ao regime próprio do art. 601 à frente, de forma que a elas não se aplica o art. 497. Sobre o cumprimento da sentença, examinem-se os arts. 536 e 537.

> **Art. 497. (...).**
> *Parágrafo único. Para a concessão da tutela específica destinada a inibir a prática, a reiteração ou a continuação de um ilícito, ou a sua remoção, é irrelevante a demonstração da ocorrência de dano ou da existência de culpa ou dolo.*

De maneira inovadora, o parágrafo único sob enfoque institui disciplina particularizada para o que se costumou chamar de tutela inibitória, modalidade de tutela específica voltada às obrigações de fazer e não fazer que se relacionam com a prática de ato ilícito. Como se percebe, o *caput* trata do tema de forma absolutamente genérica. Observe-se, antes de mais nada, que o presente parágrafo único significa um aperfeiçoamento ou detalhamento normativo da tutela específica quando, em relação à sua modalidade inibitória, afirma que "é irrelevante a demonstração da ocorrência de dano ou da existência de culpa ou dolo". Entenda-se: direitos existem, e são muitos – principalmente coletivos e difusos, mas também certos direitos individuais –, que se consideram violados independentemente de qualquer ato doloso, ou mesmo culposo, e independentemente da constatação de qualquer dano, de sorte que, nesses casos, o simples descumprimento da norma jurídica já significa lesão ao direito e deflagração do interesse processual para a propositura de uma ação em juízo (arts. 3º e 17). Imagine-se, por exemplo, a violação a normas de direito ambiental (o descarte de lixo), urbanístico (a construção em desrespeito ao zoneamento), edilício municipal (edificação irregular), a violação a normas do direito à educação (não admissão de criança em escola pública), à saúde (não atendimento em unidade de saúde), ao direito do consumidor (propaganda enganosa, não disponibilização de informação, resistência à troca de produto, à reexecução do serviço, à desistência da compra, etc.). Para esses casos, vários dos quais imersos no contexto dos direitos fundamentais, e em outros em que o próprio direito privado, a bem de um interesse maior, dispensa culpa, dolo ou dano para seu nascimento e exercitabilidade, o sistema do processo civil há de prover uma forma diferenciada de tutela específica que há tempos se vem chamando de tutela inibitória e que o Código em vigor finalmente reconhece, institui e disciplina. É, assim, nesse ambiente de obrigações fundamentais impostas ao Estado sob a forma de múltiplas prestações de fazer e de não fazer – não excluídas as muitas prestações impostas a particulares por força da função social da propriedade, da empresa, do contrato e de toda a legislação que sofre os impactos normativos da igualdade substancial no Estado de Direito –, que a lei do processo reconhece uma forma de tutela jurisdicional apta a inibir a prática do ilícito (do ilícito pelo ilícito) antes mesmo que ele possa gerar dano ou prejuízo, e independentemente de qualquer consideração sobre o elemento subjetivo dolo ou culpa. Daí as várias feições dos pedidos formuláveis e das medidas judiciais concessíveis sob o domínio da tutela específica inibitória: (1) para a inibição da primeira prática de ato ilícito (o impedimento judicial à ocorrência do ilícito); (2) para a inibição da reiteração do ilícito (o impedimento judicial à ocorrência do ilícito pela segunda, terceira ou quarta vez, não importa); (3) para a inibição da continuação do ilícito (o impedimento judicial ao prosseguimento da realização continuada do ilícito no tempo, quando não se consegue vislumbrar com nitidez as etapas das práticas ilícitas); (4) para a remoção do ilícito (a determinação judicial da prática de um certo ato pelo réu – comissivo, obviamente – que significa a prática lícita exigida pelo Direito e que, por via de consequência lógica, faz desaparecer a ilícita). Como se pode, então, perceber, a tutela inibitória representa a particularização normativa da tutela específica geral do *caput* para as hipóteses em que o Direito antecipa a ilicitude à ocorrência de dano, ficando aberta a ela as mesmas ferramentas processuais aplicáveis às causas que versam sobre obrigações de fazer ou de não fazer, em geral, como a imposição de multa cominatória (art. 500, previsão final), a realização do *facere* por terceiro (CC, art. 249, *caput*) ou pelo próprio autor, na medida em que isto seja possível (não, normalmente, quando o Estado é obrigado), ou a realização do *non facere* por ato judicial executivo *lato sensu*, como a ordem de interdição de determinada atividade (v. arts. 536 e 537 sobre o cumprimento dessas sentenças). E tudo isto sem prejuízo da possível conversão da obrigação de fazer em perdas e danos (arts. 499 e 500), que depende de vontade do autor e, por óbvio, da possibilidade jurídica da conversão, o que normalmente não ocorre quando o Estado é obrigado à prestação que se postula em juízo.

> *Art. 498. Na ação que tenha por objeto a entrega de coisa, o juiz, ao conceder a tutela específica, fixará o prazo para o cumprimento da obrigação.*

Se a Reforma do Processo Civil de 1994 teve a virtude de romper com o passado instituindo a tutela específica das obrigações de fazer e de não fazer – tornando processualmente possível a realização da própria prestação objeto de tais obrigações e atribuindo à conversão em perdas e danos o atributo de último expediente a ser empregado, a Lei n. 10.444/2002 teve a coragem de estender a conquista da tutela específica às obrigações de entregar coisa de modo geral. Ainda em linha introdutória, não se pode deixar de registrar que, assim como a Lei n. 10.444/2002 alterou o art. 644 do CPC de 1973 para transformar em mandamental a sentença relativa às obrigações de fazer e não fazer, eliminando, assim, o correspondente processo de execução, a mesma lei modificou o art. 621, com o quê produziu idêntica transformação no âmbito das obrigações de entregar coisa, posto que restringiu o processo de execução aos títulos extrajudiciais; as sentenças que ordenavam a entrega deixaram de se sujeitar à execução e passaram a se submeter ao procedimento de cumprimento de sentença. A mudança introduzida no nosso sistema processual foi, de fato, gigantesca e toda ela foi acolhida, reproduzida e aperfeiçoada pelo presente art. 498 e pelos arts. 536 e 537 deste Código ora em vigor. Resta apenas observar, em relação ao *caput* do focalizado art. 498, que a alusão à fixação de "prazo para o cumprimento da obrigação" não limita em nada o recurso às demais ferramentas processuais colocadas à disposição do juiz pelo § 3º do art. 538 que remete aos arts. 536 e 537 que tratam do cumprimento de sentença que versa sobre obrigação de fazer ou não fazer: a fixação de prazo corresponde apenas ao primeiro passo da liminar ou da sentença em busca do cumprimento específico da obrigação; os demais ficam por conta do § 1º do art. 536 (multa e medidas de reforço). Consigne-se, por derradeiro, que toda essa revolução processual operada não interfere na disciplina material das obrigações de dar, cuja maior ocupação e preocupação é a de regulamentar as muitas hipóteses de incidência das perdas e danos, como nos casos de perda da coisa (CC, art. 234), deterioração (art. 235), culpa do devedor pela deterioração (art. 236), culpa do devedor pela perda (art. 239), deterioração de coisa restituível (art. 240), melhoramento ou acréscimo (art. 241), alegação de perda ou deterioração antes da escolha (art. 246).

> Art. 498. (...).
> *Parágrafo único. Tratando-se de entrega de coisa determinada pelo gênero e pela quantidade, o autor individualizá-la-á na petição inicial, se lhe couber a escolha, ou, se a escolha couber ao réu, este a entregará individualizada, no prazo fixado pelo juiz.*

O parágrafo único sob enfoque estabelece a exigência processual de que o autor da ação de conhecimento que vise à entrega de coisa incerta (no plano material, o credor) a individualize na petição inicial quando a escolha da coisa, determinada pelo gênero e quantidade, lhe couber. A exigência funda-se na circunstância de o "título da obrigação", como diz o art. 244 do estatuto civil, atribuir a escolha ao credor, já que a regra é a escolha pertencer ao devedor, quando o objeto da prestação é coisa incerta. Cabendo, por outro lado, ao devedor a escolha – como visto, a regra segundo o art. 244 do CC –, estabelece a parte final do presente dispositivo que "este a entregará individualizada, no prazo fixado pelo juiz", o que significa que a oportunidade de escolha pelo réu (pelo devedor, no plano material) lhe é concedida ou pela sentença, se o processo correu sem liminar de tutela provisória, ou pela própria medida que antecipe a tutela específica (arts. 300 e 303 c/c os arts. 536, § 1º, e 538, § 3º). Observe-se que, em qualquer das duas hipóteses, o cumprimento da obrigação de entrega individualizada pelo réu-devedor não se dá em sede de processo de execução – não existe mais processo nesse caso, como visto (v. nota ao *caput*) –, mas em sede de fase de cumprimento de sentença (ou da liminar de tutela provisória), que é instaurada pela expedição de mandado do qual consta o "prazo fixado pelo juiz", como diz o texto, e que guarda plena identificação com "o prazo para o cumprimento" a que alude o *caput* deste art. 498. Por fim, registrem-se duas observações: a primeira, no sentido de que a exigência de entrega "individualizada" significa que o devedor deve particularizar a coisa que deseja entregar antes de fazê-lo e também que tal particularização deverá constar de petição e/ou da certidão do oficial de justiça que cumprir a ordem judicial; a segunda, no sentido de que existe regra muito semelhante a esta que vimos examinando no art. 811 deste Código, mas cujo âmbito de aplicação é a "execução para entrega de coisa", hoje, como visto, adequada apenas à satisfação de obrigações contidas em títulos executivos extrajudiciais (art. 806).

> *Art. 499. A obrigação somente será convertida em perdas e danos se o autor o requerer ou se impossível a tutela específica ou a obtenção de tutela pelo resultado prático equivalente.*

O focalizado art. 499 regula a forma processual da conversão da obrigação de fazer e não fazer, ou de entregar coisa, em perdas e danos e que, do ponto de vista material, é regida pelos arts. 247 a 249 e 251 (obrigações de fazer e de não fazer) e arts. 234 a 242 (obrigações de dar) do estatuto civil. Desde logo, destaque-se que as conversões previstas pelos arts. 816 e 809 deste Código só têm cabimento no contexto do processo executório, razão por que seus regramentos não nos interessam aqui, lembrando que os processos de execução das obrigações de fazer e não fazer, e de entregar coisa, hoje se limitam aos títulos extrajudiciais. Quanto ao dispositivo enfocado propriamente, o que em primeiro lugar chama a atenção é a necessidade de o autor da ação afirmar na sua petição inicial que pretende a indenização conforme os dispositivos do Código Civil indicados acima. Como se vê, qualquer que seja o fundamento do pedido indenizatório (CPC, art. 319, incisos III e IV), já não se cogitará, por vontade do autor, de tutela específica, nem sob a forma de preceito (o que o *caput* chamou de tutela específica), nem sob a roupagem de providência que assegure a obtenção de tutela pelo resultado prático equivalente (que, como visto, também é forma de tutela específica). Contudo, o próprio texto deste art. 499 abre exceção à regra e autoriza o juiz a conceder perdas e danos *ex officio* (isto é, sem pedido do autor) se reconhecer, na motivação da sentença, que a tutela específica desejada pelo credor (preceito e/ou medida que assegure a obtenção de tutela pelo resultado prático) é impossível: *v.g.*, porque a prestação de edificar tornou-se inviável, pela venda do terreno pelo devedor (CC, art. 248, *in fine*); porque ficou comprovada a infungibilidade da obrigação de fazer pelas circunstâncias do caso concreto (o conserto do veículo só foi contratado em razão dos atributos profissionais do mecânico); porque a coisa se perdeu (CC, art. 234); porque a coisa se deteriorou (CC, art. 235); ou porque o devedor já se mostrou renitente ao cumprimento voluntário, desobedecendo ao preceito imposto liminarmente. Por fim, vale a pena esclarecer, em relação às obrigações de fazer e de não fazer, que nada impede que o autor (credor da obrigação, em tese, fungível) cumule pedidos sucessivamente (CPC, art. 326), requerendo: em primeiro lugar, a tutela específica sob a forma de preceito; em segundo, a tutela sob a forma de execução por terceiro, não sendo atendido o preceito; e, em terceiro, perdas e danos, caso não seja possível realizar o direito por execução de interposta pessoa.

> **Art. 500. A indenização por perdas e danos dar-se-á sem prejuízo da multa fixada periodicamente para compelir o réu ao cumprimento específico da obrigação.**

Inicialmente, parece significativo lembrar que o dispositivo paralelo a este do estatuto de 1973 (o art. 461, § 2º, surgido com a Reforma de 1994) havia trazido importante inovação para o sistema que não permitia a cumulação da ação cominatória com a de indenização, à luz da interpretação que se dava ao isolado art. 287 do Código Buzaid. Neste contexto, o art. 461, § 2º, mencionado, invertia absolutamente o quadro normativo e autorizava dito cúmulo de forma explícita, razão da sua grande importância sistemática. Voltando ao Código vigente, observe-se que o focalizado art. 500 prepara o terreno para a aplicação do § 1º do art. 536, que permite ao juiz, de ofício – na medida liminar de tutela provisória ou na sentença –, impor multa diária ao réu se esta for compatível com a obrigação. Ora, se à lei pareceu conveniente facultar ao juiz tal iniciativa, o que por si só habilitaria o autor a requerê-la, e como é comum a dedução de pedido indenizatório cumulado com o de tutela específica, nada melhor do que já ficar expressamente instituída a cumulação. É o que o texto sob exame faz. Destarte, em razão do presente dispositivo, é possível ao credor de obrigação de fazer, de não fazer, ou, ainda, de entregar coisa, pedir: (a) a tutela específica do art. 497 ou do art. 498 (isto é, a cominação do preceito); (b) a pena cominatória deste art. 500; (c) providência que assegure a obtenção de tutela pelo resultado prático equivalente; (d) as perdas e danos do art. 499 para o caso de as três medidas anteriores se revelarem ineficientes. Observe-se que a tutela específica (a) e a multa cominatória (b) tanto podem ser concedidas em conjunto, sob a forma de liminar, como sob a forma de provimento final de mérito. Observe-se, por fim, que ao credor também é lícito requerer as perdas e danos do art. 499, isoladamente, caso não deseje tentar ver cumprida especificamente a obrigação.

> *Art. 501. Na ação que tenha por objeto a emissão de declaração de vontade, a sentença que julgar procedente o pedido, uma vez transitada em julgado, produzirá todos os efeitos da declaração não emitida.*

O negócio jurídico que, como *causa petendi*, admite a formulação do pedido aqui previsto tanto pode ser um compromisso de compra e venda não registrado (se há registro, cabe a adjudicação compulsória – arts. 22 do Decreto-lei n. 58/1937 e 1.418 do CC) como uma promessa de cessão de direitos relativos a compromisso, proposta de compra, reserva de lote ou pré-contrato (Lei n. 6.766/1979, art. 27), contratos preliminares ou preparatórios de modo geral (CC, arts. 462 a 466). Para que o pedido seja acolhido, é necessário que o ato documentado (compromisso, promessa, pré-contrato, etc.) identifique exatamente os contratantes, o objeto do contrato e a coisa com um mínimo de detalhamento, as condições de pagamento, etc., bem como se deve demonstrar a inexistência, no instrumento, de cláusula de arrependimento ou outro óbice convencional. Observe-se, ainda nesse diapasão, que tem aplicabilidade à presente situação o princípio da *exceptio non adimpleti contractus*, pelo qual não é lícito a um contratante exigir o implemento da obrigação do outro enquanto ele próprio não cumprir a sua (o princípio tem por contexto os contratos bilaterais – CC, art. 476), mas lembremos que há a possibilidade de o credor da emissão de vontade cumprir a sua obrigação (*v.g.*, por meio de consignação em pagamento) antes de entrar em juízo ou no curso da demanda, mas sempre antes do proferimento da sentença de mérito. O credor não será obrigado a adimplir a sua obrigação previamente se esta ainda não for exigível. E mais: tem-se admitido ao magistrado reconhecer o direito à emissão de vontade e, na própria sentença, condicionar o efeito desse reconhecimento à contraprestação do autor, o que faz incidir os arts. 492, parágrafo único (sentença condicional), 787 e 799, inciso I, "d" (que tratam, *in executivis*, da exceção do contrato não cumprido). A solução inspira-se, evidentemente, no princípio da economia processual. Por fim, queremos chamar a atenção para duas considerações interpretativas relevantes acerca do presente art. 501. A primeira delas, no sentido de que o enunciado sob enfoque segue a linha redacional dos arts. 497, *caput*, e 498, *caput*, que instituem a tutela específica – o art. 497 falando, em seguida, do "resultado prático equivalente" e o art. 498 falando do "prazo para cumprimento da obrigação" –, do que se conclui que também aqui a sentença de procedência do pedido sempre há de fixar prazo para o cumprimento voluntário da obrigação de emitir declaração de vontade, sob pena de valer a própria sentença como a declaração não emitida. Assim como as sentenças dos artigos mencionados, também esta do art. 501 será executada por meio de cumprimento de sentença, conforme o art. 536, *caput* (mera fase do processo de conhecimento), em que se procederá à intimação do réu-devedor-executado para emitir a vontade no prazo fixado, seguindo-se, em caso de inércia, a expedição de alvará, instruído com cópia da sentença substitutiva da vontade do executado, que permitirá a lavratura do instrumento público por qualquer tabelião – a sentença basta para substituir o instrumento particular. Perceba-se, portanto, que a sentença, nesse caso do art. 501, possui intensa carga mandamental, na medida em que veicula ordem ao devedor para a emissão da vontade, e constitutiva, na medida em que permite a constituição do negócio jurídico – novo –, posto que substitutiva da vontade não exarada. Já a segunda consideração interpretativa relevante, acerca do dispositivo em questão, relaciona-se ao descabimento da aplicação às obrigações de emitir vontade do regime da tutela provisória de urgência antecipada dos arts. 300 e 303, porque não é possível a antecipação por medida liminar do efeito jurídico da sentença, que é a própria constituição ou formação do negócio jurídico. Apenas efeitos fáticos, ou práticos, são antecipáveis por meio de tutela provisória, de sorte que somente alguns desses efeitos é que podem ser objeto de providência antecipatória (ou satisfativa), como, por exemplo, a autorização emergencial para a prática de um ato de defesa ou de conservação do bem objeto do negócio a se constituir, ou a autorização emergencial para o ingresso físico no imóvel pelo autor da ação.

Seção V
Da Coisa Julgada

Como já tivemos a oportunidade de observar, uma das características fundamentais da jurisdição, enquanto expressão do poder estatal, é que só ela gera provimentos (atos de autoridade) definitivos. Por "definitividade da jurisdição" devemos entender a capacidade de produção de decisões imutáveis, que não podem ser revistas ou modificadas. Tal atributo, dentro da técnica do direito processual, identifica-se com o instituto universalmente consagrado da coisa julgada, cuja melhor doutrina é atribuída, reconhecidamente, ao gênio de Enrico Tullio Liebman: coisa julgada não é mais um efeito da sentença, como se entendeu durante séculos, mas a qualidade de imutabilidade que reveste a sentença (coisa julgada formal) e seus efeitos materiais (coisa julgada material) (*Eficácia e Autoridade da Sentença*, p. 37). Examinando o tema sob o prisma da função estatal, e deixando de lado a técnica do processo, temos que a coisa julgada é tutelada no Brasil, como em alguns países, em sede constitucional. Entre nós, a matéria é tratada como garantia individual nos seguintes termos: "a lei não prejudicará o direito adquirido, o ato jurídico perfeito e a coisa julgada" (art. 5º, XXXVI, da CF). Consequência prática da garantia é que nem as partes podem repropor a mesma ação em juízo, nem o Estado-juiz pode voltar a decidir a lide já decidida, nem o Estado-legislador pode emitir preceitos que infrinjam o que já ficou definitivamente julgado para as partes, tudo em consonância com o objetivo de dar segurança e certeza às relações jurídicas, no dizer de Manoel Gonçalves Ferreira Filho. Essa gama de proibições, decorrente do atributo de definitividade, distingue fundamentalmente a jurisdição da administração e da legislação.

Art. 502. Denomina-se coisa julgada material a autoridade que torna imutável e indiscutível a decisão de mérito não mais sujeita a recurso.

De forma muito semelhante ao que se deu com o art. 467 do Código Buzaid, o focalizado art. 502 tem o claro intuito de conceituar coisa julgada material – a previsão inicial do texto é claríssima –, mas não consegue alcançar seu intento, posto que comete um grande equívoco técnico – o art. 467 cometia dois ao iniciar a prescrição referindo-se à coisa julgada como "eficácia" (v. nota ao título da Seção V acima) –, qual seja, o de afirmar que a coisa julgada material é "a autoridade que torna imutável e indiscutível a decisão", o que significa conceituar coisa julgada formal, que é a imutabilidade do ato decisório (e não de seus efeitos) pelo esgotamento ou inaproveitamento da via recursal. Destarte, é preciso deixar bem clara a distinção de conceitos. *Coisa julgada material* é a qualidade de imutabilidade que reveste os efeitos naturais da sentença (o conjunto de efeitos que a sentença produz na condição de decisão final do litígio, como qualquer outro ato do Estado). Já *coisa julgada formal* é a imutabilidade da própria sentença como ato do processo (e não dos seus efeitos), em virtude de não mais caberem quaisquer recursos ou em decorrência da não utilização dos recursos cabíveis. A distinção de conceitos aqui estabelecida é fruto do gênio e da obra de Enrico Tullio Liebman, como consignado no comentário introdutório desta Seção. Registre-se, por derradeiro, que, além do acerto parcial representado pela introdução do vocábulo "autoridade" para substituir "eficácia" do estatuto revogado (acerto parcial porque o conceito equivocado de coisa julgada formal continua constando do texto deste art. 502), o dispositivo sob enfoque também substitui a palavra "sentença", do Código anterior, por "decisão de mérito", o que se explica por duas razões: a primeira é de ordem lógico-redacional, qual seja, a tentativa de aproximar o texto do artigo do fenômeno que se prometeu conceituar (a coisa julgada material), o que justifica a locução "decisão de mérito" – apesar da boa intenção, persiste a crítica, porque coisa julgada material é a imutabilidade dos efeitos da decisão, e não da própria decisão, como acentuado; a segunda é de ordem sistemática, para indicar que o estatuto processual em vigor admite clara e inequivocamente a ideia de que decisões interlocutórias tenham caráter meritório, como as que julgam antecipadamente e parcialmente o pedido (art. 356) ou a que condena o réu a prestar contas (art. 550, § 5º), entre outras, o que justifica a formação de coisa julgada material sobre uma decisão interlocutória ou "decisão de mérito".

Art. 503. A decisão que julgar total ou parcialmente o mérito tem força de lei nos limites da questão principal expressamente decidida.

Este art. 503 inicia a disciplina dos limites objetivos da coisa julgada (as fronteiras objetivas da imutabilidade dos efeitos naturais da sentença), disciplina que é complementada pelo art. 504, que coloca fora de tais limites a motivação da decisão e a verdade dos fatos. Apesar de já não se poder mais criticar o texto como se fazia com o paralelo art. 468 do Código Buzaid – a crítica pela introdução de ideias carneluttianas no sistema disciplinar da coisa julgada: o julgamento total ou parcial da "lide", que tinha um sentido sociológico –, uma vez que agora se fala apropriadamente do julgamento total ou parcial do "mérito", o fato é que a cláusula final do texto traz novos problemas conceituais que demandam cuidado interpretativo. Antes de enfrentá-los, no entanto, fixemos um pouco nossa atenção naquilo que não é tão problemático. Pois bem, a cláusula referente a julgamento total ou parcial do mérito deve ser compreendida, em primeiro lugar, como ocorrência ou não de apreciação e julgamento de todos os pedidos, ou de parte deles, pela sentença (ou decisão), ou, ainda, em segundo lugar, como de apreciação e julgamento de procedência total ou parcial do único pedido formulado. Se apenas um dos pedidos foi julgado, ou se apenas parte do pedido único foi acolhida, só em relação a ele haverá coisa julgada material. Em seguida, alude o texto legal à "força de lei nos limites da questão principal", o que significa que os efeitos materiais que decorrem da sentença de mérito (ou decisão) e que se tornam imutáveis pela cobertura da coisa julgada material têm limites no quanto a sentença expressamente acolheu do pedido ou dos pedidos formulados. É exatamente esta a medida da "força de lei" para as partes. Observe-se desde logo que, diferentemente do art. 468, o presente art. 503 peca pela redundância; a segunda parte do dispositivo apenas repete com outras palavras o que a primeira parte já havia dito: "A decisão que julgar total ou parcialmente o mérito [o pedido] tem força de lei" (primeira parte); "(...) tem força de lei nos limites da questão principal [o pedido] expressamente decidida" (segunda parte). Mas por que a repetição? Porque se quis manter a estrutura redacional básica do art. 468, mas com eliminação do vocábulo "lide", do pensamento de Carnelutti. O que ocorreu, então, é que, para não repetir, na nova redação, o vocábulo "mérito", substituiu-se tal vocábulo pela locução "questão principal", que significa a mesma coisa, com o que se fez desaparecer também a locução "questões decididas" (da previsão final do art. 468). Chamamos a atenção aqui para a circunstância de que esta última eliminação tirou do art. 503 qualquer referência à causa de pedir, ou fundamento jurídico do pedido, que a locução "questões decididas" sugeria e que remetia à ideia de que, embora a *causa petendi* jamais fizesse coisa julgada, era ela que "explicava", "justificava", o pedido que se submetia ao trânsito em julgado, trazendo à luz a norma processual de que determinado *petitum*, "explicado" ou "justificado" por determinada *causa petendi*, uma vez acolhido por sentença transitada materialmente em julgado, jamais poderia ser repetido em juízo com aquela mesma "explicação" ou "justificação". Tudo isto foi completamente afastado do art. 503, já que a "questão principal expressamente decidida" é previsão pensada e estabelecida com o claro intuito de ser contraposta à "questão prejudicial, decidida expressa e incidentemente no processo", de que cogita o § 1º abaixo. Logo, "questão principal" no presente enunciado é o próprio pedido, o mérito, a pretensão processual, o questionamento mais relevante, a dúvida principal existente no processo (procedência ou improcedência do pedido, acolhimento ou rejeição da pretensão processual do autor?), tudo apontando para o fato de que o estatuto em vigor desejou efetivamente alterar a semântica processual do termo "questão", ampliando seu significado para dar guarida também ao *petitum* – para além dos pontos de fato e de direito que integram a *causa petendi* –, embora deixando o focalizado art. 503 com duas prescrições normativas que se repetem dentro do mesmo dispositivo e remetendo a normatividade da relação entre pedido e causa de pedir, sob a ótica da coisa julgada, para o art. 504 à frente.

Art. 503. (...).

§ 1º. *O disposto no "caput" aplica-se à resolução de questão prejudicial, decidida expressa e incidentemente no processo, se:*

O parágrafo sob enfoque cria exceção expressa à regra de que apenas a resposta jurisdicional ao pedido deduzido pelo autor faz coisa julgada material, exceção à regra de que apenas o dispositivo da sentença de mérito transita materialmente em julgado. Foi exatamente para acentuar a exceção representada pela transitabilidade material em julgado da "resolução de questão prejudicial" que o art. 503 fala explicitamente da "força de lei" da decisão que julga a "questão principal expressamente decidida". O que temos, então, é que, diante do sistema instituído, não apenas a resolução do pedido, mérito ou "questão principal" que ocorre no dispositivo da sentença faz coisa julgada material, como a resolução da "questão prejudicial", integrante da causa de pedir e da defesa, e que ocorre apenas no fundamento da sentença. E tudo por conta do desaparecimento da chamada ação declaratória incidental genérica prevista pelos arts. 5º, 325 e 470 do CPC Buzaid e que já não se faz mais presente no corpo normativo do Código em vigor, em rompimento completo com a lógica indutora de segurança jurídica e previsibilidade que mantinha em plenitude o princípio da iniciativa de parte, ou princípio da ação, representado pelo postulado de que somente e tão somente o que o autor deduz como pedido determina a dimensão da decisão do juiz que transita materialmente em julgado (o dispositivo da sentença). Já não é mais assim: o julgamento da questão prejudicial, em sede de fundamentação da sentença, faz coisa julgada, mesmo sem exercício de ação e pedido expresso. Não há ação nem pedido, porque o réu simplesmente suscita dúvida acerca da causa de pedir (pela negação da existência ou validade do contrato, da propriedade ou da paternidade), dúvida que se assenta sobre um ponto de direito (questão de direito), mas que tem *status* de relação jurídica material, daí a natureza meritória da questão (e não de questão processual) e que demanda julgamento prévio necessário do juiz como pressuposto lógico da decisão, que ocorre, entretanto, no plano motivacional da sentença, e não no do dispositivo, porque não houve pedido. É este julgamento proferido sem pedido que a lei agora reconhece como passível de fazer coisa julgada material, desde apenas que se façam presentes, cumulativamente, os requisitos que seguem instituídos nos incisos I a III abaixo. Examine-se, ainda, o art. 1.054, sobre a inaplicabilidade imediata deste dispositivo (v. os arts. 433 e 436, inciso III, quanto à declaração de falsidade).

Art. 503. (...).

§ 1º. (...):

I – dessa resolução depender o julgamento do mérito;

Se o *caput* traz dentro de si uma redundância ao se referir à "questão principal (v. nota), este inciso I significa ele próprio outra inequívoca redundância se tivermos em conta o que prescreve a cabeça do § 1º: a "resolução de questão prejudicial" (§ 1º, cabeça) nada mais é do que a "resolução" de que depende o "julgamento do mérito" (deste inciso I). Questão prejudicial – de *prejudicare*, julgar antes – é sempre uma questão jurídica (ponto de direito controvertido ou litigioso), fundada ou não numa questão fática, de natureza material, e por isso de mérito, cuja resolução aponta para o reconhecimento ou não reconhecimento de uma relação jurídica (daí que poderia constituir, por si própria, objeto de uma ação autônoma) e que constitui – eis o ponto que mais interessa – pressuposto lógico necessário do julgamento do pedido (mérito ou questão principal). Observe-se que a questão prejudicial é concebida e gestada com a causa de pedir deduzida pelo autor em sua petição inicial (*v.g.*, o contrato de mútuo numa ação de cobrança, a propriedade numa ação reivindicatória, a paternidade numa ação de alimentos), mas que só vem à luz com a impugnação do réu a tal direito ("direito que constitui fundamento do pedido do autor", como dizia o art. 325 do estatuto revogado), tornando "litigiosa a relação jurídica de cuja existência ou inexistência depender o julgamento da lide", como dizia o art. 5º do Código Buzaid, mas plenamente aplicável ao estatuto vigente. Nascida, assim, a questão prejudicial – pela contestação, que transforma o ponto de direito (contrato, propriedade, paternidade) numa questão de direito e prejudicial, dada a necessidade de ser julgada antes –, abre-se a porta para a sua resolução *incidenter tantum* ("decidida expressa e incidentemente no processo", diz a cabeça do § 1º), ou seja, não de forma *principaliter* ("questão principal", diz o *caput* deste art. 503), salvo se preenchidos cumulativamente os requisitos consagrados nos três incisos, cujo primeiro estamos comentando. Vale dizer: se presentes os requisitos, a resolução da questão prejudicial, que normalmente se daria como fundamento da sentença, passa a ser considerada como resolução de questão principal, como se tivesse havido pedido, e, por consequência, como objeto da coisa julgada material. Eis a grande diferença disciplinar em relação ao estatuto processual revogado: enquanto lá a transformação da questão prejudicial (questão ligada à causa de pedir) em pedido, com a finalidade de fazer coisa julgada, dependia da propositura de ação declaratória incidental (dos arts. 5º, 325 e 470 do Código de 1973), aqui tal transformação depende apenas do preenchimento dos três requisitos deste § 1º – (1º) julgamento dependente dessa resolução; (2º) contraditório efetivo; e (3º) competência –, independentemente de qualquer pedido por ação. Preenchidos os requisitos, o julgamento, que sem eles teria a condição de fundamento da sentença, com eles passa *ex vi legis* (e não por força de qualquer pedido) à condição de dispositivo da sentença para fazer coisa julgada material. Em suma, temos sérias dúvidas sobre se a alteração introduzida foi boa para o processo civil brasileiro, pela insegurança e mais discussões que pode produzir, mas o fato é que este inciso I, se repete, de alguma forma, o que a cabeça do § 1º já havia dito, serve, pelo menos, para tornar explícita a verdade de que sem efetiva prejudicialidade (relação jurídica, relação controvertida pelo réu e relação que constitui pressuposto lógico necessário do julgamento de mérito) não haverá ampliação dos limites objetivos da coisa julgada.

> **Art. 503. (...).**
> **§ 1º. (...):**
> *II – a seu respeito tiver havido contraditório prévio e efetivo, não se aplicando no caso de revelia;*

Se o inciso I pode ser criticado por redundância, o mesmo não se pode dizer do inciso II que ora nos ocupa. É que a exigência aqui estabelecida de "contraditório prévio e efetivo" vai muito além da necessidade de contrariedade imposta ao réu, via contestação, no sentido de impugnar a causa de pedir sustentada pelo autor para criar questão jurídica prejudicial em torno da existência ou validade de um contrato, da existência de propriedade ou da paternidade, etc. (v. notas anteriores).

"Muito além", dizemos, porque, se é verdade que a contrariedade que se impõe ao réu é imprescindível à configuração da questão prejudicial, o focalizado inciso II exige muito mais, exige que tenham se seguido debates acerca da questão – daí a revelia como elemento obstativo ao efetivo contraditório –, por réplica do autor, postulações das partes em termos probatórios, produção de prova documental acerca da dúvida jurídica, produção de prova oral e/ou pericial acerca de questões fáticas atreladas à questão prejudicial (*v.g.*, sobre propriedade imobiliária, paternidade, parentesco, etc.), discussão nas razões finais, embargos declaratórios, apelação voltada à rediscussão do tema, contrarrazões e, eventualmente, embargos e recursos contra o acórdão a tribunais superiores. O que desejamos acentuar é que todas essas atividades que revelam a ocorrência de "contraditório prévio e efetivo" – manifestações concretas da reação processual a fatos e argumentos, da contradição real a documentos e informações, do debate entre as partes – não precisam se verificar conjunta e cumulativamente, sem quaisquer falhas ou omissões, mas que o juiz e o tribunal devem reconhecê-las com explicitude e segurança para afirmar a ocorrência de "contraditório prévio e efetivo" para fins de formação de coisa julgada material. Observe-se, por fim, que nada impede o réu de solicitar expressamente em sua peça contestatória que se reconheça a inexistência do contrato em que se funda o pedido condenatório, ou a nulidade do ato jurídico em que se estriba o pedido mandamental, ou que o autor requeira explicitamente, em sua réplica, a declaração de existência ou validade do ato, a propriedade, paternidade ou relação de parentesco contestados pelo réu – assim como exigia o art. 325 do CPC Buzaid –, mas o fato é que nada disso é necessário diante da proclamação de que "o disposto no *caput* aplica-se à resolução de questão prejudicial decidida expressa e incidentemente no processo", como afirma a cabeça do § 1º que examinamos. Não há necessidade de ação nem de pedido pelos litigantes, bastam a verificação do "contraditório prévio e efetivo" e sua proclamação judicial, em sentença e acórdão, para que se garanta a formação da coisa julgada material sobre a resolução da questão prejudicial.

> Art. 503. (...).
> § 1º. (...):
> *III – o juízo tiver competência em razão da matéria e da pessoa para resolvê-la como questão principal.*

A demonstração mais inequívoca de que a figura da "questão principal", criada por este art. 503, tem, de fato, o significado jurídico de pedido ou mérito encontra-se na previsão normativa sob enfoque. É que, ao exigir o enunciado que o juízo tenha "competência em razão da matéria e da pessoa para resolvê-la como questão principal", fica explicitada a ideia de que o órgão julgador tem de ter competência para julgar a "questão prejudicial" como se ela constituísse "questão principal", vale dizer, como se ela constituísse um pedido autônomo deduzido em juízo por meio de ação. Este é o único significado sistemático possível para a locução "questão principal". Pois bem, sendo assim, partimos agora para o resultado interpretativo final do dispositivo, à luz da formação extraordinária de coisa julgada que este art. 503 institui: só tem cabimento a cogitação de trânsito material em julgado da resolução da questão prejudicial – julgamento constante da fundamentação da sentença equiparado pelo art. 503 a julgamento constante do dispositivo sentencial – se o juízo da causa também for competente para processar e julgar a questão prejudicial, como se ela fosse questão principal, enxergada a questão da competência pelo critério objetivo de Chiovenda: competência pela matéria e competência pela pessoa. Faltando competência, jamais se poderá pensar em julgamento da questão prejudicial (*incidenter tantum*) como se fosse questão principal (*principaliter*) e nem em formação de coisa julgada material.

> **Art. 503. (...).**
> **§ 2º.** *A hipótese do § 1º não se aplica se no processo houver restrições probatórias ou limitações à cognição que impeçam o aprofundamento da análise da questão prejudicial.*

Se o *caput* deste art. 503 limita objetivamente a coisa julgada material ao dispositivo da sentença (a resposta jurisdicional ao pedido formulado pelo autor, mérito ou questão principal), exatamente como era ao tempo da vigência do Código revogado, e o § 1º excepciona tal regramento ao permitir que parte do fundamento da sentença (aquela que julga a questão prejudicial) transite materialmente em julgado independentemente de pedido e de ação, o focalizado § 2º estabelece exceção à exceção ao instituir a inaplicabilidade do § 1º se "houver restrições probatórias ou limitações à cognição que impeçam o aprofundamento da análise da questão prejudicial". Registre-se que, se a análise, exame ou enfrentamento da questão prejudicial passar por restrições quanto à investigação probatória dos fatos discutidos ou quanto à própria cognoscibilidade de matérias jurídicas – restrições ao exame aprofundado da *causa petendi*, quer seja ela próxima ou remota, fática ou jurídica –, obstaculizada estará a formação de coisa julgada material sobre a resolução da questão prejudicial, que, nesse caso, volta à condição de mero fundamento da sentença. Restrição probatória ocorre, por exemplo, no processo do mandado de segurança (Lei n. 12.016/2009) e no inventário (arts. 612, 627, § 3º, 628, § 2º); restrição cognitiva se dá, por exemplo, na consignação em pagamento quanto às defesas alegáveis (art. 544), bem como na homologação do penhor legal (art. 704).

> **Art. 504. Não fazem coisa julgada:**

Dando prosseguimento à disciplina iniciada pelo art. 503, que prevê de forma positiva os limites objetivos da coisa julgada (a decisão que julga o mérito tem força de lei nos limites da questão principal), o focalizado art. 504 prevê de forma negativa dois limites, representados por julgamentos que ficam de fora da coisa julgada material: os motivos, ainda que importantes para determinar o alcance da parte dispositiva da sentença (inciso I), e a verdade dos fatos, estabelecida como fundamento da sentença (inciso II). Observe-se, desde logo, que o presente artigo de lei compõe uma rigorosa unidade disciplinar, pela vinculação lógica absoluta que se estabelece entre as previsões de seus dois incisos, uma vez que a primeira contém a segunda, o que significa dizer que a segunda apenas explicita um aspecto normativo da primeira e também que, apesar da ausência de qualquer menção deste art. 504 à apreciação de questão prejudicial (como existia no texto paralelo do art. 469, inciso III, do estatuto revogado), também ela poderia ter constado do dispositivo, desde que se tomasse o cuidado de prever a ressalva representada pelo § 1º do art. 503. A bem da verdade, se se desejasse prescrever em um único enunciado de caráter negativo os limites objetivos da coisa julgada, bastaria que se dissesse que "não fazem coisa julgada os fundamentos da sentença, ressalvadas as hipóteses do § 1º do art. 503", porque os dois incisos existentes obviamente nele se enquadrariam, bem como a resolução de questão prejudicial, que também não transita em julgado, como regra, salvo nos casos expressa e extraordinariamente previstos no § 1º do artigo anterior. Seja como for, e apesar da omissão relacionada à questão prejudicial – omissão justificada pela existência do § 1º do art. 503, como visto –, vejamos com vagar as duas situações expressamente estabelecidas de julgamentos que não fazem coisa julgada material.

> Art. 504. (...):
> *I – os motivos, ainda que importantes para determinar o alcance da parte dispositiva da sentença;*

Ao prever de forma abrangente e genérica "os motivos, ainda que importantes para determinar o alcance da parte dispositiva da sentença", fica absolutamente clara a vontade da lei de identificar aqui a sua fundamentação como elemento excluído do objeto da coisa julgada material. Tudo, assim, que apenas explica ou justifica a compreensão da parte dispositiva da sentença se compreende no complexo de julgamentos ou decisões que se denomina fundamentação ou motivação da sentença. Todos os "motivos", sejam eles fáticos ou jurídicos, trazidos pelo autor (na causa de pedir) ou pelo réu (na causa ou fundamento da defesa) ou, ainda, revelados pelo juiz de ofício, "ainda que importantes" (pouco importando a dimensão da relevância motivacional), encontram-se excluídos pelo presente dispositivo do manto ou cobertura jurídica da coisa julgada material. O que se percebe é que, dada a generalidade da previsão normativa sob exame, nenhuma necessidade sequer haveria do inciso II, que fala da "verdade dos fatos" – elemento inequivocamente incluído nos "motivos, ainda que importantes (...)" – mas que, de qualquer maneira, serve para colocar em destaque a circunstância normativa de que o presente inciso abrange todas as razões ou motivos jurídicos que possam constar da fundamentação – inclusive a resolução de questão prejudicial, salvo nos casos do § 1º do art. 503 – como elementos excluídos da coisa julgada por mais importantes que sejam "para determinar o alcance" (a compreensão e as fronteiras) "da parte dispositiva da sentença", ou da decisão interlocutória de mérito que também transita em julgado nas hipóteses expressamente previstas por este Código.

> Art. 504. (...):
> II – *a verdade dos fatos, estabelecida como fundamento da sentença.*

Diferentemente do inciso I deste art. 504, que alude, de forma genérica, aos "motivos, ainda que importantes", o focalizado inciso II limita-se a prever os motivos de ordem ou natureza fática como elementos da fundamentação que ficam excluídos dos limites objetivos da coisa julgada material. Note-se, de outra parte, que, enquanto o inciso I fala apenas implicitamente da fundamentação, porque seu objetivo comunicacional é chamar a atenção para os motivos que explicam a parte dispositiva da sentença, o presente inciso II fala com todas as letras do "fundamento da sentença", o ponto verdadeiramente central da normatividade deste art. 504. Seja como for, e não desconsiderando a circunstância sistemática de que, dada a generalidade do inciso inaugural, nem haveria necessidade de este segundo inciso existir, o fato é que a lei explicita que todas as decisões de questões meramente fáticas (pontos de fato sobre os quais incide controvérsia), sem exceção, e que compõem a motivação da sentença (art. 489, II), não transitam em julgado materialmente. Assim, jamais se poderá cogitar de coisa julgada acerca de decisões tais como: o réu passou no sinal vermelho, estava embriagado, entregou o dinheiro ao autor, recusou-se a receber a coisa de alguém, agrediu fisicamente a esposa, removeu a cerca divisória, demoliu a parede, etc.

> Art. 505. *Nenhum juiz decidirá novamente as questões já decididas relativas à mesma lide, salvo:*

Antes de mais nada, é necessário ter em consideração que a frase de abertura do texto do *caput* deste art. 505 ("Nenhum juiz decidirá novamente as questões já decididas...") só faz sentido na exata medida da condição estabelecida na expressão subsequente: "(...) relativas à mesma lide." Somente em relação a uma mesma causa, ou a uma mesma demanda ajuizada posteriormente (com identidade de partes, causa de pedir e pedido), está o juiz impedido de decidir as questões já decididas. É que, se se tratar de demanda diferente (em razão de alguma mudança no plano dos elementos da ação), o mesmo juiz, ou qualquer outro, pode, sim, decidir novamente as questões decididas, uma vez que não fazem coisa julgada, conforme o art. 504, os "motivos" da sentença, (decisões de questões genericamente consideradas), a "verdade dos fatos" (decisões de questões fáticas) e nem mesmo a "apreciação de questão prejudicial", salvo nos casos do § 1º do art. 503, como já tivemos a oportunidade de demonstrar. A prescrição deste art. 505, *caput*, apenas reafirma o significado mais profundo da coisa julgada: a definitividade do julgamento da causa, ou do caso julgado, e o impedimento ao julgamento de outra causa igual.

Em segundo lugar, é preciso levar em conta também que, ainda que se interprete o vocábulo "lide" não como causa, mas como pedido – o que se mostra identicamente adequado à luz do art. 503, que fala de julgamento total ou parcial do mérito –, o resultado hermenêutico final não muda: nenhum juiz (o mesmo ou outro qualquer) decidirá novamente as questões já decididas relativas ao mesmo pedido. Ou seja: julgado o pedido ("a lide") com base em determinada causa de pedir (fatos e fundamentos jurídicos que, contestados, assumem a forma de "questões"), e uma vez transitada materialmente em julgado a sentença, impedido absolutamente fica qualquer juiz de reapreciar tais questões com o objetivo de julgar um outro pedido igual ao que já foi julgado. Observe-se que não é que a coisa julgada material alcance a fundamentação, mas que o dispositivo (que transita em julgado), explicado e atrelado a certa e determinada fundamentação, impede que qualquer juiz reaprecie no futuro outro pedido explicado e atrelado àquela mesma causa de pedir apreciada. Porém, se se tratar de pedido diferente, a causa de pedir já apreciada anteriormente pode ser apreciada, sim, porque "os motivos", a "verdade dos fatos", não fazem coisa julgada, segundo o art. 504, incisos I e II. E, finalmente, em terceiro lugar, ao examinar este art. 505 não se pode jamais perder de vista a razão pela qual tal dispositivo foi implantado no sistema jurídico: a necessidade de serem estabelecidas as exceções à regra que proíbe o rejulgamento das mesmas questões, relativas à mesma lide, no próprio ou em outro processo – regra, aliás, que decorre dos arts. 503 e 504 antes de decorrer do próprio *caput* deste art. 505. Veja-se que é realmente a necessidade de instituir as exceções que justifica a afirmativa legal de complexa compreensão ("Nenhum juiz decidirá novamente ..."), tanto que em seguida aparece o vocábulo "salvo" para abrir as portas para os dois incisos que seguem. Vale dizer: nas hipóteses excepcionais dos incisos ("relação jurídica de trato continuado" e "casos prescritos em lei") pode um juiz, de alguma forma, decidir novamente as questões decididas relativas à mesma lide, numa ação revisional da sentença, de rito comum.

> Art. 505. (...):
> *I – se, tratando-se de relação jurídica de trato continuado, sobreveio modificação no estado de fato ou de direito, caso em que poderá a parte pedir a revisão do que foi estatuído na sentença;*

Iniciando o comentário pela perspectiva sistemática, o que nos cumpre salientar, desde logo, é que a própria exceção aberta à "relação jurídica de trato continuado" precisa ser enxergada com cuidado à luz da própria regra instituída (ou repetida, como visto) pelo *caput*: o objetivo da previsão do inciso I é muito mais o de permitir a revisão do decidido ("a revisão do que foi estatuído na sentença"), sem necessidade de ação rescisória (art. 966), no caso de relação jurídica de trato continuado, e desde que tenha havido superveniente "modificação no estado de fato ou de direito", do que o de desmentir a regra de que "nenhum juiz decidirá novamente as questões já decididas, relativas à mesma lide." Explicamos: como o regramento extraordinário do inciso I deste art. 505 exige que tenha sobrevindo mudança no quadro fático ou jurídico, ("..., sobreveio modificação no estado de fato ou de direito ..."), tal alteração fática ou jurídica, que surge depois da formação da coisa julgada, autoriza a propositura de uma ação de revisão (não de uma rescisória, como visto), mas que sempre apresentará um pedido diferente daquele já julgado e uma causa de pedir diferente daquela já apreciada pela sentença transitada em julgado. Exemplifiquemos com três hipóteses que são normalmente lembradas pela doutrina como de relações jurídicas de trato continuado: (1ª) ação de alimentos com sentença transitada em julgado – desaparecendo a possibilidade, ajuíza-se ação de exoneração; diminuindo a necessidade, ajuíza-se ação de revisão (novos fatos, novo direito, novas questões a serem discutidas e apreciadas pelo juiz); (2ª) ação de guarda e regulamentação de visitas com sentença transitada em julgado – modificando-se as circunstâncias de vida dos pais, ajuíza-se ação de inversão de guarda ou de mudança do regime de visitas (novos fatos, novo direito, novas questões a serem debatidas e decididas); (3ª) ação previdenciária para recebimento de pensão por invalidez com trânsito em julgado – alterando-se a condição de saúde ou de incapacidade, ajuíza-se ação de revisão do benefício (novos fatos, novo direito, novas questões).

Em suma, o que estamos a afirmar é que, em casos de relações jurídicas de trato continuado, a lei processual admite a revisão (sem rescisória), mas não é verdade que se está aqui a quebrar a regra dos arts. 503 e 504 (implícita) e 505, *caput* (explícita), porque a ação de revisão é outra ação, objetivamente diferente, tanto pelo pedido como pela causa de pedir (fatos e fundamentos jurídicos do pedido), de sorte que, relativamente a uma "mesma lide" jamais é possível ao juiz reapreciar "novamente as questões já decididas" (v. comentário ao inciso II logo abaixo).

Art. 505. (...):
II – nos demais casos prescritos em lei.

Dentre os "casos previstos em lei", normalmente lembrados pela doutrina quando se trata de comentar o presente inciso II – inciso II, também, do art. 471 do estatuto processual civil de 1973, de redação idêntica –, vêm à mente, em primeiro lugar, a sentença de alimentos, cuja Lei n. 5.478/1968 estabelece o seguinte em seu art. 15: "Art. 15. A decisão judicial sobre alimentos não transita em julgado e pode a qualquer tempo ser revista em face da modificação da situação financeira dos interessados". Outra hipótese que se lembra é a da sentença proferida em ação de guarda e regulamentação de visitas, que era qualificada como ação cautelar e "medida provisional" pelo art. 888, inciso VII, do Código Buzaid e que hoje é apenas mencionada como "guarda" e "visitação" pelo art. 693, *caput*, para fins de utilização do procedimento especial das "ações de família" (arts. 693 a 699). E, finalmente, o terceiro caso que se costuma lembrar é o da sentença proferida em ação previdenciária e concessiva de benefício previdenciário, como pensão por morte, invalidez, etc. Desses três casos já havíamos nos lembrado no comentário ao inciso I para fins argumentativos, salientamos. Pois bem, ao identificar e reconhecer o estatuto processual civil a denominada "relação jurídica de trato continuado", no inciso I deste art. 505, seu objetivo, como visto, foi o de instituir a admissibilidade de utilização de uma ferramenta processual mais simples para a revisão das sentenças transitadas em julgado que apreciam tal espécie de relação material – a ação revisional de rito comum –, afastando o cabimento da ação rescisória. Mas por quê? A razão prende-se ao fato de que tais relações jurídicas fazem gerar direitos e obrigações que se prolongam no tempo, mas que, cotejadas com os chamados "contratos de execução contínua" e com as "obrigações de execução continuada", ou "de trato sucessivo", de que falam genericamente os civilistas, apresentam características materiais peculiares que implicam a exigência prática de um regime processual diferenciado – exatamente este do art. 505. Na verdade, a melhor forma de identificar as relações jurídicas de trato continuado é dizendo que elas integram a classe das "obrigações de execução contínua" ou de "trato sucessivo", mas que apresentam a peculiar característica de serem reguladas por "regras jurídicas que projetam no tempo os próprios pressupostos, admitindo variações dos elementos quantitativos ou qualitativos, de modo que a incidência delas não é instantânea como a sucessão *causa mortis*, as obrigações do locatário e do locador, a transmissão da propriedade" (Pontes Miranda, ao comentar o art. 471 do texto paralelo do estatuto revogado). A repercussão disso para o direito processual civil é que, quando essas relações são apreciadas e definidas jurisdicionalmente, a própria condição peculiar delas, de fonte irradiadora incessante de direitos e obrigações, impõe ao processo que se adapte para permitir que a sentença projete seus efeitos para o futuro, mas de uma maneira também peculiar: desde que mantidas as mesmas circunstâncias fáticas e jurídicas (conforme a fundamentação) do instante do seu proferimento, os efeitos condenatórios se mantêm vivos no futuro, permitindo execuções sucessivas (cumprimentos de sentença sucessivos). Por outro lado, desfeitas as circunstâncias fáticas ou jurídicas após o trânsito em julgado, admitem tais sentenças a quebra da decisão (do dispositivo) pela via simplificada da ação de revisão do art. 505, inciso I. É por isso que se sustenta majoritariamente em doutrina que tais sentenças, chamadas de determinativas ou dispositivas e marcadas pelo implícito condicionamento da cláusula *rebus sic stantibus*, fazem, sim, coisa julgada material, mas apenas enquanto se mantém inalteradas as circunstâncias fáticas e jurídicas que justificaram o seu proferimento. Mas, alteradas as circunstâncias reconhecidas no fundamento da sentença, desaparece a imutabilidade dos efeitos materiais da decisão, própria da coisa julgada, abrindo-se o espaço para o proferimento de outra sentença, para adaptar a decisão jurisdicional às novas condições que se mostram no presente e que se submetem, identicamente, à disciplina material daquelas mesmas regras de fulgor eficacial permanente das relações jurídicas de trato continuado.

> **Art. 506. A sentença faz coisa julgada às partes entre as quais é dada, não prejudicando terceiros.**

O dispositivo em questão disciplina os limites subjetivos da coisa julgada no que concerne aos conflitos individuais de interesses (quanto aos conflitos transindividuais, examine-se o Código de Defesa do Consumidor, arts. 103 e 104). Dizendo que "a sentença faz coisa julgada às partes entre as quais é dada", nada mais institui a lei do que a restrição aos litigantes da imutabilidade dos efeitos do ato decisório de mérito (decisão, sentença ou acórdão), de sorte que em relação a terceiros a coisa julgada não impede a rediscussão do julgamento do pedido. Referimo-nos aos terceiros juridicamente interessados – aqueles cujo direito é incompatível com o declarado –, pois os terceiros apenas praticamente interessados ou desinteressados não têm acesso a qualquer discussão, embora se submetam mais ou menos intensamente aos efeitos naturais da sentença. Observe-se que o terceiro juridicamente interessado, como dissemos, é aquele que é titular de um direito incompatível com o declarado pela sentença entre as partes, como, por exemplo, o proprietário imobiliário que não foi nem autor nem réu, e que pode invocar seu próprio direito em outro processo, porque não se submete à coisa julgada formada entre os litigantes originários; é o caso também de quem poderia ter ajuizado ação de oposição por ser titular de coisa ou direito sobre que controvertem autor e réu (art. 682), mas que não tomou tal iniciativa. Terceiro juridicamente interessado mas que se submete à coisa julgada formada entre os litigantes é, em primeiro lugar, o substituído processual (como um condômino, um herdeiro ou um possuidor) que se recusou a figurar como litisconsorte ativo para promover ação em juízo em defesa do condomínio, da herança ou da posse comum (art. 18, *caput*). Em segundo lugar, um desses mesmos terceiros que não entraram com ação mas que intervieram no processo como assistentes litisconsorciais (arts. 18, parágrafo único, e 119), justamente porque têm interesse jurídico – o direito que se discute no processo é deles também –, mas tal interesse opera a inclusão dos seus titulares no âmbito da sujeição à coisa julgada material. Quanto ao terceiro interessado que só pode prestar assistência simples –

seu interesse é apenas atingido pelos efeitos da sentença proferida entre as partes, como o do sublocatário que pode ver desfeita a sublocação pelo desfazimento da locação (arts. 121 e 122) –, o trânsito em julgado não o atinge diretamente, mas a lei cria um impedimento particular descrito pelo art. 123 para que não possa discutir a justiça da decisão. Por fim, acentue--se, quanto aos terceiros desinteressados – o vizinho em relação à solução dada à ação reivindicatória, possessória, anulatória da compra e venda imobiliária, etc. –, que eles não sofrem os efeitos jurídicos da sentença, mas meramente práticos (de passarem a ter um bom ou mau vizinho), não se submetem à coisa julgada material, mas não têm nenhum acesso a qualquer discussão, por ausência absoluta de direito e, por consequência, de legitimação *ad causam*.

> *Art. 507. É vedado à parte discutir no curso do processo as questões já decididas a cujo respeito se operou a preclusão.*

Diferentemente dos dispositivos comentados até aqui, que regulamentam, sob vários aspectos, o fenômeno da coisa julgada – o art. 502 conceituando-o, os arts. 503 e 504 definindo seus limites objetivos, o art. 505 disciplinando as relações de trato continuado e o art. 506 regulando os limites subjetivos –, este art. 507 tem o escopo de disciplinar a perda do direito de discutir questões processuais: o fenômeno da preclusão. Todas as questões de ordem formal que, no curso do processo, vão sendo resolvidas por decisões interlocutórias (*v.g.*, valor da causa, incompetência absoluta ou relativa, gratuidade da justiça, intervenção de terceiros, conexão de causas, necessidade de prova pericial, etc.) submetem-se ao fenômeno da preclusão, que corresponde à perda do direito de impugná-las. Como se sabe, isto se dá em virtude de três fatores: (a) porque a parte já impugnou por agravo – quando este é cabível (art. 1.015) – e perdeu (preclusão consumativa); (b) porque a parte deixou de impugnar no prazo (preclusão temporal – v. arts. 223, 278 e 1.003, § 5º;); e (c) porque a parte praticou um ato incompatível com a vontade de impugnar (preclusão lógica). Só não se submetem à preclusão as chamadas objeções processuais previstas pelo art. 337, bem como as nulidades processuais absolutas que o sistema reconheça (v. arts. 276 a 283 do título dedicado às nulidades da Parte Geral). Por fim, saliente-se que, dadas a nova configuração recursal trazida pelo Código vigente e a significativa diminuição do campo de aplicabilidade do agravo de instrumento e, portanto, das decisões interlocutórias atacáveis de imediato – de imediato são atacáveis apenas as decisões que versem sobre tutelas provisórias, mérito do processo, rejeição de convenção de arbitragem, desconsideração de personalidade jurídica, gratuidade da justiça, exibição de documento ou coisa, exclusão de litisconsorte, limitação de litisconsórcio, intervenção de terceiros, efeito suspensivo de embargos, redistribuição de ônus da prova, decisões em liquidação, em cumprimento de sentença, em execução, em inventário e outros casos expressamente previstos (art. 1.015) –, somente em relação a tais decisões explicitamente previstas é que se pode reconhecer de pronto a ocorrência do fenômeno da preclusão contemplado no presente art. 507. Porque em relação a todas as outras decisões interlocutórias proferidas no curso do processo vale o regramento do § 1º do art. 1.009, que se autoexplica: "Art. 1.009. Da sentença cabe apelação. § 1º. As questões resolvidas na fase de conhecimento, se a decisão a seu respeito não comportar agravo de instrumento, não são cobertas pela preclusão e devem ser suscitadas em preliminar de apelação, eventualmente interposta contra a decisão final, ou nas contrarrazões".

Art. 508. Transitada em julgado a decisão de mérito, considerar-se-ão deduzidas e repelidas todas as alegações e as defesas que a parte poderia opor tanto ao acolhimento quanto à rejeição do pedido.

O trânsito em julgado da decisão de mérito não apenas convalida todas as nulidades eventualmente verificadas no processo – daí falar-se de um efeito preclusivo da coisa julgada –como, em relação ao mérito, faz presumir, de forma absoluta, que todos os fatos e argumentos fáticos e jurídicos dedutíveis mas não deduzidos – pelo autor e pelo réu para fortalecer o fundamento jurídico do pedido e o fundamento da defesa – foram rechaçados pela decisão transitada em julgado. É óbvio que entre os fatos reputados deduzidos e repelidos não se compreendem aqueles que por si sós – dada sua autonomia e sua relevância jurídicas – têm o condão de dar à parte um novo direito e, por isso, um novo fundamento jurídico que respalde a formulação de outro pedido por ação. Observe-se, por fim, que tal eficácia preclusiva de incidência exauriente sobre toda sorte de alegação, resistência ou impugnação, tanto em matéria processual como em matéria de fundo, representa um mecanismo de autofechamento de validade e de autolegitimação decisória quando o pronunciamento (decisão, sentença ou acórdão) transita materialmente em julgado, de sorte a significar para o mundo exterior, jurídico (o plano do direito material onde as pessoas vão desfrutar dos direitos reconhecidos), sociológico (o plano social da eliminação do conflito ou lide) e político (o plano da afirmação e reafirmação do poder do Estado para impor a realização e a educação sobre os direitos), a plena consecução dos valores democráticos da segurança, da justiça e da dignidade da pessoa humana, de que fala o preâmbulo da Constituição brasileira.

Capítulo XIV
Da Liquidação de Sentença

Dando encerramento à disciplina contida no Título I, que é dedicada à fase estritamente cognitiva do processo de conhecimento (Do Procedimento Comum), institui o focalizado corpo normativo a regulamentação complementar do capítulo anterior dada à sentença e que, ao mesmo tempo, representa a ponte disciplinar que liga a fase cognitiva à fase de cumprimento de sentença que vem logo a seguir no Título II. Observe-se que, com a presente forma organizacional, o Código de Processo Civil em vigor opta deliberadamente por atribuir à liquidação de sentença a qualidade de etapa final de aperfeiçoamento do ato decisório, para dar-lhe integridade jurídica e plena suficiência para gerar execução, separando, assim, com clareza, o que ainda tem mais colorido cognitivo do que executivo: a atividade liquidatória e seu resultado, a sentença líquida. É por isso que acentuamos a ideia de fase de encerramento do procedimento comum, fechamento do Título I, o que é posto em evidência pela instituição formal e solene, com todas as letras, do "Título II – Do Cumprimento da Sentença", logo após o último artigo deste Capítulo XIV. A separação nítida ora apontada não existia no estatuto revogado, o que revela a intenção legislativa de fechar a fase cognitiva com a liquidação, e não a de abrir a fase executiva com tal disciplina; o próprio título do Livro I desta Parte Especial põe às claras tal intento de separar bem as duas atividades: Livro I – Do Processo de Conhecimento e do Cumprimento de Sentença. Apesar do problema técnico-jurídico trazido por tal distinção (v. nota respectiva), o fato é que, pelo menos para fins de liquidação, a distinção realizada serve para destacar a função jurisdicional liquidatória como mais cognitiva do que executiva... E, seja como for, as previsões dos dois incisos e dos dois primeiros parágrafos do art. 509 parecem dar inteira razão à separação regulamentar estabelecida.

Art. 509. *Quando a sentença condenar ao pagamento de quantia ilíquida, proceder-se-á à sua liquidação, a requerimento do credor ou do devedor:*

Para começar, chama a atenção o fato de o presente dispositivo limitar a aplicabilidade do procedimento liquidatório às sentenças que condenem ao pagamento em dinheiro, tanto que o texto faz referência expressa apenas à sentença que "condenar ao pagamento de quantia líquida", deixando propositalmente de fora da previsão a hipótese de não individuação de coisa a ser entregue. Não se aplica, portanto, a disciplina da liquidação às sentenças que determinam a entrega de coisa, nem tampouco, é evidente, àquelas outras que determinam o cumprimento de obrigação de fazer ou não fazer. Mas, afinal de contas, o que é liquidação, segundo a vigente sistemática? Liquidação da sentença é o procedimento que, eventualmente, se segue à emissão da sentença (decisão, sentença ou acórdão), por meio do qual se busca a definição precisa do *quantum debeatur* da obrigação reconhecida ou a determinação do valor devido como forma de permitir o preenchimento do requisito da liquidez do título executivo (art. 783) e viabilizar a instauração da fase de execução ou do "cumprimento da sentença", como diz o art. 513. Observe-se que a instauração do procedimento liquidatório, segundo a disciplina deste Capítulo XIV, depende apenas de intimação das partes – por iniciativa do juiz –, na pessoa dos seus advogados na liquidação por arbitramento (art. 510), ou do requerido na liquidação pelo procedimento comum (art. 511), e que seu julgamento se dá por meio de decisão interlocutória atacável por agravo de instrumento (art. 1.015, parágrafo único). Por derradeiro, registre-se que, assim como ocorria antes, ao tempo do estatuto revogado, também aqui a liquidação de sentença pode assumir as formas de liquidação por arbitramento (arts. 509, inciso I, e 510), de liquidação por artigos, agora chamada de liquidação pelo procedimento comum (arts. 509, inciso II, e 511), e, finalmente, de liquidação por "cálculo aritmético" (art. 509, § 2º), que é realizada pelo próprio credor no momento de instauração da fase de cumprimento da sentença, inexistindo, então, procedimento liquidatório, propriamente dito, mas apenas ato de liquidação concomitante com o requerimento de execução, sob a forma de cumprimento do Título II do Livro I desta Parte Especial.

Art. 509. (...):

> *I – por arbitramento, quando determinado pela sentença, convencionado pelas partes ou exigido pela natureza do objeto da liquidação;*

Liquidação por arbitramento é procedimento eventual que visa à definição do *quantum debeatur* da obrigação reconhecida pela sentença (decisão, sentença ou acórdão) condenatória por intermédio da "apresentação de pareceres ou documentos elucidativos" (art. 510) ou da estimação ou avaliação técnica realizada por *expert* da confiança do juiz. Veja-se que a liquidação por arbitramento se distingue da liquidação pelo procedimento comum, porque, enquanto esta última depende da prova de fatos novos (art. 509, inciso II), aquela é realizada a partir de prova documental ou por técnico que arbitrará o *quantum* devido a partir de fatos já provados nos autos, mas que a sentença propositalmente não os enfrentou nessa perspectiva econômico-valorativa. Pois bem, em relação à convenção das partes a que alude a disposição legal, esta é tanto a cláusula inserida em contrato celebrado antes da instauração do processo como o acordo estabelecido no curso da demanda para o fim de submeter a apuração do *quantum* devido ao procedimento do arbitramento. Já a determinação pela sentença (decisão, sentença ou acórdão) identifica-se com a ordem judicial explícita de que o valor da condenação seja apurado pela forma de arbitramento, o que ocorre quando o dispositivo sentencial estabelece, *v.g.*, que o valor da indenização corresponderá a um terço do valor de mercado de um certo imóvel ou ao preço médio auferível por determinada lavoura (que fora destruída por culpa do réu). Observe-se, por fim, em relação à natureza do objeto da liquidação, que o cabimento residual da liquidação por arbitramento aqui estabelecido fundamenta-se num elemento objetivo, que é a própria natureza do objeto do pedido (o pedido mediato ou bem da vida), se esse também for, é claro, o objeto da condenação, independentemente de a sentença ter ordenado de forma expressa que o arbitramento se realize. Imagine-se, exemplificativamente, que o pedido e a sentença sejam no sentido de que o réu indenize o autor pela desvalorização de um móvel ou imóvel determinado; pelos lucros cessantes ante a não prestação de um serviço; ante a perda parcial da capacidade laborativa de uma pessoa, etc. Nesses casos não é necessário que o juiz determine o arbitramento, pois a própria natureza do objeto da condenação impõe essa forma de tornar líquidas a obrigação e a condenação.

> Art. 509. (...):
> II – *pelo procedimento comum, quando houver necessidade de alegar e provar fato novo.*

Assim como a liquidação por arbitramento tem a natureza jurídica de mera fase do processo condenatório por quantia, fase ou etapa procedimental que sucede à decisória *lato sensu* (decisória e recursal) e que antecede à executiva denominada fase "do cumprimento da sentença" (arts. 573 e seguintes); o mesmo se dá ou ocorre com a liquidação pelo procedimento comum anteriormente chamado de liquidação por artigos pelo Código Buzaid. Pois bem, liquidação pelo procedimento comum é a fase que permite a complementação da sentença proferida no processo de conhecimento condenatório, cujo escopo é identicamente o alcance da definição do *quantum debeatur* de uma obrigação reconhecida judicialmente, mas que se desenvolve mediante atividade probatória das partes, dada a não discussão anterior dos fatos concernentes à definição quantitativa da condenação. A liquidação pelo procedimento comum tem cabimento, *v.g.*, quando a sentença condena a indenizar por perdas e danos sem declarar concretamente que perdas e danos são essas (quais plantações, animais, máquinas, obras de arte, automóveis foram destruídos?). Registre-se, finalmente, que atualmente os arts. 810, 816, parágrafo único, e 821, parágrafo único, permitem concluir que também cabe o processo liquidatório como procedimento preparatório ou incidental de execução fundada em título executivo extrajudicial, tanto liquidação pelo procedimento comum como liquidação por arbitramento.

> Art. 509. (...).
> *§ 1º. Quando na sentença houver uma parte líquida e outra ilíquida, ao credor é lícito promover simultaneamente a execução daquela e, em autos apartados, a liquidação desta.*

Se houver na sentença uma parte líquida e outra ilíquida (porque dois pedidos foram acolhidos, um "certo e determinado" e outro genérico, como preveem o § 1º e seus três incisos do art. 324 – v. notas), poderá o credor requerer, simultaneamente, a execução da parte líquida nos próprios autos e a liquidação da outra em autos apartados. Duas considerações interpretativas se impõem. A primeira, no sentido de que a liquidação genericamente referida tanto pode assumir a forma de arbitramento como a de liquidação pelo procedimento comum (incisos I e II do *caput*); se a liquidação depender apenas de cálculos aritméticos, a saída é a instauração apenas da execução, devendo o exequente por petição única formular os dois pedidos e, quanto ao ilíquido, apresentar a chamada "memória do cálculo" para que, superado o incidente da liquidação, proceda-se à execução pela soma dos dois valores. A segunda, no sentido de que o dispositivo focalizado menciona "autos apartados" para sinalizar que não se deve formar apenso, o que se explica pela necessidade de permitir a liberdade de movimentação dos autos nesses casos, na hipótese de processo físico ou em papel. A distinção autos apartados, de um lado, e autos em apenso, do outro, não faz sentido algum quando se cogita de processo eletrônico, saliente-se.

> Art. 509. (...).
> § 2º. *Quando a apuração do valor depender apenas de cálculo aritmético, o credor poderá promover, desde logo, o cumprimento da sentença.*

O dispositivo sob comentário regulamenta aquilo que pode ser chamado de "liquidação por memória do cálculo", figura que substituiu, em 1994, a liquidação por cálculo do contador. Tal forma de liquidação, mantida no sistema atual, distingue-se das outras duas anteriormente tratadas (arbitramento e pelo procedimento comum – incisos I e II do *caput*) porque não dá ensejo a um desdobramento procedimental, propriamente, não provoca a instauração de uma fase de liquidação com vista à preparação da fase executiva (ou "cumprimento da sentença"). A liquidação por memória de cálculo, pelo contrário, encontra-se integrada na própria fase de execução, tanto que seu aperfeiçoamento se dá por meio de cálculos realizados pelo próprio exequente e instrumentalizados por documento (a memória de cálculo) que instrui o requerimento de cumprimento da sentença ou que corresponde a um capítulo desta mesma petição de requerimento. O que temos, então, é que, quando incide o § 2º sob enfoque, proferida a decisão ou sentença condenatória em dinheiro, ou, ainda, proferido o acórdão da mesma natureza, o processo de conhecimento passa diretamente da fase decisória para a fase executiva, sem necessidade de uma fase intermediária – mais cognitiva do que executiva, como dissemos – voltada à liquidação da sentença, liquidando-se a obrigação como incidente da própria fase executiva. Observe-se, por fim, que o art.

798, inciso I, "b", chama esse mesmo documento de "demonstrativo do débito atualizado".

> Art. 509. (...).
> § 3º. *O Conselho Nacional de Justiça desenvolverá e colocará à disposição dos interessados programa de atualização financeira.*

Visando a padronizar ou uniformizar os critérios de atualização financeira dos débitos submetidos à cobrança judicial – sejam eles objeto de processo de conhecimento e consequente procedimento ou ato liquidatório, sejam eles objeto de processo de execução e de título executivo extrajudicial, pouco importa – é que o presente § 3º, lei federal, atribui expressamente ao Conselho Nacional de Justiça, o órgão constitucional do controle externo do Poder Judiciário, a competência para desenvolver e colocar "à disposição dos interessados programa de atualização financeira". Assim determinando o Código de Processo vigente, proporciona-se ao sistema maior segurança jurídica, por conta da previsibilidade de aplicação única e constante dos mesmos critérios econômicos de atualização em todo o território nacional, por todas as Justiças, tribunais, instâncias e juízos, de sorte a impedir que interpretações divergentes e aplicações díspares em seara tão importante, como a dos cálculos de liquidação e de atualização, comprometam o bom andamento das execuções e cumprimentos de sentença.

> Art. 509. (...).
> § 4º. *Na liquidação é vedado discutir de novo a lide ou modificar a sentença que a julgou.*

O dispositivo sob enfoque – reprodução quase *ipsis litteris* do revogado art. 475-G do Código Buzaid – restringe o campo de atividade defensiva do devedor em sede de liquidação de sentença e, por conseguinte, a extensão da atividade cognitiva do magistrado, limitando-a aos fatos que digam respeito ao *quantum debeatur*. Se não é possível discutir de novo a lide com o intuito de alterar a solução dada pela sentença (decisão, sentença ou acórdão) é porque, independentemente de tal pronunciamento já ter transitado em julgado – lembremos que o art. 512 admite a liquidação na pendência de recurso –, toda e qualquer matéria relacionada com o *an debeatur* não pode ser alegada pelo devedor nem conhecida pelo juiz que julgará a liquidação. Assim, ao devedor só será lícito: na liquidação pelo procedimento comum, por contestação, negar os fatos novos trazidos pelo credor ou alegar fatos outros contrários aos sustentados pelo requerente; na liquidação por arbitramento, na manifestação sobre o laudo, negar fatos, levados em consideração pelo perito, que a sentença condenatória não reconheceu como existentes ou, ainda, propugnar uma estimação ou uma avaliação econômica dos fatos diferente da apresentada pelo perito.

> *Art. 510. Na liquidação por arbitramento, o juiz intimará as partes para a apresentação de pareceres ou documentos elucidativos, no prazo que fixar, e, caso não possa decidir de plano, nomeará perito, observando-se, no que couber, o procedimento da prova pericial.*

Diferentemente da disciplina paralela do art. 475-D do estatuto revogado, que previa uma única forma de processamento da então chamada liquidação por artigos, o focalizado art. 510, que regula a inovadora liquidação pelo procedimento comum, institui duas formas distintas para processá-la. A primeira, que bem pode ser chamada de arbitramento por elucidação documental, caracteriza-se procedimentalmente pela seguinte sequência de atos: (1º) a instauração do procedimento por ato judicial de ofício, ou por requerimento unilateral de uma das partes (autor ou réu, pouco importa); (2º) intimação das duas partes para a apresentação da elucidação em prazo desde logo fixado (no caso da iniciativa oficial), ou intimação da parte que não tomou a iniciativa de provocar a liquidação (no caso de uma delas ter tomado a iniciativa, já apresentando sua elucidação, ou não); (3º) fluência do prazo fixado para as duas apresentarem suas elucidações (no caso da iniciativa oficial ou no caso da iniciativa unilateral sem apresentação prévia de elucidação – aqui a fixação do prazo é posterior ao requerimento de liquidação, obviamente) ou fluência para uma das partes se a outra já apresentou sua elucidação; (4º) ordem judicial para manifestações recíprocas sobre as elucidações, por força da aplicação do contraditório (arts. 7º e 9º); (5º) tomada judicial de alguma(s) providência(s) instrutória(s) para fins de decisão de plano (nada impede, a nosso ver, eventual designação de audiência especial para esclarecimento de dúvidas); (6º) decisão de plano da liquidação por arbitramento por elucidação documental via proferimento de decisão interlocutória atacável por agravo de instrumento (art. 1.015, parágrafo único). Já a segunda forma de processamento da liquidação por arbitramento pode ser chamada de liquidação por arbitramento pericial e corresponde à maneira tradicional de processamento e que observa "o procedimento da prova pericial" (arts. 464 a 480), como sempre foi. Observe-se que, em relação a essa segunda forma de processamento, alguns esclarecimentos importantes precisam ser realizados. O primeiro, no sentido de que, de acordo com o expressamente previsto, o arbitramento pericial pode realmente se seguir ao arbitramento por elucidação, funcionando o primeiro procedimento como fato processual detonador do segundo: impossível parecendo ao juiz decidir de plano a liquidação, apenas com base nos documentos e argumentos apresentados, o magistrado decide pela nomeação de perito. Mas outra situação completamente diferente pode se verificar, o que justifica o segundo esclarecimento: desde o início já se sabia e a sentença já reconheceu a circunstância de que somente a perícia é capaz de liquidar a obrigação, definindo o *quantum debeatur*, hipótese em que não terá admissibilidade qualquer iniciativa de arbitramento por elucidação documental (*v.g.*, porque toda a documentação já se encontra nos autos). O terceiro esclarecimento, na mesma linha do segundo, no sentido de que pode ter havido convenção das partes – obviamente, em momento anterior à liquidação – voltada à realização de trabalho exclusivamente pericial para fins liquidatórios, ou, ainda, a "natureza do objeto da liquidação", por si só, significar a imposição de atividade de especialistas com vista à definição do *quantum debeatur*. Em suma, em todas essas hipóteses lembradas jamais teria cabimento o arbitramento por elucidação documental, de sorte que a instaurabilidade da liquidação, nesse contexto, se mostra limitada ou restrita à forma pericial desde o início, o que foge da expressa previsão do enunciado do art. 510, como visto, mas tudo dentro da mais absoluta normalidade processual. Por fim, queremos dar registro à ideia de que a "apresentação de pareceres" ou de "documentos elucidativos" pelas partes não sofre qualquer restrição – pareceres técnicos particulares, contratados ou não, inéditos ou não; pareceres técnicos de órgãos públicos de qualquer origem; documentos públicos ou privados de qualquer espécie –, salvo os limites legais à utilização desses documentos, em seu sentido mais amplo, obviamente.

Art. 511. *Na liquidação pelo procedimento comum, o juiz determinará a intimação do requerido, na pessoa de seu advogado ou da sociedade de advogados a que estiver vinculado, para, querendo, apresentar contestação no prazo de 15 (quinze) dias, observando-se, a seguir, no que couber, o disposto no Livro I da Parte Especial deste Código.*

Se a liquidação por arbitramento tem sua admissibilidade definida pelo art. 509, inciso I, e seu processamento regulado pelo art. 510, a liquidação pelo procedimento comum tem sua admissibilidade definida pelo art. 509, inciso II, e seu processamento regulado pelo presente art. 511. Observe-se, em acréscimo introdutório, que, enquanto o Código em vigor manteve o *nomen iuris* "liquidação por arbitramento", embora o tenha ampliado quanto às formas de sua realização (v. nota ao art. 510), o focalizado art. 511 alterou o *nomen iuris* do instituto para incorporar à sua nomeação a própria forma de processamento ("liquidação pelo procedimento comum"), uma vez que a ela se aplica, "no que couber, o disposto no Livro I da Parte Especial deste Código", vale dizer, "no que couber" o Título I, que é dedicado justamente ao Procedimento Comum (arts. 318 a 508), e não, por certo, o Título II, que é destinado ao Cumprimento da Sentença, que já não tem nada a ver, em tese, com a liquidação, embora a remissão genérica deste art. 511 ("Livro I") abra a porta para a aplicação supletiva ou subsidiária de normas gerais e princípios executivos à liquidação pelo procedimento comum, "no que couber". Seja como for, o fato é que, se a base procedimental da liquidação de que tratamos é o procedimento comum do processo de conhecimento, dada a "necessidade de alegar e provar fato novo" (art. 509, inciso II), o texto do focalizado art. 511 deixa claro que nesta forma de liquidação não existe ato citatório, mas apenas "intimação do requerido (...) para apresentar contestação", o que tem três significados: (1º) o procedimento liquidatório não é processo, mas mera fase de encerramento do processo de conhecimento (v. nota ao título do Capítulo XIV); (2º) o procedimento liquidatório aqui cogitado realmente observa, em princípio e em tese, o ritual estabelecido para o processo de conhecimento ("Livro I"), em que o ato de contestação tem papel marcante e fundamental; (3º) a "liquidação pelo procedimento comum" distingue-se, no entanto, do "procedimento comum", porque o requerido é intimado para "apresentar contestação no prazo de 15 (quinze) dias", conforme o texto sob exame, e não para comparecer a uma audiência de conciliação ou de mediação, como prevê o art. 334. Além de tudo isso, que explica e justifica o fato de o enunciado sob enfoque mandar observar apenas "no que couber, o disposto no Livro I" – intimação e contestação fogem ao esquema padrão do procedimento comum –, a intimação do requerido deve ser realizada "na pessoa de seu advogado ou da sociedade de advogados a que estiver vinculado", com o que se busca facilitar e agilizar o ato de comunicação processual, aplicando-se-lhe o disposto: no art. 270, *caput*, que ordena que a intimação seja feita, sempre que possível, por meio eletrônico; no art. 272, *caput*, que autoriza o ato intimatório por publicação no órgão oficial, se não for possível a comunicação eletrônica; e no § 1º do próprio art. 272, que exige requerimento expresso dos advogados para que tenha validade a intimação a eles dirigida via publicação de que conste apenas o nome da sociedade a que pertençam. Por fim, não podemos deixar de dar registro a quatro considerações que nos parecem importantíssimas para a compreensão do processamento da liquidação pelo procedimento comum. A primeira tem relação com o requerimento de liquidação. Trata-se de pedido veiculado por petição elaborada pela parte, que, embora não instrumentalize ação, deve se pautar no modelo previsto pelo art. 319, salvo o seu inciso V, sobre o valor da causa, que se mostra, evidentemente, inaplicável. A segunda tem relação com o ato de contestação, que sofre a influência direta do disposto no § 4º do art. 509, que estabelece a vedação à rediscussão da lide que foi julgada pela sentença liquidanda, bem como à tentativa de modificação dessa mesma sentença. A terceira relaciona-se à perfeita aplicabilidade: do Livro I, Título I, Capítulo IX, que regula a fase das "providências preliminares e do saneamento" (arts. 347 a 353); do Capítulo X, que trata do "julgamento conforme o estado do processo", mas principalmente sob a forma de "julgamento antecipado do mérito" (art. 355) e de "saneamento e da organização do processo" (art. 357); do Capítulo XI, que disciplina a "audiência de instrução e julgamento" (arts. 358 a 368); do Capítulo XII, que disciplina as "provas" (arts. 369 a 484); bem como do Capítulo XIII, dedicado aos regramentos fundamentais sobre "sentença e (...) coisa julgada" (arts. 485 a 495), que dão ensejo à última consideração que segue. Eis a quarta e derradeira consideração, no sentido de que, malgrado a aplicabilidade da disciplina básica da sentença (arts. 487, 489, 490, 493, 494 e 496, principalmente), a liquidação pelo procedimento comum é julgada por meio de decisão interlocutória (art. 203, § 2º) atacável por agravo de instrumento (art. 1.015, parágrafo único), e isto pelas seguintes razões, que seguem enumeradas: (1ª) na disciplina da liquidação por arbitramento, há referência expressa à possibilidade de o juiz "decidir de plano" (art. 510) sobre o *quantum debeatur*, enunciado que deixa clara a ideia de decisão interlocutória e não de sentença; (2ª) na liquidação regulada por este art. 511, não há texto de igual literalidade, mas a idêntica natureza processual das duas formas procedimentalizadas de liquidação aponta no sentido da decidibilidade por interlocutória; (3ª) a relatividade da aplicação do Livro I à liquidação pelo procedimento comum ("observando-se, a seguir, no que couber") autoriza semelhantemente a conclusão de que o ato decisório não é sentença; (4ª) a liquidação por arbitramento ou pelo procedimento comum corresponde, inequivocamente, sob o ângulo sistemático, a uma simples fase do processo de conhecimento – posterior à decisória e recursal e anterior à de cumprimento de sentença –, de sorte que as decisões que operam meras transições de etapas procedimentais ficam de fora do conceito de sentença (art. 203, § 1º), para se enquadrar no conceito de decisão interlocutória (art. 203, § 2º); (5ª) o pronunciamento que "põe fim à fase cognitiva do procedimento comum", do § 1º do art. 203, identifica-se única e exclusivamente ao ato do juiz de primeiro grau que julga a lide, o litígio ou o conflito de interesses, e não ao que julga a liquidação; (6ª) o parágrafo único do art. 1.015 deste Código diz com todas as letras que "também caberá agravo de instrumento contra decisões interlocutórias proferidas na fase de liquidação de sentença (...)", dentre as quais, obviamente, se enquadram as que julgam a liquidação pelo procedimento comum ou a liquidação por arbitramento.

Art. 512. A liquidação poderá ser realizada na pendência de recurso, processando-se em autos apartados no juízo de origem, cumprindo ao liquidante instruir o pedido com cópias das peças processuais pertinentes.

O art. 512 sob enfoque constitui reprodução quase *ipsis litteris* do § 2º do art. 475-A do estatuto revogado – quase, porque o vocábulo "realizada" substitui o originário "requerida" – e significa, antes de mais nada, a manutenção textual explícita da possibilidade de a liquidação de sentença, por arbitramento ou pelo procedimento comum, ser requerida e processada durante o período de tempo em que o recurso (sem efeito suspensivo) interposto contra a decisão, a sentença ou o acórdão tem tramitação. Além disso, também significa a explicitação das três regras básicas sobre o processamento da liquidação nesses casos: (1ª) requerimento instruído documentalmente; (2ª) competência do juízo de origem; (3ª) formação de autos apartados. Observe-se, por outro lado, que o presente dispositivo se coloca, sistematicamente, em perfeita harmonia com o disposto no § 1º do art. 509, que admite expressamente que quando haja, na sentença (ou na decisão, ou no acórdão), "uma parte líquida e outra ilíquida, ao credor é lícito promover simultaneamente a execução daquela e, em autos apartados, a liquidação desta". Trata-se, como se vê, do mesmo regramento, e ambos representam, a bem da segurança do sistema processual, a instituição do que se pode validamente chamar de "liquidação provisória", que, obedecendo aos três requisitos deste art. 512, pauta-se quanto ao mais pelas disciplinas próprias da liquidação por arbitramento (arts. 509, inciso I, e 510) e da liquidação pelo procedimento comum (arts. 509, inciso II, e 511), sempre via autuação em apartado. Aliás, quanto a esta, não parece equivocado sustentar que, assim como sempre se denominou de "carta de sentença" a documentação instrumentalizadora da "execução provisória" – hoje, "cumprimento provisório da sentença que reconhece a exigibilidade de obrigação de pagar quantia certa" (arts. 520 a 522) –, se identifique nominalmente os presentes "autos apartados" deste art. 512 como "autos de liquidação provisória de sentença" ou "carta de sentença de liquidação provisória".

OUTRAS OBRAS DO AUTOR

1. Livros

Da intervenção de terceiros. Vicente Greco Filho. São Paulo, Saraiva, 1986 (colaboração na reedição da obra).

A intervenção do Ministério Público no processo civil brasileiro. São Paulo, Saraiva, 1ª ed., 1989; 2ª ed., 1998.

Manual do valor da causa – Jurisprudência e doutrina. São Paulo, Saraiva, 1995.

A reforma do Processo Civil interpretada – Artigo por artigo, parágrafo por parágrafo. São Paulo, Saraiva, 1ª ed., 1995; 2ª ed., 1996.

Código de Processo Civil anotado jurisprudencialmente. São Paulo, Saraiva, 1996.

Tutela antecipada. São Paulo, Juarez de Oliveira, 1ª e 2ª eds., 1998; 3ª ed., 1999.

Novo Código Civil – Projeto aprovado pelo Senado. São Paulo, Oliveira Mendes, 1998.

Regimentos internos dos tribunais – Comparados e anotados. São Paulo, Cultural Paulista, 1998.

624 questões de concurso em Processo Civil. São Paulo, Juarez de Oliveira, 2000.

Código de Processo Civil para estudo e anotação. São Paulo, LTr, 2000.

Normas processuais civis interpretadas – artigo por artigo, parágrafo por parágrafo – da Constituição Federal. São Paulo, Juarez de Oliveira, 2001.

Código Civil de 2002 – Comparado e anotado. São Paulo, Juarez de Oliveira, 1ª ed., 2002; 2ª ed., 2003 (em coautoria com Juarez de Oliveira e Zacarias Barreto).

Normas processuais civis interpretadas – artigo por artigo, parágrafo por parágrafo – das Leis do Mandado de Segurança. São Paulo, Juarez de Oliveira, 2003.

Reforma do Poder Judiciário interpretada em seus aspectos processuais civis. Barueri, Manole, 2005.

Reforma da Execução Extrajudicial (Lei n. 11.382, de 6.12.2006) interpretada – Artigo por artigo, parágrafo por parágrafo. Barueri, Manole, 2007.

Código de Processo Civil interpretado – Artigo por artigo, parágrafo por parágrafo. São Paulo, Saraiva, 1ª ed., 1993; 2ª ed., 1996; 3ª ed., 1997. Barueri, Manole, 4ª ed., 2004; 5ª ed., 2006; 6ª ed., 2007; 7ª ed., 2008; 8ª ed., 2009; 9ª ed., 2010; 10ª ed., 2011; 11ª ed., 2012; 12ª ed., 2013; 13ª ed., 2014; 14ª ed., 2015.

Código de Processo Civil interpretado e anotado – artigo por artigo, parágrafo por parágrafo. Normas processuais civis da Constituição Federal. Intepretadas e anotadas. Leis processuais civis extravagantes – anotadas. Barueri, Manole, 1ª ed., 2006; 2ª ed., 2008; 3ª ed., 2011; 4ª ed., 2012; 5ª ed., 2013.

"Combati o bom combate, completei a carreira, guardei a fé" – Uma história de luta contra o novo CPC. Osasco, Edifeo, 2015.

Novo CPC sintetizado e resumido – 5 maneiras de conhecer o novo CPC. São Paulo, Atlas, 1ª ed., 2015; 2ª ed., 2016.

Tutela Provisória. Interpretação artigo por artigo, parágrafo por parágrafo, do Livro V, da Parte Geral, e dos dispositivos esparsos do CPC em vigor que versam sobre Tutela Provisória. São Paulo, Malheiros Editores, 2017.

2. Artigos

"A causa de pedir da ação de preferência da Lei n. 6.649, de 1979", *Justitia* 130/9-43, 1985.

"Jurisdição voluntária, jurisdição e lide", *Revista de Processo* 37/68-84, 1985.

"Direito moral do artista", *Revista Forense* 294/127-140, 1986.

"Lei do Divórcio, art. 3º, § 1º: legitimidade ou representação?", *Revista Brasileira de Direito Processual* 52/29-48, 1986.

"Despejo por mau uso do prédio locado", *Revista da Faculdade de Direito da USP* 83/219-227, 1988.

"O casamento no Pentateuco", *Revista da Faculdade de Direito da USP* 84-85/218-258, 1989-1990.

"Constituição e defesa dos interesses difusos", *O Estado de S. Paulo*, Justiça, 3.7.1991.

Críticas ao novo agravo de instrumento. Artigo publicado sob o título "Projeto eleva o volume de trabalho", *O Estado de S. Paulo*, Justiça, 1º.6.1993.

"Art. 145 do CPC – inabilitação de engenheiro civil para proceder a levantamento agronômico em imóvel rural", *Revista da Faculdade de Direito da USP* 90/385-396, 1995.

"Ministério Público: inexistência de *legitimatio ad causam* para a ação de dissolução de sociedade anônima", *Lições alternativas de direito processual*. Porto Alegre, Acadêmica, 1995.

Os profissionais do direito e o novo agravo. Artigo publicado sob o título "Profissionais sofrerão problemas", *Tribuna do Direito* 34, ano 3, 1995.

"Observações sobre a natureza cautelar da tutela antecipatória do art. 273, inciso I, do CPC", *A Reforma do Processo Civil*, coord. Ministro Sálvio de Figueiredo Teixeira. São Paulo, Saraiva, 1996.

"O casamento e o dever de coabitação no Código de Hamurabi, no Pentateuco e na Lei de Manu – Uma visão a partir do Direito romano", *Revista da Faculdade de Direito da USP* 91/27-34, 1996.

"Arbitragem internacional", *Revista do Mestrado em Direito do UNIFIEO* 2/111-135, 2002.

"Direito e processo. Processo e efetividade", *Revista do Mestrado em Direito do UNIFIEO* 3/55-66, 2003.

"O Ministério Público no processo do mandado de segurança", *Normas Processuais Civis interpretadas – artigo por artigo, parágrafo por parágrafo – das leis do mandado de segurança*. Antônio Cláudio da Costa Machado. São Paulo, Juarez de Oliveira, pp. 173-182, 2003.

"Acerca da liminar em mandado de segurança", *Normas Processuais Civis interpretadas – artigo por artigo, parágrafo por parágrafo – das leis do mandado de segurança*. Antônio Cláudio da Costa Machado. São Paulo, Juarez de Oliveira, pp 183-193, 2003.

"Processo de realização dos direitos fundamentais: um caminho teórico para distinguir os fenômenos efetivação e concretização" (coautoria e coordenação), *Revista do Mestrado em Direito do UNIFIEO* 5/123-56, 2005.

"Considerações sobre a função cautelar: *tertium genus*, 'direito substancial de cautela' e preventividade cautelar", *Revista EPD (Escola Paulista de Direito) Direito Processual Civil*, coord. por Antônio Cláudio da Costa Machado e Fernanda Tartuce. São Paulo. *Rev. EPD* 3/13-26, ano 2, 2006.

"Devido processo legal e tutela antecipada", *Revista do Mestrado em Direito do UNIFIEO* 7/83-95, ano 6, 2006.

"O princípio do devido processo legal no Brasil – Perguntas sem respostas", *Revista do Mestrado em Direito do UNIFIEO (Direitos Humanos Fundamentais)* 8/167-172, ano 7, 2007.

"Dano moral por ação de interdição. Liberdade jurídica da parte de ofender em juízo. Limites processuais ao direito fundamental à honra", *Revista do Mestrado em Direito do UNIFIEO (Direitos Humanos Fundamentais)* 9/59-69, ano 7, 2007.

"Eficácia antecipatória cautelar", *Processo cautelar – Estudos avançados. Uma revisitação do Livro II do Código de Processo Civil* (coords. Antônio Cláudio da Costa Machado e Marina Vezzoni). Barueri, Manole, 2010, pp.1-33.

"O devido processo legal das execuções fiscais e a reforma da execução extrajudicial", *Revista do Mestrado em Direito do UNIFIEO (Direitos Humanos Fundamentais)* 12/55-77, ano 9, 2009.

"Um novo Código de Processo Civil?", *Carta Forense*, julho/2010, p. A-20.

"Irresponsabilidade legislativa do Senado e o novo CPC", *Enfoque Jurídico*, dez./2010, ano I, p. 14.

"Projeto institui uma nova Justiça de caráter autoritário", *Folha de S. Paulo*, 4.12.2010, Cotidiano 2, p. 8.

"Todo processo deve ter a possibilidade de chegar ao STF. Sim", *Jornal do Advogado* 360, ano XXXVI, abr./2011, Debate, p. 12.

"O poder dos juízes" (em coautoria com Ives Gandra da Silva Martins), *Folha de S. Paulo*, 13.9.2012, Tendências e Debates, p. 3 e Perfil Econômico, São Paulo, 5.10.2012, p. 3.

"Os superpoderes dos juizes" (em coautoria com Ives Gandra da Silva Martins), *Perfil Econômico*, São Paulo, 26.10.012, p. 11 e *Brasília em Dia* 815, Brasília, 13-19.10.2012, Opinião, p. 3.

"Democracia como direito fundamental de 3ª geração ou dimensão" (em coautoria com Carlos Eduardo Volante e Waleska Cariola Viana), *Revista ESMAT* (Escola Superior da Magistratura Tocantinense) vol. 8, n. 10, jan.-jun. 2016, pp. 149-171.

"A segurança pública como direito fundamental: o exercício da competência municipal e a cidade de Osasco" (em coautoria com Fabio Gonzaga de Carvalho, Igor Jefferson Lima Clemente, José Augusto Pereira Nunes Cordeiro, Robson Luiz Adami Louro Souza de Campos e Vaney Iori), *Revista ESMAT* (Escola Superior da Magistratura Tocantinense) vol. 8, n. 11, jul.-dez. 2016, pp. 161-196.

3. Coordenação e organização de livros

Revista EPD (Escola Paulista de Direito) Direito Processual Civil. Coords.: Antônio Cláudio da Costa Machado e Fernanda Tartuce. São Paulo, Rev. EPD 3, ano 2.

CLT interpretada – Artigo por artigo, parágrafo por parágrafo. Org.: Antônio Cláudio da Costa Machado; Coord.: Domingos Sávio Zainaghi. Barueri, Manole, 1ª ed., 2007; 2ª ed., 2009; 3ª ed., 2012; 4ª ed., 2013; 5ª ed., 2014; 6ª ed., 2015.

Código Civil interpretado – Artigo por artigo, parágrafo por parágrafo. Org.: Antônio Cláudio da Costa Machado; Coord.: Silmara Juny Chinellato. Barueri, Manole, 1ª ed., 2008; 2ª ed., 2009; 3ª ed., 2010; 4ª ed., 2011; 5ª ed., 2012; 6ª ed., 2013; 7ª ed., 2014; 8ª ed., 2015.

Constituição Federal interpretada – Artigo por artigo, parágrafo por parágrafo. Org.: Antônio Cláudio da Costa Machado; Coord.: Anna Candida da Cunha Ferraz. Barueri, Manole, 1ª ed., 2010; 2ª ed., 2011; 3ª ed., 2012; 4ª ed., 2013; 5ª ed., 2014; 6ª ed., 2015.

Código Tributário Nacional interpretado – Artigo por artigo, parágrafo por parágrafo. Org.: Antônio Cláudio da Costa Machado; Coord.: Mary Elbe Queiroz. Barueri, Manole, 1ª ed., 2010.

Processo cautelar – Estudos avançados. Uma revisitação do Livro III do Código de Processo Civil. Coords.: Antônio Cláudio da Costa Machado e Marina Vezzoni. Barueri, Manole, 1ª ed., 2010.

Código Penal interpretado – Artigo por artigo, parágrafo por parágrafo. Org.: Antônio Cláudio da Costa Machado; Coord.: David Teixeira de Azevedo. Barueri, Manole, 1ª ed., 2011; 2ª ed., 2012; 3ª ed., 2013; 4ª ed., 2014; 5ª ed., 2015.

Estatuto da Criança e do Adolescente interpretado – Artigo por artigo, parágrafo por parágrafo. Org.: Antônio Cláudio da Costa Machado; Autoria: Francismar Lamenza. Barueri, Manole, 2012.

Código de Defesa do Consumidor interpretado – Artigo por artigo, parágrafo por parágrafo. Org.: Antônio Cláudio da Costa Machado; Coord.: Salvador Frontini. Barueri, Manole, 2013.

Vade Mecum Manole – Questões da OAB e concursos. Org.: Antônio Cláudio da Costa Machado; Baueri, Manole, 2014.

4. Site

Textos do blog *www.professorcostamachado.com*
12.5.2010: "Precisamos de um novo Código de Processo Civil?".

15.5.2010: "A ilusória solução por um novo CPC".
18.5.2010: "Para além da conciliação da reforma do CPC".
25.5.2010: "Novo CPC e a ameaça do devido processo legal".
1.6.2010: "Propostas de reforma do Código de Processo Civil – Um novo Código de Processo Civil?" (Programa dos debates deste blog).
8.6.2010: "O fim do efeito suspensivo da apelação".
18.6.2010: "Autoritarismo no Anteprojeto de Código de Processo Civil".
6.7.2010: "Um novo Código de Processo Civil?".
12.7.2010: "Notícias do 1o brainstorming da EPD".
28.7.2010: "Arbítrio na aplicação da lei e o projeto do CPC".
8.8.2010: "O novo divórcio e a Emenda n. 66/2010".
25.8.2010: "Desaparecimento do processo cautelar e mais poder para os juízes".
22.9.2010: "Críticas ao novo CPC na Audiência Pública" (Audiência Pública do Senado em São Paulo).
1.11.2010: "Manifesto contra o novo CPC", in "OAB/SP critica novo projeto de Código de Processo Civil".
15.1.2011: "Meus comentários no debate on-line ao Projeto de CPC" (Debate no Ministério da Justiça).
9.4.2011: "95 teses contra o novo CPC" (teses 1 a 44 de 95 teses contra o novo CPC).
13.12.2011: "Novo CPC: ditadura do Judiciário mesmo (resposta às críticas à matéria da Veja)".
15.2.2011: "Ditadura do Judiciário III (Resposta II às críticas de Teresa Wambier, Arruda Alvim e Bruno Dantas)".
8.2.2012: "Deputado Miro Teixeira apresenta Projeto de Reforma do CPC de 1973, incorporando as boas ideias aprovadas no Senado".
12.3.2012: "Novo CPC: porta aberta à corrupção dos juízes".
20.3.2012: "25 vantagens do Projeto Miro Teixeira sobre o novo CPC".
22.3.2012: "Ditadura do Judiciário, advocacia escravizada, mas e o povo brasileiro?".
17.4.2012: "Ainda o novo CPC e a porta aberta à corrupção – Justiça do Brasil deve se inspirar na França".
14.5.2012: "95 teses contra o novo CPC por Antônio Cláudio Costa Machado".
10.6.2012: "Substitutivo Costa Machado ao novo CPC (Substitutivo Costa Machado ao projeto de CPC da Câmara dos Deputados. Exposição de Motivos e texto completo)".

26.8.2012: "A manutenção e o recrudescimento do caráter autoritário do relatório do Deputado Sérgio Barradas ao novo CPC".

28.9.2012: "O poder dos juízes" (Ives Gandra Martins e Antônio Cláudio da Costa Machado), *Folha de S. Paulo*.

29.3.2013: "Costa Machado denuncia autoritarismo no relatório Paulo Teixeira" ("Reforma do CPC é vontade de ciar autoritarismo judicial" (artigo publicado no *Conjur* em 22.3.2013)

12.4.2013: "A vitória do vôlei e a derrota do Processo Civil" (artigo publicado no *Conjur* em 9.4.2013)

5.6.2014: "proposta ao ovo CPC é confusa e questionável" (artigo publicado no *Conjur* em 31.5.2013) - propostas de alteração dos arts. 6º, 19, 139, 213, par. ún., 457, 514, 708 e 1.008, além da Seção IV, do *caput*. XV, Tít. III, do Livro I, do projeto.

16.8.2013: "Novo CPC retrocede ao eliminar agravo contra decisão indeferitória de prova" ("Novo CPC retrocede quanto a decisões probatórias", artigo publicado no *Conjur* em 15.8.2013)

20.9.2013: "Emendas ao CPC procuram salvar a advocacia" (artigo publicado em 16.9.2013)

25.10.2013: "OAB critica pontos autoritários do novo CPC"

27.11.2013: "Não. A crise da Justiça" ("Crise da justiça não está na lei, mas na forma de gestão", artigo publicado no Conjur em 16.11.2013)

10.12.2014: "Há perigos de retrocesso na votação do novo CPC no Senado" (artigo publicado no *Conjur* em 10.12.2014)

15.12.2014: "Uma possível saída para a tormentosa questão da penhora *on line* na reforma do CPC no Senado" (artigo publicado no *Conjur* em 15.12.2014)

16.12.2014: "Reforma do CPC no Senado: juízes ainda mais poderosos?" (artigo publicado no *Conjur* em 16.412.2014)

Facebook: Professor Costa Machado (privado e público)
You Tube: Professor Costa Machado

***